ESTUDOS EM HOMENAGEM A RUI EPIFÂNIO

«Esta obra nasceu sob a égide da Associação Portuguesa para o Direito dos Menores e da Família (CrescerSer), na qual o homenageado colocou todo o seu empenho e arte de bem lidar com as supremas matérias da Infância e da Juventude».

ESTUDOS EM HOMENAGEM A RUI EPIFÂNIO

Coordenação de:
ARMANDO LEANDRO
ÁLVARO LABORINHO LÚCIO
PAULO GUERRA

ESTUDOS EM HOMENAGEM
A RUI EPIFÂNIO

COORDENAÇÃO
ARMANDO LEANDRO
ÁLVARO LABORINHO LÚCIO
PAULO GUERRA

EDITOR
EDIÇÕES ALMEDINA. SA
Av. Fernão Magalhães, n.º 584, 5.º Andar
3000-174 Coimbra
Tel.: 239 851 904
Fax: 239 851 901
www.almedina.net
editora@almedina.net

PRÉ-IMPRESSÃO | IMPRESSÃO | ACABAMENTO
G.C. GRÁFICA DE COIMBRA, LDA.
Palheira – Assafarge
3001-453 Coimbra
producao@graficadecoimbra.pt

Fevereiro, 2010

DEPÓSITO LEGAL
305674/10

Os dados e as opiniões inseridos na presente publicação
são da exclusiva responsabilidade do(s) seu(s) autor(es).

Toda a reprodução desta obra, por fotocópia ou outro qualquer
processo, sem prévia autorização escrita do Editor, é ilícita
e passível de procedimento judicial contra o infractor.

Biblioteca Nacional de Portugal – Catalogação na Publicação

Estudos em homenagem a Rui Epifânio / coord.
Armando Leandro, Álvaro Laborinho Lúcio, Paulo
Guerra. - (Estudos de homenagem)
ISBN 978-972-40-4069-1

I – LEANDRO, Armando, 1935-
II – LÚCIO, Laborinho, 1941-
III – GUERRA, Paulo

CDU   342
        364

NOTA INTRODUTÓRIA

Há personalidades tão significativas, ao nível ético, afectivo, cívico, intelectual, cultural e profissional, que marcam de forma indelével os que com elas têm o privilégio de conviver e trabalhar. Pela sua excepcional qualidade, carisma, criatividade, capacidade de sonho e visão de futuro, influenciam impressivamente áreas do conhecimento e da intervenção a que mais se dedicaram.

Quando partem precocemente, ainda em plena força do seu pensar e agir, à dor e saudade aliam-se um sentimento e um desejo: um sentimento de amargura de não poder contar-se com a «alavanca» poderosa que a sua presença e actuação constituía; um desejo forte de extrair do pensamento e do exemplo que nos deixam o estímulo para tentar prosseguir, tanto quanto possível, o sentido dos projectos mais expressivos dos sonhos de justiça e de progresso que povoaram o seu mundo intelectual e afectivo.

O nosso querido Rui Epifânio é, sem dúvida, uma personalidade invulgar entre as que genericamente referimos.

Deixou-nos um legado muito precioso, a diferentes níveis, como homem, como amigo, como cidadão, como magistrado, como docente, como interventor comunitário, como figura de referência do projecto de levar ao concreto da vida de cada uma das crianças os direitos que lhes reconhecemos.

O eco da sua acção é muito amplo, abrangendo, ao nível do País, diversos domínios e agentes individuais e institucionais, nomeadamente do sistema de promoção e protecção dos direitos das crianças.

Mas a Associação Portuguesa para os Direitos dos Menores e da Família – *CrescerSer* – de que foi um dos fundadores e um dinamizador admirável, e para quem Rui Epifânio é uma insubstituível referência e fonte de inspiração – não pode deixar de contribuir para manter viva a sua memória, procurando que o seu pensamento, a sua acção e o seu exemplo frutifiquem num desenvolvimento do sistema que se aproxime o mais possível da sua visão lúcida, humanista, cultural, esperançosa e marcada por uma perspectiva crítica na busca constante de um melhor presente e futuro para as crianças e, em consequência, para a *comunidade*.

Não pretende, porém, de forma alguma, o exclusivo dessa tarefa e terá todo o gosto de se associar a outras iniciativas que visem aprofundar e dar a conhecer a personalidade e a obra deste Homem, que é um exemplo excepcional de cidadania.

Dotado de uma genuína humildade, avesso como era a homenagens e a todas as honrarias, a Associação procurou lembrá-lo publicamente pela forma que, julgamos, melhor aceitaria e em que teria gosto – a reflexão, traduzida em trabalhos reunidos em livro, da autoria de alguns dos muitos que o estimavam e admiravam, versando assuntos de alguma forma ligados ao domínio que mais o interessou e em que a sua intervenção foi extremamente marcante – os direitos das crianças, considerados na sua concepção, no seu reconhecimento e nos caminhos para a sua efectivação.

A altura escolhida para esta iniciativa – o 50º aniversário da Declaração Universal dos Direitos da Criança e o 20º aniversário da Convenção dos Direitos da Criança – tem natural significado simbólico ao recordarmos alguém que tão bem soube interiorizar, densificar e transmitir os seus valores e princípios e pugnar por políticas, estratégias e acções reclamadas pela sua concretização na pessoa de todas e cada uma das nossas crianças.

A todos os que tão prontamente responderam ao desafio, o muito obrigado da Associação *CrescerSer*. Os seus contributos inserem-se na caminhada para uma nova cultura da criança fundada na nova perspectiva da sua cidadania plena, de que Rui Epifânio continuará a ser fonte de inspiração para uma intervenção sempre renovada e inovadora.

ARMANDO GOMES LEANDRO
ÁLVARO LABORINHO LÚCIO
PAULO GUERRA

Nós também…

rendemos homenagem a Rui Epifânio como pertencente àquele reduzido número de pessoas que olhamos sempre com admiração e ternura, e que nos preenche a dor da partida com o privilégio que constituíram os, sempre escassos, momentos de contacto pessoal. O nosso relacionamento profissional e pessoal construiu-se com a qualidade que Rui Epifânio colocava em tudo, com uma humildade e frontalidade que só o conhecimento confere, e um afecto raro e espontâneo que não queríamos deixar fugir.

Há pessoas assim, que nos marcam e nos fazem melhores, porque podemos seguir um exemplo e porque nos fazem acreditar no futuro das crianças que somos e de quem Rui Epifânio tão bem cuidava.

Edições Almedina
CARLOS PINTO

PRIMEIRO ANDAMENTO

OS DIREITOS DA CRIANÇA

AUTONOMIA DA CRIANÇA
NO TEMPO DE CRIANÇA

ALCINA COSTA RIBEIRO[*]

"À família incumbe a direcção da educação dos filhos, tendo em conta os interesses destes e respeitando, tanto quanto possível, a sua (crescente) autonomia".

RUI EPIFÂNIO

Olhar para a criança como um ser "menor", indefeso, dependente total da protecção dos seus pais e/ou outros adultos, que, com toda a certeza, fariam sempre e em qualquer circunstância tudo o que fosse preciso em seu beneficio, manteve-se durante séculos e séculos. E, de tal maneira, esta ideia se enraizou na nossa sociedade que olhar a criança, como pessoa, sujeito autónomo e pleno de direitos, tem sentido grandes dificuldades de interiorização e concretização.

Com efeito, uma cultura paternalista, meramente protectiva da criança, que se fundou e justificou na falta de maturidade física e intelectual da criança, com a inerente incapacidade de agir, e que, por isso, assentou no domínio dos pais sobre os filhos, no pressuposto de que aqueles é que sabem o que é melhor para estes, presumindo-se que os laços de sangue se confundem com o amor e o afecto, tende a resistir à mudança.

Veja-se, neste particular e como mero exemplo, que, não obstante, as alterações legislativas recentes, nomeadamente a Lei n.º 61/2008 de 31.10, as crianças portuguesas com menos de 18 anos de idade, continuam a ser rotuladas pela lei de "menores" e a poderem consti-tuir-se como "objecto de depósito", uma vez que se mantiveram as

---

[*] Juíza de Direito.

epígrafes, designações, terminologias e conteúdos dos preceitos da Organização Tutelar de Menores, como se os Direitos da Criança proclamados internacionalmente nos mais variados Princípios, Recomendações, Resoluções e demais Diplomas Legislativos não tivessem, ainda, sido interiorizados e concretizados pela Sociedade e pelo Estado.

Nestas circunstâncias, continua a ser premente proclamar e divulgar, insistindo, tantas vezes quantas as necessárias, para que o dito na lei se converta em convicção/acção de que

A criança é um Sujeito de direitos, titular pleno de todos os direitos humanos, os fundados na dignidade da pessoa humana e ainda os específicos decorrentes do ser criança, em desenvolvimento, que à medida do seu crescimento físico e psíquico vai adquirindo gradual e progressivamente autonomia, essencial à realização da sua humanidade, entendida, esta, como o todo que o forma como pessoa.

Será esta autonomia individual e gradativa – uma das âncoras da condição do ser criança em desenvolvimento –, patente no Ordenamento Jurídico Internacional e Interno, o objecto desta reflexão.

Autonomia...

O ser humano não adquire de uma só vez, todas as capacidades físicas e psíquicas necessárias a que, por si só, possa pensar, decidir e agir. Antes, vai ao longo da vida e em permanente evolução, adquirindo aptidões físicas e psíquicas, que, uma vez consolidadas, lhe concedem a possibilidade de pensar, agir e decidir sozinho.

O início da vida, que, biologicamente se dá no momento da formação do zigoto ou célula ovo, marca a individualidade/independência do ser humano, que *ab initio*, possui aptidão natural para se desenvolver como um ser autónomo e, simultaneamente, necessita de outro para esse desenvolvimento, crescendo, assim, numa relação de autonomia e dependência.

Autonomia e dependência que continuará, depois, do nascimento, momento em que, em condições normais de saúde, entram em acção todas as suas funções vitais.

Autónoma, agora, nestas funções, em evolução, a criança vai crescendo, conhecendo e adaptando-se gradualmente ao novo meio envolvente, interagindo com o outro.

A criança possui, assim, um conjunto de aptidões físicas e psíquicas que se conjugam, se organizam e se desenvolvem como processos de maturação que facilitam a sua identidade pessoal em formação contínua, também, influenciada por factores ambientais e relacionais.

A identidade pessoal dependerá, assim, daquilo que o indivíduo é, do que sente, experimenta e vive, e ainda daquilo que os outros o ensinam a ser, a sentir, a experimentar e a viver[1].

Afectos e modelos de vida familiares, educacionais e sociais na infância são, assim, de grande importância na construção da personalidade da criança, que contribuirão para o moldar como pessoa, aquela que, em cada momento, tem de saber viver consigo próprio e com os outros.

A criança é, assim, um ser autónomo, que vai construindo, desenvolvendo cada pedra da sua autonomia plena, necessitando de outrem para o ajudar nesta tarefa, devendo este outrem ter a consciência da importância do que lhe diz, do que lhe faz e da forma como interage com ele.

O dizer, fazer e agir terão de ser temperados e adequados às necessidades daquela criança que vai crescendo com o tempo, vivendo em cada momento o seu presente, influenciado pelo seu passado e olhando para o futuro, participando na construção gradual da sua autonomia plena, numa inter-relação com os outros.

Durante este período de tempo, a criança será, enquanto tal, um sujeito activo de construção e mudança progressiva de si, da família e da sociedade, dos seus direitos e dos direitos dos outros, contribuindo dentro e na medida dos limites naturais de cada uma das etapas do

---

[1] O art. 3.º da Declaração Internacional Sobre os Dados Genéticos Humanos dá voz a esta ideia, ao estabelecer que identidade de uma pessoa não se reduz às suas características genéticas, uma vez que ela se constitui com a intervenção de complexos factores educativos, ambientais e pessoais, bem como de relações afectivas, sociais, espirituais e culturais com outros indivíduos e implicando um elemento de liberdade. Também, no direito interno, a identidade pessoal, a autonomia e o desenvolvimento da personalidade estão protegidos constitucionalmente. O art 26.º da Constituição da Republica Portuguesa refere que a todos são reconhecidos os direitos à identidade pessoal, ao desenvolvimento da personalidade, à capacidade civil e à cidadania. Nesta inter-relação de autonomia e dependência, o ser humano vai evoluindo visando a plenitude da sua humanidade, entendida esta como o todo que o forma como pessoa livre, digna e responsável.

seu desenvolvimento psico-fisiológico, na formação de si mesmo enquanto pessoa, inserido numa comunidade.

A autonomia da criança, não é, em si mesmo, estanque, manifesta-se nas várias fases da sua vida, consoante a sua evolução como pessoa, sendo que, em cada etapa do seu desenvolvimento, existirá um momento em que tem completa autonomia.

O processo de desenvolvimento evolui à medida do aperfeiçoamento das habilidades e competências, da aquisição de novas capacidades, nos tempos e ritmos específicos de cada criança, dependendo de factores que lhe são naturais e intrínsecos e dos que lhe são externos e os influenciam.

Encontrar e respeitar o grau de autonomia da criança em cada uma destas etapas de vida é uma exigência da sua condição de pessoa humana (e não de mera protecção), responsabilizando, assim, o adulto que caminha ao seu lado por lhe criar e propiciar condições adequadas ao seu desenvolvimento harmonioso e integral.

E, para conseguir tal desiderato, é necessário...

Tempo...

O tempo da criança coincidirá, *grosso modo*, com o ciclo temporal necessário para atingir o estádio de adulto, presumindo-se que, neste estádio, o ser humano atingiu já as plenas capacidades de maturidade, de entendimento, de vontade, de discernimento e de agir.

A vida de uma pessoa decorre ao longo de períodos de tempo que, na perspectiva que para aqui interessa, constituem a sua idade. Comummente se fala na idade adulta para a distinguir da idade da criança.

O tempo de criança é delimitado no ordenamento jurídico, de uma forma objectiva, pela idade – ciclo de existência de vida, durante o qual se considera uma pessoa como criança.

E esta é – nos termos do art. 1.º da Convenção Sobre os Direitos da Criança (de ora em diante designada por CDC) adoptada pela Assembleia Geral das Nações Unidas, em 20 de Novembro de 1989 –

"o ser humano com idade inferior a 18 anos, salvo se, nos termos da lei que lhe for aplicável, atingir a maioridade mais cedo".[2]

Ou seja, o momento em que se inicia a maioridade corresponderá ao início do tempo do adulto, que poderá ocorrer aos 18 anos, se o ordenamento jurídico dos Estados Partes não o estabelecer mais cedo. Até lá decorrerá o tempo da criança.

O tempo de uma pessoa, nesta perspectiva, será, assim, de adulto ou de criança, conforme tenha ou não atingido o momento da maioridade, que pode ser fixado, de uma forma mais ou menos rígida ou mais ou menos flexível: no primeiro caso é determinada através de uma idade certa; no segundo, considerar-se-á a evolução progressiva do ser humano, com aquisição gradual de autonomia e capacidade[3].

O nosso direito interno, ao estabelecer que até completar 18 anos de idade o ser humano é considerado "menor"[4], determina, de uma forma objectiva, que o tempo da criança decorre até aos 18 anos.

Porém, o tempo da criança não pode, apenas, ser perspectivado desta forma objectiva, pois que, no decurso deste prazo de "menoridade", existem outros tempos em que, como acima se referiu, a criança cresce e se desenvolve, adquirindo maturidade, capacidade de entendimento, discernimento e vontade que dele farão um cidadão gradualmente autónomo.

E estes tempos não têm a medição exacta e objectiva da idade. Nem todas as crianças com a mesma idade possuem a mesma maturidade, capacidade de entendimento, discernimento ou vontade. Cada criança, única e especial, cresce no seu tempo e durante o seu tempo, de forma única e especial. E o período que demora a conseguir este crescimento corresponderá ao seu tempo, ao tempo de ser criança, no qual vai construindo a sua autonomia.

Tempo da criança que não tem que significar tempo de menoridade, fundamento da condição jurídica menor da criança, como, ainda hoje, é considerado na doutrina tradicional e no ordenamento jurídico-civil.

---

[2] Cfr. art.1.º da Convenção Europeia sobre o Exercício dos Direitos das Crianças que fala em crianças que ainda não tenham atingido os 18 anos.

[3] Cfr. Rosa Martins in Menoridade, (In)capacidade e Cuidado Parental, p. 33.

[4] Cfr. art. 122.º do Código Civil.

Não me vou deter nesta concepção da "condição jurídica dos menores", porque está suficientemente desenvolvida pela doutrina e jurisprudência tradicional, e se encontra, a meu ver, desajustada à condição de criança como sujeito autónoma de direitos[5].

Com efeito, existem variadíssimas normas legais, que vão atribuindo à criança ou jovem uma maior autonomia e capacidade para, por si só e sem necessidade de quem o represente ou assista, exercer alguns dos direitos que vai adquirindo ao longo do seu percurso de vida até que perfaça os 18 anos.

Aliás, casos há, em que já não se indica uma idade certa para atribuir ao jovem o gozo e o exercício de alguns direitos, antes se faz depender esse gozo e exercício, entre outros, da maturidade, capacidade de querer e entender, capacidade de discernimento, entre outros.

Ou seja, a presunção fundamento da incapacidade regra de exercícios de direitos – de que é apenas aos 18 anos de idade que se adquire maturidade de adulto – foi ilidida com a evolução do ser humano, reconhecendo-se que a criança passa por um processo de desenvolvimento progressivo, que a leva a ir alcançando estádios de completa maturidade, antes de completar aquela idade, que a tornam autónoma e capaz de ser titular e de exercer determinados direitos.

Por isso e, não obstante, inexistir uma norma regra de direito civil que adeque o conceito de incapacidade ao crescimento progressivo da criança, vem-se consagrando legalmente, em normas dispersas, uma crescente aptidão da criança para exercer determinados direitos, com fundamento na evolução da sua maturidade, capacidade de querer e entender.

Tanto significa que, apesar da lei reduzir todos os que têm menos de 18 anos a uma condição genérica de "menor" com a inerente incapacidade de exercício de direitos, sempre terá de se lhe reconhecer o direito à autonomia, a partir do conhecimento da evolução das suas aptidões físicas e psíquicas nas diferentes idades. O processo em crescimento evolui gradualmente à medida da aquisição e aperfeiçoamento das suas capacidades.

---

[5] Neste particular, acompanho, de perto, a tese defendida por Rosa Martins em Menoridade, (In)capacidade e cuidado parental.

Promover o harmonioso desenvolvimento da personalidade da criança e do adolescente, para que adquira e consolide competências para vir a poder escolher e decidir, de forma digna e responsável, os aspectos da sua vida, dando a esta o rumo que entender, reconhecendo à criança autonomia durante o seu tempo de criança, tem sido nota dominante

No Direito Internacional

A criança, enquanto pessoa humana, com dignidade bastante para merecer preocupação protectiva, ao nível do Direito Internacional, surge, já no século XX, primeiramente, em 1924, com a Declaração de Genebra, em que os Estados Partes reconhecem a necessidade do bem-estar das crianças, o seu normal desenvolvimento, alimentação, saúde e protecção contra a exploração.

Depois, em 1948, a Declaração Universal dos Direitos do Homem contempla a criança como pessoa que goza dos direitos e liberdades e garantias aí proclamados, os fundados na dignidade e no valor da pessoa humana.

Já, em 1959, consagram-se os Direitos da Criança, quando, reconhecendo que a Humanidade deve à criança o melhor dos seus esforços, os Povos das Nações Unidas, proclamam a Declaração dos Direitos da Criança – inserta na Resolução 1386 da Assembleia Geral das Nações Unidas, de 20.11.1959 –, chamando a atenção "dos pais, enquanto homens e mulheres, das organizações voluntárias, autoridades locais e Governos nacionais" para o reconhecimento e garantia dos direitos da criança.

Aqui, é nítida a preocupação em reconhecer a criança, como um ser frágil, que, pela natural falta de maturidade física e intelectual, necessita de protecção e cuidados especiais, devendo beneficiar nos planos legislativo ou outros (político, social, de saúde, familiar e educação), dos meios adequados a, em condições de liberdade e dignidade, poder desenvolver-se de uma forma saudável e normal.

Proporcionar à criança uma "infância feliz", reconhecendo-lhe e garantindo todos os "direitos e liberdades", é uma exigência não só do ser criança, mas também da sociedade – a Declaração dos Direitos da Criança foi proclamada, lê-se no Preâmbulo, "com vista a uma infância feliz e ao gozo, *para bem da criança e da sociedade*, dos direitos e liberdades aqui consagrados" (sublinhado meu).

Reconhece-se e declara-se, universalmente, que a criança precisa de amor e de compreensão, para o pleno e harmonioso desenvolvimento da sua personalidade[6].

Definem-se os objectivos para a educação da criança, devendo "esta promover a sua cultura e permitir, em condições de igualdade de oportunidades, o desenvolvimento das suas aptidões mentais, o seu sentido de responsabilidade moral e social e tornar-se um membro útil à sociedade", respeitando que a "criança deve ter a plena oportunidade para brincar e para se dedicar a actividades recreativas que devem ser orientadas para os mesmos objectivos educativos"[7] .

Consagra-se, aqui, a autonomia da criança, não com um conteúdo de capacidade de auto-determinação e do direito de participar de forma activa nas decisões que respeitem à sua vida, mas antes como um conteúdo-final, na medida em que se reconhece que o amor e compreensão são condições para atingir o pleno e harmonioso desenvolvimento da personalidade da criança, porque lhe incutem auto-confiança e segurança, possibilitando a aquisição e exercício de competências e apetências para pensar e agir, de acordo com as características de cada etapa de desenvolvimento.

O direito a brincar – direito especifico da criança e do jovem enquanto tal, que com ela nasce e sofre mutação à medida do seu crescimento – e o direito à educação, que objectiva "a promoção da cultura da criança, permitindo o desenvolvimento das suas aptidões mentais, o seu sentido de responsabilidade moral e social e tornar-se um membro útil à sociedade", constituem meios para a prossecução da autonomia como conteúdo-final.

Marco significativo do reforço da afirmação da criança, como sujeito autónomo de direitos, é, sem dúvida, a Convenção dos Direitos da Criança (adiante designada por CDC), aprovada pela ONU, em 1989.

Reiteram-se e declaram-se, aqui, os direitos da criança, dos quais se ressaltam, pela importância que revestem, o reconhecimento

---

[6] Principio Quarto da Declaração dos Direitos da Criança.
[7] Principio Sétimo da Declaração dos Direitos da Criança.

da condição de criança com um ser em crescimento, com fases evolutivas muito próprias, o direito à dignidade e a um harmonioso desenvolvimento físico, psicológico, afectivo, moral, cultural e social, com vista a uma gradativa e saudável autonomia, essencial à realização da sua humanidade, entendida, esta, como o todo que o forma como pessoa, com identidade pessoal, inserido na sua comunidade.

O respeito desta condição de ser criança exige, entre outros, particulares cuidados de respeito, afecto e protecção, essenciais à promoção da sua autonomia-capacidade para tomar decisões de forma livre, digna e responsável com respeito pela autonomia, liberdade e dignidade do outro. Propiciar condições para que a criança adquira, desenvolva e consolide esta capacidade, com total respeito pela sua individualidade e personalidade, é um dos principais deveres da família, da sociedade e do Estado, pois, só assim, poderá a criança adquirir competências para, por ela mesma, poder, fazer escolhas e tomar decisões responsáveis.

O crescimento progressivo do ser criança que se mantém até à maioridade, vai-lhe conferindo autonomia, dando-lhe o direito de participar, opinar e/ou decidir na organização da sua própria vida e nos assuntos familiares importantes, de acordo com a idade e evolução do seu grau de maturidade físico e intelectual.

Ou seja, nestes parâmetros, reconhece-se à criança o direito de pessoal e livremente, participar e/ou, opinar e/ou decidir, de forma activa na construção da sua vida, do seu futuro.

Tal resulta expressamente do que se preceitua no art. 12.º da CDC, que garante à criança, logo que tenha capacidade de discernimento, o direito de exprimir livremente a sua opinião sobre as questões que lhe respeitem, sendo estas devidamente tomadas em consideração de acordo com a sua idade e maturidade.

Aqui, garante-se à criança, que tenha capacidade de discernimento, não só autonomia e liberdade para emitir opinião sobre as questões que lhe dizem respeito, mas, mais do que isso, impõe-se que essa opinião seja tomada em consideração, de acordo com a idade e maturidade.

O mesmo é dizer que, independentemente da idade, a criança ou jovem que possua capacidade de entendimento deve ter uma palavra a dizer sobre questões que lhe digam respeito, *maxime* em processos judiciais ou administrativos, valendo essa palavra como opinião a considerar, de acordo com a sua maturidade.

Para este fim, é assegurada à criança, no n.º 2 do mesmo preceito e diploma, a oportunidade de ser ouvida nos processos judiciais e administrativos que lhe respeitem, seja directamente, seja através de representante ou de organismo adequado, garantindo, desta forma, a sua representação efectiva.

Também, o art. 13.º desta Convenção estabelece o "direito da criança à liberdade de expressão que compreende a liberdade de procurar, receber e expandir informações e ideias de toda a espécie, sem considerações de fronteiras, sob forma oral, escrita, impressa ou artística ou por qualquer outro meio à escolha da criança".

Logo a seguir, no art. 14.º, consagra-se o direito da criança à liberdade de pensamento, de consciência e de religião.

A criança, livre no pensamento, na consciência e religião, tem autonomia para exprimir com liberdade o seu pensamento, as suas ideias, os seus valores e princípios, com um juízo crítico.

Prosseguindo o desígnio do direito da criança ao desenvolvimento harmonioso e integral da sua personalidade, promovendo a autonomia positiva, elencam-se, nos art.s 28.º e 29.º da CDC, as finalidades do direito da criança à educação, a saber:

a) Promover o desenvolvimento da personalidade da criança, dos seus dons e aptidões mentais e físicos na medida das suas potencialidades;

b) Inculcar na criança o respeito pelos direitos do homem e liberdades fundamentais e pelos princípios consagrados na Carta das Nações Unidas;

c) Inculcar na criança o respeito pelos pais, pela sua identidade cultural, língua e valores, pelos valores nacionais do país em que vive, do país de origem e pelas civilizações diferentes da sua;

d) Preparar a criança para assumir responsabilidades da vida numa sociedade livre, num espírito de compreensão, paz, tolerância, igualdade entre todos os povos, grupos étnicos, nacionais, religiosos e com pessoas de origem indígena;

e) Promover o respeito da criança pelo meio ambiente.

D'outra parte, e ao lado da consagração destes direitos, estabelecem-se responsabilidades, direitos e deveres de quem tenha a criança a seu cargo (pais, membros de família alargada, comunidade, legais representantes ou outros) de assegurar à criança, de forma compatível com o desenvolvimento das suas capacidades, a orientação e os conselhos adequados ao efectivo exercício dos seus direitos – art. 5.º da CDC.

Já a Convenção Europeia Sobre o Exercício dos Direitos das Crianças, aberta à assinatura dos Estados membros do Conselho da Europa e dos Estados não membros que participaram na sua elaboração, em Estrasburgo, em 25 de Janeiro de 1996, protege os direitos das crianças, destacando formas de promoção efectiva, assegurando medidas processuais que garantam os seus direitos à informação e participação nos processos que lhe respeitem e que corram perante autoridade judiciária, entendida esta, como o tribunal ou autoridade administrativa com competências equivalentes às daquele – cfr. arts. 1.º e 2.º.

Permite-se, assim, à criança, o exercício do direito de informação e de participação, expressando a sua opinião, quer por si próprias, quer através de outra entidade, conferindo-lhe o direito de nomear um representante sempre que os seus interesses estejam em conflito com os dos pais.

Representante esse que poderá ser um advogado ou outra pessoa ou entidade nomeada para agir junto da autoridade judiciária, em nome da criança.

Ou seja, nos "processos familiares de especial interesse para a criança" – nos que se apreciam, entre outros, a guarda o direito de visita, questões de filiação, adopção, tutela e administração de bens – que decorram perante autoridade judiciária, devem ser garantidos à criança, o pleno exercício do direito à informação e participação.

Confere-se, assim, à criança, o direito fundamental a ser ouvida, emitindo a sua opinião sobre questões que lhe digam respeito. Estas deverão ser tidas em consideração, de acordo com a sua idade, maturidade e grau de capacidade de entendimento e discernimento.

Também a Carta dos Direitos Fundamentais da União Europeia, consagra no art.º 24.º, sob a epígrafe "Direitos das Crianças", o direito à protecção e aos cuidados necessários ao seu bem-estar, podendo exprimir livremente a sua opinião, que será tomada em consideração nos assuntos que lhe digam respeito, em função da sua idade e maturidade.

No Direito Interno

Em Portugal, e não obstante os preceitos constitucionais que elevam à categoria de direitos fundamentais, os direitos da criança, reconhecendo-a como sujeito de direitos,[8] só são objecto de consagração legislativa ordinária, em 1999, com a que vem sendo designada como Reforma do Direito dos Menores, a saber:

> a Lei de Protecção das Crianças e Jovens em Perigo, a n.º 147/99, de 1 de Setembro e a Lei n.º 166/99 de 14 de Setembro de 1999, que aprovou a Lei Tutelar Educativa, diferenciando-se, agora, as finalidades da intervenção tutelar de protecção e as finalidades da intervenção tutelar educativa.

Na primeira, elege-se o de modelo de promoção e protecção da infância, assente, essencialmente, no princípio de que as crianças e jovens são actores sociais, cuja protecção deve ser sinónimo de promoção dos seus direitos individuais, económicos, socais e culturais.

Daí que este diploma legal vise a promoção dos direitos e a protecção das crianças e jovens em perigo, de forma a garantir o seu bem-estar e desenvolvimento integral.

Tudo aliás, na esteira da "Convenção dos Direitos da Criança que adopta uma abordagem integrada dos direitos da criança, ao reconhecer que o seu desenvolvimento pleno implica a realização de direitos sociais, culturais, económicos e civis e ao estabelecer um equilíbrio entre os direitos das crianças e dos seus responsáveis legais, concedendo àquelas o direito de participar nas decisões que lhe dizem respeito, de acordo com a perspectiva global de responsabilidade e solidariedade social" – Exposição de Motivos da Proposta de Lei n.º 265/VII, in Diário da Assembleia da República, II Série A, n.º 54, de 17 de Abril de 1999.

---

[8] Cfr. entre outros, art. 24.º, 25.º, 43.º, 67.º, 68.º, 69.º e 70.º, da Constituição da República Portuguesa, destacando-se o art. 26º, que consagra o direito à identidade pessoal, ao desenvolvimento da personalidade, ao bom nome e reputação, à imagem, à palavra, à reserva da vida privada e familiar e à protecção legal contra todas as formas de discriminação.

Já, na Lei Tutelar Educativa, se opta por um modelo de intervenção educativo – educação do jovem para o direito, de forma a que interiorize as normas e valores jurídicos, quando ofenda valores essenciais da comunidade e regras mínimas de convivência social e revele uma personalidade hostil ao dever jurídico básico, traduzido nas normas criminais –, assente em princípios de intervenção mínima e com o inarredável respeito pelo direito do jovem à liberdade e à auto-determinação e o de, por regra, evoluir num ambiente sócio-familiar natural, sem constrangimentos por parte de outrém ou do Estado.

Mais recentemente, a Lei 61/2008, de 31 de Outubro, que alterou o regime jurídico do divórcio, avançou mais um passo (tímido e curto) na consagração legal da criança sujeito de direitos, ao substituir a designação "poder paternal" por "responsabilidades parentais". Esta terminologia ajudará a uma melhor interiorização social de que a pessoa com menos de 18 anos de idade, é um sujeito de direitos.[9]

E diz-se, um passo curto e tímido, porquanto não se aproveitou este momento de alteração legislativa para proceder à Reforma dos Direitos das Crianças e Jovens, designadamente, no âmbito das Incapacidades Jurídicas, em função da idade[10].

O princípio da autonomia da criança continua, assim, a manifestar-se com mais acuidade na Lei de Protecção das Crianças e Jovens em Perigo, que, por via disso, será objecto de maior atenção, embora esteja, também, patente na Lei Tutelar Educativa, no Código Civil e em alguma legislação avulsa.

Na esteira do que se proclama e enuncia como princípios e direitos fundamentais da criança, nas Declarações, Recomendações e Convenções Internacionais, algumas das quais já acima mencionámos, a LPCJP consagrou princípios orientadores que enformam todo o modelo de intervenção no âmbito da família, da infância e juventude, e não só o das crianças e jovens em perigo.

---

[9] Cfr. Clara Sottomayor, O poder paternal, como cuidado parental e os direitos da criança, in Cuidar da Justiça e de Crianças e Jovens pp. 44 e 45, e Rosa Martins, Menoridade, (In)capacidade e cuidado parental, pp. 227 e 228.

[10] Já para não falar na da Organização Tutelar dos Menores, manifestamente ultrapassada e desadequada à realidade actual da criança e da família.

Com efeito, o art. 147.º A da Organização Tutelar de Menores, determina que aos processos tutelares cíveis são aplicáveis os princípios orientadores da intervenção previstos na LPCJP, com as necessárias adaptações.

Isto para dizer que os princípios que a seguir enunciaremos devem, também, ser observados, em todos os processos da jurisdição de crianças e jovens.

Na Lei de Protecção de Crianças e Jovens em Perigo

A ingerência na vida da criança e da família obedece aos princípios orientadores fundamentais elencados no art. 4.º da LPCJP, dos quais salientamos:

1. O interesse superior da criança e do jovem, manifestado no respeito prioritário dos interesses e direitos da criança e do jovem, sem prejuízo da consideração que for devida a outros interesses legítimos no âmbito da pluralidade dos interesses presentes no caso concreto;
2. O da intervenção mínima, traduzido na indispensabilidade de acção das entidades para a efectiva promoção dos direitos e à protecção da criança e jovem em perigo;
3. O princípio da audição obrigatória e participação, segundo o qual a criança ou jovem, em separado ou na companhia dos pais ou de pessoa por si escolhida, bem como os pais, representante legal ou pessoa que tenha a sua guarda de facto, têm o direito a ser ouvidos e a participar nos actos e na definição da medida de promoção e protecção;
4. O princípio da obrigatoriedade da informação, segundo o qual a criança e o jovem, os pais, o representante legal ou pessoa que tenha a sua guarda de facto, têm o direito a ser informados dos seus direitos, dos motivos que determinaram a intervenção e da forma como esta se processa.

A dignidade, liberdade e autonomia da criança fundamentam, assim, dois grandes princípios que enformam a legitimidade da intervenção no âmbito da infância e juventude:

1. A audição e participação da criança ou jovem, nos actos processuais e, na definição dos assuntos pessoais, sociais e, familiares que lhe disserem respeito.
2. A obrigação de informação dos seus direitos substantivos e processuais, dos motivos que determinaram a intervenção na sua vida e da forma como esta se processa e irá decorrer.

Audição e participação relevam de maneira diferente e variam consoante o estádio de desenvolvimento em que se encontre a criança, conforme a idade, o grau de maturidade, de capacidade de entendimento e de querer que a criança possua, no momento da intervenção das entidades que se irão intrometer na esfera pessoal da criança e da família.

Esta variação manifesta-se em alguns preceitos do Código Civil, mas evidenciam-se nos normativos da Lei de Protecção das Crianças e Jovens em Perigo, relevando, aqui, a idade dos 12 anos, o grau de maturidade e capacidade de entendimento para a definição do conteúdo dos direitos à audição e participação.

Poder-se-á, dizer, que às crianças ou jovens com idade igual ou superior a 12 anos, é atribuído um grau de autonomia que lhe confere, em alguns actos da sua vida, não apenas o direito a ser ouvida, mas o de participação-activa-opinativa, considerada esta com um acto de vontade e de escolha.

Este direito expressa-se[11], desde logo, no art. 10.º da LPCJP, quando se exige como pressuposto de legitimidade para intervenção

---

[11] Casos há, em que a lei, expressamente, exige o consentimento da criança ou jovem, reconhecendo-se desta forma uma declaração de vontade, reflexo da autonomia da criança, v.g. art. 1981.º do C.C que prescreve que o adoptando maior de doze anos deve prestar consentimento para a adopção. Também na eventual interrupção da gravidez para efeitos do que se dispõe no art. 142.º, n.º 5, do Código Penal, exige-se que a jovem grávida quando fizer 16 anos preste o seu consentimento, sendo que até essa idade a prestação do consentimento cabe ao seu representante legal. Questão pertinente é a de saber qual o consentimento válido para estes efeitos, quando a vontade da jovem com idade inferior a 16 anos não coincida com a do seu representante legal. Opino que a vontade do representante legal, por si só, não pode sobrepor-se, sem mais, à da jovem.

das entidades com competência em matéria de infância e juventude e das comissões de protecção de crianças e jovens, a não oposição[12] da criança ou jovem com idade igual ou superior a 12 anos.

Ou seja, a vontade do jovem com 12 anos ou mais, pode traduzir-se numa oposição à intervenção, que, uma vez formulada, produz alguns dos efeitos previstos para a falta de consentimento de alguma das pessoa mencionadas no art. 9.º da LPCJP (pais, representante legal ou pessoa que tenha a guarda de facto):

1. Impõe a comunicação ao Ministério Público[13];
2. Retira legitimidade de intervenção à comissão que comunica a situação ao Ministério Público competente, com a remessa do processo ou dos elementos que considere relevantes para apreciação da situação[14];
3. Legitima a intervenção judicial, desde que observados os demais pressupostos[15]

Também, o art. 84.º da LPCJP, ao estabelecer que as crianças e os jovens com mais de 12 anos são ouvidos pela comissão de protecção ou pelo juiz sobre as situações que deram origem à intervenção e relativamente à aplicação, revisão ou cessação de medidas de promoção e protecção, consagra não um mero direito formal de audição, mas, também, o da participação-activa-opinativa.

Com efeito, a vontade da criança ou jovem com esta idade é relevante e necessária para aplicação, revisão ou cessação da medida de promoção e protecção, designadamente para a definição do tipo e conteúdo da medida a aplicar, a rever ou a cessar, através de decisão negociada, em que se exige o consentimento e adesão da criança ou jovem com idade igual ou superior a 12 anos.

De notar, que a observância destes normativos, pressupõe um esclarecimento e informação prévia à criança e jovem, sobre os seus

---

[12] Cfr. a expressão de não oposição é, também, usada no art. 8.º do Dec. Lei 185/93 de 22 de Maio, na redacção que lhe foi dada pela Lei 31/2003, de 22 de Agosto: "O jovem com idade superior a doze anos deve expressar inequivocamente a não oposição à decisão de confiança administrativa"

[13] art. 68.º, al. b) da LPCJP

[14] art. 95.º da LPCJP

[15] art. 11.º, al. c) da LPCJP

direitos, os motivos que justificaram a intervenção, a forma como decorre, e ainda sobre a definição e conteúdo e finalidade das medidas de promoção e protecção, com vista à formação duma declaração de vontade e de escolha, livre, responsável e esclarecida[16].

Já no que respeita às crianças com idade inferior a 12 anos, não se poderá dizer que esta lei positivada confira o mesmo relevo e efeitos à opinião e participação da criança, circunstância que, poderá levar, a que, na prática, nem sequer se ouça a criança com menos de 12 anos de idade, ainda que esta tenha maturidade ou capacidade de entendimento.

Contudo, nos preceitos que acabámos de referir – art. 10.º, n.º 2 e 84.º da LPCJP – faz-se referência, também, a crianças com menos de 12 anos de idade.

No primeiro, a oposição da criança desta faixa etária será considerada relevante de acordo com a sua capacidade para compreender o sentido da intervenção.

No segundo, impõe-se que as crianças com menos de 12 anos sejam ouvidos pela comissão de protecção ou pelo juiz sobre as situações que deram origem à intervenção e relativamente à aplicação, revisão ou cessação de medidas de promoção e protecção, desde que a sua capacidade para compreender o sentido da intervenção o aconselhe[17].

---

[16] Cfr. art. 3.º a) , art. 6.º a) e b) da Convenção Europeia sobre o exercício dos Direitos da Criança

[17] Na medida de acolhimento familiar, a criança com idade superior a 12 anos, ou com idade inferior, mas com maturidade para perceber o sentido de intervenção, tem o direito de ser ouvida pela instituição de enquadramento sobre o processo de escolha da família de acolhimento, assim como a participar na elaboração do Plano de Intervenção que lhe diz respeito – art.º 5.º do Dec. Lei n.º 11/2008, de 17 de Janeiro, que estabelece o regime de execução do acolhimento familiar.

Na regulamentação das medidas de promoção e protecção previstas no art. 35.º, nomeadamente de apoio junto dos pais, apoio junto de outro familiar ou de confiança a pessoa idónea, reconhece-se à criança ou jovem o direito de ser ouvido e participar em todos os actos relacionados com a execução dessa medida, de acordo com a sua capacidade para entender o sentido da intervenção – art. 22.º do Dec. Lei 12/2008 de 17 de Janeiro, que define o regime de execução das medidas das crianças e jovens em perigo em meio natural de vida.

Para além de ser ouvida pela Comissão ou pelo Tribunal, a criança ou jovem é devidamente informada e preparada para a concretização da medida de promoção e protecção,

Não podemos, também, esquecer, a medida de promoção e protecção de autonomia de vida consagrada nos arts. 35.º, n.º 1, al. d) e 45.º da LPCJP, verdadeira expressão da autonomia individual do jovem com idade superior a 15 anos, que consiste em proporcionar ao jovem apoio económico e acompanhamento psico-pedagógico e social, nomeadamente, através do acesso a programas de formação, visando proporcionar-lhe condições que o habilitem e lhe permitam viver por si só e adquirir progressivamente autonomia de vida[18].

A autonomia da criança e do jovem manifesta-se, ainda, na idoneidade de, por si ou através de representantes, iniciar, participar e opinar, em processos judiciais ou administrativos que lhe digam respeito, dos quais se ressaltam, os que constam na Lei de Protecção das Crianças e Jovens em Perigo, a saber [19]:

1. A consulta do processo pela criança ou jovem, pessoalmente – se o juiz o autorizar, atendendo à sua maturidade, capacidade de compreensão e natureza dos factos – ou através do seu advogado (art. 88.º da LPCJP).

   Ou seja, desde que a criança possua estas qualidades, independentemente da idade, assiste-lhe o direito, de por si, consultar o processo.

2. A obrigatoriedade de nomeação de patrono à criança ou jovem quando os seus interesses e os dos seus pais, representante legal ou de quem tenha a guarda de facto sejam

---

atendendo à sua capacidade para compreender o sentido da intervenção, assim como é seu dever participar e colaborar em todos os actos da execução da medida, de acordo com a sua capacidade para entender os compromissos que lhe dizem respeito – cfr. art.ᵒˢ 17.º e 23.º do Dec. Lei n.º 12/2008 citado.

[18] Cfr., entre outros, art. 3.º, n.º 2, 6.º e 29.º, do Dec. Lei n.º 11/2008, de 17 de Janeiro.

[19] No âmbito do Código Civil, podem ver-se, também, algumas expressões desta autonomia, como por exemplo: Uma mãe com menos de 18 anos, pode recorrer ao tribunal para instaurar uma acção de investigação de paternidade em representação do filho, sem necessidade do consentimento dos pais, sendo representada por curador especial nomeado pelo Tribunal (art. 1870.º, do C.C.). No caso de não ter sido declarado o nascimento de uma criança no prazo legal e só ter sido feito 1 ano após a sua ocorrência, é reconhecido ao próprio jovem, maior de 14 anos, o direito a solicitar o registo de nascimento, devendo, sempre que possível, serem ouvidos os pais do interessado (art. 99.º, n.º 1 do Código de Registo Civil). O jovem com idade superior a 16 anos pode convocar o Conselho de Família, nos termos do n.º 1 do art. 1957.º do C.C. .

conflituantes ou quando a criança ou jovem com maturidade adequada o solicitar ao tribunal (art. 103.º, n.º 2)[20].

3. A constituição obrigatória de advogado ou a nomeação de patrono à criança ou jovem, no debate judicial – art. 103.º, n.º 4 da LPCJ.

4. À criança ou jovem com idade superior a 12 anos é concedida a iniciativa processual, requerendo a intervenção do tribunal, nos casos em que Comissão não profira decisão, decorridos que sejam 6 meses desde que tenha tido conhecimento da situação – cfr. art. 105.º n.º 2 da LPCJP.

5. A obrigatoriedade de notificação da criança ou jovem com idade igual ou superior a 12 anos, nos termos e para efeitos do disposto no n.º 1 do art. 114.º da LPCJP – para alegações por escrito e apresentação de prova.

6. A obrigatoriedade da audição da criança ou do jovem, na fase da instrução, nos termos do art. 107.º, 1, al a) da LPCJP.

A criança, tenha ou não idade superior a 12 anos, deve, não apenas, ser ouvida, mas, mais do que isso, participar nos actos e na definição, não só da medida de promoção e protecção, mas de todos os assuntos que lhe digam respeito, de acordo com a sua maturidade, capacidade de entendimento e discernimento.

No âmbito do Código Civil, o direito à audição da criança e jovem, independentemente da idade, ganhou relevo normativo, com a entrada em vigor do novo regime jurídico do divórcio[21], com a alteração do art. 1901.º, do Código Civil, porquanto, em caso de desacordo dos pais sobre questões de particular importância, se for solicitada a intervenção do tribunal, este deverá ouvir o filho, antes de decidir, salvo quando circunstâncias ponderosas o desaconselhem. O preceito anterior previa que o tribunal ouvisse o filho maior de 14 anos.

Consagra-se, assim, expressamente, o direito de audição à criança ou jovem, independentemente da sua idade, possibilitando-lhe ter uma palavra e uma opinião sobre os assuntos familiares que lhe dizem respeito, de particular importância para o desenvolvimento da

---

[20] Art. 4.º e 5.º da Convenção Europeia sobre o exercício dos Direitos da Criança.
[21] Lei 61/2008, de 31.10.

sua personalidade. Esta opinião será tomada em consideração de acordo com os graus de autonomia e maturidade intelectual e física.

O direito à audição[22] e participação da criança não pode ser encarado como uma mera formalidade a cumprir[23].

Com efeito, recorde-se que cada processo para tomada de uma qualquer decisão judicial tem um rosto, o rosto de uma criança ou jovem, a quem se tem de prestar, a partir do primeiro momento, uma atenção cuidadosa e adequada à sua idade, não porque se trata de um ser frágil, merecedor de protecção, mas porque é uma pessoa que exige o respeito pela sua identidade pessoal.

Só conhecendo e ouvindo a criança ou jovem, se poderá avaliar do seu grau de maturidade e da capacidade de querer e de entender, caso contrário, não se cumprirá, na íntegra, o direito de audição e de participação da criança ou jovem nas questões que lhe dizem respeito.

Mais do que se proclamar, em abstracto, o direito que cada criança tem de ser ouvida, deve-se interiorizar e assumir na prática, o correlativo dever de a conhecer, de conhecer a sua verdadeira história de vida, impondo ao decisor que vá ao seu encontro e não esperar que alguém a faça chegar até ele.

Ir ao seu encontro significa, não só, ler o requerimento inicial que impulsiona um processo judicial e todos os documentos que o acompanham, mas, mais do que isso, ouvir o que cada criança sente e pensa, a sua verdade, nem que para isso seja necessária a deslocação ao local em que se sinta segura.

A necessidade de ir ao encontro da criança leva, ainda, a garantir que aquele se faça em contextos de vida que não sejam ameaçadores para a criança ou jovem, ainda que tal signifique a audição da criança em local diferente do tribunal[24].

---

[22] O direito da audição da criança ou do jovem pelo juiz encontra-se, também, expresso, em alguns preceitos do Código Civil, dos quais se destacam: o art. 1931.º do C.C, "Antes de proceder à nomeação de tutor, deve o tribunal ouvir o menor que tenha completado catorze anos", e o art. 1984.º, que determina que os filhos do adoptante maiores de 12 anos deverão, nos termos do art. 1984.º do C.C ser obrigatoriamente ouvidos pelo juiz.

[23] Art. 3.º e 6.º Convenção Europeia sobre o exercício dos Direitos da Criança.

[24] Seria importante, para este efeito, que no Tribunal existisse uma sala acolhedora e informal. Mas sabe-se que tal não acontece na maioria dos nossos Tribunais. Se tal não acontecer, sempre se pode criar no próprio gabinete (e antes do momento da audição da criança) um espaço com algum material didáctico adequado à sua idade.

Autonomia da criança no tempo de criança · 31

A criança ou jovem deve sentir que o Juiz e o Ministério Público estão, de facto disponíveis, para a ouvirem e que são os garantes da efectiva concretização dos seus direitos.

Na Lei Tutelar Educativa

O principio da autonomia está patente na Lei Tutelar Educativa, quando entronca no principio da intervenção mínima, com o inarredável respeito pelo direito do jovem à liberdade e à auto-determinação e o de, por regra, evoluir num ambiente sócio-familiar natural, sem constrangimentos por parte de outrem ou do Estado.

Destacam-se, em particular, o art. 6.º que estabelece que, na escolha da medida tutelar aplicável, o tribunal deve dar preferência, de entre as que se mostrem adequadas e suficientes, àquela que represente menor intervenção na autonomia de decisão e de condução de vida do menor.

Aluda-se ainda ao art.º 171.º, n.º 1, que consagra que os jovens internados em centro educativo têm direito ao respeito pela sua personalidade, liberdade ideológica e religiosa e pelos seus direitos e interesses legítimos.

No Código Civil

Por último, uma breve referência a alguns preceitos do Código Civil, em que é patente o princípio da autonomia da criança e do jovem:

1. O art. 1878.º do C.C. estabelece que o dever de obediência dos filhos para com os pais não é absoluto. Sobre estes, impende o dever de, em acordo com a maturidade dos filhos, ter em conta a sua opinião nos assuntos familiares importantes e reconhecer-lhes autonomia na organização da sua própria vida.

   Considerando que a criança ou jovem faz parte integrante de uma família que se organiza e realiza em função dos estreitos laços de afecto que unem os seus membros, não se pode entender esta autonomia em termos absolutos, mas antes deve enquadrar-se numa relação de cooperação, compreensão e respeito pela individualidade de cada um dos seus membros.

2. O art. 127.º do C.C, confere a quem tenha menos de 18 anos de idade:

a) o direito de administrar ou dispor de bens que o maior de 16 anos que haja adquirido por seu trabalho (art. 127.º, n.º 1, al a) do C.C.).

Sobre a capacidade para prestar trabalho, cfr. art. 68.º e 70.º, n.º 3 do Código de Trabalho, revisto pela Lei n.º 7/2009 de 12 de Fevereiro.

b) o direito de, validamente, celebrar negócios jurídicos próprios da sua vida corrente do menor que, estando ao alcance da sua capacidade natural, só impliquem despesas ou disposições de bens, de pequena importância (art. 127.º, n.º 1, al. b) do C.C.).

c) o direito de, validamente, celebrar negócios jurídicos relativos à profissão, arte ou oficio que o menor tenha sido autorizado a exercer, ou os praticados no exercício dessa profissão, arte ou oficio (art. 127.º, n.º 1, al. c) do C.C.).

3. A partir dos 16 anos de idade, os jovens podem decidir a orientação religiosa que pretendam seguir, sendo que até esta idade, pertence aos pais decidir sobre a educação religiosa dos filhos. É o que resulta do art. 1886.º do C.C. Ou seja, os pais não podem interferir nas convicções religiosas dos filhos após os 16 anos.

4. Quem tiver mais de 16 anos de idade e não for interdito por anomalia psíquica ou não for notoriamente demente, no momento da perfilhação, tem plena capacidade para perfilhar – n.ᵒˢ 1 e 2 do art. 1850.º do C.C.

Já quanto à mãe, resulta do teor dos arts. 1796.º c 1803.º a 1825.º do C.C. que não se verifica qualquer condicionante de capacidade para que esta faça a declaração de nascimento e a indicação da maternidade, ao contrário do que se impõe para o estabelecimento da paternidade.

Terminando como comecei, reitero a necessidade de proclamar, insistindo, mais uma vez, que

A criança é um sujeito titular pleno de direitos, dos quais se ressaltam, pela importância que revestem, o reconhecimento da condição de criança, como um ser em crescimento, com fases evolutivas muito próprias, o direito à dignidade e a um harmonioso desenvolvimento físico, psicológico, afectivo, moral, cultural e social, com vista a uma gradativa e saudável autonomia, essencial à realização da sua humanidade, entendida, esta, como o todo que o forma como pessoa, com identidade pessoal, inserido na sua comunidade.

Até que o dito na Lei se converta em convicção/acção!

O SUPERIOR INTERESSE DA CRIANÇA

ANABELA MIRANDA RODRIGUES[*]

A breve reflexão que proponho versa sobre a capacidade/possibilidade de o conceito de "superior interesse da criança" se erigir em pressuposto e limite da intervenção estadual junto de crianças – crianças em perigo e crianças perigosas. Desta forma, é, ao mesmo tempo, a (necessidade de) densificação do conceito que procurarei pôr em relevo.

Assim, começo por afirmar que "é perigoso" dizer, sem mais, que a prossecução do interesse da criança legitima a intervenção estadual junto de crianças ditas "em perigo" ou de crianças agentes da prática de factos qualificados pela lei penal como crime.

Uma afirmação deste teor justificou um modelo de intervenção sincrético e monolítico de protecção (RODRIGUES, 1997; GERSÃO, 1984 e 1997; DUARTE FONSECA, 2005), em que o Estado, numa manifestação última de defesa do interesse da criança, considerava seu dever intervir sempre que esta, na "situação", perturbava o "equilíbrio" e a "paz" comunitários – o que acontecia porque a criança se encontrava em situação de carência social ou porque se desviava da norma que configurava o padrão normal ou exigível de comportamento em sociedade, o que podia significar praticar factos considerados crimes ou assumir comportamentos ditos para-criminais.

Em qualquer caso, acentuava-se que todas as crianças estavam "em perigo", ocultando-se sob o manto da protecção assim desencadeada a razão profunda da intervenção: o Estado considerava, afinal, as crianças – todas as crianças – "perigosas" para uma certa ordem social.

---

[*] Professora Catedrática da Faculdade de Direito da Universidade de Coimbra e Directora do Centro de Estudos Judiciários.

Esta mistura perversa entre crianças em perigo e crianças perigosas levou à confusão de situações e a uma intervenção estadual ambígua. Que se tornava ilegítima, entre outras razões, porque se esbatiam, até quase desaparecerem, os limites da intervenção.

Legítima era "qualquer" intervenção "no interesse da criança" – à "angelificação" (Duarte Fonseca, 2006) da criança correspondia a "bondade" da intervenção. A desformalização da intervenção ou uma intervenção sem limites temporais a não ser a maioridade eram já e apenas consequências daqueles pressupostos.

Do que se tratava, afinal, era da total identificação (sobreposição) do interesse da criança com o interesse público. E defensores desse interesse público eram, no caso de intervenção judiciária, em primeira linha, o juiz e o ministério público (este, o curador de menores). A comunidade, essa, afirmava-se, timidamente de início, depois, progressivamente, com mais vigor, através de Comissões de Protecção de crianças.

Numa formulação em que as palavras são alçapões, podia dizer-se que toda a intervenção de protecção era pré-ordenada ao interesse da criança. Mas, quando o interesse em nome do qual a intervenção pública (estadual) se justifica é, ele próprio, um interesse público (Vidal, 2004), não está em condições de se erigir, do mesmo passo, em limite da intervenção.

Tudo isto tem a ver, de alguma forma, com o "défice de direito" (ou défice de juridicidade) da relação entre a criança e o Estado.

A grande viragem dá-se precisamente com a entrada da criança no "espaço do direito" (do jurídico), inevitavelmente associada à sua consideração como pessoa. Se se quiser ser rigoroso, não se pode esquecer, sem dúvida, a crise do Estado social, que tem de ser devidamente interpretada e ligada à crise do modelo de protecção. Mas, aqui, o que importa colocar em relevo é o facto de a partir de meados do século passado a criança começar a ganhar progressivamente importância jurídica. Com a Declaração adoptada pelas Nações Unidas, em 1959, a criança deixa de ser vista como um adulto em ponto pequeno e foram proclamados os Direitos da Criança. Datam das décadas de oitenta e noventa importantes instrumentos internacionais em que a criança, em si mesma, enquanto criança, é considerada como pessoa portadora de direitos.

Neste contexto, e perante a consolidação do Estado de direito material e a organização constitucional da democracia participativa, com os inerentes direitos e garantias, o problema da legitimidade da intervenção junto de crianças não pode mais subtrair-se ao exame dos pressupostos de que depende a sua legitimação constitucional (RODRIGUES, 1997). Com efeito, a intervenção estadual traduz-se, via de regra, numa restrição de direitos fundamentais do cidadão menor – desde logo, do seu direito à liberdade e autodeterminação pessoal – e de direitos fundamentais dos seus progenitores – v.g., o direito à educação e à manutenção dos filhos. E tal restrição, atendendo ao disposto no art.º 18, n.º 2, da Constituição (CRP), não pode deixar de ser vista como excepcional e sujeita aos princípios da necessidade e proporcionalidade daí decorrentes e só pode ser justificada pela necessidade de salvaguardar outros direitos ou interesses constitucionalmente protegidos.

É verdade que, por força do disposto nos arts. 69.º e 70, n.º 2, da CRP e das várias disposições relativas à protecção da infância e da juventude constantes dos instrumentos internacionais ratificados pelo Estado português, este, conjuntamente com a sociedade, tem o dever de proteger a criança, com vista ao seu desenvolvimento integral (especialmente, n.ºs 1 e 2, do art.º 69.º); e que a política da juventude deverá ter como objectivo prioritário, entre outros, "o desenvolvimento integral da personalidade dos jovens" e a "criação de condições para a sua efectiva integração na vida activa" (n.º 2, art.º 70.º). Desta forma, pode dizer-se, é o interesse da criança a legitimar a intervenção do Estado. Mas, neste quadro constitucional de limitação dos direitos da criança – ou, dito de outro modo, de configuração do estatuto jurídico da criança –, o interesse desta deixa de se identificar, sem mais, com o interesse público.

Por um lado, a prossecução do interesse público que é a protecção do interesse da criança tem de se configurar pelos princípios constitucionais enunciados e ganha concretização na concreta regulação jurídica ordinária da intervenção junto de crianças. Por sua vez, a necessidade de dar efectivação aos direitos da criança leva à densificação do interesse desta, que se analisa na afirmação de direitos próprios, cuja configuração concreta (limitação) já não pertence, como se referiu, à discricionariedade do Estado, antes tem de se alcançar num âmbito jurídico-constitucional.

Neste quadro, o que se observa é que a conformação jurídica concreta da intervenção junto de crianças é diferente consoante a situação e o comportamento da criança, já que é diferente também a legitimação da intervenção estadual (Relatório; RODRIGUES, 1997; RODRIGUES/DUARTE FONSECA, 2000; FURTADO/GUERRA, 2001; DUARTE FONSECA, 2006; LÚCIO, 2005).

Assim a intervenção do Estado legitima-se e exige-se quando o exercício e o desenvolvimento do poder de autodeterminação da criança são ameaçados por factores que lhe são exteriores (desprotecção, abandono, maus tratos, etc.). A particular fragilidade das crianças em face das adversidades do mundo externo levou a CRP a cometer à sociedade e ao Estado um dever de protecção das crianças, com vista ao seu desenvolvimento integral, especialmente no que diz respeito aos órfãos e abandonados (art.º 69.º da CRP).

É outra a razão de ser da intervenção junto de crianças delinquentes (menores de 16 anos de idade).

Na verdade, a intervenção torna-se legítima e necessária quando a criança, ofendendo os valores essenciais à vida em comunidade, manifesta uma personalidade hostil ao dever-ser jurídico básico traduzido nas normas penais. Torna-se então necessário responsabilizar a criança pelo dano social que provocou e educá-la para o direito, para que incorpore aquelas normas e valores jurídicos.

Nestes termos, pode dizer-se que o pressuposto (necessário, mas não suficiente) da responsabilização da criança é o acto cometido, só e apenas na medida em que o facto revela a hostilidade da sua personalidade face aos valores protegidos pelo direito penal. É a avaliação da personalidade da criança revelada no facto praticado que determina a intervenção. E é, pois, no contexto desta avaliação que a necessidade de educação para o direito se afirma como referente da responsabilização. É esta necessidade de educação o pressuposto da intervenção, revelando-se ao mesmo tempo como seu critério e conferindo-lhe conteúdo, em função da hostilidade face à vida social que traduz o funcionamento psicológico de certas crianças e que se manifesta na prática do facto.

Ou seja, estamos aqui perante uma intervenção educativa, o que, não sendo novo, não tem o alcance alargado que tinha no modelo de protecção. A intervenção educativa não visa o desenvolvimento integral da pessoa, antes visa uma "dimensão mais estreita"

(AGRA/CASTRO, 2007) da personalidade da criança: a sua relação com a lei penal. A intervenção educativa está assim limitada, de um lado, pela manifestação no facto de uma personalidade hostil face às normas penais; e, de outro, pela necessidade de a criança conformar o seu comportamento de acordo com elas.

Esta intervenção educativa diz respeito, portanto, à aprendizagem do respeito pela norma, a norma penal. A lógica da intervenção limita-se, de acordo com a maneira de olhar para a criança delinquente (RODRIGUES, 1997; LEANDRO, 2002; GERSÃO, 1997; DUARTE FONSECA, 2006; LÚCIO, 2005; AGRA/CASTRO, 2007): um sujeito de direito, pela positiva, na dupla dimensão de sujeito de direitos e de sujeito processual; e, pela negativa, enquanto se verifica um défice na sua relação com a norma jurídica que deve respeitar.

Neste contexto, em que a criança, sujeito de direito, revela na prática do facto necessidade de educação para o direito, pode agora dizer-se que a intervenção educativa "é primacialmente ordenada ao interesse da criança" (RODRIGUES, 1997).

O Estado tem o dever de oferecer à criança as condições que lhe permitam desenvolver a sua personalidade ainda em formação de modo socialmente responsável e de promover, na maior medida do possível, a realização dos seus direitos. A isto corresponde o interesse da criança, que, desta forma, já não corre o risco de interpretações equívocas: já não se identifica totalmente com o interesse do Estado.

O interesse da criança volve-se agora em limitação à intervenção estadual junto de crianças que já acederam ao mundo do direito e em que a intervenção pressupõe uma necessidade de educação que se confina à educação para o direito. Isto não tem nada a ver com as necessidades do menor do ponto de vista da aquisição de valores éticos, religiosos, estéticos ou outros. Esta educação está estreitamente ligada à educação da criança para que possa prosseguir a sua vida de modo socialmente responsável, em conformidade com as normas jurídicas fundamentais. Trata-se, reafirma-se, de uma necessidade de educação "para o direito", de educação, vale por dizer, para o respeito pelos valores indispensáveis à vida em comunidade enquanto comunidade, isto é, para os valores protegidos pela lei penal.

A maior dificuldade reside em o respeito pela norma jurídica ir de par com uma interiorização dos valores que lhe são subjacentes, o que sempre poderá significar uma "perspectiva global" do processo de educação ou socialização da criança (AGRA/CASTRO, 2007). A justificar uma articulação – de resto prevista na lei – entre a intervenção de protecção e a intervenção educativa, que apela à consideração da criança como um "sujeito total" (LÚCIO, 2005; RODRIGUES, 1997).

O que não invalida que o interesse da criança se defina, em qualquer caso, a partir da ponderação da pluralidade dos direitos em confronto e pela sua limitação à luz da Constituição e das leis.

A partir daqui, dizer-se que o conceito de "interesse superior da criança" é em si mesmo vago e aberto ou genérico não deixa de ser uma verdade que não se vê porque tenha de ser necessariamente maléfica e que possa – ou deva – ser torneada através de uma definição "legal".

Coisa diferente é a densificação necessária do conceito, desiderato a que as leis que nos regem não se furtaram. Dizer que o "interesse superior da criança" se analisa numa série de direitos cuja realização assegura "o desenvolvimento são e normal" da criança "no plano físico, intelectual, moral, espiritual e social, em condições de liberdade e dignidade" implica a consagração e configuração de uma multiplicidade de direitos ao nível legal. Que, além disso, em cada caso concreto assumirão novas configurações diversificadas face à riqueza da vida, que só os molda totalmente no momento decisivo em que a vida – o interesse – da criança se decide, que é o momento da aplicação da lei. O substrato interdisciplinar que confere consistência à decisão que, por isso, não deixa de ser, como deve, uma decisão jurídica, constituir-se-á em garante de que o interesse da criança não estiola à luz de uma consideração positivista ultrapassada do direito.

Importante é, assim, de um lado, manter sob escrutínio aturado as manifestações legais do "princípio" do superior interesse da criança, num aggiornamento salutar que nunca se deve afastar. Por outro lado, o acervo jurisprudencial como fonte de conhecimento, constitui um manancial onde pode e deve ir recolher-se a modelação dos direitos que, em última análise, vão traçando os contornos do superior interesse da criança.

Bibliografia

RODRIGUES, Anabela Miranda, "Repensar o direito de menores em Portugal – utopia ou realidade?", *Revista Portuguesa de Ciência Criminal*, n.º 3, 1997, p. 355 s.

GERSÃO, Eliana, "Menores agentes de infracções criminais – que intervenção? Apreciação crítica do sistema português", Separata do número especial do *Boletim da Faculdade de Direito da Universidade de Coimbra* – "Estudos em homenagem ao Prof. Doutor Eduardo Correia", 1984.

GERSÃO, Eliana, "A reforma da Organização Tutelar de Menores e a Convenção sobre os Direitos da Criança", *Revista Portuguesa de Ciência Criminal*, n.º 7, 1997.

DUARTE FONSECA, António Carlos, *Internamento de menores delinquentes. A lei portuguesa e os seus modelos: Um século de tensão entre protecção e repressão, educação e punição*, Coimbra Editora, 2005.

DUARTE FONSECA, António Carlos, "Responsabilização dos menores pela prática de factos qualificados como crimes: políticas actuais", AA.VV, *Psicologia Forense*, Almedina, 2006.

VIDAL, Joana Marques, "Jurisdição de menores e de família. Que Ministério Público?", Comunicação ao Congresso da Justiça, Lisboa, 2004.

LÚCIO, Álvaro Laborinho, "O advogado e a Lei Tutelar Educativa", *Revista do Ministério Público*, ano 26, n.º 104, Out-Dez 2005, p. 45 s.

AGRA, Cândido/CASTRO Josefina, "La justice des mineurs au Portugal. Risque, responsabilité et réseau", *La justice pénale des mineurs en Europe. Entre modèle welfare et inflexions néo-libérales*, sous la direction de Francis Bailleau et Yves Cartuyvels, L'Harmattan, 2007.

LEANDRO, Armando, « Os direitos da criança e do jovem », *Direitos Humanos e Cidadania*, Cadernos Malhoa, 2, Programa Malhoa, Nova Galáxia Editora, Caldas da Rainha, 2002.

RODRIGUES, Anabela Miranda/DUARTE FONSECA, António Carlos, *Comentário da Lei Tutelar Educativa*, Coimbra Editora, 2000.

Relatório Final – Comissão para a Reforça do Sistema de Execução de Penas e Medidas.

FURTADO, Leonor/GUERRA, Paulo, *O novo direito das crianças e jovens. Um recomeço*, Centro de Estudos Judiciários, Lisboa, 2001.

DIREITOS DA CRIANÇA E COMUNIDADE

ARMANDO LEANDRO[*]

1. O actual reconhecimento jurídico, ao nível internacional e nacional, da criança como Sujeito de direito constitui uma valiosíssima aquisição civilizacional, com fundamentos e implicações éticas, culturais, sociais e políticas muito relevantes.

O sistema português de promoção e protecção dos direitos da criança, imbuído dos valores e princípios inerentes àquele reconhecimento, tem muitas virtualidades para o êxito da missão que lhe é subjacente, informada pelo sentido profundo da aludida aquisição civilizacional.

A sua efectividade e eficiência, no sentido da generalizada interiorização, densificação, defesa e concretização dos direitos das crianças, implicam, porém, muitas exigências e responsabilidades. Importam um esforço constante de aprofundamento, ao nível do pensamento, da acção, da investigação, da formação e da avaliação, de diversas questões e diferenciados aspectos que a concepção e a realização do sistema pressupõem.

Um desses aspectos respeita ao papel que o sistema atribui à *comunidade* na efectivação dos valores, princípios, missão e visão que o inspiram e orientam, nomeadamente na concepção e nas dinâmicas das políticas, estratégias e acções que a sua concretização adequada exige.

Porque se me afigura uma vertente relevante e que julgo menos tratada, atrevo-me a uma sua abordagem exploratória, na crença de que seria um tema do gosto de Rui Epifânio, nossa constante referência, e na expectativa de que possa porventura incentivar competente e

---

[*] Juiz Conselheiro Jubilado.

profunda atenção, numa cooperação virtuosa entre investigadores e práticos, a exemplo de outras que se vêm processando, com manifestas mais valias para a interiorização, desenvolvimento e efectivação positiva do *sistema*.

2. Começarei por uma sumária caracterização do conceito e sentido da *comunidade* a que me reporto, com referência aos diversos sentidos de comunidade mais comummente atribuídos pela sociologia e pela psicologia comunitária.

Simultaneamente, farei breve alusão a alguns valores, conceitos e teorias conexionados com o conceito de *comunidade,* dos quais saliento os de participação cívica, sentimento de comunidade, capital social, empoderamento, princípios e contextos ecológicos, suporte social (com especial relevo para as redes sociais), intervenção social (dando ênfase às parcerias comunitárias), desenvolvimento comunitário e mudança social.

Procurarei seguidamente abordar e caracterizar os aspectos do sistema de promoção e protecção dos direitos das crianças e jovens[1] que me parecem mais significativos do papel que esse *sistema* confere à *comunidade* (entendida no sentido perfilhado), e bem assim do correspondente apelo que o *sistema* lhe faz, explícita ou implicitamente.

Tentarei depois reflectir sobre o grau, ao nível quantitativo e qualitativo, das respostas da *comunidade* – as actuais e as desejáveis no futuro – aos referidos papel e apelo.

Finalmente esboçarei breves considerações sobre os possíveis efeitos que a cooperação da *comunidade*, no sentido querido pelo *sistema,* poderá ter no aprofundamento, quantitativo e qualitativo, dessa *comunidade* e, reflexamente, na qualidade da democracia.

3. Conceito e sentido de *comunidade.*
São vários os sentidos possíveis.
O mais tradicional e comum é o de *comunidade territorial,* constituída pelo conjunto de pessoas e instituições vivendo num de-

---

[1] No texto, o sistema de promoção e protecção dos direitos das crianças e dos jovens passará a ser referido sinteticamente como *sistema*.

terminado território com características de identidade, nomeadamente ao nível da história, da cultura, das relações sociais e do desenvolvimento, que pressupõem, implicam e estimulam que os seus habitantes, na sua vivência, tenham uma interacção intensa, uma busca dialógica e plural de valores, expectativas, ideais e objectivos, e a partilha nas acções de concepção e execução de projectos visando a satisfação de necessidades, interesses e anseios comuns.

Existem outros sentidos de comunidade, correspondentes a diferentes realidades, distintas da *comunidade territorial,* embora podendo coexistir com ela.

Trata-se de *comunidades relacionais*, cuja base territorial, que caracteriza aquela, é inexistente ou não significativa para a definição dos interesses, culturas, tarefas ou propósitos comuns dos membros que as integram.

São comunidades conexionadas com objectivos, valores e actividades que estimulam ligações e interesses comuns, e são fonte de sentido de pertença ao grupo, independentemente do território habitado pelas pessoas que as integram.

Entre essas comunidades relacionais contam-se, por exemplo, comunidades científicas, comunidades religiosas, comunidades tendo por objectivo a defesa de valores e interesses comuns, nas áreas, nomeadamente, da cultura, da defesa dos direitos humanos em geral, ou, especificamente, do ambiente, dos direitos das crianças, das mulheres, das famílias, dos trabalhadores, dos emigrantes, das minorias, etc. De referir ainda, como realidade progressivamente significativa, as comunidades relacionais constituídas como fóruns ou grupos de discussão, de suporte *on-line,* sem exigência de contacto presencial.

3.1. O sentido de *comunidade* a que me reporto a propósito do tema deste texto, centrado no seu papel no quadro do Sistema Português de Promoção e Protecção dos Direitos da Criança (aqui designado como *sistema)* é o de *comunidade territorial*, corporizada em cada Município e suas Freguesias.

Esta opção alicerça-se fundamentalmente na circunstância de ser essa a realidade dominante pressuposta pelo *sistema*, como parece resultar da expressão concreta, na arquitectura deste, do princípio implícito do *localismo*, conjugado com o princípio da *subsidarie-*

dade[2] e traduzido mais significativamente na concepção subjacente à consagração legal das Comissões de Protecção de Crianças e Jovens, tendo nomeadamente em conta as disposições relativas à sua natureza, competência territorial, composição, competências e apoio logístico[3].

3.2. É certo que são conhecidas as dificuldades apontadas à constituição e continuidade, hoje, de fortes *comunidades territoriais* locais, num mundo globalizado, com a grande mobilidade geográfica que propicia, os meios actuais de comunicação instantaneamente disponível e as múltiplas mensagens de sentido e efeitos pretendidos de homogeneização, sobretudo ao nível dos apelos explícitos e implícitos ao consumo.

É também sabido que, entre outros factores, o aumento exponencial do fenómeno da urbanização, em detrimento do ruralismo tradicional, a forma frequentemente desordenada e massiva como esse fenómeno se desenvolve e a já referida significativa acentuação da mobilidade geográfica das pessoas, determinam que muitos dos espaços das grandes cidades se caracterizem como anónimos e impessoais, desprovidos de laços colectivos suficientes para que a ideia de *comunidade* facilmente germine e se concretize[4].

São igualmente conhecidas as dificuldades e limitações actuais derivadas do forte individualismo egocêntrico, da excessiva preocupação de lucro, do espírito de consumismo, das circunstâncias fomentadoras de acentuadas conflitualidades.

Contudo, afigura-se-me que, apesar destas dificuldades e limitações – e também, em boa parte, por virtude de bem conhecidos aspectos e efeitos negativos, para as pessoas e a sociedade, de alguns dos factores que concorrem para essas dificuldades e limitações –, o futuro da ideia de *comunidade territorial* e da diversificada concreti-

---

[2] Cfr. art. 4.º, al. j), da Lei de Protecção de Crianças e Jovens em Perigo (a designar no texto como LPCJP), aprovada pela Lei n.º 147/99, de 1 de Setembro.

[3] Cfr., nomeadamente, arts. 12.º, 14.º, 15.º, 16.º, 17.º, 19.º, a 22.º, 25.º, 26.º, 27.º e 28.º da LPCJP).

[4] Sobre a tradicional atenção da sociologia ao fenómeno da urbanização e seu relacionamento com a fragilização da concepção mais convencional de comunidade territorial; e também acerca da progressiva atenção da sociologia à investigação sobre as comunidades relacionais, cf., v.g., Graham Crow, in «The Blackwell Encyclopedia of Sociology, 2007, C, Volume II, pp. 617 e ss., Edited by George Ritzer.

Direitos da criança e comunidade 47

zação do projecto que incorpora está longe de se encontrar comprometido.

Há desde logo que ter em conta, como elemento a valorizar e a reforçar a justificação da aposta na *comunidade territorial,* que, conforme revela a experiência e a sua análise[5], muitos dos laços pessoais comunitários continuam a ter uma forte componente local, especialmente quando se consideram como integrando também esses laços as relações de família e parentesco e as fundadas em várias afinidades de sentimentos, interesses e objectivos, facilitadas pela proximidade.

Essa *comunidade* apresenta-se, cada vez mais, a nosso ver, como indispensável e com imensas virtualidades, no contexto de complexidade, diversidade, heterogeneidade e incerteza do nosso tempo.

Pode contribuir poderosamente para prevenir e reparar ou diminuir graves «deslaçamentos» pessoais e societários, que tanto risco envolvem de comprometer a dignidade e a inclusão com sucesso, ao nível individual e colectivo.

Importa um notável potencial de criatividade e de capacidade de mobilização, de partilha e de realização, que constitui factor muito relevante da concepção e efectivação, com êxito, de projectos inovadores de desenvolvimento sustentável, integrado e ecológico, envolvendo os níveis ético, cultural, educacional, social, político, ambiental e económico, no prosseguimento de um ideal, e do correspondente objectivo, de real solidariedade e generalizada inclusão.

3.3. Parece, porém, necessário que se actualize e densifique a concepção, a composição e a intervenção convencional da *comunidade territorial,* em consonância com as realidades e contextos actuais; e que na promoção e consolidação das comunidades locais se invista em novos valores, princípios, objectivos, políticas, estratégias e acções, envolvendo também uma maior aposta na investigação/acção.

Relativamente aos *valores* e *princípios,* importa atentar que, como acentua o pensamento sempre precioso de Edgar Morin[6], a

---

[5] Cf. Graham Crow, lugar citado, p. 620.
[6] Cf. o volume VI, dedicado à «Ética», da sua obra «O Método», publicado pela editora «Europa-América, pp. 149 a 153.

circunstância de os desenvolvimentos contemporâneos dos egocentrismos individuais e das relações de interesse/lucro terem desintegrado muitas solidariedades tradicionais, coloca de forma mais aguda a questão da responsabilidade/solidariedade. Questão que nas sociedades muito complexas do nosso tempo, a implicar menos rigidez ou peso das coacções que pesam sobre os indivíduos e os grupos, só pode encontrar resposta na liberdade/responsabilidade/solidariedade de cada um dos membros da sociedade, expressas numa consciência, e correspondente actuação, de *cidadania individual e colectiva.* Cidadania orientada por uma *auto-ética,* que importa gerar e desenvolver como uma virtude individual e social, conforme exigência da democracia, que *«transforma o indivíduo em cidadão»* e erige o civismo como *«virtude sócio-política da ética».*

Concluo, em coerência com este pensamento a que aderimos, que a *comunidade,* no sentido que perfilhámos, é, na sua existência/construção e no seu «exercício» actuais, um dever ético dos indivíduos e dos grupos e instituições, e é orientada por princípios éticos, inspirados por uma *cidadania* individual e social virtuosa, que importa gerar, desenvolver, densificar e concretizar.

Quanto à c*omposição»* actual dessa *comunidade territorial* (com características de comunidade local, conforme sentido que acima referimos como aquele a que fundamentalmente nos reportamos), não pode cingir-se aos elementos classicamente constitutivos da chamada *sociedade civil,* que não inclui o Estado. Conforme resulta desde logo do já aludido quanto à alta complexidade das sociedades actuais e consequentes exigências, tem de incluir, em parceria, para além das pessoas e instituições da sociedade civil, os serviços e elementos do Estado, central ou local, que, no território enformador da comunidade, têm responsabilidades e exercem funções de alguma forma atinentes às necessidades, às problemáticas e aos objectivos e projectos de bem-estar e desenvolvimento das pessoas e da sociedade local.

Também do ponto de vista *político* a construção da *comunidade territorial* e o seu papel, não só na cooperação para a concepção das políticas, mas também na colaboração para a sua efectivação e, por vezes, no *exercício autónomo de responsabilidades de directa intervenção para promover, desenvolver, densificar e concretizar os valores, princípios e missão relativamente a direitos e interesses espe-*

cíficos (como, por exemplo, os das crianças), têm cambiantes novas no actual contexto de alta complexidade e contingência das nossas sociedades, incompatível com concepções e intervenções simplistas e únicas.

Efectivamente, neste circunstancialismo característico de uma *«arquitectura policêntrica das sociedades contemporâneas»*, no sentido que lhe atribui o filósofo espanhol Daniel Innerarity[7], em que sobrelevam a multiplicidade, a variedade, a heterogeneidade, a diversificação dos sistemas sociais e a diferenciação funcional das esferas culturais, parece-nos, como ele defende, que há um esgotamento da *hierarquia* como princípio único ou prevalecente ordenador das sociedades.

Conforme bem acentua este autor, nas nossas sociedades, funcionalmente diferenciadas, *«as diversas esferas culturais – a política, o direito, a economia, a arte, a religião ... seguem uma lógica autónoma, ciosas perante qualquer intromissão, e relacionam-se sem que qualquer delas se considere preponderante....As suas relações de interdependência já não são hierárquicas, mas heterárquicas, isto é, estruturadas em rede»*[8].

Defende Daniel Innerarity, em coerência e de forma fundamentada e convincente, *«modificações da política, ...exigidas por profundas transformações da sociedade, na qual vigora uma «nova inabarcabilidade» (Habermas), em que se anuncia «um regime do risco» (Beck), ou que se caracteriza por uma arquitectura policêntrica (Polany) ou policontextual. A política deve passar da hierarquia para a heterarquia, da autoridade directa para a conexão comunicativa, da posição central para a composição policêntrica, da heteronomia para a autonomia, da regulação unilateral para a implicação policontextual. Terá de estar em condições de gerar o saber necessário – de ideias, instrumentos ou procedimentos – para moderar uma sociedade do conhecimento que opera de maneira reticular e transnacional»*.[9]

---

[7] Cf. o seu ensaio «A transformação da política», publicado pela editora «Teorema», designadamente a fls. 181 e sgs.

[8] Obra citada, p. 185.

[9] Obra citada, p. 184.

Neste contexto de renovados valores, princípios e políticas, a *comunidade*, na sua constituição e no seu papel, atinge níveis ainda mais elevados de exigências éticas, cognitivas, afectivas, culturais, estratégicas e operacionais; exigências a que corresponde significativo reforço da perspectiva das suas potencialidades.

Parece-me que essas potencialidades não são, hoje, diminuídas pelo carácter local da comunidade territorial, quando, como sucede entre nós com o Município ou a Freguesia ou conjunto de Freguesias, tem suficientes fontes de uma identidade que se radica, simultaneamente, em raízes que vêm do passado, constitutivas de uma «memória» agregadora, e novos ideais, objectivos e projectos que permitam fundamentar a confiança na construção de um presente e de um futuro de maior progresso e justiça, e estimular a correspondente partilha de esforços, dificuldades e esperanças,

Esse *localismo* (que, como atrás se disse; o nosso *sistema* acolhe) não é contraditório com a realidade actual da *globalização*.

Pelo contrário, segundo se me afigura, o *localismo* pode contribuir para potenciar os efeitos benéficos da globalização e diminuir os seus riscos, na medida em que é factor muito importante da construção de uma *identidade* forte e segura de cada comunidade.

Num mundo globalizado, essa identidade, ao nível ético, cultural e social, é fundamental para que, como as circunstâncias desse mundo exigem ou aconselham e é do interesse de cada comunidade local, esta se proponha e afoite, com a segurança que aquela identidade facilita, a constituir-se e a agir não como comunidade fechada ou autista, mas aberta ao mundo e ao *diferente,* apostando, com espírito crítico, de inovação e solidariedade, nas amplas possibilidades de interacções positivas e mutuamente enriquecedoras que o novo circunstancialismo propicia.

Nesta perspectiva, a comunidade territorial local pode valorizar-se relacionando-se, quando adequado, com outras comunidades territoriais, nomeadamente no domínio da inter-municipalidade, ou ao nível regional, nacional, ou mesmo internacional, e estabelecendo ligações a *comunidades relacionais* que as circunstâncias concretas aconselhem.

Pode ainda ser significativamente enriquecida com a ligação a *comunidades de prática*, uma realidade de reconhecimento expresso relativamente recente que parece envolver imensas virtualidades.

Em termos muito genéricos, pode dizer-se da *comunidade de prática* que se trata de uma comunidade constituída, com o propósito de aprendizagem individual e colectiva, por um grupo de pessoas que, tendo interesses comuns relativos a domínios de saberes e práticas referentes à sua formação, à sua profissão e ao seu trabalho, interagem de forma organizada e continuada, reflectindo em conjunto e trocando colectivamente conhecimentos, informações, experiências e instrumentos sobre determinados temas e problemas ligados nomeadamente à sua intervenção prática.[10]

3.4. Conforme acima referi, a concepção, a constituição e as práticas da *comunidade* convocam valores, conceitos, teorias e experiências com assinaláveis relevo e virtualidades, que vêm sendo divulgados e analisados com manifesto interesse, nomeadamente pela psicologia comunitária,

Salientei então, entre eles, os de participação cívica, sentimento de comunidade, capital social, empoderamento, princípios e contextos ecológicos, suporte social (com especial relevo para as redes sociais), intervenção social (dando ênfase às parcerias comunitárias), desenvolvimento comunitário e mudança social.

Vou fazer alusão apenas aos que me parecem com maior pertinência e interesse para o tema central do papel da *comunidade local* na promoção e protecção dos direitos da criança. E de forma brevíssima, considerando o contexto e limites deste artigo e a facilidade de consulta pelos meus eventuais leitores, se dela necessitarem, da muito importante e utilíssima obra que me serviu de base de referência nesta matéria – o livro «Psicologia Comunitária», do Prof. Doutor José Ornelas, publicado em 2008 pela editora «Fim de Século»[11]. Mas tentarei sintetizar os aspectos que me parecem mais relevantes, como estímulo à mais generalizada atenção à matéria por parte dos que se dedicam ao projecto de uma melhor e mais rápida generalização da promoção e defesa da criança como Sujeito de direito.

---

[10] A propósito de *comunidades de prática, cf., v.g.,* International Encyclopedia of the Social & Behavioral Sciences, volume 4, pp. 2239 a 2342.

[11] Seguirei de perto essa obra, colocando entre aspas, muitas das referências que dele retiro.

São eles: sentimento de comunidade; capital social; contextos e princípios ecológicos e suas implicações na intervenção comunitária; suporte social; intervenção social, desenvolvimento comunitário e mudança social; teoria do empoderamento, usualmente designado pela expressão inglesa «empowerment».

3.4.1. O *sentimento de comunidade*[12], como elemento psicológico, pode ser definido como «o sentimento de pertença que possuem os membros, que se preocupam uns com os outros e com o grupo e têm uma fé partilhada de que as necessidades dos membros serão satisfeitas através do seu compromisso de estar e actuar juntos».

São quatro as componentes definidoras do sentimento psicológico de comunidade: estatuto de membro; influência; integração e satisfação de necessidades; ligações emocionais partilhadas.

É manifesta a sua importância na construção e êxito das iniciativas de intervenção e desenvolvimento comunitário, na medida em que actua como catalisador da participação dos cidadãos e facilita a coesão e a adequada orientação na definição de objectivos e no planeamento e execução de programas de intervenção. Há pois que promover esse sentimento, facilitar a sua conveniente expressão e confiar nos seus efeitos na qualidade da constituição e actuação da *comunidade*.

3.4.2. O conceito de *capital social*[13] tem como autor mais significativo o sociólogo Robert Putman, na esteira de Pierre Bordieu e James Coleman e sob a influência de Tocqueville.

Pode definir-se, conforme Putman, como «as características da vida social – redes, normas e confiança – que capacitam os participantes a agir, mais eficazmente, em conjunto, para perseguir objectivos partilhados».

Distinguindo-se do capital físico e do capital humano (referidos, respectivamente, a objectos físicos e às qualidades dos indivíduos), o capital social reporta-se à constelação das ligações entre as pessoas, numa perspectiva das suas interacções. Tem como componentes as

---

[12] Cf. citada obra de José Ornelas, pp. 49 a 66.

[13] Cf. citada obra de José Ornelas, ps. 67 e 68, e Sofia Correia, «Capital social e comunidade cívica, o círculo virtuoso da cidadania», tese de mestrado em sociologia no Instituto Superior de Ciências Sociais e Políticas, em Lisboa, no ano de 2007, pp. 65 a 107.

redes sociais, a confiança, as normas, a reciprocidade e os valores. Relativamente aos indivíduos, consiste e revela-se em «quatro dimensões – sentimento de comunidade, vizinhança, participação dos cidadãos e eficácia colectiva ou «empowerment».

Como bem assinala José Ornelas, «a ligação entre capital social e as intervenções de base comunitária surge como particularmente relevante, porque estas últimas podem ser uma forma de operacionalizar e pôr em prática as potencialidades do capital social, orientando-o para a resolução e problemas e fornecendo uma base de estruturação de processos de mudança ancorados na comunidade».

Em conformidade, as virtualidades do *capital social* devem ser cuidadosamente consideradas em função das exigências da concepção e concretização de uma *comunidade* local inclusiva e promotora de progresso, impondo um esforço sério no sentido da implementação dos elementos constitutivos desse capital, de que ressalto os valores, a confiança e a reciprocidade. Eis um desafio a que importa responder, actuando nos diversos contextos locais implicados, nomeadamente os da família, da escola, das diversas profissões, das instituições comunitárias, privadas e públicas. Tarefa particularmente essencial no que respeita à valorização e eficácia do papel da comunidade na promoção e protecção dos direitos da criança.

3.4.3. Relativamente aos *contextos e princípios ecológicos e suas implicações na intervenção comunitária*[14], salientarei apenas alguns aspectos, decorrentes do «paradigma ecológico» subjacente, que me parecem mais relevantes para o tema central deste texto.

Dos quatro princípios fundamentais, desenvolvidos por James Kelly, para analisar e compreender os contextos ecológicos e os processos de mudança (interdependência, ciclo de recursos, adaptação, sucessão)[15] e dos princípios que, no seu seguimento, Levine desenvolveu para a prática da psicologia comunitária[16], relevo, em muito breve síntese, as seguintes ideias que me parecem com mais interesse para o tema:

---

[14] Cf. citada obra de José Ornelas, pp. 149 a 173.
[15] Cf. citada obra de José Ornelas, pp. 164 a 171.
[16] Cf. citada obra de José Ornelas, pp. 171 a 173.

– São múltiplas as *interdependências,* no sentido das interacções e influências mútuas, entre os vários componentes de cada sistema, e também entre os diversos sistemas. Por isso há que ter presente que a mudança num dos componentes terá repercussões noutros. Daí a complexidade dos processos de mudança e a consequente exigência, nesse processo, do conhecimento, quer no «diagnóstico», quer para efeitos de intervenção comunitária, dos interesses e necessidades, características e qualidades das pessoas, mas também dos seus contextos ecológicos, prevenindo consequências indesejáveis e promovendo as positivas.

– Os *recursos*[17] para a intervenção comunitária visando a mudança social, são, entre outros, as pessoas, os valores, as ideias, as competências, os talentos, os estilos de liderança, o tempo, o dinheiro e outros instrumentos económicos. Incluem não só os recursos identificados e utilizados pelo sistema, mas também os potenciais. As ligações de um sistema a outros sistemas sociais contribuem para captar e desenvolver os recursos. Estes influenciam-se mutuamente, num ciclo revelador das suas interdependências e capacidade de se reforçarem uns aos outros. O conhecimento do funcionamento dos *ciclos de recursos* comunitários existentes é importante para uma intervenção comunitária que racionalize e rentabilize a sua aplicação, favorecendo a criatividade das soluções. Por outro lado, a intervenção comunitária de suporte/apoio que permitem, para ser eficaz, deve respeitar uma «abordagem contextualista», isto é, o suporte «deve estar localizado estrategicamente no contexto onde o problema se manifesta». E deve ter em conta o momento adequado para que a intervenção seja implementada, perspectivando também as possibilidades de intervenção preventiva, que são da maior importância.

– A intervenção pressupõe, para além do ajustamento dos sistemas sociais às condições de mudança, dentro do ecosistema, a *adaptação* entre as pessoas e os sistemas sociais. Não no sentido de uma conformação ou ajustamento passivo, mas

---

[17] Cf. Cf. citada obra de José Ornelas, pp. 164 a 175.

implicando múltiplas formas pelas quais as pessoas, «ao responderem às exigências exteriores, preservam as suas qualidades únicas, ao mesmo tempo que desenvolvem novas competências e influenciam os contextos sociais, constituindo desta forma «o processo de adaptação uma oportunidade de desenvolvimento». Há assim que intervir nos ambientes para facilitar o processo de adaptação, «criando normas e processos de funcionamento que promovam o acesso à informação, o desenvolvimento de relações recíprocas e de suporte e a criação de oportunidades de desenvolvimento de novas capacidades dos seus membros».

– Os ambientes e os sistemas sociais não são estáticos, mudam ao longo do tempo. Esta constatação implica o princípio da *sucessão,* que impõe uma perspectiva de *longo prazo* «na análise e compreensão das dinâmicas de mudança das *interdependências,* dos *ciclos de recursos* e dos *processos de adaptação».* Este princípio da *sucessão* tem de estar presente aquando do planeamento das intervenções comunitárias. «Antes de se propor qualquer tipo de intervenção é fundamental conhecer a história dos contextos sociais, os seus participantes e recursos; o modo como foram enfrentando os desafios ao longo do tempo e as respostas que foram implementando; o que falhou em intervenções anteriores e o que teve sucesso... A definição de novas propostas de solução deve ter por base esse conhecimento. Segundo o princípio da sucessão, a resolução dos problemas e limitações com que as comunidades se confrontam residem na capacidade de visionar e criar novos contextos».

– Na intervenção comunitária a perspectiva ecológica implica o *princípio colaborativo,* no sentido de que «os interventores sociais devem ter a capacidade de construir uma relação de trabalho e confiança com os diferentes participantes e fomentar o seu envolvimento e colaboração em termos da definição do problema, da compreensão do fenómeno de interesse comum e na criação de soluções».
Este princípio convoca a questão dos *valores* e objectivos no âmbito da intervenção comunitária visando a mudança, quer os valores e objectivos do contexto, quer os do agente ou

interveniente. Caso os valores e objectivos de mudança forem «adaptáveis aos valores e propósitos, explícitos e implícitos, contidos nos contextos, o processo tenderá a não despertar resistência» e propiciar mais facilmente a adesão. «Se os valores do *interventor social* entrarem em conflito com os valores e objectivos do contexto, poderá esperar-se uma oposição, incluindo acções de bloqueio à mudança» ou mesmo a rejeição do interventor.

Esta constatação implica que o agente tem uma missão complexa. Parece-me que deve, actuando como facilitador, tentar ganhar a confiança das pessoas que importa implicar na mudança, na consideração dos valores destas, sem prejuízo, porém, da persistente busca, honesta, empática, respeitosa e inteligente, da adesão livre e crítica das pessoas aos valores e objectivos para que apontem claramente os interesses legítimos e os direitos e deveres das várias pessoas e instituições que integram o contexto. Naturalmente que há limites a essa procura à mudança pelo consenso, sobretudo quando possam estar em causa direitos fundamentais. Casos em que a aceitação do conflito pode ser utilizada conscientemente como estratégia para desencadear a mudança. Contudo, como bem faz notar Levine, citado por José Ornelas[18], «é fundamental que o interventor antecipe as situações de conflito e compreenda a sua base». Isto é, que saiba interpretar bem o circunstancialismo fundamento do conflito e decidir convenientemente sobre a oportunidade do conflito e a sua gestão.

– Finalmente, importa ter presente que a intervenção comunitária deve orientar-se no sentido da *sustentabilidade* da mudança, sem prejuízo das naturais dinâmicas evolutivas. Esse objectivo implica que se desenvolvam recursos de suporte que tenham potencial bastante para permitirem a continuidade, utilizando os recursos do contexto ou introduzindo novos recursos que possam ser mantidos pelos contextos numa perspectiva de longo prazo[19].

---

[18] Cf. obra citada, pp. 172 e 173.

[19] Neste sentido, Levine, citado por José Ornelas, na obra citada, a p. 173.

Direitos da criança e comunidade

3.4.4. No que respeita ao *suporte social*[20], entre os vários sentidos que comporta, elegemos a perspectiva de Lin, citado por José Ornelas[21], que o contextualiza «como as acções instrumentais e/ou emocionais, percepcionadas ou objectivas, proporcionadas pela comunidade, redes sociais ou pelos parceiros próximos». Neste conceito, são especificados, como níveis de conexão com o meio, o *sentimento de pertença,* de *ligação* e de *compromisso.*

Assumem particular relevância no suporte social as redes de suporte comunitário.

3.4.5. Quanto à *intervenção social* e ao *desenvolvimento comunitário*, tendo em vista a *mudança,* avultam, em síntese, as seguintes ideias e exigências[22]·:

- A necessidade de serem tidos em conta o objecto da intervenção, o estado inicial, o tipo de mudança que se pretende, os específicos objectivos e metas;
- A importância da cuidada programação das etapas da intervenção;
- A essencialidade da *participação comunitária*, convocando as organizações cívicas e a «governança» local;
- A relevância do objectivo de fomentar *comunidades competentes,* também designadas como *comunidades saudáveis,* no sentido de comunidades que «continuamente criam ou introduzem melhorias, ao nível dos vários contextos que as compõem, e expandem os recursos comunitários, com o propósito fundamental «de permitir aos seus participantes a prestação de suporte mútuo» no bom desempenho das suas tarefas pessoais e societárias, procurando «a maximização do desenvolvimento do seu potencial»;
- A necessidade e as vantagens de *parcerias comunitárias* que explorem todas as virtualidades de um trabalho colaborativo sério, inteligente, generoso, fundado em objectivos comuns e na partilha de conhecimentos, experiências, projectos, recursos e trabalhos de concepção, execução e avaliação.

---

[20] Cf. citada obra de José Ornelas, pp. 185 a 247.
[21] Cf. obra citada, p. 196.
[22] Cf. citada obra de José Ornelas, pp. 241 a 254.

«Como um conjunto de pistas criativas para a estruturação e o desenvolvimento de *parcerias* bem estruturadas, fortes, ancoradas na comunidade e com potencialidades para funcionarem como catalisadores dos processos de mudança social», são de salientar:

- A importância da adopção de quatro estratégias que facilitam o bom funcionamento das *parcerias comunitárias*: Trabalho em rede, coordenação, cooperação e colaboração.
- As características das *parcerias* que tendem a torná-las mais eficazes: a abrangência; a flexibilidade e orientação para respostas concretas; a promoção da ligação à comunidade; o desenvolvimento do empowerment comunitário; a diversidade da comunidade, no sentido de reflectir na sua composição e estrutura os vários sectores da comunidade; a inovação; a capacidade de gestão das divergências e conflitos; a orientação para resultados preventivos e reactivos, a partir de estruturação e planeamento focalizado em objectivos claros e mensuráveis; a disponibilidade e desenvolvimento de sistemas de avaliação colaborativa.[23]

3.4.6. Finalmente, uma breve referência à teoria, ao conceito e às dimensões do «empowerment»[24], relevante elemento para o tema que nos ocupa e que pode considerar-se de certa forma transversal aos anteriormente referidos, tendo em conta não só o seu nível individual e organizacional, mas, também e sobretudo, o comunitário.

Entre as diversas definições de *enpowerment*, escolhemos a de Julian Rapport[25] segundo o qual constitui um «processo ou mecanismo através do qual as pessoas, as organizações e as comunidades podem assumir o controlo das suas próprias vidas». Põe em relevo como seu requisito e objectivo fundamental a capacidade, derivada da conjugação dos saberes, recursos e competências, aos níveis individual, organizacional e comunitário, para que as pessoas, assumindo a sua qualidade de *sujeitos*, quer individualmente, quer enquanto elementos das organizações que integram, quer como membros da

---

[23] Para maiores desenvolvimentos, ver a citada obra de José Ornelas, pp. 252 a 254.
[24] Cfr. citada obra de José Ornelas, pp. 47 a 58, que seguiremos de perto.
[25] Citado por José Ornelas a p. 47 da obra citada.

comunidade que compõem, fomentem capacidades de intervenção criativa e desenvolvimentista determinantes da mais profunda compreensão dos problemas e da procura de respostas inovadoras, adequadas a rentabilizar os recursos e capacidades existentes e a encontrar e criar novos recursos, também ao nível afectivo, ético, cognitivo e comportamental, de forma a melhor promover o bem-estar individual e social.

Assinale-se, em especial:

- O conceito de *enpowerment* implica três dimensões ou componentes – o *controlo, a consciência crítica* e a *participação*;
- Promove «a participação dos membros da comunidade na identificação das suas necessidades, no estabelecimento de prioridades, no planeamento, implementação e avaliação dos projectos»[26];
- Como acentua expressivamente Zimmerman, citado por José Ornelas[27], o *enpowerment*, ao nível das comunidades, implica quatro aspectos fundamentais: «a presença de um sistema de valores que inspire o crescimento pessoal; um sistema que proporcione, de forma continuada, o acesso a papéis multifuncionais; um sistema de suporte baseado nos cidadãos como pares, que os acompanhe e proporcione um forte sentimento de comunidade; uma liderança inspiradora, talentosa, partilhada e comprometida, tanto com o contexto, como com os seus membros».

Estas referências, ainda que muito sumárias, parecem-me suficientes para justificar uma particular atenção ao *enpowerment* na concepção e promoção de *comunidades* amigas das crianças, no sentido da sua vontade e aptidão para promover a interiorização generalizada dos seus direitos e a sua defesa consistente.

4. Abordados que foram os aspectos que me pareceram mais pertinentes relativos à *comunidade*, considerada no seu conceito e sentidos possíveis e nos diversos elementos e características que podem

---

[26] Cf, citada obra de José Ornelas, p. 48.
[27] Cf. obra citada, p. 53.

concorrer para a sua densificação e êxito na sua multiforme missão, procurarei, como acima anunciara, caracterizar brevemente os aspectos do *sistema* de promoção e protecção dos direitos das crianças e jovens[28] que se me afiguram mais significativos do papel que esse *sistema* confere à *comunidade*, e bem assim do correspondente apelo que o *sistema* lhe faz, explícita ou implicitamente.

Conforme já anteriormente afirmado, a *comunidade* considerada é a *comunidade territorial local,* com referência a cada Município e suas Freguesias.

4.1. É manifesto, como tentaremos demonstrar nos pontos seguintes, que constitui uma das componentes centrais do *sistema* o papel por ele atribuído a tal *comunidade*. Nela faz repousar, explícita ou implicitamente, fulcrais responsabilidades e esperanças. Tem-na presente na densificação e concretização dos valores, princípios, missão e visão, que o inspiram e orientam, e na correspondente definição e realização das políticas, estratégias e acções, visando o objectivo último da efectiva promoção e protecção da criança como Sujeito de direito.

Retiro esta conclusão essencialmente da *conjugação* dos seguintes aspectos caracterizadores do *sistema*:

– O *princípio da subsidariedade*, estatuído na alínea j) do art. 4.º da Lei de Protecção de Crianças e Jovens em Perigo (LPCJP), artigo profundamente marcante do *sistema*, pela expressa consagração, que contém, dos «princípios orientadores da intervenção» e pela natureza e sentido desses princípios;

– As atribuições conferidas, em consonância com o *princípio da subsidariedade*, às *Entidades com competência em matéria de infância e juventude*;

– O implícito *princípio do localismo*;

– A concepção subjacente à consagração legal das *Comissões de Protecção de Crianças e Jovens*[29], tendo nomeadamente

---

[28] Recorda-se que, no texto, o sistema de promoção e protecção dos direitos das crianças e dos jovens é referido sinteticamente como *sistema*.

[29] As Comissões de Protecção de Crianças e Jovens passarão a ser sinteticamente referidas no texto como Comissões de Protecção ou pelas iniciais CPCJ.

Direitos da criança e comunidade 61

em conta as disposições relativas à sua natureza, competência territorial, composição, competências e apoio logístico[30].

Dedicarei especial atenção a este último aspecto, porque se me afigura que, na arquitectura do *sistema*, a matéria da concepção das Comissões de Protecção de Crianças e Jovens[31] é aquela em que, mais expressa e impressivamente, se atribui um papel fundamental à *comunidade* (com o sentido de *comunidade territorial local*, na base do Município e suas Freguesias, que acima tentei sumariamente caracterizar). Essa particular atenção poderá também contribuir para uma mais fácil e adequada explicitação da interpretação que faço sobre as implicações do expresso *princípio da subsidiariedade,* das atribuições das competências e do implícito princípio do *localismo*, relativamente ao referido papel da *comunidade* no *sistema* e ao consequente apelo responsabilizante que este lhe faz.

4.2. Antes de abordar estes aspectos concretos do *sistema,* que julgo mais reveladores do aludido relevo do papel que este atribui à *comunidade* na promoção, concretização e defesa do direitos da criança, farei breve referência a algumas circunstâncias que, em conexão com o acima desenvolvido sobre as características, as exigências e as virtualidades da *comunidade*, me parecem reforçar, em geral, o carácter justificado da referida opção do *sistema* pelo realce conferido ao papel da *comunidade* na promoção e protecção dos direitos da criança.

4.2.1. O *sentido actual dos direitos da criança* e alguns dos seus principais fundamentos apontam, de forma clara, para um reforço do papel da *comunidade* na interiorização desses direitos e na sua efectiva concretização na pessoa de todas e cada uma das crianças que a integram. Essencialmente, em meu parecer, pelas seguintes circunstâncias e ordem de razões actuais que sumariamente se indicam:

– Os direitos das crianças são hoje *direitos humanos* já juridicamente reconhecidos como *direitos fundamentais.*

---

[30] Cfr., nomeadamente, arts. 12.º, 14.º, 15.º, 16.º, 17.º, 19.º, a 22.º, 25.º,26.º, 27.º e 28.º da LPCJP).

[31] Comissões que passarei a designar como CPCJ.

– Correspondem à repercussão, ao nível do direito internacional e nacional, de importantes aquisições relativas à criança[32], em diversificados domínios, nomeadamente da ética, da cultura e das várias ciências atinentes, designadamente a biologia, a etilogia, a antropologia, a medicina, a psicologia, a sociologia, a ecologia.

De entre essas aquisições cumpre salientar as seguintes, no contexto da questão que nos propusemos abordar:

– A constatação da importância fundamental – para um desenvolvimento de toda a pessoa, ao nível individual e societário, como ser autónomo, responsável, solidário e tanto quanto possível feliz – da *qualidade da infância*. Qualidade com expressão desde o desejo da criança à sua concepção, gestação e nascimento, continuando nos primeiros tempos, meses e anos de vida, e prosseguindo nas posteriores fases do seu desenvolvimento dinâmico como criança ou jovem, sem descontinuidades comprometedoras. Qualidade manifestada aos níveis dos afectos, do suporte adequado à condição da criança, e da sua educação; e reflectida na satisfação, em consonância com o seu grau de desenvolvimento, das necessárias condições simultâneas de segurança, de interiorização de valores e regras, e de efectivas oportunidades, criativas e sadiamente responsabilizantes, de exercício dos seus direitos à palavra e à participação.

– A esta constatação de que a *qualidade humana* é fortemente subsidiária da *qualidade da infância* alia-se a verificação de que sem qualidade humana não há *desenvolvimento de qualidade*, seja ao nível ético, cultural, político, social ou económico.

– Junta-se o simultâneo reconhecimento, cada vez mais interiorizado:

– da essencialidade de uma *família* onde a criança seja amada como filho e que reúna as condições e sentido das responsabilidades genericamente acima salientadas a propósito da *qualidade da infância*;

---

[32] Estas aquisições caracterizam-se por um acentuado dinamismo no seu desenvolvimento e densificação.

– da importância de um *contexto comunitário de proximidade* valioso, ao nível dos afectos e da qualidade e quantidade das oportunidades de apoio proporcionadas à criança e à família, em vários domínios – habitacional, educacional, laboral, cultural, social e económico. Oportunidades de apoio que envolvem o apelo e estímulo comunitário à intervenção criativa, responsabilizada e empreendedora da família e da própria criança (em harmonia com o seu grau de desenvolvimento), e a acção subsidiária de suporte comunitário, sempre que necessário.

– Da interiorização deste circunstancialismo resulta uma melhor compreensão de que entre os direitos da criança se contam, com especial relevo, o *direito a uma família* e, simultaneamente, o *direito à comunidade* (nomeadamente aquela que corporiza o seu *contexto de proximidade*).

Este *direito à comunidade* assume o sentido genérico de um direito da criança ao apoio da *comunidade* à interiorização e à concretização generalizada dos seus vários direitos, e o significado específico de um direito ao seu apoio à efectivação do direito da criança a uma família capaz, que é, por sua vez, instrumento quase sempre fundamental à concretização de vários dos seus outros direitos, em que avulta o direito a um desenvolvimento integral, do ponto de vista físico, psicológico, espiritual, educacional, cultural e social.

– A este *direito da criança à comunidade* corresponde um *dever* por parte da *comunidade,* que se reveste de particular relevância, derivada, em grande parte, de uma alteração muito significativa:

Anteriormente ao actual contexto da concepção da criança como Sujeito de direito e ao seu reconhecimento também já no domínio jurídico, o interesse da criança revestia-se de natureza predominantemente privada, essencialmente do foro da família e das instituições de acolhimento de crianças.

Hoje, por força do sentido profundo daquela concepção e mercê das referidas aquisições relativas à essencialidade da qualidade da infância e ao seu reflexo na qualidade humana e na consequente qualidade do desenvolvimento, *o superior interesse da criança assume eminente natureza e relevo públicos.* A todos se impõe, embora, naturalmente, sem prejuízo do respeito pela privacidade da família e da criança e pela amplitude da liberdade de exercício das responsabilidades parentais. Essa liberdade é, porém, limitada, em consonância com a referida forte componente pública do interesse da criança, pelo dever/poder de intervenção pública, pelos órgãos competentes e verificados os requisitos constitucionais e legais, nos casos de situações de perigo para os direitos da criança à sua segurança, saúde, formação, educação ou desenvolvimento, se o perigo for causado pelos próprios titulares das responsabilidades parentais ou, quando resultando de acção ou omissão de terceiros ou da própria criança, aqueles titulares não se oponham à situação de perigo de forma adequada a removê-lo[33].

> – Este *dever da comunidade,* correspondente ao *direito à comunidade* de que a criança é titular, vai encontrando, progressivamente, mais *condições* favoráveis à sua interiorização e cumprimento, embora haja ainda um longo e complexo caminho a percorrer, na concepção e implementação dos incentivos à melhoria qualitativa e quantitativa dos correspondentes requisitos, seja ao nível cultural, seja nos domínios científico, técnico e dos recursos.

Entre essas *condições* positivas, saliento, no contexto deste trabalho, duas delas:

> – Uma relaciona-se com a divulgação – cada vez maior, e em alguns casos, em número crescente, mais qualificada – dos direitos da criança, nos aspectos do seu conteúdo e sentido, do eminente interesse público da sua promoção, da prevenção do seu desrespeito e de intervenções adequadas à inadmissibilidade ético-jurídica da sua violação. Divulgação que, acredita-se, reforçará os sentimentos, individuais e comunitários, de afecto, respeito, consideração e solidariedade relativamente à criança, esse Sujeito de direito simultaneamente vulnerável e rico de potencialidades na sua caminhada para o êxito, essencial do ponto de vista individual, familiar

---

[33] Cf., v.g., art. 3.º da LPCJP.

e comunitário, da sua candidatura à plenitude de uma humanidade realizada.

– A outra *condição* reporta-se à crescente consciência da importância de os direitos da criança constituírem *direitos humanos* e serem como tal reconhecidos. Beneficiam da força destes direitos, que, no nosso tempo complexo e desafiante, se sente, cada vez mais, ser essencial interiorizar e promover, seja na concepção, seja na efectivação, de projectos democráticos fortemente enraizados na *comunidade* e firmemente ancorados no respeito absoluto pela *dignidade humana,* dignidade que é fundamento indispensável e bastante dos *direitos humanos.* Direitos que, por isso, inspiram e alicerçam uma *ética mínima comum,* susceptível de congregar crentes e não crentes, e seguidores de diversificadas ideologias que se reclamem do ideal de democracia fundada no respeito por aquela dignidade.

4.3. Analisemos agora, sumariamente, o contributo da concepção subjacente à consagração legal das *Comissões de Protecção de Crianças e Jovens*[34] para a apreensão do papel que o sistema confere à *comunidade,* tendo nomeadamente em conta as disposições relativas à sua natureza, competência territorial, composição, atribuições e apoio logístico[35].

Pode afirmar-se que essa concepção traduz, expressa e implicitamente, um fortíssimo investimento do *sistema* na *comunidade territorial local,* como resulta claramente dos seus seguintes aspectos do regime legal:

Para além de as Comissões exercerem a sua competência na área do Município onde têm sede (ou na de suas Freguesias, nos Municípios com maior número de habitantes), e de o seu apoio logístico ser da responsabilidade do Município, o *peso* da *comunidade* reflecte-se com particular nitidez e significado na sua *composição* e *competências,* culminando na sua *natureza*[36]. Aspectos também

---

[34] As Comissões de Protecção de Crianças e Jovens passarão a ser sinteticamente referidas no texto como Comissões ou pelas iniciais CPCJ.

[35] Cfr., nomeadamente, arts. 12.º, 14.º, 15.º, 16.º, 17.º, 19.º, a 22.º, 25.º, 26.º, 27.º e 28.º da LPCJP).

[36] Cfr., respectivamente, os arts. 17.º, 18.º, 10.º e 23.º da LPCJP.

reveladores dos concomitantes fundamentos democráticos da concepção das Comissões.

O disposto sobre a sua *composição, competências* e *natureza* constitui, de facto, expressão marcante do pensamento do *sistema* no sentido de, relativamente a um seu instrumento institucional – que tão impressivamente o caracteriza e integra a sua centralidade –, reconhecer, colocar e comprometer a *comunidade* como principal agente responsável pela densificação e efectividade da sua missão.

Assim,

Quanto à constituição:

Os Membros que *compõem* a Comissão[37] representam não só o Município, os Serviços locais de segurança social, educação e de saúde e as forças de segurança, mas também várias instituições particulares de solidariedade social com diversificados objectivos e actividades relacionados com a promoção e protecção de direitos da criança, bem como associações de pais e associações de jovens. Compõem também a Comissão de Protecção quatro pessoas designadas pela Assembleia Municipal ou, nos casos de Comissões com área de intervenção em Freguesia ou grupo de Freguesias, pela respectiva Assembleia; e ainda *técnicos* que venham a ser cooptados pela Comissão, em função da sua formação, ou *cidadãos* com especial interesse pelos problemas da infância e juventude.

Realce-se que todas as entidades representadas, quer se trate de serviços públicos, quer de instituições ou associações da sociedade civil, têm inserção e intervenção local na área correspondente à competência territorial da Comissão, ao que se alia, normalmente, a raiz local das instituições e associações.

Saliente-se também a *igualdade de estatuto* de todos os Membros, aspecto bem significativo do conceito de *comunidade* que subjaz à concepção das Comissões e Protecção e dos seus fundamentos democráticos.

Constituem ainda elemento muito relevante dessa concepção as manifestações de que o espírito do *sistema* é no sentido de que na composição das Comissões de Protecção, e consequentemente na sua

---

[37] Cfr. art. 17.º da LPCJP.

Direitos da criança e comunidade 67

intervenção, esteja presente, para além das exigências de competência técnica e funcional, uma indispensável *componente cívica.* Note-se, a este propósito, o significado, explícito e implícito, da estatuição legal: sobre o representante do Município, ou das Freguesias, (a escolher *de entre pessoas com especial interesse ou aptidão na área das crianças e jovens em perigo);* a respeito das pessoas a designar pela Assembleia Municipal, ou pela Assembleia da Freguesia, (*de entre* **cidadãos eleitores** *preferencialmente com especiais conhecimentos ou capacidades de intervir na área das crianças e jovens em perigo)*; relativa à possibilidade de cooptação de **cidadãos** *com especial interesse pelos problemas da infância* e *juventude.*

Relativamente às *competências:*

As disposições referentes às *competências* da Comissão de Protecção, seja na sua modalidade alargada, seja na restrita[38], acompanham, naturalmente, a referência, expressa ou implícita, à *comunidade* territorial local e ao papel que o *sistema* lhe confia, em consonância com o já aludido quanto à competência territorial e à composição da Comissão.

É particularmente revelador a exemplificação, na lei, de competências da Comissão, na modalidade alargada e na restrita, que se prendem com a responsabilidade da Comissão de contribuir para uma *cultura da criança* fundada na interiorização pela *comunidade* dos seus direitos e na criação de condições individuais e *comunitárias* para a sua efectiva promoção e concretização, mediante a *prevenção primária* da violação desses direitos e *intervenções reparadoras* suficientemente precoces e adequadas. Note-se, a esse respeito, nomeadamente, os arts. 18.º, n.º 1, e n.º 2, as als. a) a f), e 21.º, als. a) a f), quando conjugados com as disposições relativas à competência da Comissão para aplicação das medidas de promoção e protecção, as referentes ao respectivo acordo e as que respeitam às condicionantes da legitimidade de intervenção, aos princípios que a orientam e aos procedimentos legais que a regulam.[39]

---

[38] Cf. arts. 18.º e 21.º da LPCJP.
[39] Cf., nomeadamente, arts. 4.º, 9.º, 10.º, 34.º, 35.º, 38.º, 55.º a 62.º, 63.º, 65.º a 71.º, 79.º, 80.º, 83.º a 99.º, todos da LPCJP.

Conforme acima referi, é na consideração da *natureza* atribuída às Comissões de Protecção no art. 12.º da LPCJ, e reflectida em variados aspectos da letra e do espírito das normas legais que lhes respeitam, que me parece culminar a expressão do papel, e seu relevo, que o *sistema* atribui à *comunidade*.

Realcem-se a expressões do art. 12.º mais significativas dessa *natureza*: «...as comissões de protecção são *instituições não judiciárias* com *autonomia funcional* que visam *promover* os direitos da criança e do jovem e *prevenir* ou *pôr termo a situações* susceptíveis de afectar a sua segurança, saúde, formação, educação ou desenvolvimento integral. As comissões exercem as suas atribuições *em conformidade com a lei* e deliberam com *imparcialidade* e *independência*».

Relacionando essas expressões, resulta o sentido essencial da *natureza* das Comissões de Protecção, referenciado a dois aspectos fundamentais: o carácter não judiciário e a autonomia funcional.

– O carácter *não judiciário* das Comissões, associado à sua intervenção decisória vinculativa, *conforme à lei* e deliberada com *imparcialidade* e *independência,* aponta, quando relacionado com o princípio da subsidariedade e suas decorrências, para uma opção clara de *desjudicialização,* com atribuição de algumas características da intervenção judicial essenciais à legitimidade e eficácia da missão atribuída às Comissões: o poder/dever de deliberar com *imparcialidade* e *independência,* actuando sempre *em conformidade com a lei* e gozando de *autonomia funcional,* garantia imprescindível às referidas exigências de *imparcialidade* e *independência* e fonte das correspondentes elevadas responsabilidades.

Evidentemente que não obsta a esta conclusão nem o condicionamento da legitimidade de intervenção ao *consentimento* e à *não oposição* a que aludem, respectivamente, os arts. 9.º e 10.º da LPCJP, nem as possíveis limitações, resultantes da parte final do n.º 1 do seu art. 28.º, à exequibilidade das deliberações. Estes condicionamento e limitações derivam de princípios constitucionais e de considerações estratégicas e de condicionalismos da realidade em que esta intervenção não judiciária tem lugar, não contrariando a essência da específica resposta não judiciária, no contexto de autonomia e de *poder/dever* de imparcialidade e independência querido pelo *sistema*.

Direitos da criança e comunidade 69

– A *autonomia funcional* atribuída às Comissões implica, necessariamente, no contexto legal da sua natureza, composição, competências e procedimentos, uma autonomia das Comissões, na sua organização, na sua intervenção e nas suas deliberações, face ao Estado Central e ao Estado Local, corporizado no Município, bem como relativamente a outras autoridades administrativas e aos poderes jurídicos ou fácticos das Instituições ou Associações representadas. Corroboram-no, por exemplo, o amplo dever de colaboração prescrito no art. 13.º e o efeito vinculativo das deliberações estatuído no art. 28.º da LPCJP.

Tendo presentes estas referências, em conjugação com as grandes linhas do sistema, nomeadamente os valores e princípios e missão que o inspiram e orientam, afigura-se-me ser de atribuir, em síntese, o seguinte significado essencial à *natureza* das Comissões de Protecção e suas decorrências:

O *sistema* – consciente de que, no actual condicionalismo, o reconhecimento da criança como Sujeito de direito, com o inerente carácter eminentemente público do seu superior interesse, implica o *direito da criança à sua comunidade* e o correspondente *dever* por parte desta – quer consagrar, de forma muito impressiva, mesmo ao nível institucional formal, o dever da *comunidade* de intervir na promoção e protecção dos direitos da criança e atribuir-lhe a correspondentes legitimidade e os inerentes poderes e responsabilidades.

Entende por isso não se limitar à promoção e exigência de específica actuação em parceria. Atribui às Comissões de Protecção a corporização política e jurídica dessa *comunidade* (enquanto patamar intermédio da intervenção no quadro da bem conhecida «*pirâmide*», expressão gráfica do princípio da subsidariedade). Por isso lhe confere competências para actuar na promoção dos direitos e prevenção da sua violação; e, de forma em boa parte semelhante à dos Tribunais (embora, naturalmente, com as bem conhecidas assinaláveis diferenças ao nível dos requisitos de legitimidade da intervenção, da totalidade das medidas legais aplicáveis e da coercibilidade das decisões), atribui-lhe igualmente competência para intervir na detecção, diagnóstico, afastamento do perigo, superação das suas consequências e criação de condições de desenvolvimento seguro e saudável da criança, inclusivamente aplicando as *medidas de promoção e protecção* taxativamente previstas na lei (com exclusão da medida de confiança da criança a pessoa seleccionada para a adopção ou a instituição com vista futura adopção), executando-as ou acompanhando a sua execução, revendo-as e decidindo a sua cessação.

O *sistema*, a meu ver, consagra, esta concepção e correspondente opção de **forma inovadora, ao nível político e jurídico,** superando, a esses dois níveis, anteriores e clássicas concepções e correspondentes respostas, neste domínio da promoção e defesa dos direitos da criança.

Do *ponto* de *vista político*, parece-me reconhecer a *comunidade* como fonte em grande medida autónoma de *legitimidade democrática* neste domínio, ao atribuir à Comissão de Protecção, em que a *comunidade* se constitui, a natureza de instituição oficial não judiciária dotada de autonomia funcional, com o sentido e efeitos acima referidos.

O que se me afigura possível e positivo. Julgo que numa sociedade desenvolvida e com as características actuais de acentuadas complexidade, heterogeneidade e diversidade, a vários níveis, a exigir a diferenciação de intervenções, numa perspectiva predominante de *heterarquia,* como acima referimos, a legitimidade democrática é plural, sem prejuízo da função primordial e agregadora da legitimidade electiva.

Do *ponto de vista jurídico* (com pressupostos e implicações também do ponto de vista político), a novidade parece-me também visível.

À *comunidade*, constituída em Comissão, é reconhecida autonomia funcional, com as referidas características. Mas, como é essencial em democracia, com especial exigência nos domínios atinentes a direitos fundamentais, a autonomia não pode ser nunca insusceptível de escrutínio reavaliador ou fiscalizador. Contudo, podem existir e devem ser promovidos meios desse escrutínio porventura diferentes dos clássicos (estes nomeadamente ao nível de recursos e reclamações), quando a especificidade das realidades, objectivos e exigências de justiça, eficácia e eficiência o justificarem e os novos meios se mostrarem adequados, legítimos e proporcionados.

Direitos da criança e comunidade 71

Parece-me que foi esta última a opção do sistema. Concebeu e estatuiu adequadas, legítimas e proporcionadas formas inovadoras de escrutínio e fiscalização, a vários níveis:

– A um primeiro nível, confiou-os, de forma concomitante:
   – ao primeiro e essencial destinatário da intervenção – a criança ou jovem, em função do grau da sua maturidade e consequente capacidade para exercer os seus direitos, em especial à *solicitação da intervenção, ou à oposição a esta em qualquer momento, à informação, à palavra e à participação* (cf., v.g., arts. 93.º, al. a), 10.º, 4.º, als. h) e g), 62.º, n.º 2, 83.º, 86.º, 87.º, n.ºˢ 1 e 3, 84.º, n.º 4, 94.º, 95.º, 98.º, n.ºˢ 2, 3 e 4, e 105.º, n.º 2, da LPCJP);
   – e sempre aos pais da criança ou jovem, seu representante legal ou pessoa que tenha a sua guarda de facto, a quem conferiu amplos direitos de informação, audição obrigatória e participação, e poderes de decisão sobre, nomeadamente, a própria possibilidade de intervenção das Comissões, a sua continuidade e a aplicabilidade, por acordo, das medidas de promoção e protecção, num constante possível escrutínio, que envolve mesmo, tal como sucede com a criança ou jovem com idade igual superior a 12 anos, o direito a requerer a intervenção do tribunal no caso de terem decorrido seis meses após o conhecimento da situação sem que a Comissão tenha proferido qualquer decisão (cf. os artigos já referidos a propósito da criança e do jovem e o art. 9.º, referente à indispensabilidade do consentimento dos pais, representante legal ou pessoa que tenha a guarda de facto da criança);
– Num outro nível, sem prejuízo do exercício autónomo pelas Comissões das suas competências, confiou ao Ministério Público, magistratura autónoma, com atribuições muito relevantes na defesa dos direitos e interesses da criança, o acompanhamento da sua actividade, *tendo em vista apreciar a legalidade e a adequação das decisões, a fiscalização da sua* actuação *processual e a promoção dos procedimentos judiciais adequados* (cfr., nomeadamente, arts. 72.º a 76.º, 68.º, 69.º, e 11.º, als. b) a f), da LPCJP);

– Paralelamente, assegurou que as Comissões de Protecção, sem prejuízo da sua autonomia funcional, sejam acompanhadas, apoiadas e, avaliadas pela Comissão Nacional de Protecção, com vista a promover requisitos de qualidade da intervenção, tendo ainda a Comissão Nacional competência para efectuar auditorias e inspecções às Comissões de Protecção sempre que o entenda necessário ou a requerimento do Ministério Público (cf. arts 30.º a 33.º da LPCJP, e Dec.-Lei n.º 98/98, de 18 de Abril).

4.4. Embora com menor explicitação no texto da LPCJP, não restam dúvidas de que a aposta do *sistema* na *comunidade*, entendida primacialmente como *comunidade territorial local,* se reflecte também fortemente no que respeita à função que atribui às *Entidades com competência em matéria de infância e Juventude*[40], nos termos que resultam, nomeadamente, dos arts. 5.º, al. d), 6.º e 7.º, em conjugação com o art. 4.º, al. j), (que consagra o princípio da subsidariedade) e a parte final do art. 8.º da LPCJP.

Conforme o citado art. 5.º, essas *Entidades* são «as pessoas singulares ou colectivas públicas, sociais ou privadas que, por desenvolverem actividades nas áreas da infância e juventude, têm legitimidade para intervir na promoção dos direitos e na protecção da criança e jovem em perigo».

O *sistema* atribui-lhes o poder/dever de intervenção, em primeira linha, nesses domínios, como resulta do *princípio da subsidiariedade*, segundo o qual «a intervenção deve ser efectuada sucessivamente» por essas Entidades, pelas Comissões de Protecção de crianças e jovens e, em última instância, pelos Tribunais». Ou seja, a intervenção, ao nível da actuação em situação de perigo, só pode ser desenvolvida pelas Comissões se às Entidades não for possível actuar de forma adequada e suficiente a remover o perigo (cfr. citado art. 8.º); e a intervenção dos Tribunais pressupõe a impossibilidade, insuficiência, inadequação da intervenção das Comissões, ou conveniência de apensação a processo judicial (cfr. arts. 11.º e 81.º).

---

[40] Passaremos a referir, no texto, como *Entidades,* a Entidades com competência em matéria de infância e juventude.

Significa esse princípio da subsidiariedade que o *sistema*, ao prever três instâncias ou graus de intervenção[41], estabelece o primado da intervenção mais informal, ou seja, a subsidiariedade da intervenção mais formal, certamente porque, em regra, na mais informal são menores os riscos de estigmatização e marginalização, e porque a *proximidade*, que propicia e privilegia, facilita afectos, sinergias e apoios individuais e comunitários. *Proximidade* que reforça o papel essencial da comunidade territorial local, como, aliás resulta também da natural exigência de certa consonância com a *comunidade* pressuposta pelo *sistema* a propósito das Comissões de Protecção. Também a este nível de intervenção se afirma o princípio do *localismo* que informa o *sistema*.

É assim de concluir claramente pela aposta na *comunidade* que o sistema faz logo na intervenção de primeira linha, da responsabilidade das *Entidades*. Nem faria qualquer sentido que não o fizesse, face ao que foi, como vimos, sua evidente intenção a respeito das Comissões de Protecção. A diferença é que não erige as Entidades, no seu conjunto, como constituindo instituição dotada de identidade própria e autonomia funcional. Apostando na maior informalidade, não lhes atribui essa natureza nem a correspondente competência para aplicar *as medidas de promoção e protecção* taxativamente fixadas na lei.

Confere-lhes, implicitamente, atribuições de prevenção primária [ao referir como área da sua intervenção a «promoção» dos direitos da criança e do jovem (citado art. 5.º, al. e)] e, explicitamente, intervenção reparadora nas situações de perigo, desde que actuando de *modo consensual* com os pais, representante legal ou com quem tenha a guarda de facto, consoante o caso (cfr. citado art. 7.º).

A referida base comunitária da intervenção pelas *Entidades* e a circunstância de essa intervenção nas situações de perigo ter como objectivo incontornável *remover* o perigo *de forma adequada* e *suficiente* (cfr. citado art. 8.º) impõem necessariamente o dever/poder, por parte das *Entidades*, de promoverem e integrarem *parcerias*

---

[41] De forma representável em «pirâmide», na qual a base, a posição média e o topo são, preenchidos, respectivamente, pelas Entidades, Comissões de Protecção e Tribunais.

comunitárias[42] a que possam recorrer, sempre que necessário ou útil, para a adequação e suficiência da intervenção.

A LPCJP não explicita esse dever, como poderá porventura vir a fazer no futuro, mas, pelas razões indicadas, ele está manifestamente implícito no *sistema de promoção e protecção dos direitos da criança e do jovem*. Aliás em conformidade também com a notável aquisição, ao nível conceptual, cultural e organizacional, que resulta da criação e desenvolvimento da **Rede Social**.[43] **Rede** com a qual as instituições e agentes específicos do *sistema* devem ter estreita cooperação e articulação, sem prejuízo das responsabilidades e competências próprias desses instituições e desses agentes, derivadas das específicas exigências da interiorização de uma nova *cultura da criança*, fundada no seu reconhecimento como Sujeito de direito e consequente dever de concretização dos direitos de todas e cada uma das crianças.

5. Em conformidade com o inicialmente «sumariado», vou aduzir algumas reflexões breves sobre o nível das respostas da *comunidade*[44] – as actuais e as desejáveis no futuro – ao papel que o *sistema* lhe confia e ao consequente apelo que implicitamente lhe faz.

Começo por referir com muita satisfação os progressos nítidos, ao nível afectivo, cultural, de organização e de intervenção, verifica-

---

[42] *Parceria que*, no dizer expressivo do Prof. Doutor Rogério Roque Amaro, baseado no seu muito saber e experiência, é *«um processo de acção conjunta com vários actores ou protagonistas, colectivos ou individuais, que se aglutinam à volta de um objectivo partilhado, disponibilizam recursos para em conjunto definirem e negociarem estratégias e caminhos que viabilizem o referido objectivo, avaliando continuamente os seus resultados»* -seu artigo «O desenvolvimento das redes de parceria», a propósito de «Programas de Inserção: Reflexões Metodológicas», in *Guerra* I , arroba, *Hirondina, C(1998)*, Comissão Nacional do Rendimento Mínimo.

[43] Cfr., a propósito do conceito, criação e desenvolvimento da **Rede Social,** nomeadamente a Resolução do Conselho de Ministros n.º 197/97, de 18/11, a Portaria n.º 141/2002, de 12/01, e o Dec.-Lei n.º 115/2006, de 14/06.

[44] *Comunidade* com o sentido anteriormente considerado como *comunidade territorial local* e abrangendo, como acima se procurou concretizar, não só os elementos locais da denominada *sociedade civil*, mas também as instituições e os agentes locais dos serviços públicos comprometidos com o *sistema,* pelos deveres/poderes que lhes são atribuídos em matérias de alguma forma conexionadas com a promoção e a protecção dos direitos das crianças e dos jovens.

Direitos da criança e comunidade 75

dos nos últimos anos, relativamente à compreensão pela c*omunidade* da essencialidade e nobreza da *missão* que o *sistema* lhe atribui, e aos esforços empreendidos para lhe corresponder na actuação concreta de efectiva promoção e defesa dos direitos da criança.

Permito-me mesmo uma especial homenagem à esmagadora maioria dos milhares de Membros das Comissões de Protecção, pelo esforço – sério, muito abnegado, com frequência equilibradamente entusiasta, imbuído de um claro sentido de responsabilidade cívica – por eles dispendido para dar sentido concreto aos valores, princípios, missão e visão que, em favor das crianças e jovens, inspiram e orientam as Comissões de Protecção.

Os relatórios de avaliação da sua actividade atestam com nitidez os progressos verificados.

É, porém, forçoso reconhecer que, a vários níveis, importa acelerar, de forma intensiva, esses progressos e promover outros.

Muito sinteticamente, vou indicar alguns dos aspectos relativamente aos quais me parece necessário introduzir melhorias e inovações significativas para que a *comunidade,* em que o *sistema* assenta, possa cumprir melhor a missão que este lhe atribui e em que está empenhada:

- Uma mais aprofundada interiorização e aplicação do princípio da subsidariedade, pela intervenção, sempre que justificado, das *Entidades* de primeira linha, facilitada também por um melhor investimento nas parcerias comunitárias, aos vários níveis, nomeadamente o cultural, o dos meios disponíveis, o organizacional e o formativo.
- A superação dos principais obstáculos ao funcionamento da *comunidade* constituída em Comissão de Protecção:
  - A insuficiência – por exiguidade de recursos e/ou pelas dificuldades culturais na interiorização da relevância da representação na Comissão e das enormes virtualidades destas – dos tempos atribuídos aos Membros por algumas das entidades públicas e da sociedade civil representadas;
  - O frequente incumprimento da norma do art. 25.º, n.º 2, da LPCJP, que estatui o carácter prioritário das funções dos Membros da Comissão, no âmbito da competência desta, relativamente às que exercem nos respectivos serviços;

– A ainda não generalizada interiorização pelas entidades representadas na Comissão do dever e das vantagens, próprias e da comunidade, de se constituírem como retaguarda, atenta e cooperante, dos elementos que as representam;
– O estabelecimento de um sistema claro e adequado à justa e atempada avaliação do desempenho das funções dos Membros nas Comissões, em correcta articulação com a avaliação do desempenho na instituição de origem, no caso de acumulação de funções;[45]
– As dificuldades na garantia, sem descontinuidades, de um sistema de formação inicial e permanente, adaptado às circunstâncias de cada contexto;
– Os obstáculos, – os de ordem cultural e os que resultam da falta de suficiente de tempo disponibilizado aos Membros – para imprimir, de forma generalizada, à acção da Comissão na modalidade alargada o permanente dinamismo requerido pela circunstância de nela residir, como vem acentuando lucidamente Rui do Carmo, a essência da sua legitimidade e a responsabilidade da definição do «projecto» da Comissão (que é uma, independentemente das diferenças de competências e funcionamento entre as duas modalidades em que se organiza).

Destaca-se, nesta perspectiva, a essencialidade do seu contributo para que se radique na *comunidade* uma nova *cultura da criança,* nomeadamente através de *planos de acção* que contemplem, em especial, o diagnóstico dos problemas, a consideração dos factores de risco e de protecção, o inventário dos recursos disponíveis e a incentivar, o estímulo a parcerias e à sua articulação, a divulgação dos direitos da criança e do *sistema,* a elaboração de projectos de prevenção primária visando promover os direitos e evitar a sua ofensa, e ainda a procura da melhoria de cultura, saberes, competências, instrumentos e recursos que facilitem a intervenção reparadora, da responsabilidade das *Entidades* e da *Comissão* na sua modalidade restrita. Essencial também o estímulo e o apoio à participação activa da criança, do jovem e da família.

---

[45] Refira-se que estão em curso diligências nesse sentido.

As diversificadas experiências muito positivas já existentes no domínio da intervenção das Comissões na modalidade alargada, embora ainda em percentagem bastante inferior à desejável, justificam a convicção de que o salto qualitativo que se vem progressivamente verificando e a divulgação dessas experiências terá cada vez mais amplificação, abrangendo no futuro a generalidade das Comissões.

6. Vou terminar, como anunciara, com brevíssimas considerações sobre os possíveis efeitos que a cooperação da *comunidade*, no sentido querido pelo *sistema,* poderá ter no aprofundamento, quantitativo e qualitativo, dessa *comunidade* e, reflexamente, na qualidade da democracia.

O *sistema* apostou claramente na *comunidade*. O nível muito elevado das responsabilidades que lhe atribui, ao nível quantitativo e qualitativo, colocando-a no centro da sua concepção e da operacionalização dos seus objectivos, significa, para além da expressão de um generoso ideal e da manifestação de uma profunda esperança, um desafio permanente para que a *comunidade* se fortaleça e tome em suas mãos, com a participação livre, responsável, criativa, solidária e esperançosa de todos os seus elementos individuais e colectivos, um novo e admirável *destino* – o contributo decisivo para a qualidade do seu desenvolvimento ético, cultural, ecológico, social e económico, porque fundado na qualidade humana, para que é essencial a qualidade da infância, que soube promover.

– Esta concepção do sistema pressupõe um arreigado espírito democrático e não poderia ter êxito sem os instrumentos culturais e políticos que só a democracia torna possíveis.

A *comunidade* que o sistema pressupõe beneficia, assim, do ideal democrático e da ética, da cultura e das sinergias que só ele pode propiciar.

Mas do compromisso da *comunidade* com o sistema resultam manifestas aquisições para a qualidade da democracia. Ajudará certamente a que esta se aprofunde e valorize, pelos seus contributos para a construção de uma democracia que, além de representativa, como é relevantíssimo, progrida, como é essencial à sua qualidade no mundo de hoje, no sentido de uma democracia verdadeiramente *participativa, cognitiva e comunicacional.*

A final, concluo que vale a pena, como eu modestamente tentei, *pensar* a *comunidade* na sua relação com os *direitos da criança*.

Lisboa, Setembro de 2009

A AUTONOMIA DO DIREITO DAS CRIANÇAS[*]

MARIA CLARA SOTTOMAYOR[**]

A autonomia de um novo ramo do direito, o Direito das Crianças, situa-se dentro do movimento recente de especialização das áreas científicas e reflecte a preocupação crescente da sociedade com as questões que pertencem ao seu objecto de estudo – as crianças, a sua dignidade e direitos.

Em Portugal, este processo de autonomização iniciou-se no direito judiciário, através da reflexão de magistrado(a)s que se apercebiam das necessidades especiais das crianças afectadas pelas suas decisões e que sentiam empatia com o seu sofrimento, na linha de uma tradição de direito português, que sempre concedeu uma especial atenção às crianças e que foi pioneira no afastamento das crianças com menos de 16 anos do sistema penal dos adultos, com a introdução dos Tribunais de Menores, pela Lei de 27 de Maio de 1911[1].

Verificou-se que os profissionais do direito se debatiam com problemas práticos de grande complexidade, para os quais os métodos e os cursos tradicionais de Direito não forneciam uma resposta. Foram, então, criados cursos de Pós-Graduação sobre Protecção de Menores ou Direito das Crianças, e numa segunda fase, uma disciplina nova nos currículos das Faculdades de Direito, designadamente na Escola do Porto da Faculdade de Direito da UCP. Esta necessidade

---

[*] Este texto corresponde parcialmente a uma conferência proferida no I Congresso de Direito das Crianças, em 18 de Abril de 2008, na Escola do Porto da Faculdade de Direito da UCP, cujas actas se encontram em vias de publicação.

[**] Professora Auxiliar da Escola do Porto da Faculdade de Direito da UCP.

[1] Cf. ANABELA RODRIGUES, *Revista Portuguesa de Ciência Criminal*, Ano 7 ,Fasc. 3.º, Julho-Setembro, 1997, p. 359.

explica-se por razões didácticas, uma vez que os ramos de direito clássicos não inserem, no seu objecto de estudo, os processos judiciais que têm como centro a pessoa e os direitos da criança, ou concedem uma dimensão reduzida aos problemas sociais e jurídicos que afectam a qualidade da vida das crianças.

O Direito das Crianças, como disciplina jurídica, abrange o estudo de todas as relações sociais em que a criança ocupa a posição de sujeito, titular de direitos fundamentais e de direitos específicos, decorrentes da sua situação de ser em desenvolvimento.

A autonomização do Direito das Crianças assume uma enorme importância prática na medida em que aumenta a qualidade das decisões administrativas e judiciais que dizem respeito às crianças e fomenta políticas sociais promotoras do seu desenvolvimento físico, intelectual, psíquico e emocional. Por outro lado, na medida em que potencia um aprofundamento da consciência social acerca do valor e da dignidade humana das crianças, como pessoas, contribui para uma mudança da mentalidade do(a)s futuro(a)s profissionais do direito e para a criação de uma nova cultura da infância na sociedade e nos Tribunais.

O Direito das Crianças não é, apenas, uma parte do Direito da Família, mas atravessa as fronteiras das categorias académicas e ramos de direito estabelecidos, invadindo o Direito Constitucional e o Direito Internacional Público, o Direito Penal e o Direito Processual Penal, o Direito Civil, o Direito do Trabalho, o Direito Fiscal, assim como o Direito da Educação e o Direito da Medicina.

Todavia, a definição do Direito das Crianças como um conjunto de normas jurídicas aplicáveis às crianças ou relacionadas com as crianças é uma forma incompleta e superficial de tratar a questão. A autonomização do Direito das Crianças tem um significado cultural, social e político: a centralização na criança como pessoa e não apenas como membro de uma família ou um objecto passivo de protecção social e estadual.

No Direito das Crianças, os assuntos que integram o Direito da Família e os outros ramos do Direito são estudados de acordo com uma perspectiva original, que até agora tinha sido silenciada pela sociedade e pelo Direito – a perspectiva das crianças. Esta perspectiva permite analisar algumas questões de direito da família, como o divórcio, as responsabilidades parentais, o direito de visita, a violência doméstica e o direito de conhecer a verdade biológica, a uma outra luz, distinta das representações ou interesses dos adultos, que geralmente dominam estes debates.

A autonomia disciplinar de um ramo do direito inclui um elemento material, segundo o qual o ramo do direito se define como um conjunto de normas jurídicas que regulamentam uma determinada secção ou fatia da realidade social; um elemento espiritual ou finalístico, que se refere ao objectivo ou ao princípio fundamental que une e norteia as normas jurídicas em causa; e um elemento metodológico, caracterizado pelo seu carácter indutivo e interdisciplinar[2].

a) **Elemento material**

O Direito das Crianças desenvolve-se numa zona que não é exclusivamente de direito público nem de direito privado, e situa-se numa área de interpenetração entre o direito e o social, entre o direito e a psicologia, constituindo um direito em formação.

O Direito das Crianças engloba normas de todos os ramos de direito, na medida em que a intervenção do Estado na família tem sido crescente, sendo abandonada progressivamente a ideia oitocentista de privatização da família.

No Direito Internacional Convencional, temos como fonte do Direito das Crianças, com a mesma força das normas constitucionais, a Convenção dos Direitos das Crianças de 1989, que assinala a passagem do estatuto da criança de objecto da protecção dos adultos para sujeito de direitos, consagrando os direitos de auto-determinação e de participação das crianças.

No Direito Constitucional, as normas que consagram os direitos, liberdades e garantias da pessoa humana e os direitos económicos, sociais e culturais, são aplicáveis às crianças, como pessoas, titulares de direitos fundamentais. Contudo, a Constituição contém uma norma que consagra o direito da criança ao desenvolvimento integral – o

---

[2] Sobre estes três elementos, na autonomização do direito económico, *vide* MANUEL AFONSO VAZ, *Direito Económico,* Coimbra, 1998, pp. 28-31.

art. 69.º, n.º 1 – a qual, apesar da sua colocação sistemática entre as normas programáticas relativas aos "Direitos e Deveres Sociais", prevê um direito fundamental de natureza análoga (art. 17.º da CRP), constituindo, como tal, uma norma directamente aplicável e vinculativa para todas as entidades públicas e privadas, nos termos do art. 18.º da CRP[3]. O art. 69.º, reconhecendo a especificidade das crianças como sujeitos em desenvolvimento, tem sido interpretado pela doutrina no sentido de incluir um direito da criança a viver em ambiente familiar e um direito à manutenção das suas relações afectivas[4].

O tratamento jurídico da questão da infância resume-se, no direito civil tradicional, ao princípio jurídico de incapacidade por menoridade, sendo a questão da autonomia das crianças considerada secundária e reduzida ao aspecto patrimonial e laboral (art. 127.º[5]), num quadro legislativo dominado pelo dever de obediência (art. 128.º). No direito europeu, questiona-se o princípio da incapacidade de exercício de direitos, em que os pais actuam como representantes dos filhos, e propõe-se a sua substituição, a partir de uma determinada idade, pelo instituto da assistência, permitindo aos adolescentes o direito de participação e reconhecendo a sua autonomia[6]. O regime da incapacidade de exercício revelou-se demasiado rígido, autoritário e limitativo da liberdade do(a)s filho(a)s, sobretudo, na esfera pessoal, apresentando a figura da assistência uma maior flexibilidade e adaptabilidade ao desenvolvimento progressivo das crianças. A representação legal nunca foi compatível com decisões pessoais e relativas aos afectos das crianças, em que os pais não se podem substituir aos(à)s filho(a)s, nem a menoridade é vista, pela lei, como um bloco, mas

---

[3] Cf. JORGE MIRANDA, *Manual de Direito Constitucional,* IV, Coimbra, 2000, p. 151.

[4] Cf. ARMANDO LEANDRO, «Direito e Direito dos menores. Síntese da situação em Portugal no domínio civil e no domínio para-penal e penal», *Infância e Juventude,* n.º especial, 1991, p. 263; MARIA DULCE ROCHA, «Adopção – Consentimento – Conceito de Abandono», *Revista do Ministério Público,* n.º 92, Ano 23.º, Outubro – Dezembro 2002, p. 98; MARIA CLARA SOTTOMAYOR, «Qual é o interesse da criança? Identidade biológica versus relação afectiva», 2008, pp. 23-60.

[5] Todos os artigos sem indicação de proveniência pertencem ao Código Civil.

[6] Cf. JEAN-JACQUES LEMOULAND, «L'assistance du mineur, une voie possible entre l'autonomie et la représentation», RTDC, 1997, pp. 1-24; ROSA MARTINS, «Poder Paternal vs autonomia da criança e do adolescente?», *Lex Familiae,* Revista Portuguesa de Direito da Família, Ano 1, n.º 1, 2004, pp. 71-73.

A autonomia do direito das crianças 83

como um processo gradual de desenvolvimento, ao longo do qual as crianças vão adquirindo autonomia e capacidade de decisão, sendo admitidas maioridades parciais ou antecipadas[7].

No domínio do Direito Civil, têm importância para as crianças, as normas da Parte Geral que consagram a tutela geral da personalidade física e moral (art. 70.º) e a enumeração exemplificativa de direitos de personalidade, e, no Livro do Direito da Família, os direitos de participação na família (arts. 1878.º, n.º 2, 1885.º e 1901.º). O direito a métodos educativos e de disciplina não violentos e não humilhantes, apesar de não estar expressamente previsto na lei civil, resulta de uma interpretação sistemática dos artigos 69.º, n.º 1 da CRP (direito à protecção da sociedade e do Estado contra abusos de autoridade) e do art. 1878.º (conteúdo das responsabilidades parentais), em consonância com os arts. 152.º, n.º 1 e 152.º A, n.º 1, al. a) do CP, que tipificam, como crimes de violência doméstica e de maus tratos, os castigos corporais a crianças, trabalhadores ou outros dependentes[8].

No Direito Penal e Processual Penal é importante estudar o estatuto das crianças vítimas de crimes violentos, em Processo Penal, sobretudo, a área dos crimes sexuais, em que a dupla vitimação provocada pelo sistema social e judicial de protecção é particularmente traumatizante para as crianças. Estas matérias orientam-se pelo princípio do superior interesse da criança, consagrado no art. 8.º, n.º 3 do Protocolo Adicional Facultativo à Convenção dos Direitos das Crianças, que visa o estabelecimento de medidas legislativas, judiciais, sociais e administrativas que evitem o atraso desnecessário dos processos [art. 8.º, n.º 1 al. g)] e que protejam as necessidades especiais

---

[7] Cf. MARIA NAZARÉ LOBATO GUIMARÃES, «Ainda Sobre Menores e Consultas de Planeamento Familiar», *Revista do Ministério Público*, 1982, p. 198; GUILHERME DE OLIVEIRA, «O acesso dos menores aos cuidados de saúde», *R.L.J.*, Ano 132.º, 1999, n.º 3898, p. 17; MARIA CLARA SOTTOMAYOR, *Regulação do Exercício do Poder Paternal nos Casos de Divórcio*, Coimbra, 4.ª edição, 2.ª reimpressão, 2002, pp. 58-62; SÓNIA MOREIRA, «A autonomia do menor no exercício dos seus direitos», *Scientia Juridica*, Tomo L, n.º 291, Setembro-Dezembro, 2001, pp. 159-194; ROSA MARTINS, *Menoridade, (Inca)capacidade e Cuidado Parental*, Coimbra Editora, 2008.

[8] Cf. MARIA CLARA SOTTOMAYOR, «Existe um poder de correcção? A propósito do acórdão do STJ de 05-04-2006», *Lex Familiae, Revista Portuguesa de Direito da Família*, Ano 4 – n.º 7 – 2007, pp. 111-129.

das crianças enquanto testemunhas [art. 8.º, n.º 1, al. g)]. Neste contexto, se situam as medidas destinadas a impor a inquirição da criança para memória futura, durante o inquérito, através de vídeo-conferência (art. 271.º, n.ºs 1 e 2 do CPP)[9], o direito da criança se fazer acompanhar por uma pessoa da sua confiança[10] e a obrigação de evitar a repetição dos interrogatórios e dos exames, geradores do fenómeno da vitimização secundária das crianças, a qual pode ser mais grave do que o abuso em si, criando nas crianças a sensação profunda de não serem importantes para a sociedade e de não terem poder. O Protocolo Adicional Facultativo à Convenção dos Direitos das Crianças consagra, também, a exigência de que todos os profissionais e magistrados, que lidam com as vítimas, tenham formação especializada, em direito e psicologia (art. 8.º, n.º 4). Na escolha das medidas de coacção relativamente ao abusador e das medidas de protecção da criança, importa também considerar o interesse da criança vítima e o seu direito à reinserção social e à recuperação física e psicológica, consagrado no art. 39.º da Convenção dos Direitos da Criança, e no art. 9.º, n.º 3 do Protocolo Adicional Facultativo, devendo ser adoptadas medidas que envolvam a restrição da liberdade do abusador, pois as medidas alternativas à prisão revelam-se ineficazes para realizar a necessidade de protecção e de recuperação da criança. A institucionalização das crianças vítimas, como medida de protecção, no caso do abuso intra-familiar, tem sido estigmatizante para as crianças, pois agrava os danos psicológicos causados pelo abuso e provoca sensação de abandono e desamparo, aumentando o

---

[9] Não nos parece adequada a condição da lei de que a vítima não seja ainda maior, pois a vítima de abuso sexual na infância, mesmo depois da maioridade, continua a sofrer os danos psicológicos resultantes de ter de enfrentar, cara-a-cara, o arguido, no momento do julgamento.

[10] Este direito está consagrado de forma imperfeita, na lei de protecção de testemunhas (art. 27.º), que apenas se refere à designação de um técnico de serviço social ou outra pessoa especialmente habilitada para o acompanhamento da testemunha (art. 27.º, n.º 1), não prevendo o direito da criança se fazer acompanhar por alguém da sua confiança pessoal, com quem tenha laços afectivos, por exemplo, um(a) professor(a) ou um membro da família, a quem tenha revelado o abuso. Já nos processos de promoção e de protecção, a criança goza do direito de se fazer acompanhar por uma pessoa da sua confiança (art. 84.º, n.º 2 da Lei 149/99, de 1 de Setembro).

risco de revitimização no ambiente institucional[11]. Para ultrapassar os mitos relacionados com o abuso sexual de crianças, revela-se ser necessária a organização de campanhas de informação da população (art. 9.º, n.º 1 e 2 do Protocolo Adicional Facultativo), com a finalidade de prevenir o abuso sexual de crianças e de conduzir a uma maior reprovação ético-jurídica dos crimes sexuais contra crianças, através da sensibilização da população para o sofrimento das vítimas e para a repercussão do crime no seu equilíbrio bio-psico-social para sempre.

Para além de normas consagradas nos Códigos tradicionais e em documentos internacionais, o direito português contém vários diplomas avulsos que especificamente se referem às crianças, tendo em conta a sua especificidade, como, entre outros, a Organização Tutelar de Menores, o Estatuto do Aluno (Lei n.º 30/2002, de 20-12, com as alterações da Lei n.º 3/2008, de 18-01), a Lei de Protecção de Crianças e Jovens em Perigo (Lei 149/99, de 1 de Setembro); a Lei Tutelar Educativa (Lei n.º 166/99, de 14 de Setembro) e a Lei de Protecção de Testemunhas (Lei n.º 93/99, de 14 de Julho alterada pelo Lei n.º 29/2008, de 4 de Julho e pelo DL 227/2009, de 14/09), que protege as necessidades especiais das crianças vítimas de crimes sexuais e das crianças testemunhas em processo penal.

Julgo que a compilação de um código das crianças contribuiria para facilitar o trabalho do(a)s juristas e outro(a)s profissionais e para fixar a autonomização do direito das crianças, pois esta autonomia é mais nítida quando existe uma independência da codificação.

b) **Elemento espiritual ou finalístico: o interesse da criança**

A noção de interesse da criança subjaz a todas as normas que regulamentam as relações da criança com a família, o Estado e a sociedade, e constitui o critério de decisão relativamente a todos os litígios judiciais que envolvam a pessoa da criança.

---

[11] RIBEIRO, C. & MANITA, C. (2007), «Crianças vítimas de abuso sexual intra-familiar: significados do envolvimento no processo judicial e do papel dos magistrados». *Revista do Ministério Público*. Ano 28 (Abr-Jun). N.º 110, pp. 47-86.

As crianças têm direito a que sejam considerados, em todas as decisões que lhe dizem respeito, a sua opinião e os seus diferentes estádios de desenvolvimento, com as respectivas necessidades e capacidades específicas. Na relação com os pais, a criança deixa de estar sujeita ao poder paternal, como um conjunto de direitos-deveres, em que a componente dos direitos era acentuada, para ser uma pessoa numa posição de igual dignidade à dos pais e pela qual estes assumem responsabilidade e deveres de cuidado e de educação, respeitando as suas aptidões físicas e intelectuais, assim como os seus afectos. O Direito das Crianças, orientado pelo princípio do superior interesse da criança, assume, portanto, um carácter finalístico, que tem como objectivo a promoção dos direitos das crianças e o seu bem-estar físico e psíquico.

A doutrina tem definido o interesse da criança como um conceito indeterminado, que carece de preenchimento valorativo, e que goza de uma força apelativa e humanitária, chamando a atenção para a criança como pessoa e para os seus direitos[12]. Contudo, na prática, esta noção apesar da sua dimensão retórica, que gera um aparente consenso, tem-se revelado um critério pouco útil, porque abrange uma variedade de sentidos, prestando-se a interpretações subjectivas decorrentes das convicções pessoais e das ideologias de quem decide. Na prática, o critério fracassa na sua missão de proteger as crianças, porque serve de veículo para concepções não testadas sobre o que é melhor para as crianças, acabando por reflectir os interesses dos adultos. Este defeito do princípio do interesse da criança, em abstracto fundamentador de qualquer solução, provoca falta de transparência nas decisões[13], que omitem o verdadeiro elemento que as motivou.

A definição do interesse da criança, de acordo com a sua vontade e sentimentos, tem-se revelado uma tarefa difícil para os tribunais, devido à falta de empatia com o sofrimento da criança e com as suas necessidades específicas, processo particularmente visível na prevalência atribuída ao vínculo biológico, nos conflitos judiciais entre progenitores biológicos e terceiras pessoas que cuidam da criança.

---

[12] Cf. MARIA CLARA SOTTOMAYOR, *Regulação do exercício do poder paternal nos casos de divórcio, ob. cit.,* pp. 38 e ss.

[13] Cf. JOHN EEKELAAR, «Beyond the welfare principle», *Child and Family Law Quarterly,* 2002, p. 237.

O Direito das Crianças está repleto de interpretações da noção de interesse da criança contrárias ao seu bem-estar e dominadas pelos interesses dos adultos, como a recusa em ouvir as crianças nos processos de divórcio; a guarda conjunta em situações de violência doméstica; a imposição coerciva de visitas de progenitores com quem a criança não tem laços afectivos ou que a maltratam, e o direito dos pais castigarem as crianças com intenção educativa.

A importância das decisões relativas às crianças para o seu bem--estar psíquico exige a concretização do conceito de interesse da criança, através de regras específicas e objectivas, como a regra da pessoa de referência e a da prevalência dos laços afectivos sobre os biológicos, baseadas no direito da criança à solução que melhor promove a continuidade das suas vinculações precoces. O direito, como ciência social que se projecta na vida das crianças, podendo causar-lhes sofrimentos e entraves ao seu desenvolvimento, deve assumir, neste contexto, uma dimensão interdisciplinar, que se abre aos dados das outras ciências sociais e humanas, que identificam o interesse da criança com a estabilidade e manutenção da relação afectiva com a(s) sua(s) pessoa(s) de referência, que cuidam de si no dia-a-dia[14].

c) **Elemento metodológico**

O método deste novo ramo do direito caracteriza-se pela sua interdisciplinaridade, isto é, inclui uma óptica renovada de entender e estudar o direito, em interacção com as outras ciências sociais.

Este ramo do direito apresenta uma dupla interdisciplinaridade pelo facto de abranger, não só uma ligação entre os vários ramos de direito, mas também uma relação com as outras ciências sociais, como a psicologia, a sociologia, a pedopsiquiatria e a antropologia. Esta dimensão interdisciplinar exige dos aplicadores do direito e de

---

[14] Cf. MARIA CLARA SOTTOMAYOR, «A família de facto e o interesse da criança», *Boletim da Ordem dos Advogados,* n.º 45, Jan. Fev. 2007; IDEM, «Qual é o interesse da criança? Identidade biológica *versus* relação afectiva», 2008; DULCE ROCHA, *O Superior Interesse da Criança na perspectiva do respeito pelos seus direitos,* Instituto de Apoio à Criança, Lisboa, Abril de 2008.

88 Estudos em Homenagem a Rui Epifânio

todos os profissionais uma formação especializada, que lhes forneça a compreensão da criança como pessoa, dos seus contextos, personalidades, relações afectivas e necessidades específicas.

A ciência jurídica tende a abandonar o carácter redutor e parcial do método lógico-dedutivo e a questionar a delimitação tradicional entre o jurídico e o não jurídico[15]. Os novos ramos de direito, como o Direito das Crianças, são uma forma, por excelência, de denunciar os limites e as elevadas margens de erro dos métodos tradicionais de estudo do Direito. O Direito, para estar ao serviço das pessoas e ser um instrumento de justiça, não pode deixar de seguir um método indutivo, que parte da experiência concreta das crianças e das circunstâncias materiais e emocionais em que vivem, com uma finalidade que não é neutra, mas que visa a promoção do bem-estar de um grupo de pessoas que tem sido marginalizado, e que inicia, agora, o seu trajecto de emancipação.

---

[15] Cf. TERESA PIZARRO BELEZA, «Género e Direito: Da Igualdade ao Direito das Mulheres», *Themis,* ano I, n.º 2, 2000, p. 35; MARIA CLARA SOTTOMAYOR, «Feminismo e Método Jurídico», in *Direito Natural, Justiça e Política,* II Colóquio Internacional do Instituto Jurídico Interdisciplinar Faculdade de Direito da Universidade do Porto, Volume I, Coimbra, 2005, pp. 323-343.

CIDADES AMIGAS DAS CRIANÇAS

FAUSTO AMARO[*]

1. Introdução

A expressão *Cidades amigas das crianças* refere-se à iniciativa lançada em 1996 pela UNICEF, com o objectivo de concretizar uma as resoluções da II Conferência das Nações Unidas sobre Povoamentos Humanos (Habitat II), realizada no mesmo ano, no sentido de tornar as cidades com qualidade de vida para todos, especialmente das crianças. De acordo com as conclusões da conferência, o facto de as cidades serem adequadas à realização dos direitos das crianças é em si mesmo um indicador de cidades saudáveis, democráticas e bem governadas.

Já antes, em 1992, a UNICEF tinha lançado em Dakar o movimento "Mayors Defenders of Children" com o objectivo de incentivar as cidades a desenvolverem programas que dessem prioridade à promoção dos direitos das crianças.

No seguimento da Conferência Habitat II e de outros encontros internacionais, a UNICEF estabeleceu em 2000 um Secretariado Internacional, com sede em Florença, tendo em vista o estabelecimento de uma metodologia comum no desenvolvimento da iniciativa.

A necessidade de as cidades serem planeadas e geridas de forma a permitir o desenvolvimento das crianças decorre da própria Convenção das Nações Unidas sobre os Direitos da Criança, tendo em vista o seu desenvolvimento integral.

---

[*] Investigador do CAPP – Centro de Administração e Políticas Públicas e Professor do ISCSP/UTL.

Na perspectiva da Convenção, as cidades e outras unidades residenciais devem proporcionar às crianças o acesso a serviços básicos e criar as condições para o seu desenvolvimento integral, protegendo-as ao mesmo tempo, dos riscos a que possam estar sujeitas.

Foi com esta filosofia de fundo que a UNICEF começou a difundir o conceito de cidades amigas das crianças e a incentivar ao seu desenvolvimento.

2. O que são as cidades amigas das crianças

O desenvolvimento de cidades amigas das crianças está intimamente ligado à administração local, na medida em que se torna necessário desenvolver e administrar espaços residenciais onde os direitos das crianças sejam respeitados.

Isto implica uma nova atitude dos arquitectos e urbanistas, gestores autárquicos e outros especialistas, pois se trata de colocar a criança no centro das preocupações da administração local.[1]

Espera-se que o desenvolvimento das cidades amigas das crianças conduza à realização dos direitos das crianças, como se encontra estabelecido na Convenção das Nações Unidades, o que permitirá às crianças, de acordo com a UNICEF,[2] influenciar as decisões expressando a sua opinião sobre a cidade que desejam; participar na vida familiar, comunitária e social; ter acesso a serviços básicos tais como cuidados de saúde, ensino e habitação; ter acesso a água potável e adequado saneamento básico; estar protegidas da exploração, violência e maus-tratos; andarem seguras nas ruas; poderem ter amigos e brincar; ter espaços verdes com plantas e animais; viver num ambiente não poluído; participar em eventos culturais e sociais; ser um cidadão com iguais direitos com acesso a serviços, independentemente da sua origem étnica, religião, rendimento ou deficiência.

---

[1] GLEESON, Brendan e SIPE, Neil (eds.) (2006). *Creating Child Friendly Cities.* London: Routledge.

[2] UNICEF INNOCENTI RESEARCH CENTRE (2004). *Building Child Friendly Cities: A Framework for Action.* Florence: UNICEF.

3. As cidades amigas das crianças em Portugal

A iniciativa foi lançada em Portugal pelo Ministério do Trabalho e da Solidariedade Social e pela Unicef ao assinarem, em Junho de 2007, um protocolo subscrito também por 13 municípios em que estes se comprometiam a desenvolver o projecto "Cidades amigas das crianças".

Os municípios subscritores do protocolo foram: Amadora, Aveiro, Cascais, Guarda, Matosinhos, Palmela, Ponte de Lima, Portimão, Póvoa do Varzim, Trancoso, Vila do Conde, Vila Franca de Xira e Viseu.

O protocolo ficou aberto à adesão de outros municípios e estabelece uma série de compromissos que vale a pena citar para se fazer uma ideia mais precisa do alcance desta iniciativa. Assim, os signatários comprometem-se a "desenvolver uma estratégia e mecanismos promotores do respeito pelos direitos da criança, nomeadamente:

- A promoção de medidas que garantam a informação dirigida às crianças e o seu desenvolvimento activo em assuntos que lhes digam respeito, tendo em conta as suas opiniões nos processos de decisão;
- O desenvolvimento do quadro normativo e de procedimentos que promova e proteja os direito da criança consagrados na Convenção dos Direitos da Criança;
- O desenvolvimento de um plano de acção municipal, detalhado e completo, que se baseie na Convenção sobre os Direitos da Criança, com identificação de desafios, destinados a conseguir progressos nas condições de vida das crianças;
- A criação de um mecanismo de coordenação de acções levadas a cabo na sede do município, relevantes para a promoção dos direitos da criança e a verificação dos progressos alcançados, no quadro da aplicação do plano de acção, incluindo a avaliação do impacte das decisões na vida das crianças;
- A reorganização dos recursos municipais adequados e suficientes para a realização dos direitos da criança no âmbito do orçamento;
- A apresentação de um relatório anual sobre a situação da infância, a nível municipal, incluindo dados estatísticos desagregados por grupo etário e género, que permitam identificar

as crianças mais desfavorecidas e que possam vir a ser utilizados na formulação de políticas futuras;
* A difusão de informação sobre os direitos da criança de forma
  a promover uma ampla mobilização social, de adultos e crianças, a favor da realização dos direitos da criança".

No âmbito deste projecto foi criado um secretariado com a responsabilidade de avaliar os planos concretos na criação das cidades
amigas das crianças, o qual conta com a colaboração científica e
técnica de duas universidades portuguesas, o instituto Superior de
Ciências Sociais e Políticas, da Universidade Técnica de Lisboa e
Instituto da Criança, da Universidade do Minho.

Num inquérito realizado em 2009 aos treze municípios signatários do protocolo verificou-se que estes estavam já a desenvolver
várias iniciativas com vista a promover os direitos das crianças, nuns
casos de forma explícita criando até um orçamento próprio para o
desenvolvimento dos programas, noutros de forma implícita em que
as preocupações com as crianças fazem parte de outros projectos, na
área da educação, dos tempos livres, da cultura ou da segurança e
protecção das crianças.

4. Uma metodologia para a acção

A pesquisa sobre a problemática das crianças tem posto em
evidência a importância das abordagens integradas, com especial
relevo para a estruturação da comunidade, quer do ponto de vista
físico quer social.

Nesta perspectiva, os fundamentos teóricos para o desenvolvimento de cidades amigas da criança devem procurar-se nas novas
perspectivas do planeamento urbanístico e arquitectónicas orientadas
para as necessidades das crianças, principalmente no que respeita a
espaços verdes e locais de convivência entre crianças e adultos, bem
como a necessidades relacionadas com a segurança rodoviária, com
a prevenção dos abusos contra as crianças e com os transportes.

O planeamento e a gestão do espaço não podem ser desligados
da estrutura e do desenvolvimento social. Diversos autores têm chamado a atenção para as necessidades de desenvolvimento do capital

social das famílias entendido como o conjunto das relações sociais que permitem aumentar as redes de solidariedade.[3]

Tudo isto exige uma metodologia de acção que está consubstanciada nas propostas da UNICEF e assentes nos quatro principais princípios da Convenção dos Direitos da Criança:

- **Não discriminação (artigo 2.º).**
  A cidade amiga das crianças é inclusiva a respeito de todas as crianças e deve dar especial atenção às crianças que são mais facilmente excluídas tais como as crianças deficientes, as pertencentes a minorias étnicas ou aquelas que vivem em meios mais carenciados.

- **Supremo interesse da criança (artigo 3.º).**
  A criança pode ser afectada directa ou indirectamente por políticas e projectos de outras áreas da governação municipal. Por isso as crianças devem ser colocadas em primeiro plano em todos os projectos que as possam afectar ou que lhes digam respeito.

- **Direito à vida e na máxima medida possível o desenvolvimento da criança (artigo 6.º).**
  A cidade amiga das crianças aumenta a probabilidade de sobrevivência das crianças, evitando mortes por acidente ou falta de assistência médica, quer numa perspectiva curativa quer preventiva. Devem igualmente ser maximizada a possibilidade de um desenvolvimento integral físico, psíquico, moral e social.

- **Ouvir as crianças e respeitar os seus pontos de vista (artigo 12.º).**
  As crianças devem ser ouvidas pela forma mais adequada, de acordo com a sua idade e maturidade. Elas são detentoras de direitos que devem exercer como cidadãos participativos na vida da sua comunidade. A necessidade de ouvir as crianças em todas as matérias que lhes digam respeito é um princípio basilar das cidades amigas das crianças.

---

[3] REED, Suzette Fromm (2008). *Processes That Mediate the Effect of Community Factors on Child Maltreatment.* Amsterdam: Verlag Dr. Mueller

5. Desenvolvimento de cidades amigas das crianças

De acordo com a metodologia definida pela UNICEF[4], o desenvolvimento das cidades amigas das crianças pressupõe atenção a nove aspectos:

1. Participação das crianças

As crianças e jovens devem participar nos assuntos que lhes digam respeito. Os gestores municipais devem ouvir os seus pontos de vista e levando-os em conta nos processos de decisão. O modo de ouvir as crianças e os jovens varia, naturalmente, com a idade e o contexto e cada município poderá desenvolver iniciativas próprias para atingir a mesma finalidade.

Essa audição das crianças e jovens pode dar-se através de fóruns com participação presencial ou através da internet; assembleias de turma, nas escolas; caixas de sugestões; inquéritos; representantes eleitos e outras formas que se revelem adequadas.

As novas tecnologias de comunicação e informação parecem encerrar um grande potencial para uma maior participação das crianças. Particularmente interessantes parecem ser as cidades digitais as quais permitem uma interacção mais fácil entre os munícipes e a administração local.[5]

2. Quadro legal favorável

Um quadro normativo adequado é considerado pelos especialistas como um elemento fundamental na promoção dos direitos das crianças. Como se viu atrás, este aspecto ficou expresso no protocolo relativo ao projecto das cidades amigas das crianças.

---

[4] Op. cit.

[5] Neves, Bárbara (2006). *As cidades digitais e o reforço da cidadania.* Tese de mestrado, ISCSP, Universidade Técnica de Lisboa; Bilhim, João e Neves, Bárbara. O governo electrónico em Portugal : o caso das cidades e regiões digitais. In Coelho, José Dias (org.) (2007). *Sociedade da informação : o percurso português : dez anos de sociedade da informação análise e perspectivas,* Lisboa: Silabo, pp. 369-388

3. Estratégia de planeamento

Este pilar do desenvolvimento tem em vista a prática dos direitos das crianças em todo o município e deve envolver todas as pessoas interessadas no bem-estar das crianças e as próprias crianças e jovens.

4. Estrutura local de coordenação

Embora as estruturas locais de coordenação possam variar de acordo com a tradição e a complexidade dos municípios, elas devem ter uma relação directa com a autoridade máxima no município, de modo a garantir maior eficácia e a manter os direitos das crianças dentro da lista das acções prioritárias a desenvolver.

5. Mecanismo de avaliação

Os mecanismos de avaliação são considerados imprescindíveis em qualquer programa de desenvolvimento. Torna-se necessário avaliar o impacto das políticas não só em termos dos objectivos alcançados, mas igualmente identificar as barreiras à mudança, muitas vezes de natureza sociocultural.

6. Orçamento

O desenvolvimento das políticas favoráveis aos direitos da criança exige recursos de diversa natureza, principalmente recursos humanos que têm que estar previstos no orçamento municipal. Esse orçamento pode ter uma rubrica própria e identificada com o desenvolvimento dos direitos das crianças, ou contemplar grandes áreas onde as crianças estão incluídas.

7. Informação anual

As cidades amigas das crianças devem estruturar e organizar um sistema de informação estatística sobre as crianças e jovens, que permita, de forma fácil e clara, a elaboração de um relatório anual sobre a situação das crianças e jovens nas várias áreas.

O relatório anual deve conter não só dados de natureza demográfica, mas igualmente indicadores de bem-estar objectivos e subjectivos, tornando-se por isso necessária investigação sobre esta matéria, de modo a ter indicadores válidos que meçam, realmente, o que dizem medir e que permitam comparação entre municípios.

8. Divulgação

A divulgação dos direitos das crianças, entre elas próprias e na comunidade em geral, é essencial ao conceito de cidades amigas das crianças.

Esta divulgação pode fazer-se através de folhetos e outros documentos impressos, através de eventos ou através da internet, mas a melhor divulgação é a que é conseguida através da prática diária dos cidadãos e das instituições. Por isso, adquire especial importância o papel da comunicação social, sobretudo na forma como apresenta as notícias e outros textos jornalísticos relacionados com as crianças e os jovens. Isto depende muito da formação e sensibilização dos jornalistas.

9. Defesa dos direitos das crianças

Para além de todas acções desenvolvidas a favor dos direitos das crianças, pelas estruturas da administração local, as cidades amigas das crianças devem apoiar e estimular as organizações independentes cujo objectivo seja a defesa dos direitos da criança. Também localmente pode ser criada a figura do provedor da criança como entidade independente, tendo em vista a defesa dos direitos das crianças e dos jovens.

6. Cidades amigas das crianças e sociedade de risco

A sociedade actual tem sido caracterizada como uma sociedade de risco.[6] A percepção do risco desenvolveu por seu lado atitudes a favor de uma sociedade de risco zero, sobretudo quando se pensa nas crianças. Mas os riscos não são percepcionados da mesma maneira por todos os indivíduos. Como nota Paretti-Watel[7], vivemos também uma "crise do risco" caracterizada por uma aparente irracio-

---

[6] BECK, Ulrich (2001). *La Société du Risque*. Paris : Aubier. (Risikogesellschaft, 1986).
[7] PARETTI-WATEL, Patrick (2000). *Sociologie du risque*. Paris: Armand Colin.

Cidades amigas das crianças 97

nalidade das percepções individuais, levando a subestimar certos riscos de grande gravidade e a dar uma importância desmesurada a pequenos riscos.

Esta "crise do risco" pode originar efeitos negativos não esperados no planeamento das cidades amigas das crianças, levando a acções desnecessárias de super protecção das crianças, nuns casos, e a negligenciar situações de elevado risco noutros.

De modo que como afirma Paretti-Watel "A questão das percepções individuais de risco é hoje um problema político de grande importância"[8].

Parece, pois, necessário reflectir sobre esta questão e proporcionar às crianças cidades que ao mesmo tempo que as protegem de riscos reais, não limitem a sua criatividade e lhes proporcionem uma aprendizagem sobre o risco, aumentando a sua capacidade de resolução de problemas.

Referências

BECK, Ulrich (2001). *La Société du Risque*. Paris : Aubier. (Risikogesellschaft, 1986).

BILHIM, João e NEVES, Bárbara. O governo electrónico em Portugal: o caso das cidades e regiões digitais. In COELHO, José Dias (org.) (2007). *Sociedade da informação: o percurso português: dez anos de sociedade da informação análise e perspectivas*, Lisboa: Silabo, pp. 369-388.

GILL, Tim (2007). *No Fear – Growing up in a risk averse society*. Lisboa: FCG.

GLEESON, Brendan e SIPE, Neil (eds.) (2006). *Creating Child Friendly Cities*. London: Routledge.

NEVES, Bárbara (2006). *As cidades digitais e o reforço da cidadania*. Tese de mestrado, ISCSP, Universidade Técnica de Lisboa.

PARETTI-WATEL, Patrick (2000). *Sociologie du risque*. Paris: Armand Colin.

REED, Suzette Fromm (2008). *Processes That Mediate the Effect of Community Factors on Child Maltreatment*. Amsterdam: Verlag Dr. Mueller.

UNICEF INNOCENTI RESEARCH CENTRE (2004). *Building Child Friendly Cities: A Framework for Action*. Florence: UNICEF.

---

[8] Op. cit., p.10.

O DIREITO DA CRIANÇA A UMA FAMÍLIA: ALGUMAS REFLEXÕES

HELENA BOLIEIRO*

Temos hoje como adquirido que a criança é titular do direito fundamental de viver e crescer no seio de uma família que lhe proporcione as condições psico-afectivas e materiais adequadas ao seu desenvolvimento equilibrado e harmonioso.

Família biológica, assente que a mesma assegura aquelas funções essenciais. Enquadramento familiar alternativo, quando não exista família biológica ou esta não se mostre capaz de satisfazer as necessidades da criança.

A concretização prática (judiciária e não só) do direito a uma família exige, desde logo, de todos nós, um adequado conhecimento e compreensão do quadro normativo que institui e consagra esse direito fundamental da criança.

Ora, no plano dos princípios fundamentais emergentes dos instrumentos internacionais juridicamente relevantes neste domínio, tal conduz-nos necessariamente à Convenção Sobre os Direitos da Criança.

A Convenção, que Portugal foi um dos primeiros países a ratificar, em 1990[1] e cujo vigésimo aniversário celebramos este ano, em Novembro, traçou a grande viragem na concepção dos direitos da criança, ao reconhecê-la juridicamente como sujeito autónomo de direitos.

---

* Juíza de Direito.

[1] Aprovada, para ratificação, pela Assembleia da República em 8 de Junho de 1990 e ratificada por Decreto do Presidente da República, de 12 de Setembro do mesmo ano. Publicada no Diário da República, Série I, n.º 211, de 12 de Setembro de 1990.

Este instrumento, que tem dado expressão universal aos direitos da criança[2], constitui o principal impulsionador do novo paradigma normativo que inspira os sistemas jurídicos contemporâneos.[3]

No caso de Portugal, para além de integrar o direito interno[4], não será exagerado afirmar que a Convenção continua a constituir a referência normativa fundamental, quando se trata de enquadrar juridicamente a infância e a juventude, funcionando como instrumento interpretativo das disposições da Constituição e da lei ordinária que consagram direitos da criança, contribuindo desta forma para a «densificação criativa e dinâmica» de tais direitos.[5]

O importante papel que a família reveste para o bem-estar e desenvolvimento harmonioso da criança assume particular destaque neste instrumento, podendo desde logo ler-se no seu Preâmbulo que «a família, elemento natural e fundamental da sociedade, e meio natural para o crescimento e bem-estar de todos os seus membros, e

---

[2] A Convenção sobre os Direitos da Criança foi ratificada por 193 países, sendo que apenas os Estados Unidos da América e a Somália ainda não o fizeram. Quanto ao estado das ratificações, cf. a página da Internet <http://treaties.un.org/Pages/ViewDetails.aspx?src= TREATY&mtdsg_no=IV-11&chapter=4&lang=en> [Consult. 1 Set. 2009].

[3] Paradigma normativo que, segundo a classificação adoptada pelo Comité dos Direitos da Criança, assenta em quatro «princípios gerais» orientadores da aplicação e implementação do quadro jurídico instituído pela Convenção: não discriminação (artigo 2.º), interesse superior da criança (artigo 3.º), direito à vida, à sobrevivência e ao desenvolvimento (artigo 6.º) e respeito pelas opiniões da criança (artigo 12.º). Assim, cf. Bolieiro, Helena e Guerra, Paulo, *A Criança e a Família – uma Questão de Direito(s), Visão Prática dos Principais Institutos do Direito da Família e das Crianças e Jovens*, Coimbra, Coimbra Editora, 2009, pp.16-17, e bibliografia aí citada. De salientar, porém, que a designação «princípios gerais» não é pacífica, sendo de questionar a utilização de tal qualificação relativamente a normas que consagram verdadeiros direitos. *Princípios* e *direitos* são realidades substancialmente diversas e o entusiasmo de uma «arrumação» do quadro normativo consagrado na Convenção não pode conduzir ao enfraquecimento de direitos fundamentais como o direito à vida, à sobrevivência e ao desenvolvimento. Neste sentido, cf. Doek, Jaap E., «The CRC General Principles – Some General Remarks», in 18 Candles, The Convention on the Rights of the Child Reaches Majority, OHCHR e Institut international des droits de l'enfant (IDE), Sion, 2007, pp.31-38, disponível na Internet em <http://www.ohchr.org/Documents/Publications/ crc18.pdf> [Consult. 1 Set. 2009].

[4] Cf. artigo 8.º, n.º 2, da CRP: «As normas constantes de convenções internacionais regularmente ratificadas ou aprovadas vigoram na ordem interna após a sua publicação oficial e enquanto vincularem internacionalmente o Estado Português».

[5] Cf. Leandro, Armando Gomes, «Família do Futuro? Futuro da Criança…», *Infância e Juventude*, Lisboa, Instituto de Reinserção Social, Jan./Mar., 1997, 1, p.12.

em particular das crianças, deve receber a protecção e assistência necessárias para desempenhar plenamente o seu papel na comunidade».

Ao longo do texto da Convenção, vemos consagrados direitos, princípios e garantias que entroncam no direito fundamental da criança a uma família, sendo de assinalar:

- a garantia de que a criança não é separada dos seus pais, salvo se essa separação for necessária, no interesse superior daquela, no caso, por exemplo, de ser maltratada pelos progenitores (artigo 9.º, n.º 1);
- o direito da criança separada de um ou de ambos os pais de manter regularmente relações pessoais e contactos directos com os dois (artigo 9.º, n.º 2);
- o princípio segundo o qual ambos os pais têm uma responsabilidade comum na educação e no desenvolvimento da criança, cabendo primacialmente aos progenitores e, sendo caso disso, aos representantes legais a responsabilidade de educar a criança e de assegurar o seu desenvolvimento, devendo o interesse superior da criança constituir a sua preocupação fundamental nessa tarefa (artigo 18.º, n.º 1); e
- o direito da criança temporária ou definitivamente privada do seu ambiente familiar ou que, no seu interesse superior, não possa ser deixada em tal ambiente, a uma protecção alternativa que pode incluir a colocação familiar (ou seja, acolhimento familiar ou *foster placement*, na versão original do documento), a *kafala* do direito islâmico ou a adopção (artigo 20.º).

Por ocasião do vigésimo aniversário da Convenção, a Assembleia Geral das Nações Unidas acolheu um documento denominado *Guidelines for the Alternative Care of Children* (Directrizes para a Protecção Alternativa da Criança)[6], o qual reveste particular pertinência para a correcta compreensão do direito da criança a uma família, biológica ou alternativa, consagrado no texto normativo em apreço.

Essas directrizes assentam nas seguintes linhas de força fundamentais: realização dos esforços adequados à manutenção da criança

---

[6] Cf. nota informativa disponível na Internet em <http://www.un.org/News/Press/docs/2009/gashc3968.doc.htm> [Consult. 30 Nov. 2009]. As Directrizes encontram-se disponíveis em <http://daccess-ods.un.org/TMP/857557.9.html> [Consult. 30 Nov. 2009].

aos cuidados da família de origem, ou ao seu regresso a ela[7]; falhando esta, opção por respostas de carácter permanente que se revelem apropriadas, incluindo a adopção e a *kafala* do direito islâmico; por outro lado, enquanto se procuram e se definem tais soluções permanentes, ou quando as mesmas não se mostram possíveis ou não asseguram o interesse superior da criança, proporcionar a esta as formas mais adequadas de protecção alternativa, em condições que promovam o seu desenvolvimento completo e harmonioso.

Será, pois, à luz deste alinhamento de ideias-força que o artigo 20.º, n.º 3, da Convenção deve ser interpretado, o que é o mesmo que dizer que aí se privilegiam soluções familiares permanentes como a adopção, só sendo de recorrer a respostas como o acolhimento familiar e, se necessário, a institucionalização, quando o projecto adoptivo não for viável ou se mostre contrário aos interesses da criança.[8]

As recomendações ora em apreço assinalam também que é essencial que todas as iniciativas e decisões relativas à protecção alternativa sejam tomadas caso a caso, levando em conta as especificidades de cada situação, assentando sempre no interesse superior da criança e observando o princípio da não-discriminação, para além do respeito integral pelo direito da criança a ser ouvida e a sua opinião ser tomada em consideração, de acordo com a sua idade e maturidade, o que obviamente pressupõe que a mesma tem acesso a toda a informação necessária.

O direito de audição e participação da criança nesta e em todas as matérias que a ela digam respeito constitui, aliás, o tema do mais recente Comentário Geral produzido pelo Comité dos Direitos da

---

[7] «The family being the fundamental group of society and the natural environment for the growth, well-being and protection of children, efforts should primarily be directed to enabling the child to remain in or return to the care of hir/her parents, or when appropriate, other close family members. The State should ensure that families have access to forms of support in the caregiving role».

[8] Dissipam-se, pois, as dúvidas dos mais «cépticos», que viam o artigo 20.º da Convenção espelhar uma equiparação indiferenciada entre adopção e acolhimento familiar ou em instituição, no quadro global da protecção alternativa, o que, a ser assim, comprometeria a clara e justa percepção da natureza e função da adopção nos dias de hoje.

Criança[9], no qual se salienta que em assuntos como a separação relativamente aos pais, a protecção alternativa (acolhimento familiar ou em instituição) e a adopção, a criança deve ser ouvida e a sua opinião deve ser tida em conta na determinação do seu superior interesse.

O quadro normativo resultante da Convenção, nos moldes acima sumariados, evidencia bem a importância de se garantir a cada criança o direito a uma família, adoptando-se as respostas sociais e jurídicas adequadas à efectiva concretização deste direito fundamental, em todas e quaisquer circunstâncias, mesmo as mais adversas.

No plano interno, os princípios jurídicos fundamentais relativos à criança e à família resultam, em primeira linha, da Constituição da República Portuguesa, a qual estabelece as directrizes normativas estruturantes de tal matéria, sendo de destacar, neste contexto:

Artigo 36.º (*Família, casamento e filiação*) – Os pais têm o direito e o dever de educação e manutenção dos filhos, gozando os cônjuges de iguais direitos e deveres; os filhos não podem ser separados dos pais, salvo quando estes não cumpram os seus deveres fundamentais para com eles e sempre mediante decisão judicial (n.º 6); a lei regula e protege a adopção, devendo estabelecer formas céleres para a respectiva tramitação.

Artigo 67.º (*Família*) – A família, como elemento fundamental da sociedade, tem direito à protecção da sociedade e do Estado e à efectivação de todas as condições que permitam a realização pessoal dos seus membros.

Artigo 69.º (*Infância*) – As crianças têm direito à protecção da sociedade e do Estado, com vista ao seu desenvolvimento integral, especialmente contra todas as formas de abandono, de discriminação e de opressão e contra o exercício abusivo da autoridade na família e nas demais instituições. O Estado assegura especial protecção às crianças órfãs, abandonadas ou por qualquer forma privadas de um ambiente familiar normal.

---

[9] Committee on the Rights of the Child, *General Comment No. 12 (2009) – The Right of the child to be heard*, CRC/C/GC/12, Geneva, 20 July 2009, disponível na Internet em <http://www2.ohchr.org/english/bodies/crc/docs/AdvanceVersions/CRC-C-GC-12.doc> [Consult. 30 Ago. 2009].

E é precisamente com essa *função de protecção* que surge no nosso sistema jurídico a Lei de Protecção de Crianças e Jovens em Perigo (LPCJP)[10], sendo aqui de salientar, desde logo, o princípio orientador da *prevalência da família*, consagrado no artigo 4.º, alínea g), segundo o qual na promoção de direitos e na protecção da criança e do jovem deve ser dada prevalência às medidas que os integrem na sua família ou que promovam a sua adopção.

Neste sentido, deve, pois, privilegiar-se a integração da criança ou do jovem na família de origem, acompanhada, se necessário, de um efectivo trabalho de apoio à mesma. Isto quando existam vínculos afectivos próprios da filiação e os mesmos não se encontrem seriamente comprometidos, condição essencial para o investimento na família biológica. Para os casos em que tais vínculos afectivos são inexistentes ou se encontram seriamente comprometidos e se verifica uma das situações enunciadas na lei, *in casu*, no artigo 1978.º do Código Civil, o princípio da prevalência da família aponta para a implementação de medidas que promovam a adopção da criança[11].

A intervenção de protecção deve alinhar-se por uma orientação que realmente observe esta directriz da prevalência da família, mesmo quando esteja em causa a aplicação de respostas protectoras imediatas e provisórias, destinadas a fazer face a situações de emergência ou até de urgência[12], em que muitas vezes se coloca a necessidade de uma rápida retirada da criança do seio da família biológica nuclear. Nestes casos, ainda que num primeiro momento o acolhimento institucional de emergência se revele como a única solução possível e ajustada às exigências de protecção imediata da criança em perigo, uma colocação assim determinada não deve obnubilar a função orientadora do princípio da prevalência da família, o qual impõe que se envidem todos os esforços no sentido de se encontrar uma solução que, ainda que a título provisório, passe por um enqua-

---

[10] Aprovada pela Lei n.º 147/99, de 1 de Setembro, alterada pela Lei n.º 31/2003, de 22 de Agosto.

[11] O que, no contexto da LPCJP, ganha expressão máxima na medida de protecção de confiança a pessoa seleccionada para a adopção ou a instituição com vista a futura adopção, definida no seu artigo 38.º-A.

[12] Artigo 5.º, alínea c), da LPCJP: Considera-se «situação de urgência» a situação de perigo actual ou iminente para a vida ou integridade física da criança ou do jovem.

O direito da criança a uma família: algumas reflexões

dramento familiar, seja no seio da família alargada[13], seja junto de pessoa que, embora não possua «laços familiares» com a criança, mantém com esta uma relação de afectividade recíproca.[14]

Em resumo, a promoção dos direitos da criança passa pela efectivação do seu direito a uma família, devendo procurar-se respostas centradas na criança e nos laços afectivos profundos, securizantes e gratificantes para a mesma, próprios uma estrutura familiar funcional e capaz de desempenhar uma parentalidade responsável.

Mas, então, que família ou famílias se trata, quando tanto se fala da «crise da família», em que o tradicional modelo de um pai, uma mãe, um ou mais filhos e, no contexto mais alargado, mas também relevante, avós, tios e primos, é por tantos achado em perigo, quase como uma «espécie em vias de extinção»?

Estaremos hoje perante uma verdadeira «crise», tantas vezes anunciada em tom quase catastrófico, ou será este o tempo de novas «identidades familiares», ricas e diversificadas, que se vão desenvolvendo a partir das múltiplas formas de viver os afectos?

Novas vivências familiares a que o direito não se pode alhear, impondo-se dele uma resposta adequada e actual, que não as ignore, protegendo-as quando necessário, mas regulando tão-somente os aspectos que revistam interesse público[15], deixando o mais para o espaço

---

[13] Medida de *apoio junto de outro familiar*: consiste na colocação da criança ou do jovem sob a guarda de um familiar com quem resida ou a quem seja entregue, acompanhada de apoio de natureza psicopedagógica e social e, quando necessário, ajuda económica (artigo 40.º da LPCJP).

[14] Medida de *confiança a pessoa idónea*: consiste na colocação da criança ou do jovem sob a guarda de uma pessoa que, não pertencendo à sua família, com eles tenha estabelecido relação de afectividade recíproca (artigo 43.º da LPCJP). Dando corpo e continuidade a esta ideia protectora emergente de vínculos afectivos relevantes, surge agora, entre nós, a figura do *apadrinhamento civil*, que consiste na «relação jurídica, tendencialmente de carácter permanente, entre uma criança ou jovem e uma pessoa singular ou uma família que exerça os poderes e deveres próprios dos pais e que com ele estabeleçam vínculos afectivos que permitam o seu bem-estar e desenvolvimento, constituída por homologação ou decisão judicial e sujeita a registo civil» (artigo 2.º da Lei n.º 103/2009, de 11-9).

[15] Como seja a tutela do princípio da igualdade, consagrado no artigo 13.º da Constituição, ou a especial protecção devida às crianças órfãs, abandonadas ou por qualquer forma privadas de um ambiente familiar normal, imposta pelo artigo 67.º da lei fundamental. Assim, conforme salienta Guilherme de Oliveira, «poderá dizer-se que o direito da família

privado da autonomia individual e da criatividade relacional dos sujeitos que as compõem.

Num interessante texto sobre a Família[16], Edmundo Balsemão alude aos resultados de um trabalho de uma associação americana – *Family Diversity Projects*[17] –, no âmbito do qual é feito o elenco empírico dos tipos de relações humanas que podem, hoje, considerar-se como «famílias».

Assim, para além da chamada «família nuclear», que resulta de uma associação de duas pessoas, relativamente duradoura no tempo, com a sua descendência biológica, podem ser consideradas como relações do tipo «família»:

- *famílias adoptivas;*
- *«foster families» (famílias acolhimento);*
- *«stepfamilies» (com padrasto/madrasta e enteados) e famílias em processo de divórcio;*
- *famílias monoparentais;*
- *famílias multiraciais;*
- *famílias unidas pela doença ou pela morte;*
- *famílias gays/lésbicas e «alternativas» («families we choose», segundo Kath Weston[18]);*
- *famílias interconfessionais;*
- *famílias multigeracionais;*
- *famílias imigrantes;*
- *famílias que enfrentam problemas físicos; e*
- *famílias que enfrentam problemas de saúde mental.*

---

tende a tornar-se fragmentário – abandona o panjurismo iluminista que lhe impunha a regulação de todos os aspectos da vida familiar, para se resumir aos aspectos seleccionados como mais importantes, ou de interesse público, que sobram de uma privatização crescente da vida familiar». Oliveira, Guilherme de, «Transformações do direito da família», *in Comemorações dos 35 anos do Código Civil e dos 25 Anos da Reforma de 1977*, Vol. I, *Direito da Família e das Sucessões*, Coimbra, Coimbra Editora, 2004, p.779.

[16] Balsemão, Edmundo, «Família», *in* Marques, António, coord., Dicionário de Filosofia Moral e Política, disponível na Internet em <http://www.ifl.pt/main/Portals/0/dic/familia.pdf> [Consult. 10 Dez. 2008]. Cf. ainda Helena Bolieiro e Paulo Guerra, *op. cit.*, pp.531-534.

[17] Cf. o sítio da referida associação em <http://www.familydiv.org> [Consult. 10 Dez. 2008].

O *direito da criança a uma família: algumas reflexões* 107

São estas as novas famílias, em que as exigências de afecto prevalecem sobre a função biológica de continuação da espécie e em que diversidade deixou de ser sinónimo de diferenciação de sexos, para passar a caracterizar as múltiplas origens, gerações, etnias, credos e histórias de vida dos vários membros do tecido familiar.

E é à luz deste contexto bem real de uma tão grande diversidade de desafios que devemos interpretar, densificar e pôr em prática o direito da criança a uma família, para melhor respondermos a questões que já se colocam, hoje, às entidades, públicas e privadas, às comissões de protecção e aos tribunais.

Eis alguns desses desafios:

– O novo regime das responsabilidades parentais[19] vem, em caso de dissociação familiar, impôr o seu exercício por ambos os pais quanto às questões de particular importância (e apenas estas), mesmo quando não exista acordo daqueles quanto a um tal regime de exercício conjunto[20]. Poderá a lei impor um modelo de desempenho conjunto da parentalidade em situações, por exemplo, de divórcio ou separação, ao arrepio da vontade dos pais? Ou não será esta a opção estadual pedagogicamente correcta, para tornar efectivo o direito da criança a uma família em que, mesmo em caso de dissociação do seu agregado, se mantenha sempre uma co-responsabilização activa dos pais no exercício da parentalidade, para além do elementar direito que a mesma tem de manter contactos frequentes com ambos? Logo, uma questão de interesse público que prevalece sobre a vontade dos pais e que assim os deve responsabilizar?

– Que respostas temos no nosso sistema jurídico para evitar o corte total de uma relação afectiva, muitas vezes duradoura e profunda, da criança com o adulto com quem a mãe ou o pai refizeram a sua vida sentimenal e familiar, tornando-se assim figura de referência para a criança, em caso de ruptura daquela

---

[18] Weston, Kath, *Families We Choose: Lesbians, Gays, Kinship*, rev. ed., New York, Columbia University Press, 1997.

[19] Aprovado pela Lei n.º 68/2008, de 31-10.

[20] Cf. artigo 1906.º n.º 1, da citada lei.

estrutura familiar?[21] Trata-se de um desafio que vai adquirindo relevo crescente, dado o número cada vez maior de famílias reconstruídas («os meus, os teus e os nossos») no nosso tecido social, e em relação ao qual o instituto das providências limitativas, consagrado no artigo 1918.º do Código Civil, está longe de constituir solução suficiente e adequada.

– Idêntico desafio nos surge nos casos de união de pessoas do mesmo sexo em que a criança, filha biológica de um dos membros do casal e sem quaisquer laços, biológicos ou legais, com o outro elemento, fica, a dada altura, privada de uma relação afectiva tão importante, mercê da ruptura da união? Não será também esta uma relação afectiva juridicamente relevante, à luz da concepção moderna do direito da criança a uma família, e a merecer por isso protecção clara e efectiva?

– Não está no desiderato da nossa lei consagrar a adopção de uma criança pela sua família de acolhimento (em sentido técnico, saliente-se, não as chamadas «famílias de afecto»). Na verdade, a lei que regulamenta o acolhimento familiar não permite, desde logo, seleccionar como família de acolhimento quem seja candidato à adopção[22], a que acresce que o objectivo principal da medida se traduz no regresso à família biológica[23]. Ora, e se um tal regresso se tornar entretanto inviável, porque gorados os esforços com vista à reunificação familiar, e os laços afectivos desenvolvidos no seio da família de acolhimento forem de tal modo profundos que o seu corte represente, nessa fase, uma verdadeira violência emocional que o sistema irá impôr à criança? Mesmo tendo em conta o quadro legal vigente, deve admitir-se a «conversão» da família de acolhimento em solução familiar permanente, alternativa à família natural?

---

[21] Note-se que a recente reforma legislativa veio dar a possibilidade de, na constância da relação, este adulto não ligado à criança por quaisquer laços, biológicos ou jurídicos, assumir, por via de delegação, um papel cuidador e educativo da mesma, ao consagrar no artigo 1906.º, n.º 4, do Código Civil, que o progenitor a quem cabe o exercício das responsabilidades parentais relativas aos actos da vida corrente do filho pode exercê-las por si ou delegar o seu exercício.

[22] Cf. artigo 14.º, n.º 1, alínea e), do Decreto-Lei n.º 11/2008, de 17-1.

[23] Cf. artigo 3.º, n.º 1, do citado diploma.

– Que família é a da criança que foi judicialmente considerada em estado de adoptabilidade, através da confiança à instituição que a acolhe, com vista a futura adopção, mas para quem não se encontra candidato que a queira adoptar (seja pela sua idade, etnia, estado de saúde ou pertença a uma fratria): a família biológica, sendo certo que, por efeito da confiança, os pais ficaram inibidos do exercício das responsabilidade parentais e cessaram as visitas desta família à criança? A eventual família adoptiva, que só existe nas (quase) vãs expectativas da criança? Que resposta realmente familiar podemos e devemos dar a estes casos?

– Por fim, não é já tempo de dar corpo ao movimento de desinstitucionalização, procurando, de forma estruturada e fundamentada (mas efectiva!), dar a cada caso de colocação institucional uma resposta familiar – adopção, apadrinhamento civil, enquadramento na família alargada ou confiança a pessoa afectivamente relevante para a criança, tutela – em ordem à concretização do direito a uma família?

Em suma, as respostas de qualidade que conseguirmos dar a estes e a muitos outros desafios permitem consolidar o paradigma de uma intervenção verdadeiramente centrada na criança e no seu direito fundamental a uma família.

CRIANÇAS, JOVENS E TRIBUNAIS

JOANA MARQUES VIDAL[*]

1. Imagens que se vão perdendo no tempo: Caricaturas. Ou talvez não...

É muito recente, ainda, o reconhecimento da relevância dos Tribunais de Família e de Menores e a consideração dos mesmos como verdadeiros tribunais, com funções jurisdicionais próprias, em nada distintos dos restantes na essencialidade da respectiva natureza, constitucionalmente desenhada, ou seja, como órgão de soberania, que administra a justiça em nome do povo, a quem incumbe, para além da repressão da violação da legalidade democrática, assegurar a defesa dos direitos e interesses legalmente protegidos dos cidadãos e dirimir os conflitos de interesses públicos e privados[1].

Distintas, porque até há pouco tempo separadas, as evoluções dos Tribunais de Família e dos Tribunais de Menores acompanham e reflectem as mudanças conceptuais sobre os direitos e os interesses que aí se apreciam, sobre a dimensão de cidadania dos seus titulares, e também sobre a natureza do Estado e, consequentemente, sobre o respectivo papel face a realidades como a Família e a Criança.

Ao Tribunal de Menores cabia-lhe apreciar questões relativas a menores em situação de delinquência ou para delinquência, no chamado processo de prevenção criminal e, também, as relativas àqueles que se encontravam em situação de perigo, a necessitar de medida de protecção.

---

[*] Procuradora-Geral Adjunta.
[1] Cf. artigo 202.º, da Constituição da República Portuguesa.

Moldada por e num assumido modelo de protecção, a intervenção processual, caracterizada por uma grande informalidade e sem lugar para o contraditório, centrava-se no poder do juiz, cujas decisões tinham como fundamento a apreciação de situações de carência e desvio a enquadrar numa previsão normativa pouco definida e tipificada, tendo como finalidade a aplicação de uma medida adequada para o menor. Aqui, considerado como objecto da intervenção de um Estado tutelar que sabia como e em que medida cuidar dele.

Considerando-se que não estava em causa um conflito de direitos e/ou de interesses distintos, mas uma mera composição de interesses, questionava-se que se estivesse perante o exercício de uma verdadeira função jurisdicional, havendo quem atribuísse às decisões destes Tribunais uma natureza meramente administrativa.

Não sendo obrigatória a audição do menor, nem dos pais e sendo proibida a intervenção do Advogado, salvo na fase de recurso, o processo desenrolava-se secreta e burocraticamente entre os gabinetes dos magistrados e as secretarias, aguardando relatórios sociais, que frequentemente constituíam o único elemento da instrução processual, que fundamentava uma decisão judicial.

Despovoados dos verdadeiros interessados, ausentes por força da lei, mas também na sequência de práticas judiciárias desadequadas, os tribunais deliberavam sobre uma realidade quase ficcional, tomando decisões que, não raras vezes, nada de substantivo traziam consigo, mesmo para a vida do menor que tinham como objecto, ainda que, muitas outras vezes, pelo contrário, se traduzissem em medidas fortemente limitativas da sua liberdade.[2] Sempre em nome do seu bem-estar e do seu superior interesse.

Decisões, pelas quais, na parte relativa à respectiva execução e acompanhamento, os tribunais se sentiam desresponsabilizados, face à deficiência dos serviços de apoio, sociais e de reinserção, mal estruturados e dimensionados, submersos numa quantidade incontável de relatórios a elaborar.

Sem que tal causasse qualquer alarme público ou fosse motivo de preocupação comunitária.

---

[2] Como a medida de internamento, a qual se prolongava na maioria das vezes, até à maioridade.

Afinal, para a maioria da população aqueles tribunais eram identificados como a Tutoria, local de correcção e acolhimento dos que se portavam mal, mas também dos que não tinham quem cuidasse deles e os educasse, todos a carecer de protecção por manifesta insuficiência económica. Ou seja, dos pobres.

E, para a comunidade jurídica, aqueles tribunais apreciavam causas de natureza essencialmente social, com um mínimo enquadramento jurídico, não exigindo especiais e aprofundados conhecimentos de Direito, mas sim "bom senso e sensibilidade".

Tal concepção dominava, igualmente, ambos os Conselhos Superiores das Magistraturas, tendo determinado a colocação, nos dois únicos Tribunais de Menores do País – Lisboa e Porto - de magistrados menos qualificados profissionalmente e, em alguns casos, com manifestos problemas de saúde.[3]

Afinal, ali, não era bem o direito que se praticava...

Nem na Universidade alguma vez se tinha falado em tal Direito...

Maior dignidade era reconhecida ao Tribunal de Família, cujo núcleo essencial de competências era constituído por processos de divórcio, de partilha de bens, de alimentos e de regulação do exercício do poder paternal, num sopesar de importâncias em que os primeiros predominavam. Sem negar a natureza de um verdadeiro direito a estas matérias, a exigir conhecimentos científicos adequados, mantinha-se a ideia da pouca complexidade substantiva e processual daquelas.

O que determinava que os lugares de magistrados nesses tribunais fossem considerados como apetecíveis para quem, em fase final de colocação na primeira instância, pretendia aguardar "calmamente" a promoção ao Tribunal da Relação.

Mas também nos Tribunais de Família, os processos relativos a questões de menores, ou seja os processos tutelares cíveis, como os de regulação de exercício do poder paternal e incidentes respectivos, os de adopção e os de tutela, eram encarados como exigindo, principalmente, "bom senso e sensibilidade", não apelando a especiais conhecimentos científicos, de direito ou outros, numa interpretação

---

[3] Pelos tribunais de menores passaram, no entanto, excelentes magistrados, referências fundamentais para todos os que trabalham nesta área.

"ampla" e pouco correcta, do princípio de jurisdição voluntária que aos mesmos preside.

Acresce que, numa concepção redutora e espartilhada da realidade, decidia-se nestes processos separada e independentemente dos processos tutelares pendentes no Tribunal de Menores, ainda que relativos à mesma criança.

Como que recusando aos meninos mal comportados a possibilidade de ter família e aos meninos de família a possibilidade de serem mal comportados.

Apoiados por estruturas de serviços sociais de pequena dimensão, só muito tardia, lenta e receosamente se foi reconhecendo a necessidade da introdução da valência da psicologia.

As disposições legais aplicáveis, quer o Código Civil quer a Organização Tutelar de Menores, não obrigavam à audição do menor, ainda que não a proibissem quando tal fosse considerado essencial por parte do tribunal e não previam a sua representação própria por advogado, distinta da dos seus representantes legais. Por outro lado, as correntes psicológicas então dominantes defendiam que os menores não deviam ser chamados a tribunal, pelas consequências estigmatizantes e, até, traumatizantes.

Ou seja, também nos Tribunais de Família se verificava a ausência do menor, quer física quer processualmente.

E, tudo se decidia, muitas vezes, ainda que em seu nome e invocando a sua representação, num mundo povoado por adultos, sem que à criança fosse dada a possibilidade de se pronunciar, numa reafirmação, também aqui, da sua qualidade de objecto da intervenção judiciária.

2. Mudam-se os tempos mudam-se as vontades. Devagarinho...

A última metade do século XX, designadamente o período posterior à II Guerra Mundial, assistiu a uma progressiva afirmação dos Direitos da Criança, conceptualizados, a partir do paradigma mais amplo dos Direitos Humanos, como direitos próprios e autónomos do cidadão criança, assumido no respeito integral pela sua especificidade.

Ainda que referenciados em anteriores instrumentos legislativos internacionais, como a chamada "Declaração de Genebra", adoptada pela Assembleia da Sociedade das Nações, em Genebra, em 1924, é com a Declaração dos Direitos da Criança, homologada pela Assembleia Geral das Nações Unidas, em Novembro de 1959, que os Direitos da Criança se vêem consagrados como verdadeiros direitos humanos, numa concepção que, contudo, ainda privilegia uma leitura destes à luz das necessidades de protecção da criança.

É com a Convenção sobre os Direitos da Criança homologada em Nova Iorque, em 1989, que se verifica uma clara evolução quanto à concepção dos direitos da criança, consagrando-se juridicamente o seu reconhecimento como verdadeiro sujeito autónomo de direitos.

Portugal, em 1990, foi um dos primeiros países a ratificar esta Convenção, passando a mesma a fazer parte do direito interno português, nos termos do artigo 8.º da Constituição da República Portuguesa, constituindo-se, por essa forma, como matriz de todo o "edifício jurídico-normativo, relativo à infância e revestindo um relevo decisivo enquanto instrumento interpretativo da Constituição e das leis ordinárias".[4]

A assunção do novo paradigma e a necessidade da consagração do reconhecimento da personalidade jurídica da criança, enquanto titular de direitos próprios e autónomos, obrigaram a uma releitura de toda a legislação, que foi determinante das alterações que se seguiram, como o exemplificam a publicação, em 2001, da Lei de Protecção e da Lei Tutelar Educativa, partes essenciais da chamada Reforma do Direito dos Menores.

Mas os princípios consagrados nesta Convenção, entretanto desenvolvidos em diversos instrumentos legais internacionais, foram também decisivos, ainda que numa relação dialéctica, para a reconceptualização de todo o pensamento sobre a criança no âmbito das diversas áreas do saber, cujo desenvolvimento científico, por sua vez, se tornou essencial para a densificação dos próprios direitos da criança, quer na sua reelaboração teórica, quer na construção da sua concretização prática.

---

[4] Cf. Helena Bolieiro e Paulo Guerra, A Criança e a Família – Uma Questão de Direitos, Coimbra Editora, 2009, pp. 15-19.

Consagrados os direitos da criança, numa acepção ontológica e ampla – reconhecendo-lhe a titularidade de todos os direitos dos adultos, acrescidos dos que lhe são próprios, decorrentes da sua condição de criança –, exige-se, agora que os mesmos sejam pensados e aplicados a partir da própria criança, considerando a manifestação da sua vontade e opinião como essenciais na tentativa de compreensão da sua singularidade.[5] A necessidade do contributo multidisciplinar das várias ciências que se cruzam com a criança para uma definição jurídica dos seus direitos torna-se evidente.

Por outro lado, profundamente sensível à ideologia e às mutações constantes e rápidas de uma sociedade caracterizada pela complexidade, o Direito da Família vai assimilando as novas realidades, que de certa forma, se lhe impõem. A criança e os seus direitos ganham peso, no âmbito das relações jurídicas familiares, face às relações matrimoniais e respectivas consequências patrimoniais, objectos tradicionais do estudo científico e académico e da intervenção dos tribunais.[6]

Reclamando-se, também aqui, que as relações familiares sejam repensadas a partir dos próprios direitos da criança, sempre que estes estejam em causa, sem prejuízo do respeito pelos direitos dos demais interessados, designadamente dos pais, na procura duma necessária concordância prática de direitos face a uma exigência de uma abordagem global e sistémica à realidade criança.

Por certa forma, os Direitos das Crianças e dos Jovens invadem o espaço público, assistindo-se a uma "publicitação" das questões relativas às crianças, legitimadora de uma interferência mais efectiva

---

[5] Cf. Álvaro Laborinho Lúcio, Eu Sou um Cidadãozinho, Cadernos Malhoa 3, Livraria Nova Galáxia, Caldas da Rainha, p. 13.

[6] Ainda que do ponto de vista teórico e académico, algo lentamente. Efectivamente, a matéria curricular do Direito da Família, nas Faculdades e Escolas de Direito das nossas Universidades assenta essencialmente, ainda hoje, no estudo da relação matrimonial (constituição, efeitos e extinção), abordando, por vezes, a constituição da relação de filiação e associando-lhe, nalguns casos, o estudo do Direito das Sucessões.

O ainda chamado Direito de Menores, – designadamente a Lei de Protecção e a Lei Tutelar Educativa – não é objecto do estudo curricular das licenciaturas, apesar de constituir matéria de alguns cursos de pós – graduação e mestrados.

Do mesmo modo, são escassos a investigação e os estudos jurisprudenciais, nesta área do Direito, e pouco profundas as respectivas teorização e conceptualização.

na regulação das respectivas relações jurídicas, enquanto simultaneamente se verifica uma diminuição da intervenção do Estado, quanto à regulamentação das relações familiares relativas aos adultos, como o casamento, o divórcio e regime de bens.[7] Há como que um reconhecimento progressivo por parte do Estado da importância da Criança, enquanto "bem escasso" que se torna imprescindível preservar em nome da continuidade da sociedade do futuro.[8]

O Direito da Família e das Crianças vai fazendo o seu caminho.

Frágil, ainda, a Cultura da Criança vai-se impondo, num movimento lento, por vezes descontínuo e incoerente, mas irreversível na procura da centralidade que lhe é devida.

3. Tribunais Especializados? Sim, mas vamos por partes...

Também a reflexão sobre a essencialidade da natureza dos Tribunais de Família e Menores, numa perspectiva ideada da possibilidade de construção da diferença, terá que partir da criança e jovem enquanto cidadão, ser autónomo titular e sujeito de direitos próprios, cuja concretização depende de uma constante afirmação dos mesmos, através da sua promoção, mais do que pela sua defesa, no respeito pelas suas singularidade e especificidade, na perspectiva acima desenvolvida.

No seguimento, aliás, dos que defendendo que o cidadão deve ocupar a centralidade do sistema de justiça, nos desafiam a um repensar do papel dos tribunais numa sociedade democrática, qualquer que seja a natureza da reflexão e a vertente da abordagem a efectuar.

Devem, assim, os tribunais e a organização judiciária ser pensados em todas as suas dimensões, quer quanto às suas competências, quer quanto aos magistrados, funcionários e demais colaboradores, quer quanto à orgânica e às estruturas físicas necessárias para o exercício e cumprimento das suas funções, à luz e a partir dos direitos do cidadão. Aqui do Cidadão Criança.

---

[7] "... a família vive marcada pela privatização do laço conjugal e mesmo do laço de filiação", António Pedro Barbas Homem, Considerações Acerca da Função Jurisdicional e do Sistema Judicial, in Revista Julgar, n.º 2, Maio-Agosto, 2007, p. 17.

[8] Cf. Joana Marques Vidal, Entrevista Conversando Com..., Cidade Solidária, Revista Santa Casa da Misericórdia de Lisboa, n. 10, ano VI, 2003, p. 37.

Acompanhando o movimento de alteração legislativa, iniciado com a lei das comissões de protecção de menores, com as Leis de Protecção e Tutelar Educativa e continuado com muitas outras, como a legislação relativa à adopção, ao divórcio e às responsabilidades parentais, assistimos a significativas mudanças no que concerne à organização judiciária, num progressivo movimento de especialização dos tribunais. O qual constitui, simultaneamente, uma resposta às exigências do questionamento efectuado por uma comunidade cada vez mais atenta e informada sobre os seus direitos.

Efectivamente, a mediatização de vários casos relativos a crianças e jovens, na sua maioria em situação de perigo, e consequente visibilidade dos mesmos e das decisões judiciais que sobre as eles recaíram, vêm originando um intenso debate público, não só sobre a justeza e a bondade das próprias deliberações, mas também sobre a organização dos Tribunais e a preparação de quem aplica a lei. A exigência da especialização destes tribunais e dos profissionais que aí desempenham funções, transforma-se numa constante do discurso dos críticos do sistema, dos conhecedores, dos técnicos e dos próprios magistrados.

No entanto, o movimento da especialização dos Tribunais de Família e Menores tem-se realizado fundamentalmente em função da natureza das matérias que são objecto da respectiva apreciação, e não em função da formação e da preparação dos magistrados, dos advogados e dos funcionários judiciais.

Efectivamente, a criação dos Tribunais de Família e Menores não vem sendo acompanhada por uma alteração dos requisitos e critérios para colocação de Magistrados e Funcionários, facto que provoca a maior das estranhezas e perplexidades aos profissionais de outras áreas científicas e distintos sistemas organizacionais, com manifesta dificuldade em conceber que estruturas e matérias especializadas possam ser assumidas por profissionais indiferenciados, ou melhor, generalistas.

É certo que a própria especialização orgânica verificada[9] constituiu, em si mesma, um avanço, dado que a concentração e limitação

---

[9] Criados na década de 1990 os primeiros Tribunais de Família e Menores, coexistiram ainda durante uns anos, com o Tribunal de Menores e o Tribunal de Família, existentes

das matérias jurídicas a apreciar, bem como a respectiva dinâmica processual determinaram que os Magistrados e restantes profissionais aí colocados, também num esforço de auto-formação, melhorassem a sua prática profissional especializando-a e especializando-se.[10] Mas tal não se mostra suficiente, continuando a verificar-se a necessidade de consagrar na lei uma verdadeira especialização destes tribunais e dos profissionais que aí desempenham as suas funções.

As últimas alterações legislativas, designadamente as introduzidas pela Lei n.º 52/2008, de 28 de Agosto – Lei de Organização e Funcionamento dos Tribunais Judiciais –, embora positivas, quer quanto à criação dos tribunais especializados no âmbito da organização judiciária, quer quanto aos requisitos exigidos para a colocação dos magistrados nesses mesmos tribunais, ficam, ainda, aquém de uma completa consagração do princípio da especialização na concepção completa que se defende.

Assim, no que concerne à organização dos tribunais, além de ter sido alargada a respectiva competência especializada, tendencialmente a todo o país,[11] criou-se uma secção especializada nos tribunais da Relação.[12]

O mesmo não aconteceu com o Supremo Tribunal de Justiça.[13]

Note-se que também no que respeita à primeira instância, quanto à competência residual dos tribunais comuns, para os casos das áreas não abrangidas pela jurisdição dos juízos de família e menores, a LOFTJ opta por atribuir à secção cível a competência para apreciação

---

somente em Lisboa e Porto, bem como com os tribunais comuns que mantinham a sua competência para julgar estas matérias nas restantes áreas do país.

Em 2001, no âmbito da reforma de menores, criaram-se mais Tribunais de Família e Menores de competência especializada mista – num total de dezoito –, sendo, desde então, residual a competência dos tribunais comuns nessas matérias.

[10] Cf. Estudo do Observatório Permanente da Justiça.

[11] A concretização depende da posterior organização a realizar em cada uma das comarcas.

[12] Cf. Artigo 57.º, LOFTJ.

[13] Cf. N.º 1, Artigo 34.º, LOFTJ. A opção do legislador terá tido como fundamento principal a quantidade diminuta de causas relativas a estas matérias, em que é permitido recurso para este Tribunal Superior. Não pareceria despicienda a consagração de uma secção em matéria de família e menores, à semelhança dos Tribunais da Relação, a qual só se constituiria quando fosse necessário reunir, embora sempre composta pelos mesmos magistrados.

dos processos de promoção e protecção e dos processos tutelares cíveis e à secção criminal a competência para apreciação dos processos tutelares educativos.[14]

Ora, esta distribuição pressupõe uma classificação dos primeiros como processos de natureza cível e dos segundos como processos de natureza criminal, que não se compadece, por contraditória, com a filosofia de intervenção e finalidades da legislação de menores, subjacente a toda a Reforma de Menores ocorrida em 2001, designadamente da Lei Tutelar Educativa e da Lei de Protecção, contrariando, até, dispositivos legais destes dois diplomas.

Desde logo, porque a Lei Tutelar Educativa não é uma lei de natureza penal e depois porque uma das traves mestras da reforma foi a previsão de uma arquitectura legal que permitisse e promovesse uma visão integrada das crianças e jovens, por forma a que todas as questões, independentemente da sua natureza e dos processos por estas originados, relativas a uma mesma criança, fossem apreciadas por um mesmo tribunal, numa abordagem sistémica, global e multifacetada, permitindo decisões não contraditórias e exequíveis.

Neste sentido, aquelas duas leis, e também as relativas à intervenção tutelar cível, estabelecem um conjunto de dispositivos que obrigam a uma articulação entre as mesmas, designadamente os relativos à definição de competência territorial em função da residência da criança, ao regime de apensações processuais e ao regime de conjugação de decisões.[15-16-17]

As soluções organizacionais adoptadas pelo legislador, nesta parte, não só se revelam inadequadas a uma correcta aplicação da legislação substantiva – reflectindo uma prevalência das preocupações formais e organizacionais relativamente ao essencial –, como,

---

[14] Cf. N.º 5, do Artigo 116.º, LOTJ

[15] Cf. artigo 81.º da Lei n.º 147/99, de 1 de Setembro (Lei de Protecção); artigo 43.º da Lei n.º 166/99, de 14 de Setembro (Lei Tutelar Educativa); artigo 154.º do Decreto-Lei n.º 314/78, de 27 de Outubro, na redacção introduzida pela Lei n.º 133/99, de 28 de Agosto (OTM).

[16] "Pela noção de intercorrência entre exigências educativas e necessidades de protecção, estimula-se uma comunicabilidade permanente entre o sistema de justiça e instâncias de protecção", in Exposição de Motivos da Lei Tutelar Educativa, ponto 13.

[17] Cf. Joana Marques Vidal, Processos Tutelares: Que Articulação?, Direito Tutelar de Menores, O Sistema em Mudança, Coimbra Editora, 2002, pp. 159-173.

por certa forma, impedem, mesmo, a aplicação da mesma. Revelando uma notória dificuldade em pensar criativamente estruturas organizacionais flexíveis, em função das finalidades e objectivos principais dos respectivos sistemas.

Denotam, igualmente, uma ainda deficiente apreensão da natureza do Direito das Crianças e Jovens e da Família, que exige um pensamento próprio, o qual nos remete para um paradigma diferenciado, distinto dos quadros conceptuais do direito civil e do direito penal, seja na perspectiva substantiva ou processual.

4. Magistrados especializados? Sim, mas com calma...ou oportunidades perdidas...

Questão essencial na problemática da especialização dos Tribunais é a formação dos profissionais que aí desempenham funções, designadamente dos magistrados, sendo certo que qualquer reflexão sobre aquela envolve, necessariamente, um debate sobre os respectivos requisitos de concurso e colocação e consequentemente sobre a forma como se desenvolve a própria carreira.

A exigência de formação especializada não só se reflecte na necessidade de uma constante actualização e estudo aprofundado das matérias relativas à criança e à família durante o exercício de funções naqueles tribunais, mas deverá constituir, também, requisito essencial dos critérios adoptados para a respectiva colocação.

Verificando-se, pois, uma interligação profunda entre a progressão na carreira, o provimento dos lugares e a formação dos Magistrados.

Tal implica uma necessária articulação entre os Conselhos Superiores de ambas as magistraturas e o Centro de Estudos Judiciários, o qual no âmbito da planificação anual da formação contínua deverá proporcionar, por forma completa e alargada, acções que possibilitem aos Magistrados adquirir e desenvolver os conhecimentos em matérias específicas que lhe permitam poder concorrer à colocação em Tribunais especializados, num claro exercício do seu direito/dever de formação.

Também aqui, as alterações introduzidas pela Lei de Organização e Funcionamento dos Tribunais Judiciais ao Estatuto dos Magistrados Judiciais e ao Estatuto do Ministério Público alteraram os critérios relativos à colocação dos magistrados nos tribunais especializados, prosseguindo o objectivo de consagrar uma efectiva especialização. Ainda que bem mais impressivas as alterações relativas aos Juízes, face à timidez das estabelecidas quanto ao Ministério Público.

Enquanto no EMJ a formação especializada constitui um factor do qual depende o provimento dos lugares nos tribunais especializados, no EMP consubstancia um mero factor de ponderação ou de relevância, no conjunto dos requisitos atendíveis da classificação de serviço e da antiguidade. Sendo que os parâmetros do próprio conceito de formação especializada são bem mais claros e exigentes quanto aos Juízes do que quanto ao Ministério Público.[18-19]

O que mal se compreende, face à importância do papel do Ministério Público em todo o sistema de protecção, que lhe atribui especiais responsabilidades na eficácia e bom funcionamento respectivos.

5. E dos demais profissionais? Devagar, devagarinho...

Quanto aos advogados, pese embora a realização pela Ordem dos Advogados e pelos Conselhos Distritais respectivos, de algumas acções de formação em matéria de Menores e Família, fruto do esforço e interesse de alguns, poucos, advogados, o certo é que esta matéria não é objecto de investimento profissional por parte da grande maioria da nossa advocacia.

Este facto, que terá na sua origem um conjunto multifacetado de causas, constitui, primacialmente, o reflexo da pouca importância desta área do Direito para os Advogados, a quem até muito recentemente estava proibida a intervenção nos processos tutelares de menores, atribuindo-se pouca relevância à sua intervenção nos restantes processos em que estão em causa os Direitos das Crianças e dos Jovens. Situação distinta da intervenção que se verifica em acções de Divórcio e de Direito Sucessório.

---

[18] Cf. n.º 2 do artigo 44º do EMJ; n.º 2 do artigo 122.º e artigo 136.º, ambos do EMP.

[19] Cf. também artigo 88.º-A do EMP, que consagra a formação como poder/dever, estabelecendo a sua relevância para efeitos de avaliação dos magistrados, sem qualquer referência aos critérios de provimento de lugares.

Crianças, jovens e tribunais 123

Contudo, tanto a Lei Tutelar Educativa como a Lei de Protecção apontam, implícita ou explicitamente, para a necessidade de uma formação especializada por parte destes profissionais. Desde logo, estabelecendo a obrigatoriedade da intervenção, em representação própria da criança e do jovem, tanto no processo de promoção e protecção como no processo tutelar educativo. Naquele é obrigatória a constituição de Advogado à criança e jovem sempre que haja debate judicial e sempre que os seus interesses conflituam com os dos seus pais ou representante legal. É também obrigatória a nomeação quando a criança ou jovem o solicite ao tribunal.[20]

Quanto ao processo tutelar educativo, o menor tem que ser obrigatoriamente representado por Defensor, devendo este ser-lhe nomeado no despacho em que seja determinada a sua audição ou detenção.

E, na única norma explicitamente referenciada à especialização, estabelece-se como critério preferencial para a nomeação de defensor pelo tribunal de entre lista a indicar pela Ordem dos Advogados, a sua formação especializada.[21]

Em nenhum dos casos fica vedado aos pais e a outros interessados a possibilidade de constituírem advogados.[22]

Em ambos os processos, a sua actividade deve desenvolver-se no respeito pelos princípios que norteiam o novo paradigma de intervenção (como por exemplo os princípios orientadores de intervenção expressos na Lei de Promoção), no âmbito das finalidades e objectivos de cada um dos diplomas legislativos, o que em confronto com a natureza e especificidade dos interesses e direitos a representar e o seu Estatuto profissional, os coloca perante um complexo conjunto de questões, não só de origem jurídica substantiva e formal, mas também de ordem ética e deontológica, que claramente extravasa os problemas suscitados nos demais processos de outras espécies.[23]

---

[20] Cf. artigo 103.º da Lei n.º 147/99, de 1 de Setembro.

[21] Cf. artigo 48.º da Lei n.º 199/99, de 14 de Setembro.

[22] Todos estes dispositivos legais são significativos do reconhecimento da personalidade jurídica das crianças e jovens como titular de direitos próprios e autónomos a reclamar uma representação em juízo, autónoma e distinta da dos seus pais e/representantes legais.

[23] Cf. Álvaro Laborinho Lúcio, *O Advogado e a Lei Tutelar Educativa*, Revista do Ministério Público, Ano 26, Out-Dez 2005, n.º 104, pp. 45-77.

Mais preocupante é, ainda, o que se verifica com os funcionários judiciais, cuja colocação em tribunais especializados não está dependente de qualquer especialização prévia na temática respectiva, como não está prevista qualquer obrigatoriedade de formação específica em fase posterior à sua colocação, sendo certo que é conhecido o diminuto peso da matéria de família e menores na respectiva formação inicial.

6. Sensibilidade e Bom Senso...

Consensualmente reconhecida e assumida, a necessidade de tribunais orgânica e materialmente especializados, com profissionais de formação especializada, permanece a interrogação sobre a natureza, essência e âmbito dessa mesma formação.

E subliminarmente mantém-se a questão de saber se para se ser bom magistrado num tribunal de família e menores é necessária, para além de uma boa preparação técnica, alguma qualidade específica pessoal e/ou de superioridade moral.

Afinal, o mito da sensibilidade e bom senso permanece na mente de muitos.

É certo que esta problemática não é exclusiva desta área, constituindo, porventura, uma das questões mais interessantes e complexas da reflexão sobre a justiça, os tribunais e a função jurisdicional. "Podem as más pessoas ser bons juízes"?, pergunta-se Jorge F. Malem Sena.[24]

E é tanto ou mais importante quanto se sabe e reconhece que em sociedades complexas como as actuais a função do juiz não se reduz a "uma aplicação mecânica e meramente técnica da lei, antes se caracteriza por uma inevitável actividade criadora"[25].

Mas ela reveste-se, sem dúvida, de uma especial relevância quando as matérias em apreciação se reportam a direitos e relações jurídicas relacionadas com algo de tão pessoal, e até íntimo, como

---

[24] In Revista Julgar, n.º 2, Maio-Agosto, 2007, pp. 30-53.
[25] Álvaro Laborinho Lúcio, Tribunais, Poder e Responsabilidade, O Sistema Judiciário Português, p. 7.

são a família e as crianças, em que se projectam e entrecruzam ideologias, valores e sentimentos. E onde o complexo normativo recorre, com frequência, a conceitos indeterminados, como, por exemplo, o do superior interesse do menor, cujo preenchimento exige, para além de um conhecimento profundo dos quadros jurídicos específicos, o recurso a conceitos de outras áreas do saber, como as ciências sociais. Tarefa que se complica quando sobre aqueles conceitos se multiplicam lugares comuns, não científicos, mas amplamente divulgados como verdades indiscutíveis; e quando sobre os mesmos, todos e cada um dos magistrados possui o seu quadro de valores e de referências pessoais, determinante das suas opções de vida.

Constituindo, pois, um estimulante desafio, o exercício das funções jurisdicionais nestes tribunais, não exigindo pessoas com qualidades pessoais especiais, deve desenvolver-se no respeito profundo pelos princípios constitucionais e convencionais, designadamente dos Direitos das Crianças e dos Direitos Humanos, os quais balizando o campo da necessária actividade criadora do julgador, constituirão, simultaneamente, quadro de referência limitador da consideração e da eventual influência dos valores comunitários e pessoais na decisão. E tudo isto sem deixar de atentar às consequências sociais da decisão, por um lado, e sem negar a importância da inteligência emocional do decisor, por outro[26].

Acresce que o direito das crianças e jovens e das famílias requer, quer substantiva quer processualmente, conhecimentos seguros sobre as matérias estruturantes como o direito civil e o direito penal.

Exigem-se, pois, magistrados tecnicamente competentes, com apurados conhecimentos técnico-jurídicos em diversas áreas do direito; com apurados conhecimentos dos direitos das crianças e dos direitos humanos; com conhecimentos suficientes dos conceitos essenciais das demais áreas do saber e capacidade de compreensão de sistemas diferentes e complexos; mas principalmente magistrados que exerçam a sua função perspectivada, sempre, a partir da criança e dos seus direitos.

Sensibilidade e bom senso? É pouco, muito pouco...

---

[26] Cf. Armando Leandro, A formação do Juiz de Menores, Revista Infância e Juventude.

7. A falar é que a gente se entende...

O sistema de justiça das crianças e jovens não se esgota na acção do tribunal, resultando, antes de uma multiplicidade de intervenções de instituições diferenciadas, públicas e privadas, não lhe sendo indiferente, até, a dinâmica comunitária face às questões das suas crianças.

A arquitectura legal do sistema de protecção, assumindo uma perspectiva de co-responsabilidade individual, comunitária e institucional, no pressuposto do respeito pelo exercício democrático de uma verdadeira cidadania, consagra o princípio da subsidiariedade da intervenção do tribunal, reconhecendo o papel fundamental das comissões de protecção de crianças e jovens, por um lado, enquanto estabelece uma tramitação processual, com amplos espaços de consensualidade, em que a participação das crianças e jovens e das famílias é decisiva, até na construção da própria deliberação, por outro; sem esquecer, igualmente, a importância dos pareceres dos técnicos e peritos intervenientes, também eles chamados formalmente, na qualidade de co-responsáveis pela execução da própria decisão, para a qual os respectivos pareceres técnicos foram, frequentemente, determinantes.[27]

Também o sistema tutelar educativo, ainda que estruturado sobre uma intervenção jurisdicional quase exclusiva, com pouco espaço para sistemas de resolução alternativa de conflitos como a mediação, estabelece uma intervenção processual activa por parte do jovem e dos pais, no exercício do respectivo direito de audição e participação, com relevo, também aqui, para os diversos espaços de consensualidade previstos.

Num sistema em que confluem diversificados actores, com funções distintas e formações diversificadas a comunicação assume um papel determinante e essencial, constituindo a linguagem um dos

---

[27] Cf. Maria da Glória Garcia, Ambiente – Saber Científico e Direito, Revista do CEJ, 2.º semestre 2008, n.º 10, pp. 27-44, sobre o papel central que o saber pericial, com a sua complexidade técnica, tem na construção da decisão, política e judicial.

No mesmo sentido concluiu estudo do Observatório Permanente da Justiça, quanto ao facto de as decisões judiciais, seguirem, na maioria das vezes, as conclusões dos relatórios e informações sociais.

seus elementos determinantes[28]. Comunicação no interior do sistema, comunicação com os sujeitos processuais, comunicação para o exterior.

Se tal é importante num sistema de justiça em que uma das fontes de legitimidade do poder judicial, se baseia na fundamentação das decisões, de cuja compreensão depende muito a possibilidade de adesão da comunidade, ela reveste-se de contornos ainda mais relevantes quando está em causa a apreciação de direitos relativos a crianças e jovens.

Por isso, a Lei de Promoção e a Lei Tutelar Educativa se referem em vários dispositivos à necessidade de usar linguagem acessível e adequada à criança concreta.

Mas o modo como a Justiça das crianças e jovens é praticada está, ainda muito longe, de constituir uma justiça compreensível para aqueles cujos direitos se promovem e defendem, designadamente a criança, para a qual aquelas pessoas, aqueles edifícios, aqueles aparecem como ameaçadores e hostis.[29]

Sem olvidar a importância do espaço, o qual na sua concepção arquitectónica e construção, devia ter em atenção a importância significante e simbólico de que se reveste, no exercício da função da Justiça.

8. À volta dos nomes, em busca de uma identidade...

Sabemos como o "nome das coisas"não só é um reflexo demonstrativo do conteúdo, essência e significado das mesmas, como também as condiciona e muitas vezes determina, designadamente na construção da relação comunicacional com os outros e nas possíveis leitura e representação simbólicas, assumidas pelo exterior.

Ora a palavra menor, revestindo uma natureza eminentemente jurídica – menor de idade; menor de dezoito anos (ou 21 conforme o limite etário da maioridade, o qual se foi alterando) – começou a ser contestada, no seu significado, pela leitura dos não juristas, que por força de uma cada vez mais aprofundada interdisciplinaridade e

---

[28] Cf. Maria Clara Calheiros, Verdade, Prova e Narração, Revista do CEJ, 2.º semestre 2008, n.º 10, pp. 282-296.

[29] Cf. Catarina Ribeiro, A Criança na Justiça, Trajectórias e Significados do Processo Judicial de Crianças Vítimas de Abuso Sexual Intrafamiliar, Coimbra, Almedina, Maio 2009.

interinstitucionalidade, vão sendo chamados a colaborar com os tribunais, alguns, ou são obrigados a socorrer-se do texto legal para um correcto desempenho da sua profissão, outros.

Sensíveis ao enunciado simbolismo depreciativo do termo, bem como à densificação e aprofundamento de conceitos como o de criança e jovem e a uma cada vez mais consciente tentativa de harmonização da nossa legislação com os documentos jurídicos internacionais, o legislador e os legistas em diversificados textos legais, entretanto produzidos, substituíram o termo *menor* pela palavra *criança e jovem.*

Desde sempre utilizada nos documentos internacionais como a Declaração dos Direitos da Criança e a Convenção sobre os Direitos da Criança, entre outros, a palavra **Criança** foi adoptada na Lei de Protecção de Crianças e Jovens – Lei n.º 147/2001, de 1 de Setembro. Ou melhor, numa procura de precisão e aproximação rigorosa quanto à realidade sobre o qual se legislava, assumiu-se a terminologia **Criança** e **Jovem**. A qual se manteve em posteriores reformas legislativas, como a Legislação relativa à Adopção – Lei 133/2003, de 28 de Agosto e mais recentemente, a Lei do Apadrinhamento Civil e a Lei do Divórcio e Responsabilidades Parentais.

No entanto, num processo algo incoerente, o mesmo legislador manteve o termo *menor* na Lei Tutelar Educativa, (Lei n.º 166/99, de 14 de Setembro), pese embora este diploma constitua parte integrante, conjuntamente com a Lei de Protecção, do que se considera como reforma que introduziu uma mudança de paradigma do Direito de Menores em Portugal. O mesmo se verifica nas alterações casuais que se verificam no âmbito do Código Civil.

Num mundo de comunicação em que a Criança vai ocupando a centralidade, é tempo de acabar com as menoridades, chamando as coisas pelos nomes: Direito das Crianças e Jovens e das Famílias – Tribunal das Crianças e Jovens e das Famílias.

CRESCER, SER E PERTENCER

João Gomes-Pedro[*]
Miguel Barbosa[**]
Filipa Sobral[**]

O significado do "Crescer, Ser e Pertencer" constitui um desafio reflexivo sobre a complexidade do crescer vinculado ao pertencer enquanto projecto de um ser em construção. O primeiro significado do verbo *crescer* nos Dicionários é "aumentar". Sabemos, desde os primórdios da Ciência Médica que este "aumentar", enquanto sinónimo de crescer, tem a ver com tamanho e com complexidade.

Crescer é um fenómeno dinâmico, biológico e relacional, comum a várias espécies, porém cada vez mais pluridimensional em função da filogénese. O bebé oferece-nos a evidência desta pluridimensionalidade quando o vemos crescer em tamanho e em complexidade. Não há, de facto, pai ou mãe que não se surpreenda com este crescer que nos é reportado com tanta paixão nas nossas consultas onde guardamos sempre algum tempo para esta partilha narrativa de orgulho, numa identidade também cada vez mais assumida. São estes os fundamentos do "crescer gente" identificados com a globalidade do "ser criança", pressuposta a relação com o processo do pertencer.

Pertencer surge também nos Dicionários como "ser parte". O processo de alguém – naturalmente, o bebé – se desenvolver como parte de algo que transcende o próprio ser para ser, designadamente, uma entidade porventura abstracta para alguns dos saberes – o algo projecta-se na Família –, porém inequivocamente não abstracta esta

---

[*] Médico Pediatra.
[**] Psicólogo.

entidade para quem – bebé – demonstra, no infinito do seu comportamento, que o que lhe dá sentido à vida é, efectivamente, o de pertencer (naturalmente à sua família).

Investigamos, concluímos, sentimos, escrevemos e lemos múltiplas facetas deste pertencer. Porém, é como clínicos que, diariamente, assumimos a magia deste pertencer revelado por todo o jogo emocional do bebé quando, ao colo da sua mãe, multiplicando afectos e cumplicidades, ou quando, numa brincadeira de chão com o pai desdobra descobertas e partilhas ou, ainda, quando ouve entre o silêncio, o sereno contar de uma história pelo avô.

Pertencer não faz parte da aprendizagem enquanto processo de elaboração cognitiva tal como o conhecemos dos vários modelos e sistemas explicativos do desenvolvimento humano. Pertencer é um estado de alma que nasce da coerência feita de uma contingência de afectos. A vigília de uma mãe face ao sono do seu bebé é uma magia de partilha deste estado de alma. O bebé sente que pertence porque confia para lá do que é a sua própria vivência. O bebé adormece na certeza de que a sua mãe está ali e estará ali quando porventura acordar. O estar ali é o estar na canção de embalar, na história contada com a melodia que o bebé gosta desde o ainda antes de nascer; o estar ali é o abraço apertado antes de deitar, o aconchego do lençol ou é o trazer o urso amigo que toma conta do sono; o estar ali é o confiar que mesmo sem estar ali, a mãe está, a mãe volta, a mãe permanece na continuidade da melodia ou da força do abraço; o estar ali é confiar que na volta de um sono há uma vigília de uma mãe que não desaparece do estado de alma. É neste sentido que pertencer é ter confiança.

A partir da segunda metade do século XX, todos fomos influenciados por John Bowlby e esta influência foi, por sua vez, o exemplo mais paradigmático do que pode ser uma cascata de motivações sequenciais que, em pouco mais de meio século, determinaram um modo de estar científico e clínico designadamente centrado na problemática da confiança enquanto envolvente central da construção do sentido de pertença (Bowlby, 1952).

Bowlby foi inequivocamente influenciado pelos etologistas Konrad Lorenz e Harry Harlow. Quer o *imprinting* de patinhos recém-nascidos determinado pelos primeiros movimentos vistos (não obrigatoriamente os da própria mãe), quer as opções de macaquinhos por modelos simuladores de uma proximidade materna, sistematicamente refiabilizadas em laboratórios experimentais, levaram Bowlby a reflectir sobre a importância das primeiras relações e, mais tarde, a propor um modelo de vinculação base de um constructo de pertença que foi, também para nós, determinante e influente no que investigámos nas últimas décadas.

O constructo central de Bowlby pode ser assim resumido: quando a mãe disponibiliza afectos ao seu bebé nos primeiros meses de vida de tal modo representados e desenvolvidos que o bebé se sente confiadamente pertencido, ele passa a construir o seu próprio *modelo interno operante* (Bretherton, 1990) que o leva a crer que os sucessivamente outros do seu mundo próximo passam a ser não só significativos mas também credores da sua confiança.

O sentido de pertença do bebé projectado na sua relação primária – com a sua mãe – é, depois, prolongado por um sentido de confiança com cada outro, sendo este o motor da sua autonomia estrutural. Uma relação de confiança é a base de uma vinculação segura que, para Bowlby se repercutiria em todas as fases posteriores do ciclo de vida e, até, nas sucessões geracionais. Para Bowlby, era crítico e decisivo que um bebé acreditasse e confiasse numa relação de confiança com a sua mãe no seu período sensível em que se constrói um modelo de representação interna que determina (melhor ou pior) a sua segurança (maior ou menor) expressa no modo como pode confiar no mundo e nos outros, projectada esta confiança no modo como explora o meio ambiente, simultâneo com a descoberta do prazer nas suas sucessivas relações.

As experiências de Harlow (1958) sustentadas em dois modelos de arame que simulavam duas mães macacas (artificiais), um todo feito em arame mas com um biberão cheio e o outro que providenciava, em vez de alimento, um forro de pele semelhante ao pelo de macaca, demonstraram a forma marcante como um macaquinho recorre a maior parte do tempo a este segundo modelo, assim como quando é confrontado com um estímulo ameaçador, revelando, assim, a ânsia de conforto e segurança.

A opção provada de uma preferência por uma pertença e por uma confiança foi, de facto, decisiva para toda uma geração de universitários do desenvolvimento infantil. Porém, não foram só os determinantes etológicos, designadamente trazidos por Harlow e por

Lorenz, que influenciaram Bowlby. Desde o século XVIII que existem relatos de bebés desprovidos de contacto afectivo e, designadamente, táctil, com uma figura parental fornecedora de carinho e de confiança, não sobreviverem, apesar de poderem dispor de alimento, de água, de calor e de vigilância física. Em 1760 um bispo espanhol escrevia no seu diário: "no asilo, a criança fica triste da solidão e pode morrer dessa tristeza."

Em 1945, o psicanalista René Spitz, apresentou um estudo que também se tornou histórico. Spitz comparou dois grupos de crianças: um grupo vivia num asilo destinado a crianças abandonadas e outro numa creche acoplada a uma prisão de mulheres. No asilo, cada cuidadora (enfermeira) tomava conta de sete bebés. Cada berço estava coberto com um lençol que não permitia que os bebés olhassem para o seu ambiente mais próximo. Na creche da prisão eram as mães que tomavam conta dos seus bebés, sendo patente o seu afecto disponível no tempo em que era permitido estarem juntos. Os parâmetros do desenvolvimento eram similares nos primeiros meses sugerindo que não havia diferenças significativas comparados aqueles parâmetros com as competências globais à nascença. No fim do primeiro ano de vida, porém, as diferenças entre os dois grupos eram já enormes com sinais nítidos de atraso no grupo asilado. Só duas das crianças asiladas andavam e falavam aos três anos, ao invés do grupo prisional que apresentava um desenvolvimento adequado à idade (Spitz, 1965).

Bowlby, em 1953, ele próprio mostrou aos ainda porventura incrédulos da vinculação um filme impressionante que mostrava o desespero de uma solidão protestada por uma criança hospitalizada sem cuidadores capazes de personalizar uma relação. Bowlby, entretanto, já tinha publicado a sua obra *Maternal Care and Mental Health* (Bowlby, 1952), narradora dos efeitos da separação das crianças das suas figuras parentais, quando essas crianças foram enviadas das cidades para os meios rurais numa tentativa de os fazer escapar aos efeitos dos "raids" aéreos assassinos durante a Segunda Grande Guerra. A partir de então, ficaram patentes à reflexão científica uma série impressionante de relatos (sendo porventura melhor conhecidas as descrições mais recentes dos orfanatos romenos) demonstrativos dos efeitos da privação de afectos, revisitado o significado desta privação por Michael Rutter (Rutter et al., 2004).

Do tudo e do todo que designámos como cascata de influências que chegaram marcantes até aos nossos dias, três evidências podem hoje ser patentes.

A primeira tem a ver com o significado da solidão afectiva. Estar com alguém é, inequivocamente, distinto de estar em alguém. Todos sabemos que podemos estar acompanhados (estar com alguém) e sentirmo-nos sós porque não estamos nesse alguém ou porventura esse alguém não está em nós.

A segunda evidência, por demais significativa no ser e pertencer no pressuposto de um "crescer gente", é a do facto das relações seguras estabelecidas nos primórdios dos primeiros vínculos terem consequências prolongadas no tempo, tanto nos ciclos de vida individuais como nos comportamentos transgeracionais.

A terceira evidência é a constatação científica do que o constructo da vinculação não é suficiente para entendermos tanto molecularmente como globalmente a totalidade dos efeitos relacionais, designadamente decorrentes de toda a complexidade dos factores envolventes contidos por exemplo no que hoje designamos por intersubjectividade.

Esta evidência é por demais clara nas já referidas hipóteses levantadas por Rutter, designadamente oriundas dos seus estudos sobre a solidão e carência patentes nos orfanatos romenos. O constructo inspirado por essas hipóteses centra-se na Resiliência. A resiliência precisa de uma herança tal como precisa de um colo. Michael Rutter definiu resiliência como uma variação individual pressentida na relatividade que envolve cada experiência de risco proporcionada pelo ambiente (Rutter et al., 2004). Jacob Ham e Edward Tronick (2006), por seu lado, formulam como hipótese que a resiliência tanto comportamental como fisiológica resulta da vivência individual experimentada por cada bebé, na sua convivência com o stress inerente do seu dia-a-dia. Neste seu quotidiano, este stress é experimentado através de uma interacção dinâmica, designadamente entre o bebé e o seu cuidador mais significativo. Nesta interacção será operante um Modelo de Regulação Mútua (Tronick, 2005) que viabiliza uma espécie de *endurance* para a vida na sequência de uma espécie de "treino" contínuo por parte do bebé face a cada pequeno stress decorrente de eventuais equívocos na construção daquela regulação, ficando porventura o bebé mais preparado para ser capaz de resistir a outros potenciais stresses ou crises de maior grau, designadamente traumáticos.

A aprendizagem envolvida no crescer e na relação implica um gasto de energia colossal que cada bebé tem de providenciar encontrar no seu ambiente mais próximo. Crescer é um mecanismo extremamente complexo que requer uma procura específica de energia garantida pela coerência de múltiplos propósitos, designadamente relacionais. Num dos nossos estudos (Gomes-Pedro, 1995) pudemos constatar como aos seis anos é possível diferenciar estádios diádicos de operacionalização relacional. A especificidade a que nos referimos tem a ver com a espécie, com o *timing* da descoberta e com os objectivos de regulação que para o bebé envolve uma complexa relação dual.

Na cadeia de predação animal os significados têm a ver com os comportamentos e com a coerência biológica dos propósitos. O antílope come erva e arbustos que lhe fornecem uma imensa energia indispensável à sua complexa mobilidade nas serranias ou nas pastagens procuradas pelos da sua espécie. Um predador, designadamente um leão, numa representação africana, não encontra nos arbustos qualquer espécie de fonte energética vital ao contrário da carne da sua presa que lhe fornece toda a energia potencial de que ele precisa para poder estar, por sua vez, energeticamente disponível, designadamente para as suas novas caçadas. Cada ser procura o meio mais fácil de rentabilizar a energia de que precisa.

O Modelo de Regulação Mútua (Tronick, 2005) explica como dois seres (representamo-los pela mãe e bebé) encontram, no seu sistema diádico, as estratégias de rentabilizar energia, num sistema cada vez mais complexo e simultaneamente cada vez mais vital enquanto processo de viabilização de cuidados e de procura de uma coerência que é mútua mas também individual.

Em termos energéticos, o processo do desenvolvimento humano – sabemo-lo através do modelo *Touchpoints* – não é, tão só, uma evolução linear que vai da simplicidade para a complexidade (Brazelton, 2006). Ele é, esse processo, desde os primeiros tempos de vida, uma progressão complexa feita de desorganizações a que se sucedem processos – naturalmente também complexos – de reorganização que catapultam (assuma-se ainda como exemplo o bebé) cada ser para novas aquisições, para novas confrontações, enfim, para cada nova etapa do crescer.

Será nesta lógica que convirá integrar o stress, a regulação, a complexidade, a mutualidade interactiva e a coerência. No todo, ser e pertencer explica-se na fenomenologia deste crescer, biológico e relacionalmente potenciado, tanto pelo bebé como pelos seus cuidadores. Os períodos de desorganização são inerentes aos sistemas que se auto-regulam e se interpenetram nas suas influências mútuas. Ainda só como exemplo, o bebé que começa a andar, na passagem de gatinhar à posição de pé e, depois, à aptidão para a marcha, desorganiza-se em termos adaptativos o que pode ser simultâneo com uma desorganização dos seus sistemas de apetite e de sono. O bebé rebusca no seu íntimo os seus recursos adaptativos que entretanto tinham sido co-criados e treinados em função dos micro-stresses das suas interacções mais significativas. Do mesmo modo, estes recursos repletos de energia, são providenciados por uma regulação mútua sucessivamente reforçada entre mãe e bebé, entre pai e bebé, entre avô e bebé, enfim, entre todos os outros significativos e o bebé.

A construção do sentido de coerência do bebé emerge dos sucedâneos desta desorganização e reorganização temporal que é mais uma forma de treino, partilhada ao longo do tempo, necessariamente relacional. Quer dizer, os recursos de energia e de coerência são mutuamente providenciados pela díade catapultando o bebé e os seus mais significativos para oportunidades de regulação mútua cada vez mais complexas mas também cada vez mais eficazes.

A eficácia depende da regulação mútua, isto é, depende de uma parentalidade cuidadora permanente, atenta e empática, depende de um «treino» quotidiano feito de vivências porventura micro-stressantes, depende, enfim de estados de paixão mutuamente recepcionados e devolvidos. Quando não existem estes condicionamentos de regulação mútua, a criança entra em falência, desiste da procura de uma coerência, desiste da confiança de uma pertença, desiste, enfim, de si. Foi desta "falência" decorrente de um predomínio de falhas relacionais precoces que nos falaram Bowlby, Spitz, Rutter e Tronick, entre tantos outros. Associando agora todos os constructos, direi que a capacidade de criar *estádios diádicos de consciência* com alguém especial e, sobretudo, a qualidade destes estádios, depende, em parte substantiva, da história individual respeitante às regulações mútuas dos primeiros envolvimentos tanto diádicos como triangulares (bebé-mãe-pai). Os intervenientes principais desta regulação no bebé são envolventes da comunicação. A expressão facial da mãe, nos seus movimentos que geram sorrisos tal como os movimentos das pálpebras que geram olhares, tal como a modelação melódica da voz, os gestos e as carícias, todos estes elementos são determinantes de interacções neuronais particularmente evidentes no cérebro límbico.

A dinâmica sucessivamente mais complexa da experiência afectiva do bebé evolui num processo mutuamente regulado homeostaticamente, suposto estável apesar dos já referidos microstresses pressentidos como pequenos equívocos e que são determinantes dos sucessivos novos episódios da regulação. O paradigma do *still-face* (Tronick, 2005) mostra-nos a evidência da frustração do sistema regulador, sobretudo quando ultrapassa o limiar adaptativo para o qual o bebé está preparado. O paradigma do *still-face* é um modelo instrumental extremamente sensível no que nos revela em termos de génese de um absurdo. A mãe é convidada, depois de uma explicação antecipatória, a paralisar o seu comportamento interactivo em tudo o que comporta o seu jogo afectivo com o bebé. Qualquer bebé habituado ao treino deste jogo afectivo detecta imediatamente o micro-stress do erro interactivo. Enquanto um bebé de dias fecha os olhos revelando a sua emoção de surpresa, de espanto ou de mágoa, uma criança mais velha pode voltar a cara para o lado ou para trás para depois procurar, de novo, o reencontro. Quando, porém, o bebé confirma o absurdo ele sente desequilibrada a sua homeostase precisamente porque a ruptura terá ultrapassado o limiar para o qual estava treinado. O conflito pressentido é o de uma ameaça ao sentido de pertença do bebé.

Reencontramos aqui os macacos de Harlow, as vivências dos orfanatos e dos asilos tão bem descritas por Spitz, por Bowlby e por Rutter, entre outros. É isto que encontramos nos bebés negligenciados ou abusados, nos filhos de mães deprimidas ou com comportamentos aditivos, ou tão simplesmente (direi gravemente) com comportamentos disruptivos quando elas – mães – sentem também ultrapassado o limiar da sua adaptabilidade quando de vivências de grande stress e ansiedade, designadamente nos casos graves de disfuncionalidade tanto familiar como pessoal.

Temos estado a tratar de constructos de intersubjectividade e da sua ruptura dramaticamente representada pelo *still-face* que recria, numa situação experimental, algumas das situações vivenciais dos quotidianos parentais. Enquanto humanos, direi que a característica fundamental desta nossa disponibilidade humanizante é a de estabelecer com outros que nos são especiais, laços emocionais de conexão que estruturam uma intersubjectividade feita de expectativas, de entregas e do reconhecimento de um retorno.

A viagem emocional da intersubjectividade poderá ser assim representada: *eu sinto que tu sentes o que eu sinto*. Este circuito é o pilar do sentido de pertença que contribui para o termómetro de cada coerência individual. O que está subentendido neste pilar é toda uma expectativa de confiança que assegura uma segurança cada vez mais complexa e cada vez mais pressentida como modelo inspirador das sucessivas relações com os sucessivos outros de uma convivência reguladora porque relacional. É neste constructo da intersubjectividade que o bebé encontra o seu sentido de pertença porque acredita que alguém lhe pertence enquanto ele pertence a esse alguém. Nesta pertença ele está não com alguém mas em alguém muito especial para ele bebé. É este, de facto, o termómetro da coerência.

A Neurociência de hoje explica esta coerência e o porquê das vantagens desta coerência ser cedo adquirida. A vinculação é tão importante quanto difícil de estudar em termos neurobiológicos. Os estudos com pintos, com patos, com carneiros, com arganazes e recentemente com humanos, mostram que os neuroreceptores, designadamente a ocitocina e a vasopressina revelam mecanismos proximais de regulação enquanto pontes entre sistemas, designadamente a nível celular e molecular (Insel & Young, 2001).

A sobrevivência relacional dos humanos depende dum cérebro emocional que prepara o animal social que o homem é (tal como lhe chamou Espinoza) para a empatia e para o amor. O córtex orbitofrontal faz parte da nossa história relacional. O córtex orbitofrontal de maiores dimensões à direita é o controlador do nosso cérebro direito, significativamente dominante em toda a nossa infância. É ele o responsável pela leitura do nosso vocabulário emocional, é ele que viabiliza a identificação dos nossos sentimentos e é nele que estão associados muitas das nossas experiências estéticas, designadamente o sabor dos alimentos, o prazer do toque e o reconhecimento do belo. O córtex orbitofrontal é a zona mais rica em opióides de todo o nosso sistema nervoso central. É interessante, a este nível, verificar a proximidade da activação neural entre o olhar ou ouvir alguém que se ama e uma eventual experiência eufórica porventura induzida com cocaína (Insel & Young, 2001).

O grande mistério do ser e pertencer está na decifração do sucessório da selecção dos vínculos. A sequência será sensivelmente esta:

1. Proximidade com a cria ou com alguém significativo;
2. Reconhecimento da identidade desse outro significativo;
3. Investimento nesse significativo simultâneo à rejeição (porventura temporal) de outros menos significativos.

Nesta sequência está implícita a criação de um pertencer partilhado.

O córtex frontal funciona como um centro controlador que está entre o estímulo e a resposta, porventura mais complexo quando os estímulos partem das estruturas mais profundas do cérebro emocional designadamente a amígdala e o hipotálamo. Precisamos de filtros para a nossa dimensão social. Assim, quando alguém sente raiva, medo ou, porventura, um forte desejo sexual é o córtex orbitofrontal que lê o que é ou não socialmente aceitável podendo, designadamente, suprimir impulsos de modo a fazer funcionar as regras de comportamento dentro duma cultura social identificada como adequada. A nossa capacidade de autocontrolo e de regulação da nossa comunicação mais ou menos empática carece de um equilíbrio entre centros complexos de regulação de que a área orbitofrontal é, tão só, um exemplo.

Por tudo isto, já o dissemos atrás, é tão difícil quanto importante perceber todo o jogo interpenetrado que qualifica e identifica o sentido de pertença. Está na nossa ontogénese e filogénese a necessidade básica de constituir laços interpessoais ao longo do ciclo de vida de cada um de nós. Quando o bebé perscruta extasiado a cara da sua mãe, logo nos primeiros dias de vida, ele como que está a perguntar--lhe – És minha, não és?! Tal como porventura vinte ou trinta ou cinquenta anos mais tarde alguém numa outra vivência interpessoal repetirá a questão – tu és só meu ou só minha, não és?!

Ser e pertencer é a nossa história. Não obstante o todo ainda desconhecido que porventura fundamenta os processos que estruturam o sentido de pertença, é por demais estimado que é o todo que ocorre nos primeiros tempos de vida o que determina a génese do funcionamento interpessoal e, com ele, o sentimento do pertencer. Não conhecemos, porém, quais as experiências mais precoces que estão na origem da organização do sentido de pertença e, designadamente, quais os potenciais acidentes nessas relações mais precoces que são susceptíveis de poder inquinar aquelas experiências.

No fecho dum ciclo revisitarei as hipóteses científicas de Rutter e de Tronick. Rutter ao definir Resiliência como uma variação individual em função dos níveis de resistência pessoal face às experiências de risco, formula o significado potencial das forças que se identificam com aquela resistência (Rutter et al., 2004). Ham e Tronick (2006), como vimos, acrescentam a hipótese de que a resiliência, tanto a nível comportamental como fisiológico, estará porventura mais relacionada com o modo como os bebés e as crianças mais pequenas se confrontam com o stress inerente do quotidiano das suas vidas nomeadamente decorrente das suas múltiplas experiências interactivas. Neste confronto, serão significativas todas as forças tal como todas as vulnerabilidades individuais. Acreditamos que a regulação deste processo determina não só a própria resiliência mas também a organização dos vínculos, o sentido de pertença, enfim, no seu todo, o modo como cada um sente o termómetro da coerência na sua vida.

Chegar à compreensão da equação mágica, necessariamente empática, do *eu sinto que tu sentes o que eu sinto* exige um infinito de mais saber no que respeita aos mecanismos da mente. A mente é tão real quanto o é o cérebro, o pulmão ou o coração. A única diferença é que para descobrir a mente não chega a ressonância magnética funcional ou a investigação laboratorial. Pelo nosso lado, andamos há cerca de quarenta anos a tentar decifrar, enquanto pediatras, os fundamentos da intervenção clínica face ao ser e pertencer desde as origens da vida porque acreditamos que esta intervenção pode ser crítica e decisiva para a coerência familiar e, nela, a sua estabilidade.

Intervir nos dois primeiros *Touchpoints* da vida – pré-natal e nascer – e, designadamente, partilhar com a família a paixão da descoberta do quem é quem esse bebé mágico lendo, nomeadamente, o seu grito de clamor por uma pertença, pode fazer a diferença no destino de cada um que existe porventura menos pertencido em muitas famílias da nossa sociedade.

Temos dados da nossa investigação sobre esta tal diferença em que sempre acreditámos e que sustenta a nossa intervenção clínica. (Gomes-Pedro, 1995). Aos nove anos de *follow-up* de um dos nossos estudos, as mães do nosso grupo experimental (supostamente reforçadas no seu vínculo através da nossa intervenção) lembravam-se (significativamente mais) das palavras que lhes foram dirigidas pelo pediatra (nove anos antes). O que acreditávamos porventura, ainda numa credibilidade empírica, é hoje suportado pela neurobiologia do vínculo.

Aprendemos, recentemente, a juntar as evidências científicas da resiliência, da modelação diádica de consciência, da neurociência do vínculo, do neurocomportamento do bebé, da expressão social das famílias dos nossos dias, do stress tanto emocional como molecular. Nesta dinâmica aprendemos com mais pertinência, que só faz sentido ser quando há pertencer.

Bibliografia

BOWLBY, J. (1952). *Maternal care and mental health: a report prepared on behalf of the World Health Organization as a contribution to the United Nations programme for the welfare of homeless children*. Geneva: World Health Organization.

BRAZELTON, B. (2006). *O grande livro da criança: o desenvolvimento emocional e do comportamento durante os primeiros anos* (9.ª ed.). Lisboa: Editorial Presença.

BRETHERTON, I. (1990). Communication patterns, internal working models, and the intergenerational transmission of attachment relationships. *Infant Mental Health Journal, 11(3),* 237-252.

GOMES-PEDRO, J. Patrício M, Carvalho A, Goldschmidt T, Torgal-Garcia F, Monteiro MB. (1995). Early intervention with Portuguese mothers: a two-year follow-up. Journal of Developmental and Behavioral Pediatrics, 16, 21-28.

HAM, J. & Tronick, E. (2006). Infant resilience to the stress of the still-face: infant and maternal psychophysiology are related. Annals New York Academy of Sciences, 1094, 297-302.

HARLOW, H. (1958). The nature of love. *American Psychologist, 13,* 673-685.

INSEL, T. & Young, L. (2001). The neurobiology of attachment. Nature Reviews Neuroscience, 2, 129-136.

RUTTER, M. & O´Connor, T. (2004). Are there biological programming effects for psychological development? Findings from a study of Romanian adoptees. Development Psychology, 40(1), 81-94.

SPITZ, R. (1965). The first year of life: a psychoanalytic study of normal and deviant development of object relations. New York: International Universities Press, Inc.

TRONICK, E. (2005). As necessidades de comunicação da criança – os estádios de comunicação e a relação interpessoal. In J. Gomes-Pedro (Ed.), *Mais Criança: as necessidades Irredutíveis* (pp. 493-519). Lisboa: ACSM.

FAMÍLIA LUGAR DOS AFECTOS

JOÃO SEABRA DINIZ[*]

A Dinâmica da Família

O tema «Família» evocou, imediatamente em mim, toda a vasta gama dos afectos, e, com ela, o tema da cultura em geral.

Tal como eu vejo as coisas, é impossível pensar na família, sem falar dos afectos. Família é o lugar da memória, da idealização e do desejo. Conforme as fases da vida e as vicissitudes da história de cada um, pode ser o lugar da decepção amarga, da satisfação e do bem-estar mais ou menos conseguidos, ou um projecto de futuro. Mas é sempre o lugar dos afectos.

Falar nisto remete-nos para a nossa infância, confronta-nos com as nossas primeiras experiências de pertença a uma família, com as mais antigas imagens de satisfação e insatisfação, de bons ou maus pais, quer dizer, com a mais funda raiz daquilo que cada um de nós pode pensar do bem-estar, do amor e da felicidade.

E quando se fala a sério da infância ninguém fica neutro. Para bem ou para mal isso diz-nos respeito. Profundamente. Intensamente.

Tomarmos consciência disso não é apenas uma verificação mais ou menos emocional, mas deveria ter importantes consequências quanto à intervenção. Porque é por esta razão que, tantas vezes, se revela difícil tomar decisões consensuais em casos de crianças, cujas famílias não estão em condições de assegurar a sua segurança e o seu bem-estar de uma forma minimamente aceitável. Quanto aos grandes princípios, tudo parece fácil. As divergências surgem, e às

---

[*] Pedopsiquiatra.

vezes de forma dramática, quando se trata de decidir sobre os casos vividos. Aí sente-se com clareza o peso das projecções dos problemas pessoais, condicionando a posição que se entende dever tomar no caso em apreço.

Quero dizer com isto que o tema «família» não pode deixar de evocar a nossa posição mais íntima e profunda referente ao que é a capacidade de amar e educar uma criança e ao desempenho dos papéis parentais. Acorda as mais precoces e intensas experiências emocionais. Estas, não estão, pelo menos na sua totalidade, directamente acessíveis ao pensamento claro, mas formam a base dinâmica de muitas atitudes práticas e das posições teóricas que se foram elaborando ao longo da vida, em interacção com o ambiente humano e com os princípios que outros formularam. Desses princípios, tender-se-á a escolher aqueles que melhor servem as próprias experiências e mais ajudam a pensar as emoções. Que portanto nos parecem mais correctos e se querem aplicar, para resolver o problema dos outros segundo aquilo que gostaríamos que nos tivesse acontecido a nós, no nosso passado.

Estamos perante um tema de estudo em que quem estuda está sempre e inevitavelmente implicado. Mais vale reconhecê-lo desde o princípio e aceitá-lo claramente. Não há uma forma a que possamos chamar asséptica para analisar e resolver os problemas familiares. É sempre uma forma "sentida". Só que este sentimento tem que estar numa relação clara e reconhecida com o pensamento secundário e com as posições de base que tomamos na nossa acção, e também, o que é muito importante, em relação com uma teoria das relações humanas claramente identificada.

Sem querer brincar com as palavras, não hesito em afirmar que quanto mais claramente se sente mais claramente se pensa, e quanto mais claramente se pensa mais claramente se sente. Quer dizer, o equilíbrio e o bem-estar da pessoa humana dependem da boa articulação das duas dimensões.

Sem ignorar a pertinência de outros ângulos de abordagem, procurarei pois centrar-me no domínio do afecto.

Tentarei esboçar, recorrendo a alguns conceitos teóricos que todos certamente conhecem, de que modo se faz a construção afectiva do ser humano, desde os seus primeiros tempos de vida. Construção afectiva que se processa, ou deveria em princípio processar-se, no interior da família.

Da família construtora e modeladora da pessoa, passarei à pessoa construtora e modeladora da família. Trabalho que é feito, naturalmente, a partir daquilo que se é e daquilo que se deseja conseguir.

Procurarei finalmente mostrar que na sociedade contemporânea se vive uma grave crise de afectos, que é, a meu ver, uma grave crise cultural.

Família e sociedade terão uma evolução necessariamente interdependente, que dependerá do futuro que soubermos preparar para os afectos. E temos que reconhecer que na nossa sociedade, muito do que é a organização do trabalho empresarial, com os seus horários e exigências, acaba por ser, claramente, contra a família. Porque esta, para existir como sistema humano equilibrado, precisa de que aqueles que a compõem disponham de tempo para dar uns aos outros. Para se ouvirem e comunicarem. Para se conhecerem na originalidade de cada um. Para partilharem uma história humana, em que cada um possa sentir e identificar os outros como elemento constitutivo do círculo mais íntimo do seu mundo.

Desde que começamos a existir, os contactos de vária ordem que estabelecemos vão ficando registados, constituindo um depósito de memória, que, em condições normais, é sujeito a um processo que Winnicott classifica como de «elaboração imaginativa». Este conduz a uma aprendizagem, em que podemos considerar duas vertentes – uma virada para o próprio sujeito, outra virada para a realidade externa em que esse sujeito se movimenta.

Aprendemos a conhecer-nos a nós próprios e ao ambiente que nos rodeia. E desse ambiente fazem parte, como elemento essencial, os adultos que se ocupam da criança e são para ela os elementos afectivamente mais significativos. Mas é um processo que continua por toda a vida, a vários níveis de complexidade e de profundidade.

Dentro desta ordem de ideias, gostaria de chamar a atenção para um facto que me parece decisivo para a compreensão do ser humano. É que de tantas coisas que vamos aprendendo neste mundo, só nos são verdadeiramente úteis aquelas que, além de as sabermos, conseguimos também sentir. Essas passam a fazer parte de nós e contribuem para que sejamos aquilo que somos, isto é, contribuem para a nossa construção pessoal. Estou a falar das coisas *pensadas e sentidas*. Só elas constituem uma *experiência* no pleno sentido do termo. Uma experiência humana e humanizante. As outras coisas que aprendemos, mas ficam distantes do que sentimos, representam um conhecimento, mas nunca se tornarão uma sabedoria.

As coisas sabidas porque sentidas, podem ser assimiladas em profundidade e permitem-nos aprender com a experiência. Este saber *vivenciado* passa a constituir um património pessoal que não se perde, mesmo que as acções externas a que se ligava tenham que ser abandonadas. Fica como um capital adquirido. E torna-se uma nova capacidade, aberta a outras aquisições. É assim factor e condição de progresso.

Aprender com a experiência é um elemento decisivo para o crescimento do indivíduo e para o seu enriquecimento. Modifica a maneira como cada um se sente e sente o mundo à sua volta. Dá melhor qualidade às relações pessoais e à intervenção na realidade.

A experiência vivida e pensada faz a originalidade da pessoa. É indispensável para que não se percam os frutos do tempo vivido, e assim o desenrolar da vida possa constituir um processo significativo e coerente. Um processo vivido como história que se pode contar, e com a qual se pode aprender. Só deste modo se evitará a constante repetição dos mesmos erros, que aparece em certas vidas como uma espécie de implacável destino.

As coisas que aprendemos sentindo são as que mobilizam o conjunto do nosso psiquismo e produzem uma alteração da nossa dinâmica pessoal. Por isso afirmei que só essas nos são verdadeiramente úteis, porque úteis na constituição de nós próprios como pessoas.

Isto que se pode afirmar a propósito de qualquer processo humano de aquisição de conhecimento e de experiência, aplica-se de forma privilegiada ao desenrolar das experiências que se processam no interior da família desde os primeiros tempos de vida de uma criança.

Reflectir sobre a família, presente ou futura, é um desafio arriscado por causa da sua complexidade, e pela dificuldade de encontrar a linguagem adequada. Mas é um desafio que tem que ser tentado.

Antes de mais, há uma questão de linguagem. Tradicionalmente, entende-se que a linguagem da ciência deve ser rigorosa, objectiva, impessoal. Para isso, considera-se indispensável que seja desapaixonada e asséptica. As componentes emocionais são em geral vistas, como indesejáveis e perturbadoras.

Não posso concordar com isso. Se assim fosse, teríamos de concluir que a ciência não pode falar do que há de mais tipicamente humano, que deveria então ser deixado aos poetas.

A questão é pertinente, porque a realidade humana que teremos de considerar, sempre que falamos de família e de infância, são os afectos e as suas necessárias contrapartidas, ou seja, a dor psíquica e o bem-estar, ou, se preferirmos, a felicidade. O risco, para mim, estaria em que, com muita frequência, não se quer falar destas coisas, porque, aparentemente, cabem mal numa linguagem científica. Prefere-se, em geral, falar do aspecto material dos cuidados a presta às crianças, que são importantes, mas não são o mais importante.

É necessário dizer que os afectos são o que há de mais importante nas relações humanas e o que torna grande ou trágica a vida dos homens. Deste ponto de vista, se quisermos falar de coisas importantes e verdadeiramente decisivas na vida das pessoas teremos de falar da maneira como se poderá conseguir enfrentar e resolver o problema da ansiedade e da depressão. E estes são sofrimentos cuja origem se encontra quase sempre na intensidade das experiências infantis. Mas não será hoje o momento de o fazer.

Um projecto familiar surge na linha de procura de uma solução afectiva para aqueles que se querem constituir como família. Surge como uma das formas de conseguir tal solução, na tentativa de reconstruir uma situação anteriormente vivida, que seria a da própria família originária, real ou idealizada. É esta que se deseja reencontrar em circunstâncias actualizadas, ou então de uma forma que emende, repare e compense anteriores dramas e sofrimentos, que assim seriam definitivamente esconjurados.

É razoável perguntar-nos com que eficácia tal emenda se consegue, atendendo à evidente dificuldade que a maior parte das pessoas tem em construir uma relação amorosa duradoura e de boa qualidade, não obstante a facilidade com que muitos repetidamente se apaixonam.

Tudo isto não se reduz à actuação pura e simples de instintos primários, como alguns, simplificando em extremo, gostariam de pensar.

Tentemos compreender porquê. O ser humano inicia a sua humanização e a sua estruturação pessoal através da relação que estabelece com os dois seres que lhe deram origem. Na nossa cultura, isto é, naquele ambiente que produziu os seres humanos que nós somos e que sempre conhecemos, essa situação familiar parte de um pressuposto básico originário, que faz parte das nossas fantasias comuns. Com estas a criança irá confrontar-se desde muito pequena. Trata-se da suposição de que, se esses dois seres lhe deram origem, foi porque se amavam e por isso tinham decidido viver em comum. Foi porque eram felizes e sonharam transmitir essa felicidade.

As palavras mãe, pai e filho designam realidades que são especificamente humanas, fundadoras da nossa cultura. Não são apenas a resultante de comportamentos instintivos. Sustentam imagens interiores estruturantes do psiquismo e condicionantes da saúde mental do indivíduo. Estão, ainda, ligadas a idealizações e construções culturais de enorme peso.

Na vivência humana são essencialmente relacionais. Necessariamente correlativas, cada uma exige as outras duas, porque sem elas não pode existir. É conceptualmente impossível. Por outro lado, se devidamente relacionadas, constituem um conjunto estruturado e harmonioso, que de alguma maneira representa a perfeição e parece auto-suficiente. Formam um mundo em si, onde começam todos os mundos e que explica todos os mundos. Quer dizer que esta tríada é a matriz simbólica originária de que todos nós somos tributários. Nada do que tem existência humana lhe pode ser alheio. Pelo menos até este momento da nossa história.

Este tem sido, pois, o paradigma que sustenta o imaginário da vivência amorosa, que em si representa a felicidade. A felicidade que todos desejam.

Quando se chega à idade adulta ir-se-á construir família à procura dessa felicidade. O elemento de idealização é evidente, mas tem a sua importância. Um certo grau de idealização do objecto de amor é necessário para construir a relação amorosa. E uma relação amorosa pode surgir inesperadamente, mas para que se torne de boa qualidade tem que ser construída e defendida por aqueles que nela estão interessados.

Creio ser bastante fácil ver como na nossa sociedade a falta de um certo grau de idealização amorosa conduz à pobreza das relações que se estabelecem. Temos uma demonstração disso mesmo na facilidade com que se trocam umas pessoas pelas outras, quando as dificuldades próprias do viver em conjunto põem à prova a solidez dos afectos.

Vejamos mais de perto o caso do filho.

Entre o filho e o mundo estão os pais, que de início são o seu mundo. Vão-lhe depois, a pouco e pouco, mostrando o mundo, explicando o mundo. Mas o primeiro objecto de desejo, de mistério, de interrogação e de descoberta são os próprios pais. As suas pessoas e a relação que mantêm entre si. Por referência a eles, e em comparação com eles, o filho se descobre a si próprio e organiza a sua identidade. Eles lhe fornecem as categorias com que pensa e as palavras com que fala. Eles lhe ensinam o nome das coisas e como se dizem os sentimentos.

O filho pensa-se, vê-se, sente-se a partir do que os pais pensam, vêem e sentem dele. Mais tarde, organizará as suas próprias ideias e a sua maneira de pensar. Mas é bem mais difícil distanciar-se da maneira de sentir que recebeu desse mundo do afecto dos pais, em que começou por se encontrar mergulhado e situado. Na maior parte das vezes, essa maneira de sentir fica a condicionar para sempre a tonalidade de base que marca o humor da pessoa e o seu sentimento do mundo. Ou mais precisamente, o sentimento de si, no mundo. Por isso, quando estes primeiros anos de vida não correm bem, o sofrimento experimentado pela criança pode deixar marcas indeléveis na sua personalidade.

De tal maneira o filho se habituou a que os pais são o seu mundo, os seus intérpretes do mundo ou, dito de outra maneira, aqueles a partir dos quais organiza a sua ideia do mundo, que lhes pergunta incansavelmente tudo, e não consegue aceitar que lhe digam que não sabem aquilo que no momento quer que lhe expliquem. E os pais lá vão desempenhando o seu papel, melhor ou pior, transmitindo a sua experiência das coisas e a sua maneira de sentir.

Estou a falar de situações normais, embora aceitando uma certa dose de idealização porque, na vida prática, há sempre elementos de insuficiência e de insatisfação. Mas, no seu conjunto, gostamos de pensar que a maior parte das famílias respondem razoavelmente ao que é necessário, para que os seus filhos cresçam felizes.

Não precisamos de muita atenção para percebermos que a experiência da infância tem uma força especial para despertar sentimentos de uma intensidade que por vezes nos espanta. Não são só as situações relacionais complexas dos primeiros anos que deixam em nós a sua marca indelével. São também os cheiros, os sons, as vívidas imagens do passado que ficam a constituir o nosso reportório de referências fundamentais, com as quais e a partir das quais organizamos o núcleo central das nossas atitudes, dos nossos gestos, dos nossos valores, e infelizmente, também muitas vezes, das nossas angústias e daquilo que nos é difícil suportar.

À roda desse núcleo, para continuar com esta linguagem metafórica, se vão estruturando outras experiências importantes que o alargam, o enriquecem ou o deformam, mas nunca o destroem.

A família é o lugar de onde partimos para a nossa aventura de viver.

No Prefácio ao 1.º volume das suas Memórias, Raul Brandão descreve-nos de uma forma cheia de emoção a sua maneira de se sentir ligado à experiência infantil. Transcrevo uma breve passagem:

> *O que sei de belo, de grande ou de útil, aprendi-o nesse tempo: o que sei das árvores, da ternura, da dor e do assombro, tudo me vem desse tempo... Depois não aprendi coisa que valha. Confusão, balbúrdia e mais nada. Vacuidade e mais nada. Figuras equívocas, ou, com raras excepções, sentimentos baços. Amargor e mais nada. Nunca mais...Nunca Londres ou a floresta americana me incutiram mistério que valesse o dos quatro palmos do meu quintal.*

Não somos todos iguais. Mas não tenho hesitação em afirmar que o que cada um de nós é hoje depende, em grande parte, da qualidade dos adultos que povoaram a sua infância.

Se aceitarmos que a família é por excelência o lugar e a matriz dos afectos, não será difícil prosseguirmos a nossa reflexão afirmando que o futuro da família depende do futuro que soubermos preparar para os afectos. Dito de outro modo, dependerá do tipo e qualidade dos afectos que os jovens de hoje quiserem e forem capazes de mobilizar para construírem as suas famílias, prolongando e continuando na maturidade o que iniciaram com as suas experiências infantis. Se de facto esse início da infância foi digno daquilo que devia ser.

É impossível construírem-se relações humanas de boa qualidade sem afectos de boa qualidade.

Há um processo que é importante lembrar aqui, embora de forma muito esquemática. Já afirmei que é na relação com os pais que a criança se descobre como pessoa e descobre o mundo. A partir da sua descoberta de si própria como pessoa separada da mãe – o que

Família lugar dos afectos 151

implica a descoberta do seu mundo interno, com os seus desejos, afectos, ansiedades, frustrações, raivas, prazer e desprazer –, a criança apercebe-se que o outro, com o qual está em relação, tem um mundo interno semelhante ao seu.

Penso que esta descoberta da reciprocidade é a base em que assentam os princípios que devem regular as relações humanas. A partir da descoberta dos próprios sentimentos faz-se a experiência da necessidade de respeitar os sentimentos dos outros. E isso acontece, naturalmente, a partir da experiência que fazemos da maneira como eles respeitam os nossos sentimentos. A troca de afectos é o sistema primário que regula as relações interpessoais.

É a partir da descoberta do outro na sua integralidade que a criança aprende a relacionar a satisfação dos seus desejos com o que imagina serem os sentimentos e as disposições desse outro em relação a si próprio. E é uma questão que fica para o resto da vida.

A formulação de direitos, que vem mais tarde, é necessária para nos proteger contra as falhas do afecto. Porque quando o afecto é aquilo que deve ser a questão dos direitos não se põe. Bem vistas as coisas, a questão dos direitos da criança é um problema dos adultos e quando as coisas têm que ser analisadas a esse nível é quase sempre – para não dizer sempre – porque alguma coisa não correu bem. A criança, por si, não reivindica direitos. Espera e procura afectos.

É este processo que pode ser considerado como o processo de humanização. Segundo penso, pode definir-se a humanização como sendo a organização progressiva da experiência individual sob a forma de relação com um outro que se descobre distinto do próprio. Com este outro estabelecem-se contactos significativos e organiza-se um sistema de comunicação que começa pela troca de afectos e de fantasias, e vem mais tarde a incluir a expressão verbal. Na dinâmica desta relação vai-se elaborando uma compreensão estruturada e partilhável de tudo, em que têm lugar privilegiado as convicções fundamentais quanto à forma como os indivíduos se relacionam entre si, quanto ao valor dos afectos e quanto ao modo de reagir perante a percepção daquilo que se ignora.

Tudo o que disse até aqui situa-se decididamente dentro da esfera do mental ou do psíquico. É deste nível que brota a cultura e o especificamente humano.

Da forma como o entendo aqui, culta não é a pessoa que possui muita informação. Culta é a pessoa que dispõe internamente de um conjunto de símbolos, referências e valores suficientemente rico e maleável, que lhe permite pensar de forma partilhável a sua experiência e integrar-se harmoniosamente no grupo humano a que pertence, promovendo a boa qualidade das relações humanas e a prossecução articulada dos objectivos comuns.

Referências em crise

Irei chamar agora a atenção para os riscos que me parece estar a correr na nossa sociedade esta dimensão mental e simbólica que considero essencial.

Antes de mais e de uma forma geral, penso que se pode afirmar que existe uma tendência acentuada a desvalorizar e ignorar a dinâmica e as características deste mundo interno do ser humano. Em certas circunstâncias há mesmo um ataque directo à dimensão mental da nossa personalidade e da nossa qualidade humana, tendendo apensar-se o homem só em termos biológicos ou orgânicos.

Não há semana em que não apareça nos jornais e revistas a notícia da descoberta de um novo gene que explica determinados comportamentos, determinadas características ou mesmo determinados sintomas psicológicos.

O tom geral é de que é um alívio verificar que afinal tudo é organicamente explicável, sem termos que nos implicar no complexo mundo da dinâmica psicológica e dos seus conflitos. Estes iriam acabar por ficar, com certeza, arrumados no sótão das velharias abandonadas, porque dependentes de um tempo em que o conhecimento científico não sabia ainda explicar bem as coisas.

Assim se tem anunciado, «finalmente»(!) a explicação puramente orgânica da ansiedade nas suas várias formas, da depressão, da insónia, da homossexualidade, etc...

Não quero entrar na polémica, a meu ver ultrapassada, entre o orgânico e o psicogénico. É indiscutível a componente orgânica dos actos psíquicos. Mas também é indiscutível, a meu ver, a componente mental dos actos humanos.

Família lugar dos afectos 153

Sendo assim, a desvalorização do mental trará sempre consigo uma perda da qualidade humana.

O homem não tem que se envergonhar da sua componente psíquica, que não pode ser vista como um parente pobre do conhecimento científico. Muitas das dificuldades que hoje se verificam de pensar eticamente sobre várias áreas de investigação e intervenção científica me parecem derivadas desta incapacidade de integrar o mundo afectivo no discurso científico oficial.

Tal como eu vejo as coisas, existe na nossa sociedade deste início de século uma crise dos valores e das referências simbólicas que deixa as pessoas, sobretudo as gerações mais jovens, sem meios mentais capazes de conterem as suas frustrações e sofrimentos e lhes assegurarem bem estar e equilíbrio interior, garantindo uma efectiva capacidade de amar e de viver com criatividade. Sabe-se como perante a insuficiência dos meios mentais se abre o caminho para tantas "soluções" indesejáveis.

Trata-se de um problema grave que afecta todos os países considerados mais avançados neste início do séc. XXI. Será urgente que os responsáveis se debrucem sobre ele se se quiser preservar a possibilidade de um desenvolvimento equilibrado e respeitador da pessoa humana.

Admito que a ideia, assim apresentada, possa provocar alguma surpresa, pois seria necessário referi-la a um amplo contexto de evolução cultural, para se conseguir um melhor esclarecimento. Noutro local fi-lo já com maior desenvolvimento.

Resumindo muito, pode dizer-se que ao longo dos séculos se foi constituindo um rico património de referências míticas, simbólicas, religiosas e artísticas, que no seu conjunto constituem a cultura. Servem para o homem se situar no universo, em relação ao infinito que o céu abre perante ele, em relação ao planeta que habita e aos outros homens seus semelhantes. Servem-lhe para responder às grandes questões que a vida lhe põe, para ultrapassar as inquietações e angústias que não consegue evitar, para pensar as suas experiências emocionais e imaginar as dos outros. Deveriam servir-lhe para criar um espaço de bem-estar e harmonia, humanizado e habitável, humanamente partilhável.

O rápido desenvolvimento da civilização tecnológica-industrial, com as tirânicas exigências da produtividade e da eficácia arvoradas em critério fundamental de qualidade e de sucesso, veio pôr em crise quase todas essas referências culturais de base. Estas referiam-se a um contexto de experiências e sentimentos que rapidamente perderam sentido para as novas gerações.

Como simples exemplo, note-se que a transmissão da sabedoria tradicional está quase toda formulada em referência a uma sociedade rural que nada diz aos que já nasceram e sempre viveram nas grandes áreas urbanas. Que poderá pensar de uma cepa, o jovem a quem um adulto diz a frase banal: - «Se não estudares nunca vais passar da cepa torta»? A que experiência pessoal poderá referir-se se por acaso ouvir dizer que, não será capaz de meter as cabras no curral? Que significado tem hoje ir a «mata cavalos» ou «pôr o carro diante dos bois»?

Penso que nunca na história humana foi tão evidente a discrepância entre dois aspectos da evolução civilizacional – refiro-me ao tempo rápido da evolução científica e tecnológica e ao tempo lento necessário à elaboração cultural, que é indispensável para humanizar as aquisições da ciência, isto é, para as integrar harmoniosamente e lhes dar um sentido no complexo mundo das emoções e dos afectos humanos.

Quando a evolução científica e tecnológica era incomparavelmente mais lenta, a discrepância era menos sensível e, embora com algumas zonas de crise, era possível ir integrando no património cultural comum e na identidade dos vários grupos, as mudanças externas que se verificavam.

Uma das linhas de reflexão que nos poderiam ajudar a compreender a evolução histórica da humanidade, seria justamente a dinâmica e os acidentes do caminho que vai desde o pensamento mágico ao que se pretende que seja um pensamento científico, passando pela crença iluminista e hoje posta em crise de tudo resolver pela razão. O problema sempre presente é como fazer a integração equilibrada das emoções e dos afectos dos indivíduos no processo evolutivo da sociedade, ajudando na tarefa de viver.

Quando isso não se consegue, criam-se situações de tensão e sofrimento que levam a várias formas de ruptura.

Se olharmos ao que se passa, veremos que para uma parte considerável das novas gerações, as referências emocionais e simbólicas tal como os valores que orientaram as gerações que os precederam, perderam o significado e força motivante. Às vezes são mesmo sentidos não como formas indiferentes mas como portadores de uma carga negativa, de que é preciso defender-se.

Isto repercute-se fortemente no interior da família, porque esta dificuldade na transmissão e partilha das referências culturais dá uma violência excessiva ao normal conflito de gerações. Em vez de fazer a crítica do que está, vive-se uma situação de rejeição violenta. Em vez de se tentar a discussão, agride-se. Em vez de se fazerem planos para o futuro, tomam-se atitudes de fuga mais ou menos disfarçadas por alguns planos vagos e utópicos. Muitas vezes apenas se destrói o que existe.

À falta de elementos culturais adaptados e eficazes que permitam minorar e conter a violência das frustrações muitos acabam por entregar-se a sentimentos primários e violentos que parecem justificar-se a si mesmos. Em qualquer caso, são atitudes que não admitem ser questionadas nem interrogadas.

A comunicação social traz-nos por vezes notícias dramáticas de crianças e adolescentes que agiram a sua violência de uma forma perversa.

Alguma ligação isso deverá ter com as notícias da violência dos adultos sobre as crianças, explorando-as, torturando-as e prostituindo-as.

De muitos países, incluindo o nosso, chega-nos o drama das escolas e dos professores, que não conseguem enquadrar pedagogicamente crianças que, com a sua violência desestabilizam todo um corpo docente.

Há alguns anos, na civilizada Inglaterra, vimos a Ministra da Educação que defendia no Parlamento a reintrodução dos castigos corporais nas escolas.

Parece inacreditável, mas vive-se nas Escolas o drama da violência, mesmo física, exercida sobre os professores.

Que é feito dos afectos e dos modelos a que eles se ligavam?

Não é por acaso que a toxicodependência, que é a expressão de uma profunda dificuldade de viver e uma via de ruptura drástica com a organização social e os seus valores, se tornou no nosso tempo um fenómeno de dimensões tão vastas.

É preciso procurar compreender como as pessoas realmente funcionam. Não basta enunciar um dever, uma norma de conduta, nem mostrar a partir de dados positivos a necessidade de alcançar um determinado objectivo. É preciso fornecer uma boa razão afectiva para o fazer, de modo a que o indivíduo sinta que isso, para ele, também assim é. Isto é assim porque um dos mecanismos fundamentais do crescimento e da estruturação da personalidade é a identificação. E os modelos de identificação que a nossa sociedade oferece neste início do séc. XXI, em geral, ou são de má qualidade ou não são suficientemente motivantes.

Já repararam que nas capas dos discos, nos posters publicitários e sobretudo nos canais de TV que transmitem horas a fio telediscos de música para os jovens, a maior parte dos intérpretes são apresentados de maneira que não corresponde aos modelos reais da vida dos jovens que os observam fascinados? Não será por acaso.

Que modelo prático para a vida real poderão oferecer a um jovem de hoje, por exemplo, os grandes ídolos do rock? E, no entanto atraem multidões.

Outra situação que me parece muito significativa é o facto de as top models se terem tornado ídolos de massa, que os meios de comunicação promovem sistematicamente.

Não há dúvida que se trata de mulheres muito bonitas. Mas que sabemos nós da sua vida mental, da sua qualidade como pessoas? Tudo o que nos é oferecido é pura exterioridade. É uma posição exibicionista por excelência.

Os antigos fans dos actores de cinema encontravam nessas figuras que idealizavam pessoas que viviam paixões e aventuras, que incarnavam atitudes muitas vezes heróicas ou práticas.

Os modelos de hoje, na sua maior parte, confrontam-nos com um vazio dramático. Como poderá ser preenchido?

Parece-me também significativa a importância que tomou um grupo de pessoas a que se chama vulgarmente «jet set», e cujo mundo é promovido artificialmente, na sua exterioridade, pelas colunas das revistas, que assim as tornam "colunáveis".

Numa sociedade que quase não lê livros, esse tipo de revistas constitui a única leitura de muita gente.

Os comportamentos mais questionáveis podem até transformar alguns deles em heróis de séries televisivas.

Em muitos aspectos, vivemos num mundo de confusão de valores e de modelos.

A actual geração seria assim uma geração já em crise de identidade e de valores? Para ser sincero, devo dizer que penso que sim. Veja-se a recente vaga de Yuppies, proposto como modelo vencedor na sociedade da eficácia e da competição, e já em franco declínio. Veja-se a tentativa, de há alguns anos, dos JEEP's – jovens empresários de elevado potencial. Em contraste veja-se o fascínio e atracção que continuam a exercer as culturas de grande riqueza simbólica, embora em atraso quanto aos critérios do desenvolvimento tecnológico.

A nossa sociedade é uma sociedade em crise porque confundiu a verdadeira qualidade de vida com os índices de produtividade e de riqueza material. Perdeu-se muito do sentido de honra e do gratuito. Não se pensa já na elegância das atitudes. A palavra dada perdeu quase por completo a sua garantia. A corrupção atinge dimensões inquietantes.

Assim, há grandes massas de jovens que não querem ser como nós, que não querem integrar-se na sociedade em que vivemos. O drama é que não sabem fazer melhor nem apresentar propostas alternativas. Por falta de recursos interiores e próprios, afirmam-se pela negativa, fazem uma identificação por contraste. Tornam-se disfuncionais na nossa sociedade. Juntam-se para tentar atenuar a angústia e o sofrimento da solidão. Agem e agridem para não pensar.

Em conclusão podemos dizer que parece ter-se dado uma evolução no sentido de perda de contacto com as referências culturais e simbólicas que faziam parte do imaginário colectivo das gerações anteriores.

Como não houve ainda tempo de fazer a elaboração cultural correspondente ao enorme avanço dos conhecimentos científicos e da capacidade tecnológica, como não foi criada uma nova poética correspondente à nova posição da humanidade, as novas gerações encontram-se singularmente desprovidas de meios mentais para pensarem os seus afectos, realizarem emocionalmente uma boa integração na realidade e se projectarem no futuro.

Não ignora a existência de grupos que não se integram no quadro que tenho vindo a traçar. Infelizmente, penso que são minorias.

Os grupos que, por várias circunstâncias, encontraram maior pobreza de referências na geração dos pais e cresceram em condições mais carenciadas a nível afectivo e/ou mais desprotegidos a nível material, encontram-se numa situação de sofrimento interior que os leva a comportamentos negativos e marginalizantes – disfuncionais, portanto, em relação ao conjunto da sociedade.

Penso que a compreensão desses fenómenos, que são multideterminados, não poderá conseguir-se suficientemente esquecendo aquilo a que chamei a crise dos valores e das referências simbólicas.

Perante toda esta complexidade de problemas – e tenho bem consciência de que me limitei, apenas, a um ponto de vista, dos muitos possíveis – não é fácil dar uma resposta quanto ao futuro da família.

Não creio que seja aconselhável um regresso saudosista aos modelos idealizados do passado. Mas estou firmemente convencido de que temos que partir à procura de um novo equilíbrio em que o mental, os afectos reencontrem o seu papel decisivo. Mas como em todas as coisas humanas, nada estará resolvido definitivamente.

Adultos significativos para a criança

Tenho falado da família mas, como sabemos, há casos em que por diversas razões se tem que pensar em relações substitutivas para garantir o bem da criança. É uma decisão melindrosa. Fala-se então de "adultos significativos para a criança", muitas vezes, segundo me parece, sem se ter inteira consciência do sentido forte desta expressão. Julgo que será útil precisar algumas ideias, para evitar soluções precipitadas que simplificam demasiado uma questão complexa. Vejamos.

Como é óbvio, os primeiros e mais importantes adultos significativos para a criança são em princípio os pais. Interessa, pois, aprofundar o papel que os pais devem desempenhar junto dos filhos, para se perceber o que é que uma "relação substitutiva" deve poder "substituir". Continuarei, pois, a reflexão sobre as funções parentais olhando-as predominantemente deste ponto de vista.

As investigações mais recentes permitem afirmar que este processo de relação com um outro especial começa mesmo antes do nascimento. Mas não um outro qualquer, que seja apenas um "prestador de cuidados" (*care giver*, como alguns gostam de dizer), mesmo que o faça com o maior rigor técnico. Tem que ser alguém com uma posição afectiva muito especial. Importa ver, então, quais são as características da relação que se estabelece entre a criança e os adultos – e é óbvio que em primeiro lugar se trata dos pais – que qualificarei de uma forma geral como "afectivamente significativos" para a criança. Se não compreendermos isso nada poderemos compreender da sua vida emocional.

São, antes de mais, aqueles para quem a criança tem um significado afectivo muito especial e que estão dispostos a assumir, apaixonadamente, todas as consequências disso.

Essas consequências são profundas e prolongadas no tempo, e trazem, em princípio, alterações profundas na vida da pessoa. Embora possam exigir esforços e trazer condicionamentos de vária ordem, há na experiência do adulto em causa uma componente de prazer e um sentimento de coerência, que tornam esse comprometimento para com a criança uma experiência pessoal altamente significativa e enriquecedora, a que não se quereria renunciar, mesmo que tal fosse possível.

Os adultos tornam-se significativos para a criança porque esta começou por ser significativa para eles. É esta dinâmica afectiva dos adultos que cria um espaço psíquico no qual a criança se sente acolhida de uma forma consonante com as suas necessidades físicas e psicológicas. É nesse espaço que ela verdadeiramente habita.

No caso dos pais, as alterações trazidas pelo nascimento de um filho são estruturais e definitivas, pois o facto de ter um filho representa um acontecimento irreversível na vida de uma pessoa. Quando as coisas correm bem, o nascimento de um filho é vivido pelos pais como enriquecimento pessoal e fonte de crescimento humano. A criança começa com os pais, explica-se pelos pais e são eles que lhe fornecem o ecossistema de afectos de que precisa para se desenvolver.

Na prática, isto traduz-se no facto de estes adultos terem com a criança uma relação prolongada e estável, de tal maneira que a sua presença lhe é indispensável para a organização do seu quotidiano.

Esta presença não é apenas física, nem é necessário, como tal que o seja em todos os momentos. É uma presença que deve ser entendida no seu significado mais forte e afectivo, que inclui o afecto, a disponibilidade, a tolerância, a persistência, a esperança e a empatia. É uma relação exterior, mas também interiorizada por ambas as partes, marcada pelo efectivo prazer que se encontra no contacto.

Como é evidente, esta relação evolui com o tempo, e tem que se ir adaptando aos diferentes níveis de desenvolvimento. Mas este adulto deve funcionar como elemento que garante a segurança física e promove a estabilidade emocional, serve de referência às atitudes e decisões fundamentais e promove a capacidade de resistência à frustração e à dor, sobretudo a dor psíquica, provocada pelas limitações e renúncias impostas pela realidade externa.

Ele é pólo constante de uma relação interiorizada, que mantém a sua dinâmica estruturante mesmo na ausência. A ele a criança recorre com espontaneidade, para partilhar e com ele confrontar as suas experiências emocionalmente importantes. Com o tempo, e sem que esta relação perca a importância, vai-se ganhando uma distância que respeita as zonas de intimidade pessoal e permite o desenvolvimento da autonomia.

Com esta surgem as opções pessoais que orientam a pessoa nos vários caminhos da vida. Mas mesmo no estado adulto, uma parte do que foi esta relação mantém-se como realidade psicológica, dinâmica, mesmo quando não apercebida de forma consciente.

Assim, e de uma forma muito evidente, a vida emocional das crianças depende das pessoas com quem ela vive, e estas pesam no seu destino muito mais por aquilo que são, pela qualidade da sua vida afectiva, do que pelos actos materiais que praticam na prestação dos cuidados. Neste sentido podemos dizer que o destino das crianças são os adultos que encontram à sua volta quando vêm a este mundo.

Mas estará a maior parte destes adultos, quase sempre os pais, em boas condições para a ajudar a construir um futuro promissor, de vários pontos de vista? A resposta não me parece fácil, mas será um interessante assunto de debate.

Poderá surpreender que para falar da vida emocional das crianças eu fale tanto dos adultos. Mas é inevitável fazê-lo, porque o ser humano encontra-se a si mesmo na relação com alguém, de quem se descobre diferente. A pessoa descobre-se e constrói-se na relação com o *outro*, porque ninguém nasce sozinho. E isto abre para toda a complexidade da vida afectiva desse *outro*.

Ignorá-lo, como por vezes há tendência a fazer, é cair num enorme simplismo, que tem de facto a vantagem de, aparentemente, simplificar o quadro conceptual em que nos situamos. É por isso que eu evito o uso do termo vinculação que agora está muito na moda, mas que, quanto a mim, tem o risco de induzir uma concepção da relação que pode ser extremamente redutora, porque permite ignorar artificialmente todo o complexo mundo da interacção psicológica.

O espaço natural onde a criança é concebida e deve habitar é o afecto dos pais, mesmo quando o desenvolvimento lhe permite um funcionamento autónomo. É aí que ela encontra a sua explicação e primeira identidade – ser filha daqueles senhores. E o facto de se identificar como filha é correlativo da identificação daqueles adultos como pais. Só bastante tarde é que o filho consegue aperceber-se e imaginar que os pais tenham tido uma outra vida e uma outra identidade antes de serem seus pais. E isso tem alguma verdade, pelo menos na sua vivência mais íntima, porque é o filho que cria os pais como pais. Eles só são pais desde que existe o filho. As consequências deste facto vão muito para além do aspecto "óbvio" da afirmação.

A criança é um ser de prazer e de desejo, que deve integrar-se no desejo e no prazer dos pais. Mas ao dizer estas coisas tenho a sensação de usar uma linguagem que encaixa mal no mundo em que nós vivemos. E se isto é verdade, há razão para nos preocuparmos.

O filho não é um ser de valor quantificável. É uma referência da ordem da experiência existencial mais profunda, até porque está na continuidade da experiência da infância dos pais.

Os sistemas da nossa sociedade preparam-nos mal para vivermos as coisas deste modo. Uma vez fui procurado por um casal ainda jovem que desejava adoptar uma criança. O marido era gestor de uma empresa. Fui ouvindo as suas motivações para adoptar, apresentadas de uma maneira bastante convencional. Senti necessidade de quebrar o formalismo que se estava a instalar, tentando abrir caminho para o que pudessem ser as suas preocupações mais pessoais. Fiz uma discreta alusão às interrogações que o facto da adopção lhes poderia levantar. Sem qualquer dificuldade o marido disse-me que pensava muitas vezes que um filho seria uma grande despesa.

E rapidamente foi alinhando cálculos de quanto, em média, poderia custar por mês uma criança, multiplicando por doze para ver o custo anual. Antevendo que isso iria prolongar-se por mais de vinte anos e contando com o imprevistos dava uma cifra que o assustou. Mostrou-se muito hesitante. Percebendo o melindre da situação, estava um pouco sem saber como sair dela airosamente. Eu facilitei-lhe a vida. Disse-lhe que achava que seria bom pensar melhor e que depois voltaríamos a falar, se quisesse. Não voltou. Foi melhor assim.

Se pensarmos, os sistemas de contratos laborais, de promoções, despedimentos, etc., têm-se tornado cada vez mais baseados nas exigências da economia, com esquecimento das repercussões na pessoa humana, nos seus vários aspectos. Dir-me-ão que são as exigências económicas. Eu sei. O problema é que, a ser assim, teremos que dizer que, muitas vezes, as exigências da economia são contra a pessoa humana e contra a família, como lugar dos seus afectos.

Num tal sistema iremos admirar-nos se as pessoas tiverem poucos filhos, ou mesmo não os tiverem? Por que será que os países mais desenvolvidos, que correspondem melhor às exigências do desenvolvimento económico, têm uma população cada vez mais envelhecida?

Não será porque a infância deixou de ter o lugar que lhe era habitual e ainda não lhe foi encontrado outro?

Ainda há lugar para a infância?

Espero que saberemos encontrar um caminho que permita rejuvenescer a nossa civilização milenar.

Mas teremos que conseguir um novo olhar sobre as pessoas e os afectos que as animam.

Julho de 2009

A CRIANÇA E OS SEUS DIREITOS

JORGE PAIS DO AMARAL[*]

Ouve-se a cada passo a afirmação de que as crianças constituem o futuro da Humanidade. Trata-se de uma verdade que ninguém poderá contestar. Também todos certamente reconhecem que as crianças necessitam de grande apoio e protecção, visto que são os elementos mais fracos da sociedade humana.

Apesar do conhecimento universal de tais realidades, só no século XX se valorizou a defesa e protecção da criança ao ponto de se dar forma a um conjunto de direitos básicos em que é considerada como um ser especial, com características específicas.

Após os horrores da 2.ª Guerra Mundial, generalizou-se a convicção de que as atrocidades cometidas não podiam repetir-se. As imagens das crianças que sofreram as consequências do Holocausto, das que foram vendidas em África para a escravatura, das que foram vistas a empunhar uma arma que lhes foi entregue por quem as ensinou a usá-la para matar, das que padeceram abusos sexuais, das que sofrem os efeitos da contaminação pela SIDA, enfim, as lembranças de tanto sofrimento por parte de seres ainda inocentes estão na base da formulação de tais direitos. Com efeito, qualquer pessoa é levada a interrogar-se como o fez Augusto Gil, no seu lindo Poema, "mas as crianças, Senhor, porque lhes dais tanta dor, porque padecem assim"?

Com fundamento, o século XX tem sido considerado o século da criança. É, na verdade, o século em que se valoriza a sua defesa e protecção e se estabelecem as necessárias regras que visam esse objectivo.

---

[*] Juiz Conselheiro Jubilado.

Durante muito tempo, o *paterfamilias* teve sobre os filhos o poder de vida e de morte. Na antiga Esparta, o recém-nacido era examinado e, se não mostrasse que poderia vir a ser um guerreiro forte, era abandonado no monte.

Até por volta do século XVI, a criança, no domínio familiar, encontrava-se na dependência do poder paternal quase sem limites.

Embora o decurso do tempo tenha modificado e amenizado este estado de coisas, ainda recentemente os filhos eram considerados como um bem para os respectivos progenitores na medida em que constituíam um contributo valioso no auxílio das lides domésticas e agrícolas. Com frequência eram proferidas, nos meios rurais, frases como esta: "o trabalho do menino é pouco, mas quem o perde é louco".

Conforme dizia Montessori, a situação da criança "assemelha-se à de um homem sem direitos cívicos e sem ambiente próprio: um ser à margem da sociedade, que todos podem tratar sem respeito, insultar, espancar e castigar no exercício de um direito conferido pela natureza, o direito do adulto".[1]

Após a primeira Guerra Mundial, foi dado um primeiro passo no sentido de proteger a criança da exploração de que era vítima por parte da família. A Organização Internacional do Trabalho foi a primeira instituição a aprovar uma convenção, em 1919, que limitava a idade para o início da actividade económica dos jovens.

O reconhecimento de direitos a favor da criança é, portanto, uma conquista relativamente recente.

Devido ao contributo de diversas ciências tais como a medicina, a pedagogia, a psicologia e as ciências jurídicas, tornou-se clara a necessidade de estabelecer a separação entre adultos e crianças, por forma a considerar estas uma categoria social especialmente vulnerável e, por isso, merecedora de especial protecção.

Em 1946 foi criado um organismo denominado Fundo das Nações para a Infância – UNICEF – que veio a ter um papel muito importante na defesa dos direitos da criança, tendo como objectivo essencial melhorar a sua vida, providenciando-lhe serviços de nutrição, saúde, educação e bem estar.

---

[1] Citado por Almiro Rodrigues, *in* Infância e Juventude, 94, 3, p. 37.

Em 1959, cerca de dez anos depois da Declaração dos Direitos Humanos, de 1948, a Organização das Nações Unidas produziu uma nova Declaração dirigida especificamente à criança. A Declaração Universal dos Direitos da Criança foi adoptada por unanimidade pela Assembleia Geral das Nações Unidas, constituindo um conjunto de princípios a que faltava, porém, força vinculativa. Havia, pois, necessidade de formular uma Convenção que, uma vez aceite pelos diversos Estados, os pudesse comprometer com obrigações muito específicas. Em 20 de Novembro de 1989 foi aprovada a Convenção sobre os Direitos da Criança, que entrou em vigor internacional em 1990. Até 1997, a Convenção foi objecto de ratificação por parte de 191 Estados que a ela aderiram.

A Convenção revela a preocupação – a que já fizemos referência – de mostrar que a criança necessita de uma protecção legal que vai para além da que era conferida aos adultos.

Aliás, a Convenção encara a criança já não apenas como objecto de protecção, mas também como titular de um conjunto de direitos civis e políticos. Podemos mesmo dizer que as necessidades de protecção sentidas pela criança são convertidas em direitos próprios.

Pela primeira vez, a criança é tida como titular de direitos e de liberdades fundamentais, em que se prevê a necessidade de ser olhada com especial atenção, de modo a garantir o desenvolvimento harmonioso da sua personalidade num ambiente familiar.

São patentes os objectivos de a salvaguardar de situações de exploração, de violência e de lhe proporcionar o direito à saúde, à segurança social, a um nível de vida socialmente aceitável, a par do direito à liberdade de expressão, à informação e ao respeito, entre outros.

A Convenção dos Direitos da Criança constitui, pois, um marco de mudança. Aos direitos básicos que, como é evidente, não podiam deixar de estar presentes, visto que são o pródromo dos demais, seguem-se aqueles que constituem uma verdadeira inovação, como o direito à opinião, o direito à liberdade de expressão, o direito de reunião e o direito à privacidade.

Na impossibilidade de fazer referência a todos os direitos da criança contemplados na Convenção, focaremos especialmente, embora de forma sucinta, os que se destacam por poderem ser considerados como uma extensão inovadora, quando confrontados com os restantes. Primeiramente, porém, teremos em atenção a definição legal de criança.

Antes de terminar pretendemos chamar a atenção, de uma forma muito breve, para *o interesse superior da criança*, que deve estar subjacente a qualquer decisão em que a mesma esteja em causa.

Quanto ao vínculo, diremos apenas que cada Estado é responsável por que as normas que impõem os referidos direitos não constituam letra morta.

A) O titular dos direitos previstos na Convenção

A Convenção começa por definir a criança como sendo todo o ser humano menor de 18 anos.

Em Portugal a maioridade civil só se atinge a partir dessa mesma idade, conforme resulta do disposto no art.º 122.º do Código Civil. Ao perfazer 18 anos de idade atinge-se a plena capacidade de exercício de direitos, por força do art.º 130.º do mesmo diploma. Pode-se, porém, ser emancipado, de pleno direito, pelo casamento, nos termos do art.º 132.º ainda do Código Civil, sendo certo que a idade núbil é a partir dos 16 anos para ambos os sexos.

Cada Estado, ao ratificar a Convenção, assumiu o compromisso (previsto no art.º 2.º) de evitar qualquer descriminação por causa da raça, cor, sexo, língua, religião, opinião política ou outra da criança, de seus pais ou representantes legais, ou da sua origem nacional, étnica ou social, fortuna, incapacidade, nascimento ou de qualquer outra situação.

B) Respeito pela opinião da criança

Em cumprimento do art.º 12.º da Convenção, os Estados devem garantir à criança com capacidade de discernimento o direito de exprimir livremente a sua opinião sobre as questões que são do seu interesse.

Se recuarmos muito no tempo, encontramos mencionados nos "Dez Mandamentos" os deveres dos filhos no sentido de honrarem pai e mãe, sem que, por outro lado, seja feita qualquer referência aos deveres que aos pais devem competir de cuidar e educar os filhos.

Como facilmente se intui, o dever dos pais de ouvir a opinião dos filhos estava ainda muito longe de ser concebido. Só numa época relativamente recente a criança adquiriu o estatuto de pessoa no sentido de sujeito de direitos. Inicialmente apenas estavam previstos os seus direitos mais elementares, onde não se incluía o de ter opinião. Este só surgirá muito mais tarde. Quer dizer, o respeito pela opinião da criança nos assuntos do seu interesse é fruto de uma demorada evolução, significando um longo caminho percorrido.

A criança deixou de ser vista apenas como um ser em desenvolvimento, cuja protecção cabia exclusivamente aos adultos, para ser tida como verdadeira titular do direito de emitir opinião sempre que estão em causa as bases da construção da sua própria vida.

Actualmente, o respeito pela opinião da criança encontra-se consagrado em vários artigos do nosso Código Civil. Ressalta desde logo que, de uma concepção autoritária dos pais, passou-se a um regime em que se procura dar a imagem de família solidária. Assim, enquanto anteriormente se determinava que "os filhos devem honrar e respeitar os pais", hoje, concebendo uma posição mais igualitária entre pais e filhos, dispõe o art.º 1874.º que "pais e filhos devem-se mutuamente respeito, auxílio e assistência".

Embora o n.º 2 do art.º 1878.º disponha que "os filhos devem obediência aos pais", logo o preceito acrescenta que estes devem ter em conta a opinião dos filhos nos assuntos familiares importantes e reconhecer-lhes autonomia na organização da própria vida. Esta obrigação de auscultar a opinião dos filhos estará dependente do grau de desenvolvimento destes, apenas se tornando obrigatória nos casos em que já estejam em condições de emitir um juízo fundamentado acerca dos assuntos em discussão. É claro que, por vezes, a sua opinião não é facilmente interpretada directamente pelo juiz. Nestes casos, deve socorrer-se do trabalho de técnicos com a preparação adequada para o fazer.

O direito de serem ouvidos, que os filhos adquiriram, manifesta-se ainda em outras disposições do Código Civil.

No que tange ao exercício das responsabilidades parentais na constância do matrimónio, dispõe o art.º 1901.º que pertence a ambos os pais e que deve ser exercido de comum acordo. Quando o acordo faltar, nas questões de particular importância, qualquer deles pode recorrer ao tribunal que tentará a conciliação. Mostrando-se a mesma impossível, a decisão caberá ao juiz, que terá de ouvir previamente o filho, salvo quando circunstâncias ponderosas o desaconselhem.

Fazendo um exame retrospectivo, verificamos que a lei impunha ao juiz a obrigação de ouvir o menor, antes de decidir, apenas nos casos em que ele já tinha atingido a idade de 14 anos. Actualmente não é fixado qualquer limite de idade o que significa que deve ser o seu grau de maturidade a determinar a obrigação de o consultar.

Noutros casos, a idade de 14 anos foi mantida. Assim, quando os pais não tenham designado tutor e este tenha de ser nomeado pelo tribunal, deve o juiz ouvir previamente o menor que tenha completado 14 anos – art.º 1931.º.

A idade a partir da qual se impõe que a criança seja ouvida, foi, noutras circunstâncias, encurtada dos 14 para os 12 anos, sempre que o preceito que exige tal prática foi objecto de alteração. Significa isto que o legislador tem vindo a considerar que a maturidade da criança é atingida cada vez mais precocemente.

Assim, o juiz deve ouvir, nos casos de adopção plena, os filhos do adoptante maiores de 12 anos – art.º 1984.º, alínea a).

Por sua vez, para a adopção plena é necessário o consentimento do adoptando maior de 12 anos – art.º 1981.º, n.º 1, alínea a).

Embora a Convenção considere que só a partir da idade de 18 anos o jovem deixa de ser tido como criança, já a partir dos 16 anos o Código Civil começa a conceder-lhe a possibilidade de ensaiar alguma responsabilização própria da maioridade que se aproxima.

Tendo completado a idade de 16 anos, o menor pode administrar os bens que adquiriu pelo seu trabalho – art.º 1888.º, n.º 1, alínea d). Apetece-nos dizer como na canção, que estes jovens estão "a aprender a ser homens". Por um lado, o preceito estimula a actividade desenvolvida pelos jovens, não entregando o produto da mesma à administração do respectivo representante legal e, por outro lado, concede-lhes a oportunidade de experimentar os primeiros passos em negócios próprios. Aprenderão com os seus erros, se for caso disso. Sendo os bens de pouca monta, não virá daí grande prejuízo para o menor. Quer dizer, a sua incapacidade de exercício de direitos encontra aqui uma excepção, nos termos definidos pelo art.º 127.º.

Igualmente, ao completar a idade de 16 anos, o menor alcança uma situação que se poderá designar por *maioridade religiosa*. Os pais só podem decidir sobre a educação religiosa dos filhos menores de 16 anos – art.º 1886.º. Até esta idade a sua educação religiosa cabe a ambos os progenitores, que deverão decidir de comum acordo. Na falta deste, deverá o tribunal tentar a conciliação entre os pais e, se o não conseguir, será o tribunal a decidir depois de ouvir o menor. Quando o filho atinge os 16 anos, termina o poder de decisão dos pais no domínio da educação religiosa, podendo o próprio filho optar pelo caminho que melhor se lhe afigure. Os pais apenas deverão limitar-se a aconselhá-lo, nomeadamente se para tanto forem questionados pelo filho.

A idade de 16 anos também confere ao menor a capacidade para perfilhar um filho nascido de uma relação extraconjugal – art.º 1850.º. A perfilhação é um acto de carácter pessoal. Por um lado, só ele sabe se teve relações sexuais com a mãe do perfilhado e, por outro, só a ele cabe tomar a decisão de o considerar como membro da sua família. Como se compreende, a idade que se exige para contrair casamento é a mesma que se exige para que possa perfilhar, considerando a semelhança que necessariamente se verifica nos dois casos.

Ainda antes de atingirem a maioridade, cabe aos progenitores, de qualquer idade, prestar o consentimento para que um filho seu possa ser adoptado – art.º 1981.º, n.º 1, alínea c). Sendo o consentimento um acto puramente pessoal, deve ser o menor, independentemente da idade – e não o seu representante legal - a conceder tal consentimento para a adopção de um filho por si gerado.

A este respeito, permitam-me que abra um parêntesis para recordar um episódio relacionado com o tema. Uma jovem de 12 anos estava grávida do próprio irmão. A jovem só contou o caso à mãe e esta procurou ocultá-lo do marido, porque previa um desfecho muitíssimo drástico, caso ele descobrisse o que havia acontecido. Planearam então que a jovem "iria passar uns dias a casa de uma amiga" e só regressaria quando tivesse dado à luz. O filho seria depois entregue para a adopção. Uma das Técnicas do Serviço Social contou-me o caso e logo me expôs o receio que todas sentiam quanto ao momento em que o pai da jovem tivesse de ser ouvido para prestar o seu consentimento. Esta ideia de ser o avô a dar o consentimento para a adopção era a primeira vez que a enfrentava (pois nunca tinha pensado nisso), mas logo feriu a minha sensibilidade jurídica. Exprimi então a opinião no sentido de que o consentimento devia ser concedido pela mãe, apesar da sua pouca idade, visto se tratar de um acto puramente pessoal. Foi grande a alegria e o alívio sentido pela Técnica do Serviço Social, pois, sendo assim, isto é, não sendo necessário ouvir o representante legal da jovem mãe, evitava-se uma possível catástrofe.

Mais tarde, numa reunião de trabalho que teve lugar em Aveiro (se bem me lembro), tive a oportunidade de exprimir a minha opinião acerca do caso concreto.

Algum tempo depois, pelo Decreto-Lei nº 185/93, de 22/5, tive o prazer de ver alterado nesse mesmo sentido a alínea c) do nº 1 do artº 1981º do Código Civil. A partir de então, não mais seriam admitidas dúvidas. "Para a adopção é necessário o consentimento dos pais do adoptando, ainda que menores...".

C) Direito à liberdade de expressão

O art.º 13.º da Convenção atribui à criança o direito à liberdade de expressão, que compreende a liberdade de procurar, receber e expandir informações e ideias de toda a espécie, sem consideração de fronteiras, sob a forma oral, escrita, impressa ou artística.

A Constituição da República Portuguesa confere a todos os cidadãos o direito à liberdade de expressão. Não estando excluídos os menores – como se compreende –, também estes gozam do mesmo direito.

A liberdade de expressão significa que todos, incluindo as crianças, têm o direito de exprimir livremente o seu pensamento através da palavra ou por outro qualquer meio.

À criança é, portanto, atribuído o direito de não ser impedida de manifestar livremente o seu pensamento. Este direito não pode, porém, pôr em causa certos direitos de outrem, como sejam o direito de protecção da integridade moral, do bom nome e da reputação. Quer dizer, a criança deve aprender a conjugar estes direitos de terceiro com o seu próprio direito, por forma a saber estabelecer a fronteira entre um e outros, que deverá respeitar.

D) Direito à liberdade de pensamento, de consciência e de religião

O art.º 14.º da Convenção determina que os Estados Partes respeitem o direito da criança à liberdade de pensamento, de consciência e de religião, respeitando igualmente os direitos e deveres dos pais de orientar a criança no respectivo exercício.

A Constituição da República Portuguesa garante a todos e, portanto, também à criança, a liberdade de consciência, de religião e de culto.

Ninguém pode ser perseguido ou privado de direitos por causa das suas convicções ou práticas religiosas. Trata-se de uma regra que já estaria salvaguardada pelo princípio da não descriminação nos seus múltiplos aspectos.

É garantida a liberdade de ensino de qualquer religião.

Porém, como já acima referimos, o poder conferido aos pais quanto a decidir acerca da orientação religiosa dos filhos termina quando estes atingem a idade de 16 anos.

A objecção de consciência torna legítimo que não sejam cumpridas certas obrigações ou que não sejam praticados determinados actos que o jovem considera contrários à sua consciência. A objecção de consciência tem-se revelado com maior visibilidade no campo das obrigações militares, mas pode basear-se igualmente em razões de natureza moral, filosófica ou religiosa.

Em Portugal vigora, como se sabe, o princípio de separação da Igreja do Estado. A não confessionalidade do Estado tem implicações várias, nomeadamente no domínio do ensino da religião nas escolas.

E) Direito à liberdade de associação e de reunião

O art.º 15.º da Convenção reconhece os direitos da criança à liberdade de associação e à liberdade de reunião pacífica

A Constituição da República Portuguesa garante a todos os cidadãos a liberdade de associação e o direito de reunião e de manifestação. É, porém, proibida a constituição de associações destinadas a promover a violência ou cujas finalidades sejam contrárias à lei penal. É igualmente vedado aos cidadãos a formação de associações armadas ou de tipo militar, militarizado ou paramilitar e também de organizações que perfilhem ideologia fascista.

Aos estudantes é reconhecido o direito de constituírem associações ou a elas aderirem no âmbito do seu estabelecimento de ensino, incluindo o direito de elegerem ou serem eleitos para os respectivos corpos directivos. Estas associações são independentes em relação ao Estado, aos partidos políticos e às organizações de carácter religioso.

F) Direito de Brincar

Apraz-nos fazer referência a este direito também contemplado na Convenção, no seu art.º 31.º. Na verdade, trata-se de um direito cujo acolhimento pelo legislador pressupõe uma certa evolução no que diz respeito ao conhecimento das necessidades da criança.

É hoje consabido que a brincadeira constitui uma actividade fundamental para o desenvolvimento da criança.

Brincar é essencial para a sua saúde física e mental, faz parte do seu processo de formação como ser humano. Quando brincam, as crianças recriam e repensam os acontecimentos da sua vida familiar e comunitária. Ao brincar interiorizam determinados modelos de adulto, imitam alguém, imitam uma experiência vivida na família ou em outro ambiente, servindo, por vezes, de base o relato de um colega, as cenas vistas na televisão, no cinema ou as narrações de um livro.

O brincar tem uma função social, na medida em que contribui para que as crianças se integrem num determinado grupo, e uma função cognitiva visto que ajuda o desenvolvimento mental das mesmas. Por esta via, as crianças interagem com o meio, que passam a conhecer melhor, e desenvolvem a sua criatividade, a sua habilidade, a sua inteligência, a sua imaginação. Além disso, desenvolvem, por este modo, a sua personalidade e têm a oportunidade de se conhecerem melhor a si próprias, enquanto lhes é permitida a comparação com as outras crianças. Enquanto brincam, compartilham mais, tornam-se menos agressivas e constroem um melhor relacionamento com suas famílias

Em suma, a criança enquanto brinca desempenha os mais variados papéis fictícios. Inventa, a brincar, a forma de executar as mais diferentes profissões, de manifestar os seus sentimentos, de praticar vários jogos. Vai até onde a sua imaginação a consegue transportar.

Além dos direitos que destacámos, a Convenção faz necessariamente referência aos direitos básicos da criança, que não desenvolveremos neste modesto trabalho, como sejam o direito à vida, à saúde, à segurança social, à vida familiar, à alimentação, à educação, à higiene, à protecção contra o abuso e a negligência e à privacidade. Procurámos cingir-nos apenas àqueles que mais tempo demoraram a germinar e a desenvolver-se.

G) Abordaremos, por último, de uma maneira muito fugaz, um princípio que actualmente tem sido muito comentado publicamente – *o interesse superior da criança.*

O art.º 3.º da Convenção impõe que as decisões relativas a crianças adoptadas pelas instituições públicas ou privadas de protecção social, por tribunais, autoridades administrativas ou órgãos legislativos tenham primacialmente em conta *o interesse superior da criança.*

Trata-se de um conceito que há muito foi acolhido no Direito Português. Começou por ser considerado na Lei de Protecção à Infância, de 27 de Maio de 1911, que criou os Tribunais de Menores. O diploma estabelecia no seu art.º 2.º que as decisões daqueles tribunais seriam tomadas "sempre no interesse do menor".

Por sua vez a Organização Tutelar de Menores, que a substituiu (aprovada pelo Decreto-Lei n.º 314/78, de 27 de Outubro) mantém igual critério de orientação das decisões ao afirmar que os tribunais de menores "têm por fim a protecção judiciária dos menores e a defesa dos seus direitos e interesses ..."

O Código Civil faz também várias referências ao interesse dos menores em diversas disposições. Assim, o artº 1878º determina que "compete aos pais, *no interesse dos filhos*, velar pela segurança e saúde destes..."

O art.º 1875.º, n.º 2 atribui aos pais a escolha do nome próprio e dos apelidos do filho menor; "na falta de acordo, decidirá o juiz, *de harmonia com o interesse do filho".*

"Nos casos de divórcio, separação judicial de pessoas e bens, declaração de nulidade ou anulação do casamento, os alimentos devidos ao filho e a forma de os prestar serão regulados por acordo dos pais, sujeito a homologação; a homologação será recusada se o acordo *não corresponder ao interesse do menor*" – art.º 1905.º.

Trata-se de um conceito jurídico impreciso, de um comando vago e indefinido. Compete ao juiz, em cada caso concreto, delimitar os respectivos contornos.

Esta tarefa traduz, por vezes, uma enorme dificuldade. Basta pensar no exercício das responsabilidades parentais, que cabe a ambos os progenitores, de comum acordo. Sendo certo que os pais, qualquer deles, pretende para o filho aquilo que considera ser o melhor, acontece com muita frequência que procuram alcançar esse objectivo através de caminhos divergentes.

Na falta de acordo, a regulação do exercício das responsabilidades parentais, deverá ser decidida em *processo de jurisdição voluntária*. Enquanto nos *processos de jurisdição contenciosa* – que constituem a grande maioria – se procura dirimir um conflito de interesses, nos *processos de jurisdição voluntária* não existe qualquer conflito de interesses, mas apenas um interesse fundamental que o juiz deve regular da forma mais conveniente e oportuna. Porém, a ausência de um conflito de interesses não significa que não possa haver um conflito de opiniões sobre o mesmo interesse. Qualquer dos pais procura defender a situação que melhor servirá, em sua opinião, os interesses do filho. Com esse objectivo, cada um dos progenitores pretenderá, por exemplo, que o filho seja confiado à sua guarda, asseverando que é, dessa forma, que o bem estar do filho será alcançado.

O juiz, perante os factos que chegam ao seu conhecimento através do relatório de inquérito realizado por técnicos especializados, da audiência de várias pessoas, de um exame levado a cabo por psicólogos ou por outra via, decidirá, sendo norteado pelo superior interesse da criança.

Porém, apesar da recolha de todos aqueles elementos feita através das várias diligências referidas, ainda assim nem sempre é facilmente detectável o superior interesse da criança. Por vezes o juiz sente necessidade de se socorrer de um exame mais exaustivo levado a cabo por técnicos com preparação especial para o efeito. Foi para poder beneficiar deste auxílio que, no tempo em que estivemos no Tribunal de Família de Lisboa, solicitámos e obtivemos a criação de dois lugares de Psicólogos cuja colaboração nesse sentido foi preciosa.

Surpreende que tamanha dificuldade sentida pelo juiz, pareça desvanecer-se quando o caso concreto chega ao conhecimento da opinião pública. Com a celeridade própria do meios de comunicação social, o caso é relatado e encaminhada a opinião pública num determinado sentido. Imediatamente, qualquer ouvinte "desata" a emitir opinião contra a decisão judicial. As opiniões populares são unânimes. Aliás, uma esporádica posição discordante revela uma grande coragem por parte de quem a emite, visto que, como se sabe, não será bem recebida. Nenhum destes "julgadores" sente qualquer necessidade de conhecer todos os factos, o que, aliás, se tornaria difícil, se não impossível, atendendo à celeridade com que a notícia tem de ser emitida e assimilada pelos destinatários. Aliás, ninguém toleraria ter de ouvir pormenores do caso durante horas seguidas. Basta-lhe conhecer uma versão. Assim até é mais fácil tomar posição imediatamente.

Como é consabido, a comunicação social tem um tempo muito diferente do dos tribunais. E tem o poder de influenciar a opinião pública, coisa que os tribunais não podem ter nem podem querer. Depois, ainda são capazes de chegar ao desplante de afirmar que as decisões judiciais não são transparentes. Haverá alguma outra actividade do Estado mais transparente?

Quem está de boa fé sabe perfeitamente que a justiça não tem segredos. O processo é conduzido segundo preceitos previamente estabelecidos e de todos conhecidos. Nele todos os interessados podem formular as suas pretensões e exercer os respectivos direitos em completa igualdade, sob o controlo dum juiz imparcial e independente. Se não for observada qualquer das regras legalmente fixadas, haverá fundamento para arguir alguma nulidade processual. Por sua vez, a decisão final tem de ser devidamente fundamentada em factos provados, sob pena de nulidade. Como é evidente, maior transparência, não é possível. O que acontece, isso sim, é que facilmente se procura confundir transparência com espectáculo e populismo.

Pode, porém, suceder que, quando o caso chega ao conhecimento do público, a decisão já não corresponda à realidade actual. Sucede com alguma frequência que a decisão que teve em conta o interesse superior da criança no dia de hoje, amanhã já poderá estar desajustada. É por isso que, no domínio dos *processos de jurisdição voluntária*, as decisões não transitam em julgado, o que equivale a dizer que poderão ser modificadas a todo o tempo, sempre que se alterarem as circunstâncias.

A facilidade com que toda a comunicação social e os respectivos ouvintes é capaz de lobrigar *o interesse superior da criança*, leva a que se faça uma sumária qualificação do julgamento e do juiz. Conclui-se então que o juiz foi o único que não foi capaz de entender o interesse em causa que, por sinal, era tão evidente para todos os que não conhecem o processo. A partir destes dados, as pessoas, imbuídas das melhores intenções, pretendem alterar o conteúdo do conceito, por forma a que também o juiz o consiga compreender com a mesma agilidade.

Tudo certamente poderá ser objecto de alteração para que seja mais facilmente compreendido. Até mesmo um conceito que já tem a duração de um século na nossa lei positiva.

Porém, parece-nos que o conceito em causa não é susceptível de uma definição geral que tenha a virtualidade de englobar todos os casos possíveis. O interesse de uma criança pode não ser semelhante ao de outra criança. Quase nos atreveríamos a dizer que haverá tantos interesses quantas as crianças.

Enfim, só resta esperar que a decisão seja tomada com serenidade, bom senso e sensibilidade, em face das questões que apresenta. Mas estas qualidades não se conseguem pela alteração da redacção da lei.

Lisboa, 30 de Junho de 2009

AS CRIANÇAS E OS DIREITOS
– O SUPERIOR INTERESSE DA CRIANÇA –

LABORINHO LÚCIO[*]

1. A partir da centralidade constituída pela Convenção das Nações Unidas sobre os Direitos da Criança, de 1989, e de um vasto conjunto de instrumentos, nacionais e internacionais, que, nuns casos, a ela conduziram e que, noutros, vieram a suceder-lhe[1], tem vindo a ser possível conceder, finalmente, à criança e aos seus direitos, uma visibilidade e uma atenção bastantes para que, sobre a necessidade de uma efectiva garantia destes, se prossiga o estudo e a reflexão, se promovam projectos de intervenção inovadores e se assumam mais sólidos compromissos, tanto em termos nacionais, como a nível internacional, tendo em vista a promoção e a protecção dos direitos das crianças e dos jovens adolescentes. Por um lado, projectos integrados em estratégias globais, envolvendo múltiplos sectores de actividade, pública e privada, instituições várias e a própria sociedade civil. Por outro lado, compromissos voltados para a acção concreta, dependentes, no seu sucesso, de resultados reais e, por isso, necessariamente sujeitos a permanente avaliação. Dizendo nas palavras do documento, também das Nações Unidas, conhecido por «Um Mundo Digno para

---

[*] Juiz Conselheiro Jubilado.

[1] Aí se destacando, entre os primeiros, as Regras de Beijing, de 1985, e os Princípios Orientadores de Riade, de 1988 e; entre os segundos, e mais recentemente, as Recomendações da ONU, emanadas do Comité dos Direitos da Criança, a Resolução das Nações Unidas, de 2002, que aprovou o documento «Um Mundo Digno das Crianças», e o programa do Conselho da Europa, de 2006, «Construir uma Europa para e com as Crianças», além da nossa Lei de Protecção de Crianças e Jovens em Perigo (Lei n.º 147/99, de 1 de Setembro) e da também nossa Lei Tutelar Educativa (Lei n.º 166/99, de 14 de Setembro).

as Crianças», do que se trata, além do mais, é de desenvolver «acções que promovam e protejam os direitos de todas as crianças e que reconheçam e apoiem os pais, famílias e cuidadores em geral, no sentido de reforçar as suas capacidades para prestação de bons cuidados, positivos e protectores, através da implantação de planos nacionais e regionais para as crianças».

É, pois, diante deste global «projecto esperança», que há-de começar por reclamar-se, como condição do seu próprio êxito, que se consolidem algumas bases indispensáveis à boa compreensão dos fenómenos em presença, não sendo aí de menor importância a constituição de um quadro estável de conceitos e de uma linguagem comum e, por essa via, de uma cultura de fundo que permita, no concreto, uma compreensão real do que está verdadeiramente em jogo, e uma acção despida de contradições e desenvolvida a coberto de conflitos, nomeadamente teóricos, que a perturbem e, no limite, a desvirtuem nos seus objectivos últimos. E isso, na medida do possível, tanto no domínio do conhecimento técnico, como no plano onde se constrói a opinião, nomeadamente a opinião pública, e o saber próprio do cidadão comum. Por isso que valha a pena uma passagem, ainda que breve, por algumas das questões que, em termos de enquadramento teórico, não podem, a nosso ver, deixar de ser chamadas a uma reflexão, que haverá sempre de preceder a acção e que, em grande parte, lhe serve de fundamento e de legitimação.

2. Sobretudo a partir da Convenção das Nações Unidas, a «criança sujeito de direitos» e o «superior interesse da criança» passaram a constituir expressões e conceitos em torno dos quais, não sendo eles embora novos, é possível reunir hoje algum aparente consenso, merecendo ambos a cobertura legal que lhes confere força vinculativa. Porém, e apesar disso, nem sempre se terão por seguros tanto o verdadeiro sentido atribuído a cada um deles, como, sobretudo, a real interiorização cultural de um e de outro, sendo que tanto aquele sentido como esta interiorização se mostram, afinal, indispensáveis para conferir aos conceitos em causa, ressonância ética geral e para os tornar, de facto, enformadores de princípios realmente constitutivos de mudança nas decisões e nas atitudes relativas ao mundo da infância e da adolescência.

As crianças e os direitos 179

Não são mesmo raros, aqui, alguns equívocos que tendem, para mais, a persistir no tempo e no pensamento, e que, por isso, urge desfazer. É, disso, exemplo, o que ocorre quanto à procura da definição de um quadro de referência para a compreensão dos direitos da criança. Com efeito, segundo Eugeen Verhellen[2], é possível identificar hoje três tendências no movimento dos direitos da criança: uma, reformista, que visa impor um estatuto de aquisição progressiva de direitos; outra, radical, que tem em vista eliminar a discriminação relativamente às crianças, e a reconhecer-lhes o pleno exercício dos direitos civis; e uma terceira, pragmática, que teria como base o reconhecimento, na criança, de todos os direitos, exceptuando aqueles que seriam enumerados exaustiva e taxativamente.

Enquanto isto, outros, como Alain Renaut, afadigam-se a distinguir entre direitos-liberdade e direitos-protecção, nuns casos para impedirem o acesso da criança, como titular, aos primeiros; noutros casos, para procurarem uma concordância prática entre ambos[3], fazendo prevalecer uns ou outros conforme as circunstâncias de cada situação.

Ora, o que é certo é que todas estas orientações, bem diferentes entre si, ainda que criteriosamente sustentadas, cometem o mesmo pecado original. É que todas elas acabam, embora umas mais exuberantemente do que outras, por partir dos direitos já constituídos para a criança, e não, como parece hoje dever ser, da criança para os seus direitos a reconhecer e a constituir.

E, todavia a pergunta a formular parece ser simples.

O que importa verdadeiramente saber é quais são, e deverão ser, os direitos da criança e, depois, identificar os instrumentos específicos disponíveis para os consagrar e garantir. É por isso que se nos impõe que, sem concessões a uma ideologia que proclame «a ditadura da criança» – bem longe disso –, ensaiemos, desde logo, coerentemente, um caminho que, podendo concorrer positivamente com outros do mesmo modo valiosos, parta da criança ao encontro dos direitos, começando por inverter, assim, desde logo metodologicamente, o sentido da sua relação recíproca, e superando, desse modo,

---

[2] Convention on the rights of the child, Garant, 2000 (3.ª Edição), pp 29 e ss.
[3] Cfr. Alain Renaut, O Fim da Autoridade, Instituto Piaget, Lisboa, 2004, p. 105.

o modelo que assenta na estratégia de adaptar à criança os direitos já previstos, para todos, em termos gerais.

Trata-se, afinal, de começar por reconhecer e por conferir especial relevo à «cultura da criança».

Uma cultura que, por anterior, há-de impor-se ao próprio direito, obrigando tanto na fase da criação deste, como nas da sua interpretação e aplicação, a um esforço de observação crítica permanente, que permita reter dos direitos da criança não apenas o resultado de uma visão cognitiva, estática, puramente exegética, mas, antes, o produto de uma análise dinâmica e criativa, isto é, de um ponto de vista de valor, como estratégia para a concepção e para a compreensão dos próprios «direitos da criança», para a densificação do conceito de «interesse superior» e, finalmente, para a verdadeira consciencialização da figura da «criança, sujeito de direitos».

3. Dito isto, tomemos, então, como ponto de partida, a posição daqueles que sustentam que «a filosofia subjacente a uma política de promoção dos direitos das crianças e dos jovens assenta na convicção de que *cada criança conta»,* isto no sentido de que, além do mais, ela «é sujeito de direitos autónomos», e do direito ao «reconhecimento do seu estatuto como pessoa»[4].

Ora, é justamente à luz deste estatuto que podemos, e devemos, começar, desde logo, por consolidar a conclusão de que a criança é, pelo simples facto de ser pessoa, revestida de dignidade humana, daqui havendo que fazer decorrer um vasto conjunto de consequências imediatas, entre as quais, a da necessária aplicação à criança, do quadro jurídico-legal que se estabeleça como garante do respeito pela dignidade de toda a pessoa humana e, assim, do conjunto dos direitos de toda a pessoa, pelo simples facto de o ser. É, assim, por aí, que poderemos surpreender os Direitos da Criança como Direitos Humanos, e olhar os Direitos Humanos, também eles, como Direitos da Criança.

---

[4] Cfr. Relatório das audições efectuadas no âmbito da «avaliação dos sistemas de acolhimento, protecção e tutelares de crianças e jovens». Assembleia da República Portuguesa – Comissão de Assuntos Constitucionais de Direitos, Liberdades e Garantias – Subcomissão de Igualdade de Oportunidades.

É, aliás, isso que inspira a Convenção dos Direitos da Criança, por um lado, na conformação daquilo que constitui o arco dos seus chamados «artigos umbrella» (artigos 1.º a 5.º) e, por outro lado, no desenho da figura da Criança Sujeito de Direitos, erguida sobre a visão conjunta do direito de protecção contra todas as formas de discriminação (artigo 2.º); da previsão da atenção primacial a atribuir ao interesse superior da criança (artigo 3.º); e do relevo concedido ao direito da criança à palavra e à opinião (artigo 12.º).

Isso permite, por exemplo, que venha a ser possível entender, entre nós, princípios orientadores da intervenção em matéria de promoção e de protecção, como seja, entre outros, o da *privacidade*, aí se salvaguardando, perante a necessidade daquela intervenção, o respeito pela intimidade, pela imagem e pela reserva da vida privada da criança e do jovem.

Só que, bem o sabemos, em contraponto, no quotidiano, este é ainda um domínio onde impera uma cultura moldada sobre a imagem tradicional da criança objecto, fazendo permanecer hábitos de todo contrários aos imperativos decorrentes do referido princípio.

Do mesmo modo, é ali também que deve inscrever-se o direito da criança a brincar, concebido exactamente como verdadeiro direito fundamental da pessoa, enquanto criança. Conclusão, esta, aliás, que não vem a relevar apenas do plano da sistemática, ou a reter tão só dimensão metodológica. Com efeito, partindo da consideração de que o direito de brincar não constitui um direito menor, cujo objecto se esgotaria na ocupação saudável dos impropriamente chamados «tempos livres», ela conduz à deslocação daquele direito, do campo dos direitos funcionais, instrumento de um desenvolvimento harmonioso, para a categoria superior dos direitos estruturais do ser da criança. De onde, então, importa fazer decorrer, para todos, começando pela família e pela escola, um dever geral de respeito e de garantia do direito de brincar, tanto no que se refere ao seu conteúdo (onde, por exemplo, importa distinguir o brinquedo, da brincadeira, para valorizar mais esta, em detrimento da importância a reconhecer àquele), como no que respeita à responsabilização pelo seu exercício efectivo[5].

---

[5] Na verdade, a criança não está na posse de todos os elementos necessários para poder, só por si, avaliar o conteúdo da brincadeira que desenvolve, para escolher o brinquedo

Acontece, porém, aqui também, que entre a consideração de que assim deve ser e uma prática demonstrativa de que assim é de facto, vai ainda uma longa e preocupante distância.

Entretanto, particular significado é o que vem a assumir a conclusão, antes referida, de que a criança é «sujeito de direitos autónomos». Isto é, sujeito de direitos que apenas o são dada a condição de criança do seu titular e, por isso, de direitos que encontram na criança, enquanto ser autónomo, o seu único fundamento.

E o particular significado da afirmação ganha ainda maior expressão quando nos damos conta de que estamos ainda longe de ter como pacífica a conclusão de que a criança é sujeito de direitos próprios. E isso, mesmo entre aqueles que partilham iguais referências éticas e semelhantes perspectivas ideológicas, não faltando quem reconheça efeitos perversos à autonomia dos direitos da criança, entre os quais, o da «constituição de um mundo autónomo da infância que supostamente tem os seus gostos, as suas necessidades e as suas lógicas próprias», o que bem pode conduzir a que se engendre, assim, «artificialmente, um novo espaço de consumo cujo horizonte não é certamente, à partida, o da emancipação da criança»[6].

E, na realidade – importa reconhecê-lo –, este representa hoje um efectivo campo de problematização, onde a criança readquire, mal, como no passado, uma dimensão de objecto, agora já não relativamente aos direitos, mas sim, por referência ao mercado, enquanto ser consumidor. Tudo a impor, pois, sobretudo à luz de uma estratégia de intervenção horizontal em matéria de promoção dos direitos e de protecção da criança e do adolescente, uma política de educação para o consumo e uma acção concertada de prevenção contra violações reiteradas de um direito, tão fundamental, como é o direito ao tempo de ser criança, com o correspondente respeito pelas suas componentes cronológica, psicológica, afectiva e cultural.

---

ou os brinquedos, para conhecer o seu preço, as suas desvantagens, nem para estruturar, desacompanhadamente, todo o exercício da brincadeira que promove ou inicia. Do mesmo modo, a criança não dispõe de instrumento para fazer valer o seu direito de brincar, nomeadamente quando em confronto com a realização de deveres escolares excessivos ou com a ocupação de tempo dos pais.

   [6] Cfr. Hannah Arendt, Apud Alain Renaut, O Fim da Autoridade, Lisboa, Instituto Piaget, 2004, p. 105.

As crianças e os direitos

Aí está, pois, um domínio a atrair a necessidade de uma atenção conjunta e cooperante por parte de múltiplos departamentos, designadamente, governamentais.

Estas valem, porém, sobretudo, como justificadas reservas perante os desvios previsíveis a que não deixarão de estar sujeitos, na sua compreensão e no seu aproveitamento por terceiros, os direitos próprios da criança. Não parece, todavia, que devam constituir obstáculo à consagração destes e à imposição do seu respeito pela comunidade em geral.

Na verdade, o que importa é, como deixámos já insinuado, proclamar e interiorizar uma efectiva «cultura da criança», afinal, essencial para uma séria compreensão de conceitos hoje fartamente repetidos, mas, apesar disso, muito exiguamente assimilados e raramente integrados numa efectiva prática de vida.

É o que sucede tanto com a afirmação de que a criança é verdadeiramente *sujeito de direitos*, como com o voto, constantemente jurado, de respeito pelo *superior interesse da criança*, na linha da imposição expressa no artigo 3.º, n.º 1, da Convenção das Nações Unidas, segundo o qual:

> «*Todas as decisões relativas a crianças, adoptadas por instituições públicas ou privadas de protecção social, por tribunais, autoridades administrativas ou órgãos legislativos, terão primacialmente em conta o interesse superior da criança*».

Ora, é justamente a partir da consideração da criança como ser autónomo e completo, embora diferente do adulto, e procurando conhecê-la nessa diferença culturalmente identificadora, que se chegará, primeiro do que tudo, à *criança*.

Só a partir daí, conhecida a criança, será possível dar conteúdo e densificar o conceito de *interesse superior da criança*, ainda como categoria pré-jurídica, isto é, anterior à intervenção conformadora do direito. Sendo que então valerá caminhar em direcção à criança enquanto *sujeito*, ou enquanto *sujeito de direito*, como ser revestido de juridicidade, garantindo-se, assim, o seu primeiro encontro com o direito. Para, apenas depois, e só agora, se lograr, finalmente, a formatação da figura complexa da *criança sujeito de direitos*.

Ora, daqui, desta progressão lógica e cronológica que nos leva, desde a criança, até à criança sujeito de direitos, é possível retirar conclusões importantes, como seja, por exemplo, e ao invés do que alguns pretendem, a de que é o superior interesse da criança a determinar, na fase da criação destes, os direitos próprios da criança, de que ela será sujeito e titular, e não estes a pré-definirem aquilo que venha a ser o superior interesse da criança.

É, pois, aí, e só então aí, nesse momento de síntese complexa, que se inscreve verdadeiramente a passagem da figura da *criança objecto de direitos*, para a da *criança sujeito de direitos*.

E, de tal modo assim é, e deve ser, que não raras vezes será exactamente o recurso ao interesse superior da criança que vem a determinar a restrição ou a compressão de direitos de que esta é também sujeito, quando se trata de direitos comuns de que a criança é titular, embora a partir da sua condição de pessoa e não já da sua autonomia enquanto criança. Veja-se, por exemplo, o conjunto de direitos de cidadania, nomeadamente no interior da família ou da escola, onde a cultura da criança, em vez de impor uma precoce igualdade e uma desajustada democraticidade na relação – como tantas vezes, erradamente, se entende dever ser – haverá, antes, de fazer prever, para a sua titularidade, um verdadeiro direito à disciplina e à hierarquia. Com a diferença, porém, não desprezível, de que uma e outra haverão de ser exercidas em nome do respectivo direito da criança, e não como decorrência de uma autoridade originariamente radicada no agregado familiar ou na instituição formal de ensino. Aqui, como agora facilmente se entende, é a ideia de *criança sujeito*, com a sua autonomia própria, conjugada com a dimensão cultural que há-de enformar, em cada caso, o conteúdo do *superior interesse da criança*, que determina o sentido e os limites do próprio direito da criança, ou, dizendo de outro modo, do direito que tem a criança como sujeito. Disciplina, hierarquia e autoridade, aquelas, que, assim entendidas, hão-de vir, por exemplo, a casar-se bem com a previsão, na criança, entre outros, do direito à palavra e à opinião.

Donde, justificar-se, embora aqui em termos necessariamente sumários, que nos debrucemos sobre a figura do *interesse superior da criança*, no propósito de surpreender alguns dados que ajudem a uma sua ajustada compreensão e que possibilitem um seu diálogo mais rigoroso, agora com a figura da *criança sujeito de direitos*.

Como é sabido, com origem já do século XIX, o conceito de interesse superior da criança encontrou o seu primeiro fundamento nas correntes assistencialistas, tendo-se afirmado, é certo, como princípio de auto-limitação do poder dos adultos, mas, como ensina De Mause, no contexto de uma *Welfare Approch* em que a criança era vista como objecto e não como sujeito de direitos[7]. Era o tempo dos modelos de protecção, onde «a protecção especial das crianças se tornou a norma fundamental consensual do direito da infância»[8].

Hoje, desde logo a partir da sua consagração na Convenção das Nações Unidas, importa densificar e esclarecer o seu sentido e os seus limites, sabendo-se que não falta mesmo quem questione a sua própria razão de ser.

Com efeito, enquanto para uns apenas faria sentido invocar o superior interesse da criança num quadro, já ultrapassado, em que esta era tida como objecto de direitos[9], para outros, a sua actualidade é agora ainda mais justificada[10]. Assim, nas palavras de Wolf, «tomando a sério a convenção relativa aos direitos da criança, a questão crucial é a de saber se a norma do interesse superior é actualmente vista à luz do antigo princípio de protecção especial, que também se encontra na Convenção, ou do novo conceito de direitos individuais. A resposta que for dada a esta questão é de uma importância decisiva para o estatuto jurídico do conceito de interesse superior»[11].

Resposta esta, afinal, que o mesmo Wolf adianta ao afirmar que «a estrutura base da Convenção consiste na combinação dos dois elementos, isto é, os direitos da criança e a norma do interesse superior. Não podem ser separados um do outro. A interpretação da Convenção leva à conclusão de que a norma do interesse superior supera o conceito tradicional de protecção. Está aberto a um desenvolvimento novo e a uma expansão jurídica»[12].

---

[7] Cfr., v.g., A. Reis Monteiro, A Revolução dos Direitos da Criança, Campo das Letras, Porto, 2002, pp. 92 e 145.

[8] Idem.

[9] Joyal, Apud A. Reis Monteiro, Ob. Cit., p. 150.

[10] Cfr. Joachim Wolf, The Concept of the 'Best Interest' in Therms of the UN Convention on the Rights of the Child, In Michael Freeman and Philip Veerman, The Ideologies of Children's Rights, International Studies in Human Rights, Volume 23, pp. 125-143.

[11] Idem.

[12] Idem.

Ora, isto, representa um desafio que não podemos deixar de considerar em aberto, cumprindo chamar a terreiro o legislador e os juristas, mas, muito principalmente, numa primeira fase, os psicólogos, os pediatras, os pedopsiquiatras, os técnicos sociais, e, naturalmente, os pais, os educadores, os cuidadores, e vários outros. E, desde logo, para que possamos centrar-nos, à partida, num mais rigoroso conhecimento sobre a criança enquanto ser autónomo e completo.

Antes do mais, e numa primeira aproximação, cabe evitar a tentação de usar instrumentos de natureza jurídica com vista a reduzir a natural complexidade que envolve a questão. Ao contrário, importa aceitá-la como realidade e procurar intervir nela compreendendo-a e integrando-a no processo de expansão do conceito que nos interpela, com vista à sua posterior conformação jurídica.

Aqui chegados, ainda assim, haverá que olhar o superior interesse da criança numa tripla dimensão, ora enquanto figura jurídica abstracta; ora enquanto fonte de direito; ora ainda enquanto realidade de facto, a apreciar e a valorar em concreto.

No primeiro caso, nada se oporá a que façamos coincidir o interesse da criança com o conjunto dos seus direitos já conhecidos, e com o seu reconhecimento como sujeito de direitos. O respeito, aí, pelo superior interesse da criança, coincidirá, então, e em absoluto, com o respeito pelos direitos da criança.

Todavia, isso é pouco!

Já que identificar, por sobreposição, o superior interesse da criança com o conjunto dos direitos que lhe são reconhecidos, e apenas isso, não deixará de abrir o risco de, uma vez vencido o tempo da criança objecto de direitos, virmos a assistir agora ao advento da criança como mera abstracção, ou seja, como sujeito abstracto de direitos.

No segundo caso, o interesse superior da criança identifica-se com a sua dimensão naturalística, aí se tornando gerador de novos direitos da criança. Será aí o interesse superior da criança a assumir a dimensão de fonte de direitos da criança, ou, nas palavras de Geraldine Bueren, de *precondition of rights*[13], que não significa, afinal, outra coisa.

---

[13] The Standard of the Best Interests of Child, A Western Traditin in International and Compatative Law, Internationl Studies in Human Rights, Volume 72, Martinus Nijhoff Publishers, Dordrecht/Bóston/London, pp. 47 e ss.

Finalmente, no terceiro caso, e em consonância com os anteriores, o interesse da criança assumirá a sua real dimensão concreta, manifestada no caso, a ele adequada, por ele conformada e nele se projectando como fundamento de decisão. Este será, afinal, aquele concreto interesse superior da criança que será tido «primacialmente» em conta na formação daquela decisão.

É precisamente aqui que se constitui, porventura, um dos momentos mais delicados do trabalho dos peritos, dos técnicos e dos decisores em geral, pois é aí que tendem a germinar as perversões que importa a todo o transe evitar.

O interesse superior da criança emerge, assim, na relação desta com o outro, com a comunidade e com o Estado, como categoria constitutiva da figura da criança como ser diferente, autónomo e completo, senhora de uma cultura própria, que a molda também como sujeito de direitos[14]. Por um lado, projectando para ela direitos próprios; por outro lado, reconhecendo, nela, uma cultura diferenciada, antropologicamente dinâmica e, em concreto, individualizável, o que o faz reclamar para si, interesse superior da criança, e também em concreto, em sede de decisão, uma dimensão de conteúdo variável, de ajustamento a cada caso e às suas reais circunstâncias.

Para isso mesmo nos chama a atenção Claire Breen quando adianta que «um grau de flexibilidade na interpretação dos direitos das crianças e na figura do interesse superior pode sempre ser necessário para que possam levar-se em conta diferenças regionais e culturais»[15]. E por isso mesmo, constitui esta uma questão essencial quando se projecta intervir consequente e solidamente na promoção e na defesa dos direitos da criança, mostrando-se indispensável um esforço persistente e paciente de pedagogia em torno do sentido e do valor da ideia e do conceito de interesse superior da criança, na consciência de que o seu bom conhecimento, a sua incorporação nas

---

[14] Cfr. Anabela Miranda Rodrigues e A.C. Duarte-Fonseca, Comentário da Lei Tutelar Educativa, Coimbra Editora, 2003, Pág. 7; e Álvaro Laborinho Lúcio, O Advogado e a Lei Tutelar Educativa, In Revista do Ministéio Público, Ano 20, Out-Dez 2005, Número 104, p. 59.

[15] A Western Tradition in International and Comparative Law, The Standard of the Best Interest of the Child, in Internationl Studies in the Human Rights, Volume 72, Martinus Hijoff Publishers, The Hague/London/Mew York, p. 86.

referências culturais através das quais se olha a criança e os seus direitos, e a sua orientação para práticas correspondentes, se tornarão alavancas verdadeiramente constitutivas de mudança e de progresso em matéria de infância e de adolescência. Por isso também que, munidos, embora, destes elementos que sugerem uma primeira aproximação ao conhecimento do que seja e deva ser a figura do interesse superior da criança, devamos tomar nota de que um longo e difícil trajecto se anuncia ainda até que possa, nesta matéria, chegar-se a conclusões dotadas de validade geral. Desde logo, porque, a despeito da sua previsão na Convenção das Nações Unidas, começa logo por se não considerar pacífica tal opção, não faltando mesmo quem a conteste, não só nos termos antes referidos, mas também partindo do princípio de que a invocação do interesse superior da criança é, em si mesma, violadora dos direitos dos pais, quando não mesmo dos direitos da criança e da figura desta como sujeito de direitos.

Com efeito, segundo alguns, «a interferência na vida da família pode também ser uma violação do direito da criança ao respeito pela sua vida privada e familiar»[16], sobretudo se tal acontecer sem que seja apurado exactamente o que sente e o que pensa a criança sobre o assunto, sendo certo, por outro lado, que «muitos adultos – incluindo juízes – pensam e afirmam que as crianças, em virtude dos seus limitados níveis de desenvolvimento, de conhecimentos e de experiência, não podem decidir sobre o que é o seu interesse ou sobre as consequências dos seus pensamentos e dos seus actos[17].

Outros, reclamando a necessidade de um melhor esclarecimento sobre o sentido do superior interesse da criança, vêm a olhar este mais como mero «critério operativo, factor de ponderação e não como critério absoluto»[18].

Por sua vez, outros ainda, tocados pela indeterminação do conceito, tendem a rejeitá-lo pura e simplesmente, limitando-se a adiantar que a decisão judicial deve ser vista como uma escolha racional que não se coaduna com a indeterminação do superior interesse da criança.

---

[16] Miek de Langen, The Meaning of Human Rihts for Children, in The Ideologies of Children's Rights, International Studies in Human Rights, Volume 23, Martinus Hijhoff Publishers, Dordrecht/ Bóston/ London, p. 256.

[17] Idem.

[18] Cfr. Rosa Clemente, Inovação e Modernidade no Direito de Menores – A Perspectiva da Lei de Protecção de Crianças e Jovens em Perigo, Coimbra Editora, Coimbra, 2009, p. 50.

Ora, este, constitui um dos mais importantes debates a desencadear hoje em torno da questão dos direitos da criança e da criança como sujeito de direitos. Por um lado, em termos positivos, porque em algumas das referidas posições críticas é possível assinalar reservas a imporem cuidados que cumpre não negligenciar e, por outro lado, agora negativamente, porque de várias outras se sente emergirem pré-juízos ou *a prioris* culturais que inquinam o pensamento e que importa, por isso, desconstruir.

A estas últimas considerações cumpre responder, desde logo, com a superação dos modelos assistencialistas dos quais várias das críticas aqui formuladas se intuem ainda tributárias, e, depois, com a própria Convenção dos Direitos da Criança, onde não são raras as referências à necessidade de «ter em conta os direitos e os deveres dos pais, representantes legais ou outras pessoas» que tenham a criança a seu cargo[19], e onde, a cada passo, se acautelam os direitos da criança, nomeadamente, na sua projecção futura, enquanto ser também em desenvolvimento.

Já quanto à aludida incapacidade da criança para decidir sobre os seus interesses, importa distinguir. Desde logo, tomando nota de que a maior ou menor habilitação da criança para tomar decisões, nomeadamente sobre si própria, fora de um contexto jus-civilístico, de natureza mais patrimonialista, não deriva de um princípio geral e abstracto válido para todas as crianças, mas, antes de uma avaliação em concreto. O que conduz, uma vez mais, à necessidade de um melhor conhecimento sobre a criança, construído agora longe do estereótipo que os modelos de protecção desenharam para definir o seu perfil. Na verdade, não se questiona a ocorrência de riscos na chamada da criança a emitir opinião sobre os seus próprios interesses. Isso, porém, não deve repercutir-se negativamente na criança recusando-lhe a palavra, mas, antes na necessidade de apurar o cuidado com que esta deve ser recolhida e interpretada e com que deve acompanhar-se a criança no acto da sua prestação.

Por outro lado, importa também esclarecer que o que verdadeiramente interessa na formação da decisão não é necessariamente a adopção acrítica da posição trazida pela criança, mas sim a ponderação

---

[19] V.g., por todos, o artigo 3.º, n.º 2.

do seu ponto de vista, da sua opinião, cuja importância reforça ainda mais a necessidade de lhe dar voz e de a ouvir. Mas sempre tendo em conta que a opinião da criança constitui um dos dados da equação e que a ponderação, com saliência, do seu superior interesse, nunca deixará de ser trazida a uma essencial concordância prática com outros interesse legítimos concorrentes.

Quer isso dizer que é possível, em concreto, encontrar nas circunstâncias do caso, motivos bastantes para proceder a concordâncias práticas de interesses antagónicos, sendo que o principal, de entre eles, é o superior interesse da criança.

Daí que, para uma primeira aproximação, nos pareça adequada a síntese proposta, uma vez mais, por Claire Breen, para quem, na formação da decisão, cumprirá considerar, «primeiro a opinião da criança e dos membros da sua família; segundo, o sentido do tempo da criança; terceiro, as necessidades da criança na perspectiva do seu desenvolvimento; e, finalmente, o risco de prejudicar a criança»[20].

Como quer que seja, o que é facto é que, como testemunha Daniel Sampaio, «a opinião da criança ou do jovem é pouco ou nada solicitada, decidindo-se o seu destino sem os ouvir»[21].

Por isso que, num plano integrado e concertado de intervenção com vista à promoção e à protecção dos direitos da criança, à semelhança do que vem sendo seguido noutros Estados[22], não devam desprezar-se metodologias e práticas centradas na explicação dos direitos às crianças, no acompanhamento destas junto de autoridades ou de outras pessoas, no aconselhamento informado da criança. Tendo sempre presente, bem entendido, que levar em conta o ponto de vista da criança não significa que «tudo o que a criança quer, possa ou deva sempre ser feito».

Assim, numa lógica segura de pequenos passos, podemos concluir que, na esteira de Jean Zermatten[23], é possível reconhecer, já hoje, ao superior interesse da criança, duas funções essenciais. De controlo, uma, garantindo que o exercício dos direitos da criança seja

---

[20] Ob. E Loc. Cits.

[21] Revista Pública, O Público, de 13 de Janeiro de 2008.

[22] V.g. no Center for Children's Aid, em Amsterdão.

[23] L'Intérêt Supérieur de l'Enfant, De l'Analyse Littérale à la Portée Philosophique, Working Report, Institut International des Droits de l'Enfant, 2003, p. 11.

correctamente vivido; e de solução, outra, enquanto instrumento ao serviço dos decisores para que sejam encontradas as boas decisões relativas às crianças.

A partir daqui, e tendo em conta o já anteriormente dito, será possível alinhar-se um conjunto de características estáveis de que se reveste a figura do superior interesse da criança.

E, com base nelas, torná-lo «operativo» como referência mestra para a tomada de decisão em matéria de direitos da criança, retendo dele o essencial, por agora, independentemente de questões semânticas, de natureza dogmática, ou outras.

Isto é, por força da previsão legal – e importa não perder de vista que a prevalência a conceder ao interesse superior da criança, resulta de imposição da própria lei, não podendo, ao menos por isso, ser ignorada ou menosprezada, na formação da decisão –, a criança é chamada ao centro do processo de decisão, como primeiro protagonista, aí devendo considerar-se na sua autonomia, ou seja, enquanto ser próprio, em si mesmo, e completo na sua diversidade. É, assim, um «outro». Sendo nessa «alteridade» que importa reconhecer a sua dimensão de sujeito e de sujeito de direitos.

Ora, isso obriga a que, em todas as decisões relativas a crianças, seja da criança que deva partir-se, definindo-se a sua autonomia, avaliando-se o significado das suas «ligações psicológicas profundas», os vários níveis de vinculação afectiva ou de outra natureza, os seus hábitos de vida, a importância da «continuidade das suas relações afectivas», a sua capacidade de adaptação à mudança, enfim, em suma, conhecendo-a, e conhecendo-a ali, na sua circunstância presente e na previsibilidade objectiva das suas circunstâncias futuras. Só depois, deverá conduzir-se a criança ao encontro de uma narrativa de vida em conjunto com os restantes protagonistas para, então, poder avaliar-se da globalidade dos problemas em presença e buscar-se, de entre as várias soluções possíveis, a que melhor compatibilize os vários interesses legítimos em confronto, desde que se não perca, nunca, como rumo para a decisão, a noção do valor primacial a atribuir ao superior interesse da criança.

É para isso que aponta, aliás, o importante Relatório da Subcomissão de Igualdade de Oportunidades, da Comissão de Assuntos Constitucionais, Direitos, Liberdades e Garantias, da Assembleia da República, relativo às audições efectuadas no âmbito da «avaliação dos sistemas de acolhimento, protecção e tutelares de crianças e jovens», quando adianta que

> «*A VERIFICAÇÃO DA SITUAÇÃO DE PERIGO PARA A CRIANÇA DETER-MINA A NECESSÁRIA INTERVENÇÃO ATRAVÉS DE MEDIDAS QUE TERÃO DE SER SEMPRE, NATURALMENTE, ORIENTADAS PELO INTERESSE SUPERIOR DA CRIANÇA, CENTRADAS NA PESSOALIZAÇÃO DE CADA CASO, NA UR-GÊNCIA IMPOSTA PELO PERIGO E PELO LIMITADO TEMPO DA INFÂNCIA. MEDIDAS MARCADAS PELA DIVERSIDADE IMPOSTA PELA CIRCUNSTÂNCIA DE CADA CASO, EXIGENTES DE PROGRAMAS E EQUIPAS QUE ENVOLVAM DE FORMA RESPONSABILIZANTE CRIANÇAS, FAMÍLIAS E COMUNIDADE*».

Acrescentando

> «*QUE ESTAS NÃO PODEM SER UNILATERAIS, MAS MEDIDAS NEGO-CIADAS COM TODAS AS PARTES ENVOLVIDAS, PERMANENTEMENTE REVISITADAS E ADAPTADAS, ENVOLVENTES DE RECURSOS E METODOLO-GIAS DIVERSIFICADAS E EXIGENTES, CONSTANTEMENTE AVALIADAS*».

Ora, como facilmente se conclui, isto obriga a um trabalho de grande rigor, a montante da decisão, enquanto diagnóstico; na decisão, enquanto escolha; na execução e no acompanhamento desta, enquanto avaliação da concretização dos objectivos traçados.

E aí, importa, desde logo, saber distinguir o significado do interesse superior da criança, enquanto objectivo – nem sempre possível de atingir em absoluto –, do seu valor enquanto limite à intervenção e ao sentido da decisão – esse, a respeitar sempre por inteiro –.

Quer isto dizer que podendo, embora, pela própria natureza das coisas e em concreto, actuar-se sem realizar integralmente o superior interesse da criança, jamais poderá decidir-se contra ele.

Este é, pois, o terreno privilegiado da intervenção dos peritos e dos técnicos, aos vários níveis, a demandar a exigência de uma permanente regulação, de uma atenta avaliação e de uma operacionalidade estratégica que determine a acção e que assegure resultados.

É, mesmo, em nome desta necessidade de conferir sentido prático ao indispensável tratamento teórico que o tema reclama, que sugerimos que, em vez de um já de si desejável «Manual de Boas Práticas», que importa seguir, se elabore, previsivelmente com bem maior sucesso efectivo, um «Manual de Más Práticas», que cumpra, a todo o transe, evitar.

4. Entretanto, para lá desta actuação especializada, própria dos técnicos, à chegada da criança e do jovem ao mundo da titularidade dos direitos, deve corresponder, por parte de todos, da comunidade no seu conjunto e dos cidadãos individualmente considerados, uma «atitude» nova, certamente informada e crítica, mas também disponível para a partilha dos direitos e para o correspondente respeito recíproco.

Aí emergirá o direito da criança e do adolescente à Comunidade, ela própria concebida como espaço social e humano de respeito por esse «outro eu que é a criança», portadora, reconhecidas as diferenças naturais, da mesma dignidade, do mesmo respeito, do mesmo direito aos direitos[24].

5. Mas, importa ir ainda mais longe, e intervir a outro nível, procurando densificar-se ainda mais o conceito de interesse superior da criança, acertando melhor as suas finalidades ou funções, apurando critérios para a sua aplicação.

E, aqui, um papel decisivo não pode deixar de ser reclamado, em primeiro lugar, da Universidade e da investigação, tanto dogmática, como empírica, a levar aí a cabo. E não só no que à figura do superior interesse da criança diz respeito, mas também no que se refere à investigação, ao ensino e à aprendizagem dos direitos da criança e do jovem. Fazendo-o numa perspectiva interdisciplinar, a partir da Universidade no seu todo, e convocando vários dos saberes que a integram.

E, desde logo, ao nível das Faculdades e das Escolas de Direito.

Na verdade, sem embargo de algumas interessantes tentativas dispersas em contrário, entre nós, a impropriamente designada Justiça de Menores e, nela, o Direito das Crianças, têm sido votados a uma inexplicável indiferença. Dir-se-á – o que é, em parte, verdadeiro – que esta constitui matéria mais própria de outras áreas do saber, designadamente, da psicologia, da medicina – em várias das suas especialidades - da criminologia, da biologia, da sociologia, da antropologia, etc. Todavia, ao contrário do que parece vir fazendo carreira, é justamente no recuo da dimensão jurídica e na diminuta importância atribuída ao Direito, em matéria de crianças e de jovens, que deve

---

[24] Cfr. Alain Renaut, Ob. e Loc. Cits.

identificar-se a origem de muitas das graves lacunas que hoje facilmente se pressentem neste sector da Justiça.

Assim sendo, será, então, também com especial incidência neste domínio, que importa, uma vez mais, proclamar a necessidade de um «retorno do jurídico». Mas de um jurídico que ao serviço do psicológico, do médico, do biológico, seja capaz do essencial, daquilo que realmente lhe cabe, isto é, de emprestar validade axiológico-normativa e força de coerção legítima, às asserções extraídas do mundo próprio da cultura da criança, ele mesmo cientificamente trabalhado. De um jurídico, assim, que se deixe tocar e inspirar pela matriz profundamente naturalista que marca o essencial dos valores a tutelar aqui. Mas, ainda assim, e por isso mesmo, de um jurídico comprometido coerentemente com as regras próprias da Ciência do Direito e referido a «princípios jurídico-normativos fundamentais», capazes, além do mais, de garantirem, aos direitos da criança e do jovem adolescente, a segurança e a coercibilidade indispensáveis à afirmação da sua efectiva validade social.

Será esta, uma tarefa de todo nova, de uma enorme complexidade e exigente de diferentes metodologias ao nível tanto da investigação, como do ensino e da aprendizagem. Uma tarefa que bem poderia ser desenvolvida à luz de parcerias a estabelecer entre as Universidades e o Governo e que não deixaria, numa previsão de médio prazo, de se repercutir em assinaláveis mais-valias em áreas tão essenciais como as próprias da intervenção dos tribunais, das escolas, dos vários serviços com valências no domínio da infância e da juventude.

6. Entretanto, para lá das tarefas necessariamente cometidas à Universidade, uma responsabilidade especial impende sobre os Tribunais.

O princípio do primado da lei constitui o vértice principal do edifício do Estado de Direito; sendo a Tribunais independentes que cumpre garantir o respeito por ele e a sua permanente validade prática.

Porém, o Estado de Direito, os Tribunais e o Princípio do Primado da Lei, são meras categorias abstractas, que não valem por si, mas sim pelos valores que as inspiram e pelas finalidades a que se destinam, sendo na sua relação com o concreto da vida e com o profundo respeito pelas interpelações oriundas desta que se realizam plenamente as dimensões democrática e social do próprio Estado de Direito.

Ora, em matéria de direito das crianças e dos jovens, muito está por fazer no que aos tribunais diz respeito. Na formação de magistrados, na gestão dos tempos processuais, na abertura a práticas interdisciplinares de preparação das decisões, na especialização, quer na primeira instância, quer nas instâncias de recurso, na adopção de modelos de intervenção dinâmicos e proactivos, nomeadamente, no que ao Ministério Público diz respeito, na auto-avaliação das decisões e dos resultados destas.

Mas, mais!

Tendo em conta a natureza complexa de toda a matéria de facto que envolve decisões judiciais relativas a crianças e jovens, urge a formação de uma jurisprudência de referência, culta quanto ao conhecimento relativo à criança, e, assim, despida de *a prioris* ou de pré-categorias conceptuais que lhe limitam o horizonte e que tendem a afastá-la da compreensão da realidade; tecnicamente consolidada, capaz de fazer conviver rigor e flexibilidade e de incorporar a própria complexidade na compreensão dos fenómenos sob julgamento; e, finalmente, criativa, capaz de assumir a sua quota-parte de responsabilidade na densificação de normas abertas e de conceitos indeterminados, como é, entre vários outros, ainda e sempre, o de interesse superior da criança. Mas não para o reduzir, não para o limitar, não na linha de uma jurisprudência defensiva que, a produzir-se, o levará a estiolar e a perder parte significativa do seu relevo na arquitectura, ainda frágil, dos direitos da criança e do jovem.

Por isso que importe, por exemplo, convidar o Conselho Superior da Magistratura e a Procuradoria-Geral da República a partilharem activamente da reflexão crítica que não pode deixar de acompanhar uma estratégia de intervenção alargada e horizontal, abrangendo toda a área de actividade do Estado e da Sociedade Civil, no que se refere à criança, ao jovem, e à garantia dos seus direitos; e a fazerem repercutir, no interior das suas esferas de actuação, os resultados dessa reflexão potenciadora de mudança.

7. Entretanto, uma muito particular atenção deve ser dirigida para a Escola, para a Comunidade Educativa e para a relação destas com as Redes Sociais instaladas e a funcionar.

Entre várias outras razões – e muitas são – porque à Escola, à qual a criança tem direito enquanto espaço de pertença e de aprendizagem, de treino de autonomia e de exercício da solidariedade, cabe um papel decisivo, desde logo, na redução da exclusão e na efectiva garantia de uma igualdade de oportunidades para todos os alunos. De tal forma que, consoante o sucesso ou o insucesso da sua actuação aí, assim a Escola se considerará ou instrumento de socialização, como deve ser, ou um real factor de risco, negando-se, assim, a si própria.

Esta, aliás, constitui uma chamada de atenção para a necessidade, cada vez mais evidente, de convocar para a acção, e para responsabilizar, a Comunidade Educativa, e de procurar aí a resposta para tantos dos problemas que desabam sobre a escola e para os quais esta não tem, nem terá de ter, solução adequada.

Diferentemente, porém, já se não compreende que no elenco de matérias que constituem o objecto da formação dos professores não conste, com peso específico adequado, o estudo dos direitos da criança. Sendo que tal omissão vem a constituir exemplo flagrante da distância que vai entre a repetida afirmação dos direitos, a sua real interiorização cultural e o desígnio colectivo de os conhecer e respeitar.

É isso, aliás, que se retira das palavras de Jean Zermatten, quando «deplora que a escola...não se implique sistematicamente neste domínio e que os membros do corpo professoral não tenham sentido a importância dos direitos da criança, não apenas para os alunos, mas para a escola em geral»[25].

Esta constitui, pois, hoje, área de intervenção urgente e prioritária, com ela se ligando, aliás, também, a não menos sensível questão da representação do aluno no interior da escola.

8. Noutro plano, não pode deixar de salientar-se, muito expressivamente, a importância do Local, quer enquanto território delimitado, quer enquanto circunscrição político-administrativa reconhecida democraticamente na estrutura própria do Poder Autárquico.

Inspirado na expressão de origem anglo-saxónica segundo a qual para educar uma criança é precisa toda uma aldeia, o Município, com as suas Freguesias, vem a assumir aqui um papel insubstituível. Pela sua dimensão, pela proximidade e conhecimento dos problemas

---

[25] Ob. Cit., p. 19.

e das suas circunstâncias, pelos instrumentos de intervenção de que dispõe, pela influência directa que exerce sobre as respectivas comunidades, pela imaginação criadora de novas experiências, de dimensão local, diversificadas e diferenciadas, promotoras de soluções de intervenção em matérias tão díspares como as da família, da habitação, do ambiente, ou do desporto. Mas também ao nível do voluntariado, do associativismo, do treino da participação, etc..

Temos para nós, aliás, que será em termos de parcerias a estabelecer com as Autarquias, com programas locais e localizados, comprometidos nos objectivos e sujeitos a avaliação externa regular, que será possível obter visíveis ganhos de causa na actuação, cada vez mais essencial, junto das famílias e, por via dela, na realização efectiva do direito fundamental da criança à família.

É que, afinal, a Aldeia somos nós!

E a criança – como gostamos de dizer – é um sujeito de direitos!

Coimbra, Julho de 2009

OS DIREITOS DAS CRIANÇAS
PARA TEREM DIREITO A UMA FAMÍLIA

NORBERTO MARTINS[*]

"A família é como a varíola: apanha-se em pequeno e deixa marcas toda a vida".

JEAN PAUL SARTRE

Há muito tempo que lemos, ouvimos e, porventura também dizemos, que há uma crise da família, que os valores da família não são mais os mesmos, que a família está ameaçada, etc.

Um certo conceito de família, aquele que durante séculos foi pacificamente aceite – marcadamente patriarcal no lado externo mas moldado no interior pela força matriarcal –, está profundamente abalado.

Assim, se relermos as palavras que S. Paulo escreve aos Efésios, quando diz: "Filhos, obedecei a vossos pais, no Senhor, pois é isso que é justo. Honra teu pai e tua mãe, tal é o primeiro mandamento, com uma promessa: para que sejas feliz e gozes de longa vida sobre a terra. E vós, pais, não exaspereis os vossos filhos, mas criai-os com a educação e correcção que vem do Senhor" (Ef. 6,1-4), percebemos que essa família, já não é hoje a "Família".

Antes reproduz uma certa família.

De facto, subjacentes a este texto emergem dois aspectos da instituição familiar: os pais e os filhos. A heterossexualidade e a fecundidade são, assim, qualidades constitutivas da família. Para a sua realização está, aliás, segundo o conceito cristão, orientada a

---

[*] Procurador da República.

constituição fisiológica e psicológica do homem e da mulher. No dicionário da natureza, assimilado por todas as culturas e civilizações, segundo a Igreja, a palavra família significa isso: a união de um homem e de uma mulher, selada pelo contrato matrimonial, dispostos a completarem-se um ao outro, no amor, e a serem fecundos, pondo o seu amor ao serviço da vida. Na família, os seres humanos exprimem e experimentam uma qualidade essencial: o serem homem e mulher, iguais e diferentes, chamados a encontrarem-se na complementaridade do amor, para não comprometerem a harmonia da sua existência.

Ainda recentemente, em Janeiro de 2009, o arcebispo de Quebec, **Cardeal Marc Ouellet,** durante o VI Encontro Mundial da Família, realizado na Cidade do México, referiu que a crise da família não é só uma crise moral, é uma crise mais profunda, antropológica – de concepção da mulher e do homem o que explica a adopção em alguns países de leis que dão o reconhecimento jurídico do matrimónio a casais homossexuais, inclusive a possibilidade da adopção.

Em jogo está, segundo o primaz do Canadá, uma «batalha cultural», na qual «uma visão do mundo sem Deus tenta suplantar a herança judaico-cristã», com danos graves «no campo humano, social e religioso».

Como consequência, constatou o cardeal, à fragilidade crescente dos casais acrescentaram-se os problemas graves e educativos ligados à «perda dos modelos paternos e à influência de correntes de pensamento que rejeitam os próprios fundamentos da instituição familiar».

Na verdade, decididamente os dias de hoje não são mais o tempo dos papéis e dos lugares imutáveis, a família não tem necessariamente e nos papéis que lhes eram destinados, os dois protagonistas de sexo diferente.

Vivemos o tempo das, entre outras,

– *famílias monoparentais*
– *famílias reconstruídas ou recompostas, com madrasta/padrasto e enteados*
– *famílias multiraciais;*
– *famílias homossexuais e «alternativas»*
– *famílias em que os pares provêm de culturas diferentes, mesmo antagónicas*

É verdadeiramente um tempo diferente.

Da inseminação artificial. Da fertilização *in vitro*.

Ouvimos, lemos e podemos aprender como uma mulher pode fazer inseminação artificial caseira, um método para engravidar sem envolver uma relação sexual com um homem.

Assim, seja pela inseminação artificial, seja pela adopção singular de uma delas, podemos ter, já temos, duas mulheres, vivendo em união de facto (em algumas ordens jurídicas mesmo casadas) mães da mesma criança. Como recentemente uma reportagem do Jornal "Público" assinalava, podemos assim dizer: ***"Mãe, só há duas"***. Talvez a "mãe" e a "mamã".

E o mesmo vale para dois homens que vivam uma união de facto (ou casados) em que um, ou ambos, adopta uma criança: **Pai, há dois!**

Segundo um estudo independente havia em 2005 nos E.U.A. 270.313 crianças a viver com pais homossexuais.

E as crianças como ficam nesta realidade? Que lugar é que têm, que destino lhes dá o Direito, e que direitos lhe confere o Direito?

I. **Ao nível supra nacional**

Numa caminhada inexorável, que podemos fixar nos meados do século passado, justamente chamado o século da afirmação dos direitos da Criança, decididamente está interiorizada a certeza de que as crianças são verdadeiros sujeitos de direitos, autonomizáveis dos direitos parentais.

Essa conquista teve a sua génese, mais formal, quando em *20 de Novembro de 1959* foi promulgada pela Assembleia Geral das Nações Unidas a **Declaração dos Direitos da Criança**, espécie de pedra angular de todo o edifício supra nacional dos direitos das crianças, à qual, como salienta Gustavo Ferraz de Campos Mónaco, "se pode reconduzir cada um dos direitos e deveres reconhecidos ou garantidos pela sociedade internacional"[1].

---

[1] Gustavo Ferraz de Campos Mónaco, in "A Declaração Universal dos Direitos da Criança e seus Sucedâneos Internacionais" – *Boletim da Faculdade de Direito, Universidade de Coimbra*, (p. 21).

Aí se considerou que "a criança, por motivo da sua falta de maturidade física e intelectual, tem necessidade de uma protecção e cuidados especiais nomeadamente de protecção jurídica adequada, tanto antes, como depois do nascimento".

Segundo a *Base II* desta *Declaração*, a criança deve beneficiar de protecção especial a fim de se poder desenvolver de maneira sã e normal no plano físico, intelectual, moral, espiritual e social, em condições de liberdade e dignidade, e, na adopção de leis para este fim, o *interesse superior* da criança deve ser a consideração determinante.

Volvidos dez anos sobre o Ano Internacional da Criança (1979), em *20 de Novembro de 1989* foi adoptada pela Assembleia Geral das Nações Unidas a **Convenção Sobre os Direitos da Criança**, vindo a ser assinada em Nova Iorque em 26 de Janeiro de 1990 e ratificada por Portugal em 12 de Setembro de 1990. O nosso país foi, de resto, um dos primeiros a ratificar a Convenção, actualmente adoptada por **192** países, (um dos últimos foi Timor Leste), persistindo a Somália e os Estados Unidos da América em não ratificarem tal instrumento[2].

A Convenção representou a viragem na concepção dos direitos da criança, ao reconhecê-la como sujeito autónomo de direitos e ao encarar a família como suporte afectivo, educacional e socializador essencial.

Como se pode ler no Preâmbulo da Convenção, a **família**, elemento natural e fundamental da sociedade, e meio natural para o crescimento e bem-estar de todos os seus membros, e em particular das crianças, deve receber a protecção e assistência necessárias para desempenhar plenamente o seu papel na comunidade.

Assim, a Convenção (directamente aplicável na ordem jurídica interna depois de ratificada), consagra, entre outros, os seguintes direitos da criança (pessoa com menos 18 anos):

1. Direito a conhecer os seus pais e a ser educado por estes – **direito a uma família** (art. 7.º, n.º 1).
2. O princípio segundo o qual **ambos os pais** têm uma responsabilidade comum na educação e no desenvolvimento da criança,

---

[2] Catarina Albuquerque, "As Nações Unidas, a Convenção e o Comité", *Documentação e Direito Comparado* vls. 83-84 p. 36.

cabendo primacialmente aos pais e, sendo caso disso, aos representantes legais a responsabilidade de educar a criança e de assegurar o seu desenvolvimento, devendo o interesse superior da criança constituir a sua preocupação fundamental nessa tarefa (artigo 18.º, n.º 1);

3. O princípio que dispõe que a criança **não pode ser separada dos pais** contra a vontade destes (art. 9.º, n.º 1).
Excepto se tal for necessário quando, por exemplo:
os pais a maltratarem,
negligenciarem, ou
se os pais viverem separados e uma decisão sobre o seu lugar de residência tiver de ser tomada.

4. No caso da criança separada de um ou de ambos os pais tem direito a manter **relações pessoais ou contactos regulares directos** com ambos, mesmo que vivam em países diferentes (arts. 9.º, n.º 3 e 10.º, n.º 2). Excepto se for contrário ao interesse superior da criança (art. 9.º, n.º 3).

5. A criança temporária ou definitivamente privada do seu ambiente familiar ou que não possa ser deixada com a família tem **direito a protecção e assistência especiais pelo Estado** (art. 20.º, n.º 1).
A protecção alternativa pode consistir na
– Colocação familiar alargada
– Adopção
– Colocação em instituições

II. **No direito interno**

No plano interno, os princípios jurídicos fundamentais que regem a família e a infância emergem, em primeira linha, da Constituição da República Portuguesa, a qual estabelece as directrizes normativas estruturantes destas matérias, merecendo aqui particular destaque:

Artigo 36.º (Família, casamento e filiação) – Os pais têm o direito e o dever de educação e manutenção dos filhos, gozando os cônjuges de iguais direitos e deveres; os filhos não podem ser separados dos pais, salvo quando estes não cumpram os seus deveres fundamentais para com eles e sempre mediante decisão judicial (n.º 6); a lei regula e protege a adopção, devendo estabelecer **formas céleres** para a respectiva tramitação (n.º 7).

Artigo 67.º (Família) – A família, como elemento fundamental da sociedade, tem direito à protecção da sociedade e do Estado e à efectivação de todas as condições que permitam a realização pessoal dos seus membros.

Artigo 69.º (Infância) – As crianças têm direito à protecção da sociedade e do Estado, com vista ao seu desenvolvimento integral, especialmente contra todas as formas de abandono, de discriminação e de opressão e contra o exercício abusivo da autoridade na família e nas demais instituições. O Estado assegura especial protecção às crianças órfãs, abandonadas ou por qualquer forma privadas de um ambiente familiar normal.

Estes comandos constitucionais têm (também) na sua génese a ideia central, retirada dos conhecimentos das ciências da psicologia, psiquiatria e sociologia, de que o ser humano, sendo por natureza social, tem absoluta necessidade de crescer e ser amado num ambiente que seja refúgio e berço de relações de **vinculação**.

Assim,

as relações de vinculação precoce construídas entre a criança e o prestador de cuidados, pais ou outra (s) figura (s) de referência, devem ser regulares e prolongar-se no tempo para que possam contribuir para o desenvolvimento sustentado e equilibrado da criança.

Práticas parentais ou de outros prestadores de cuidados coercivas, desapegadas, desprovidas de afectividade, pouco investidas, mal tratantes ou abandónicas, geram vinculações inseguras e desorganizadas que poderão tornar a criança pouco empática, insegura, hostil e incapaz de interiorizar regras de conduta.

A vinculação inclui várias dimensões: o sentido de proximidade, a partilha de valores, de pontos de vista e de identificação e serve como indicador de regulação social durante a adolescência, período durante o qual o sujeito tende a autonomizar-se das figuras parentais e a alargar o seu espectro de relacionamento social, nomeadamente com os seus pares.

Na adolescência, o desenvolvimento das capacidades cognitivas, o período das *operações formais* na terminologia piagetiana, o sujeito é capaz, com recurso à capacidade de raciocínio abstracto e lógico, de uma *estratégia integrada de vinculação* e de se diferenciar relativamente aos demais, permitindo-lhe avaliar e comparar as suas relações de vinculação com diferentes figuras de vinculação, assim como idealizar hipotéticos modelos de vinculação, descentrando-se de uma relação específica.

Se não forem adequadamente trabalhadas, as primeiras experiências permanecerão para toda a vida, já que estas moldarão as respostas dos adultos às perdas e obstáculos e a capacidade de gestão das suas consequentes dificuldades.

Os pais ou outros prestadores de cuidados constituem a *base segura* para a criança e estimulam-na a explorar o mundo que a rodeia, respeitando a sua tendência natural e a gradualmente ampliar as suas relações.

Quando tal não se verifica e a segurança dá lugar a experiências patogénicas e perturbadoras do normal crescimento psicológico e afectivo da criança, esta desenvolve relações de vinculação *inseguras* ou *ansiosas*.

Alguns exemplos dessas vivências são experiências pautadas pela ausência persistente de respostas de um ou ambos pais nos cuidados da criança, pela rejeição/ depreciação emocional, e na descontinuidade da parentalidade, o que ocorre frequentemente em casos de institucionalização.

Também pelo facto de criança ter mantido com os seus progenitores ou outras figuras de referência relações interpessoais emocionais qualitativamente significativas, é capaz de construir de si própria e dos outros imagens positivas, percebendo as relações sociais como gratificantes.

As crianças inseguras são menos eficazes na resolução das situações problemáticas, as suas emoções negativas persistem, resultando da sua acumulação, a longo prazo, elevados níveis de ansiedade difíceis de gerir, tornando-as mais vulneráveis ao aparecimento de sintomas. O estabelecimento de relações sociais constitui fonte de frustração e insatisfação, daí que se mostrem indisponíveis e sejam desconfiadas no relacionamento social.

Em risco de desenvolver sintomas psicopatológicos, estão as crianças com vinculação *desorganizada*, sentindo-se incapazes de resolver os problemas com que se deparam e tendo do mundo uma visão pessimista e caótica.

Estas crianças são hostis e agressivas com os outros e, em alguns casos, apresentam comportamentos associais atípicos, intrusivos e controladores.

A criança tem necessidade da presença física dos pais e só conseguirá imaginar os seus objectos *primários* (pai, mãe ou figura substituta) se estes tiverem constituído figuras significativas.

Se a mãe estiver demasiado centrada em si própria, não conseguindo pensar o filho, porque está deprimida, é toxicodependente, está ausente ou está a viver angústias conjugais, a criança sentir-se-á ameaçada, com medo de ser esquecida e *ficará de olhos postos na mãe*. Nestas circunstâncias, a actividade da *representação* cederá lugar à da *colagem* (Berger, 2003).

Também a criança que de alguma forma se sinta ameaçada pelas práticas parentais maltratantes estará hiper vigilante (Lamour, 1995 cit. Berger, 2003), comprometendo o seu normal desenvolvimento psicológico.

As situações de abandono podem dar origem a um padrão de *desorganização da vinculação* no bebé, as quais parecem relacionar--se com problemas de comportamento logo à entrada para a escola, à perpetuação dos maus tratos aos filhos, ao desenvolvimento deficiente no controlo das emoções, a problemas ao nível da saúde mental no adulto (Canavarro, 1999) e incapacidades no estabelecimento de relações (Machado, 2004).

Por outro lado, as crianças seguras controlam e regulam as suas emoções negativas, resultantes da interacção com outros sujeitos (Cassidy, 1994, cit. van Ijzendoorn, 2002).

O desenvolvimento da própria identidade e autonomia pessoais assim como a aquisição de competências sociais ficam melhor alicerçados quando a família favorece e estimula vínculos afectivos com outras crianças e adultos.

Porém, quando a família, próxima ou alargada, ou o cuidador não proporcionam à criança ou jovem, porque não querem ou não podem, esse espaço de afectividade e de vinculação securizante pode estar criada uma situação de **perigo** a demandar uma intervenção de protecção.

Os direitos das crianças para terem direito a uma família   207

E foi precisamente com esta função de especial protecção que surgiu no nosso sistema jurídico a Lei de Protecção de Crianças e Jovens em Perigo (LPCJP) – aprovada pela Lei n.º 147/99, de 1 de Setembro – de onde destaco (considerando os objectivos deste escrito), como critério orientador de toda a intervenção (desde os seus trâmites processuais até à escolha, aplicação, execução e revisão das medidas) – valendo também para a actuação judiciária no domínio das providências tutelares cíveis[3] – o **Princípio da Prevalência da Família** [art. 4.º, al. g)].

Segundo este princípio orientador, na promoção de direitos e na protecção da criança e do jovem deve ser dada prevalência às medidas que o integrem na sua família *ou que promovam a sua adopção.*

Ou seja, ao contrário do que se podia esperar numa primeira abordagem, uma vez que estava a definir o princípio da prevalência da família, o legislador não se limitou, na definição do conceito, a consagrar apenas a prevalência das medidas que integrem e mantenham a criança ou jovem na sua família biológica. Disse mais: na escolha da medida, o aplicador tem de ponderar a **adopção** como uma solução que encerra em si mesma o princípio da prevalência da família.

Sem o dizer, o legislador assumiu que a família não é o conjunto de pessoas ligadas por laços sanguíneos, antes corresponde a um **espaço de afectividade** não necessariamente coincidente com um ADN de traços comuns.

Esta leitura, que se nos afigura consentida e querida pelo texto legal, *não pode permitir* interpretações que nos levem a afirmar que só é possível aplicar a medida de promoção e protecção de confiança a pessoa seleccionada para a adopção ou a instituição com vista a futura adopção [alínea g), do n.º 1, do art. 35.º, da LPCJP], depois de afastar cada uma das seis anteriores.

Na verdade, sendo a adopção uma medida que se ancora e decorre do princípio da prevalência da família, desde que, no caso concreto, vá de encontro ao primeiro ou superior interesse da criança ou jovem, o tribunal, e apenas o tribunal neste caso, deve aplicar a medida, sem ter de justificar a não ponderação das restantes.

---

[3] Artigo 167.º-A da OTM.

Isto é, verificada uma situação de perigo (art. 3.º, da LPCJP), postula-se num primeiro momento da intervenção judicial de protecção um privilegiamento da integração da criança ou do jovem na família de origem, acompanhada de um efectivo apoio social ao agregado, na expectativa de que ainda subsistam os vínculos afectivos próprios da filiação e estes não se encontrem seriamente comprometidos; para os casos em que não existem vínculos afectivos próprios da filiação ou estes se encontrem seriamente comprometidos e se verifique uma das situações enunciadas na lei (*in casu*, no artigo 1978.º do Código Civil), o princípio da prevalência da família aponta para a implementação de medidas que promovam a adopção da criança.

Por outro lado, afigura-se-nos evidente que toda a filosofia que enforma o actual sistema de protecção, em qualquer das vestes que o Estado intervenha, seja através das Comissões de Protecção de Crianças e Jovens (CPCJ), seja na intervenção judicial, exige um acompanhamento muito próximo da evolução da situação que determinou a intervenção protectiva, daí que a duração das medidas de protecção, fora os casos do acolhimento familiar ou em instituição, ou da medida de confiança com vista à futura adopção, não possam exceder um ano, podendo ser prorrogadas até aos 18 meses (art. 60.º).

Por outro lado, a necessidade que as crianças e os jovens têm de **relações afectivas securizantes** e de um padrão de vinculação organizado, não podem nunca ser esquecidas pelo aplicador da lei, designadamente pelos tribunais.

É para nós pacífico que os tribunais devem ter com os pais ou cuidadores das crianças uma atitude de compreensão, mas não podem nunca deixar de ser **firmes** e intransigentes com os objectivos.

Assim, importa realçar que nos casos de maus tratos, negligência ou comportamentos abandónicos graves que determinem a intervenção judicial, os progenitores ou as pessoas que têm a seu cargo as crianças ou jovens, devem ser confrontadas com a urgência e a fixação de **metas temporais** para se equilibrarem afectivamente e reorganizarem por forma a reunirem as condições para ter consigo a criança, sabendo que se não o fizerem dentro de um tempo útil, poderão ser confrontados com uma medida mais eficaz que efectivamente proteja a criança, designadamente prodigalizando-lhe um espaço familiar alternativo onde lhe sejam realmente dadas as condições afectivas para um regular desenvolvimento com vista à sua autonomia.

Nesta ordem de ideias, particularmente no momento da celebração do **acordo de promoção e protecção**, deve o tribunal, ou a CPCJ, conforme os casos, não se limitar à fixação das respectivas cláusulas (art. 56.º) mas também apontar **prazos** que comprometam os adultos, que os co-responsabilizem de forma clara, sabendo das consequências que poderão advir do seu incumprimento objectivo.

Mas não é apenas no accionamento do sistema de protecção que somos desafiados a entrelaçar a criança com uma família.

A nova figura do **Apadrinhamento Civil**, cujo regime jurídico foi recentemente aprovado pela Lei n.º 103/2009, de 11 de Setembro, que aguarda para entrar em vigor a publicação do regulamento atinente à habilitação dos padrinhos, pode ser, acredita-se que seja, uma resposta de qualidade, porque também ela é propiciadora de uma **integração familiar**, para muitas crianças e jovens relativamente aos quais não se verifiquem os pressupostos da confiança com vista à adopção, designadamente para os que estão institucionalizados.

No entanto, parece-nos que faltam ainda alguns passos, ao nível legislativo, para um efectivo reforço deste direito a uma família e à manutenção dos laços familiares afectivamente gratificantes.

Pensemos nas famílias recompostas com crianças e jovens vindos de relacionamentos anteriores em que estes estabelecem vínculos afectivos com os novos companheiros ou cônjuges dos pais ou mães biológicos e que quando esta nova relação termina não têm qualquer protecção ao nível da manutenção de contactos. Não se impunha que o legislador, à semelhança com o que acontece com os ascendentes e irmãos (art. 1887-A, do Código Civil), determinasse que os progenitores não podem sem razão válida impedir que as crianças ou jovens mantenham contactos com pessoas que num determinado momento das suas vidas foram importantes referenciais afectivos, às vezes tão ou mais que os pais?

Curiosamente, na referida lei do **Apadrinhamento Civil**, no art. 8.º, n.º 3, acautela-se a possibilidade de se estenderem a outras pessoas os direitos conferidos aos pais, designadamente o de conhecerem os padrinhos, dispor de uma forma de os contactar e de contactar e visitar a criança ou jovem. Por outro lado, o art. 26.º do mesmo diploma confere aos padrinhos, quando o vínculo tiver cessado contra a sua vontade, o direito a ter notícias do afilhado, de o contactar e visitar.

Em síntese,

estamos absolutamente seguros, colhidos os ensinamentos das ciências sociais, como a psicologia, a pedopsiquiatria e o serviço social e a experiência de muitos anos em contacto com a realidade dos Tribunais de Família e de Menores e de crianças institucionalizadas que o mais elementar direito que uma criança tem, assegurada a sua subsistência, é o de pertença a uma família, tenha a tonalidade que tiver, *rosa, azul, azul e rosa ou arco-íris.*

Terá é de ser um espaço onde seja amado e respeitado, olhado e sentido como pessoa única e irrepetível.

Jean Paul Sartre afirmou num dos seus textos que **"A família é como a varíola: apanha-se em pequeno e deixa marcas toda a vida".**

Este é um desafio para quem trabalha nesta área: contribuir para que as crianças e os jovens que cruzam as suas vidas connosco alcancem o direito a serem marcados pelo afecto de uma família que os quer amar.

Bibliografia

BERGER, M. (2003). *A Criança e o Sofrimento da Separação.* Lisboa: Climepsi Editores.

CANAVARRO, M.C.S. (1999). *Relações Afectivas e Saúde Mental. Uma abordagem ao longo do ciclo de vida.* Coimbra: Quarteto.

COELHO, F. P e Oliveira, G. (2003). Curso de Direito da Família, vol.I, 3.ª edição, Coimbra: Coimbra Editora.

MACHADO, T. (2004). Vinculação e comportamentos anti-sociais (pp.291-321). In Fonseca (Ed.), *Comportamento Anti-Social e Crime da Infância à Idade Adulta.* Coimbra: Almedina.

SOTTOMAYOR, M. C. (2002). Quem são os «verdadeiros» ais? Adopção plena de menor e oposição dos pais biológicos. In *Direito e Justiça*, Vol.XVI, Tomo I, Faculdade de Direito da Universidade Católica Portuguesa, 2002.

SOTTOMAYOR, M. C. (2004). A nova lei da Adopção. In *Direito e Justiça*, Vol.XVIII, Tomo II, Faculdade de Direito da Universidade Católica Portuguesa, 2004.

VAN IJZENDOORN, M. H. (2002). Vinculação, moralidade emergente e agressão: Para um modelo sociomoral e desenvolvimental do comportamento anti-social (pp. 269-299). In A.C. Fonseca (Eds.), *Comportamento anti-social e família: Uma abordagem científica* Coimbra: Almedina.

BREVE REFLEXÃO ATLÂNTICA
– A EDUCAÇÃO PARA A CIDADANIA –

RICARDO CARVALHO[*]

Ousar escrever um artigo para este livro tem uma raiz profundamente afectiva que marcará decisivamente o seu tom. A amizade e a admiração são a razão de ser da decisão. Quando a ideia apareceu e o convite surgiu, soltou-se um "sim" imediato e impulsivo, movido por um desejo interior, de certo modo egoísta, de revisitar um tempo, lugares, conversas, ainda hoje presentes na rotina diária.

Impunha-se escolher um tema. Crianças, Comissões de Protecção, comunidade, justiça, formação, educação, democracia, participação... a variedade de temas ao dispor era vasta. Rui Epifânio foi um homem do renascimento, abordando cada uma destas matérias com o conhecimento, a profundidade e a precisão de um solista. Há, no entanto, um denominador comum a todos estes temas: o país e as pessoas. Ao seu pensamento esteve sempre associada uma capacidade ímpar de intervir, de levar ao concreto, na vida de cada um de nós, a mudança que os desafios da modernidade exigem. Mudança assente em valores de respeito, responsabilidade e solidariedade.

É pois sobre Portugal e cidadania que resolvi escrever. Não numa perspectiva abstracta, mas centrando-me no indivíduo, na pessoa, na responsabilidade do Sujeito na condução do seu destino e no impacto que isso tem na vida colectiva.

O exercício que proponho é este: respire fundo, abra os braços, confronte o abismo e, confiante de que é capaz de voar, dê um passo em frente. Sentiu a confiança para dar esse passo? Então chegou ao seu destino: Portugal, Setembro de 2009.

---

[*] Jurista.

Ninguém o vê. Ninguém o sente. Ninguém o conseguirá ouvir e, no entanto, os seus sentidos estão apurados como nunca estiveram. Consegue ver o carro vermelho que furiosamente acelera em direcção a si. Teve azar... aterrou numa passadeira. Sente o cheiro a gasóleo queimado do autocarro que acabou de passar. E escuta... escuta de forma perfeitamente distinta a opinião rápida e fácil sobre mais um caso que envolve uma criança, aliás, não só escuta como vê o seu rosto e o vestido que ela usou na primeira comunhão. Mas escuta mais. Escuta também a apresentação dos planos, programas e projectos que, decididamente, e agora é que é, nos irão devolver a glória encontrada nos descobrimentos. A aposta na ciência, na tecnologia, qualificação e educação, segurança, saúde e justiça para todos. Não é que não partilhe a ideia. É quase que inevitável e indispensável aderir. É importante, sem dúvida, mas não basta. Precisamos de alicerces.

Diariamente reivindicamos a mudança. No entanto, não nos sentimos verdadeiramente interpelados a mudar. É algo que exigimos aos outros, sejam eles políticos, chefes, professores, vizinhos, colegas, filhos, médicos, juízes, procuradores e advogados, mesmo quando, paradoxalmente, estamos investidos destas funções. A autocrítica é rara e a mudança é algo exterior a nós, é exigida aos outros ou, em estados contemplativos mais avançados, por estes condicionada.

São evidentes as carências estruturais do nosso país, com causas mais próximas ou mais distantes. Algumas destas decorrem de um início histórico marcado pela disfuncionalidade familiar. Mas há muito que pudemos mudar. E pasme-se, não precisamos de um Decreto-Lei ou um Despacho Normativo.

Por exemplo podemos chegar a horas, seja à festa de aniversário da avó, seja ao trabalho, à escola, ao tribunal, ao centro de saúde. Não é difícil. Chegar a horas revela interesse, diligência e preocupação com o outro, aumenta a produtividade e, acima de tudo, dispõe bem.

Também podemos pagar o condomínio a tempo, deixar de pedir a factura do jantar com os amigos para pôr nas contas da empresa que, miraculosamente, sobrevive a prejuízos anuais consecutivos. A falta de sentido colectivo é tal que, nesse mesmo jantar, dedicamos parte do nosso tempo a expressar a nossa indignação contra aqueles ociosos que recebem o rendimento social de inserção.

Breve reflexão atlântica. A educação para a cidadania

De igual modo, acredito que chegará o dia em que agradeceremos ao condutor do carro que nos deixou entrar na fila de trânsito, em que os traços contínuos representam efectivamente qualquer coisa para nós, e em que os passeios, que derivam de passo e o passo resulta do acto de andar a pé, não estejam repletos de carros.

Podia ainda falar do "bom dia", do "obrigado", do "se faz favor", mas penso que os exemplos já são suficientemente ilustrativos do ponto a que quero chegar.

A ideia é simples. Poderá parecer um silogismo risível ou até sem sentido algum, mas, honestamente, penso que se formos mais educados, mais solidários e tolerantes, se reconhecermos também no outro a dignidade humana que em nós reside, enfim se assumirmos a nossa responsabilidade enquanto cidadãos, então, podemos aspirar a uma vida comunitária mais saudável, seja na educação, seja na justiça, seja no ambiente, seja na economia, seja na intervenção solidária. No fundo a dias melhores e com mais sentido. Não basta, eu sei, mas acreditem ajuda muito.

Nessa altura, as empresas na hora, a alta velocidade, a macro e micro economia, as PME's e o investimento estrangeiro, o Tratado e Lisboa e a parceria estratégica com aqueles com que partilhamos a história e a língua, a aposta na matemática e nas ciências e, já agora, na Filosofia e no Português, darão seguramente mais resultados. As grandes aquisições da humanidade estão sempre associadas à capacidade do indivíduo em percepcionar o mundo que o rodeia, relacionando-se com ele e com os outros de uma forma responsável, séria e aberta.

Precisamos dessa visão, de perceber que em nós próprios pulsa a capacidade de transformar o mundo num lugar melhor para nós e para as nossas crianças. Precisamos de acreditar que vale a pena pensar alto... sonhar. Sonhar como alguém sonhou que um dia podíamos chegar à Lua, não porque era economicamente rentável, mas porque ela estava lá e, certamente, a vista seria fabulosa. É o direito ao sonho. A essência deste direito é, à semelhança de outros, um poder/dever. É-nos reconhecido este direito mas temos a responsabilidade de o exercer em função de nós próprios e dos outros. E penso que não exagero quando afirmo que é deste direito a sonhar de que decorrem todos os direitos. Protegemos a vida, a integridade física, a liberdade, a identidade, o património, o Estado, apenas e tão só, porque sem isso não podemos sonhar, e apostar em sonhar nunca é uma hipérbole.

Rui Epifânio sabia sonhar. Mais, sabia ensinar os outros a fazê-lo. Modesto, sempre soube escapar às armadilhas da notoriedade, o que é notável. Com uma inteligência fina e um sentido de humor incisivo, conseguia capturar a intrincada filigrana da realidade. A complexidade não o assustava, mas ficava consternado com a superficialidade. Nunca se recusou ao debate, nem tão pouco se furtou à responsabilidade de agir, enquanto cidadão e magistrado, em nome da justiça.

Quem teve o privilégio de ser destinatário da sua amizade ou quem com ele se tenha cruzado numa das suas inúmeras intervenções públicas, teve oportunidade de colher ensinamentos que perdurarão para sempre. Era um homem do norte, vertical e íntegro, a bússola que ainda hoje nos acompanha para que não tenhamos que navegar à vista. Partiu cedo, mas antes deixou-nos as coordenadas para encontrar um mundo mais justo.

Poderia ter escrito sobre o modo como se referia ao consentimento nas Comissões de Protecção de Crianças e Jovens. Sobre a sua matriz constitucional e a importância estratégica que tem na reassumpção, pelos pais, das funções de promoção e protecção dos direitos da criança. Dos significativos benefícios para a criança da intervenção de base comunitária e mais informal. Do limite que representa à intervenção de entidades não judiciárias na vida dos cidadãos e no correspondente respeito pelo princípio da privacidade. Da sua indispensabilidade, mesmo nas situações de perigo mais graves, exceptuado, obviamente, as de perigo iminente para a vida e integridade física. Dos preconceitos e incompreensões que o envolvem, precisamente porque o juízo antecipado impede que se perceba que, também aqui, se revelam as normas jurídicas e éticas que pautam as relações entre o Estado e os cidadãos e de estes entre si. São nestas exigências que reside a modernidade democrática, não só do consentimento, mas também de todo o sistema de promoção dos direitos e de protecção da criança.

Optei, porém, por, recordando o seu luminoso pensamento e a sua incomparável atitude, reencontrá-lo na solidez ética com que se relacionava com os outros. Pensando bem, talvez seja essa também a essência do consentimento que tão lucidamente defendia.

É-me difícil escrever sobre o Rui Epifânio. É muito mais fácil conversar com ele.

Lisboa, Setembro de 2009

1.º TESTEMUNHO

Este homem tem nome de cidade...

AO RUI...

TERESA RICOU

Na minha preocupação com o outro e com o mundo à volta.

Eu, Teresa Ricou, **cidadã do mundo, e por experiência de vida**, Tété por identidade artística e circense.

Decidi dedicar e focalizar, a minha arte de comunicar concentrando-me nas realidades dos excluídos/precoces, num **mundo cada vez mais individualista**. A minha intervenção vai para a solidariedade imediata, junto dos mais vulneráveis, que são pessoas tramadas pela vida, são muitas vezes sem terem oportunidade para aprender o mundo.

Não basta decidirmos, dedicarmo-nos, é preciso estudar, é preciso ouvir, vivenciar; estando eu disponível para aprender, procurar quem pensa e estuda estas problemáticas, ir ao encontro do conhecimento e da reflexividade com perseverança.

Encontrei toda a abertura, até carinhosa, junto do Centro de Estudos Judiciários – CEJ – na época dos anos 80 – a grande escola de grandes (bons) magistrados, dirigida por Laborinho Lúcio, rodeado de uma excelente equipa – onde **Rui Epifânio**, mais dedicado à Reinserção Social e toda a envolvente os Direitos Humanos e Cidadania. Prevalência do respeito e da dignidade de cada um, para uma inclusão social sem limites e sem discriminações, num pacto com futuros desejáveis. O civismo em toda a sua extensão.

No Chapitô nós sabemos que educar para a Cidadania não é uma ciência exacta, é uma acção e convicção constantemente **inquieta** com as soluções, na busca permanente dos caminhos.

Telefonava ao Rui Epifânio e pedia-lhe Socorro! O que é que eu faço, o que é que se faz?? Em que é que a nossa intervenção (imediatista e simultaneamente continuada, em desenvolvimento) pode contribuir para a difusão das boas práticas, aplicadas às circunstâncias dos jovens privados do meio social – em Centros Educativos (os ex-COAS Centro de Observação e Acção Social), e noutras instituições totais?

Desde essa altura que é nítido - para mim, para nós e para o Rui Epifânio – que o que era preciso era intervir para uma mudança social, para a emergência de oportunidades junto daquela população jovem, cheios de capacidades e de potencial humano, de maneira a conseguir transformar a delinquência em competências artísticas, em desafios persistentes para a intervenção responsável e envolvida.

... Rui Epifânio reforçava ainda a importância do acompanhamento, tanto às famílias do jovem dos centros, como em relação ao seu futuro, à continuação dos estudos e ao ingresso no mercado de trabalho e numa vida profissional digna.

Quantas vezes discutimos o modelo integrado do Projecto Chapitô, entre a resposta social, a formação escolar e a componente cultural como elemento agregador e de inclusão, do jovem no mundo exterior.

Rui Epifânio muitas das vezes nos ajudava a reflectir sobre as intervenções do quotidiano social, civil e político e no papel dos movimentos sociais, incentivando e apelando ao voluntariado e à dedicação cívica.

Era um entusiasta de tudo o que era inovador, não descurando a formação do pensamento crítico, que pode indicar-nos os sentidos da mudança.

Rui Epifânio – figura incontornável nas mediações entre a instituição (Estado-Justiça) e a organização não governamental, entre a ética profissional, as respostas inadiáveis aos jovens em apuros e as diferentes formas e possibilidade de intervenção. Ele foi, algumas vezes, o conciliador, para que ambas as partes não desistissem do jovem, a grande mais-valia como ser humano com todas as oportunidades em aberto.

A Escola CEJ proporcionava nestes tempos, este relacionamento próximo com quem anda embrenhado com estas problemáticas, em estreita consonância com a D.G.S.T de menores. (Rui Epifânio, Laborinho Lúcio, Dr. Leandro, Almiro, Fernanda Infante, D. Judite e tantos outros).

28 anos se passaram, o Chapitô continua nessa jangada, Rui Epifânio partiu... agora precisamos de seguidores, com aquela disponibilidade, interesse e empenhamento para continuarmos a discutir, a descobrir e sobretudo a encontrar, soluções para a vida destes jovens, a quem temos a obrigação de mudar a sorte.

Procuram-se continuadores......

Obrigado, Rui Epifânio, pelo trampolim, daqui para a frente é só fazermos voos e piruetas...

SEGUNDO ANDAMENTO

O DIVÓRCIO E AS RESPONSABILIDADES PARENTAIS

TRANSFORMAÇÃO SOCIAL, DIVÓRCIO E RESPONSABILIDADES PARENTAIS

ELIANA GERSÃO[*]

1. A reforma da legislação relativa ao divórcio e ao exercício das responsabilidades parentais após o divórcio, levada a efeito pela Lei n.º 61/2008, de 31 de Outubro[1], provocou alguma discussão na sociedade portuguesa. Muita discussão? Eu diria que não, apesar de o processo legislativo ter conhecido alguma *turbulência* – a tomada de posição, em sentido crítico, da Associação Sindical dos Juízes Portugueses e da Associação Portuguesa de Mulheres Juristas, uma petição *on-line* à Assembleia da República e especialmente o veto do Presidente da República à versão da lei inicialmente aprovada na Assembleia e a promulgação da versão corrigida com a recomendação de que fossem tomadas precauções especiais na sua aplicação. Apesar disso, a lei foi aprovada na Assembleia da República por uma larga maioria[2] e, uma vez publicada, deixou de merecer especial contestação.

Tal aconteceu, em nosso entender, porque havia na sociedade portuguesa um consenso significativo acerca do essencial das alterações introduzidas.

---

[*] Membro do Centro de Direito da Família da Faculdade de Direito da U. C. e antiga Directora-Adjunta do Centro de Estudos Judiciários.

[1] A lei, de iniciativa parlamentar do Partido Socialista, baseou-se em anteprojecto elaborado pelos Profs. Guilherme de Oliveira (Faculdade de Direito da Universidade de Coimbra) e Anália Torres (ISCTE).

[2] Todos os partidos da esquerda parlamentar e ainda onze deputados do PSD; quatro deputados do PSD abstiveram-se e uma deputada do PS votou contra.

Na verdade, as novas soluções não traduziam rupturas na evolução legislativa relativa ao divórcio e ao até então chamado "poder paternal", ao longo dos últimos 30 anos. Constituíam, sim, mais um passo, no mesmo caminho.

Para além disso, a sociedade estava "madura" para as aceitar. Desta vez, como já acontecera aquando das anteriores reformas, os costumes, os modos de vida, as aspirações sobre o casamento, as ligações afectivas e a parentalidade, as concepções sobre a educação e os direitos das crianças, evoluíram mais depressa que o direito. Na sociedade tinham-se criado situações de impasse e de iniquidade a que o direito não conseguia dar resposta. E a reforma procurou – como já tinha acontecido com anteriores reformas – encontrar saídas adequadas para os novos problemas criados pela transformação social[3].

Relembremos sucintamente o nosso percurso relativo ao divórcio e às responsabilidades parentais.

2. Para as últimas gerações de portugueses, o divórcio só se tornou possível com a revolução de 25 de Abril de 1974[4].

Não que o Código Civil então vigente – o Código Civil de 1967 – o excluísse em absoluto. Esse Código permitia o divórcio litigioso, embora com fundamentos muito exigentes, bem mais exigentes que já acontecera em épocas mais remotas, com a "Lei do Divórcio" de 1910. Por mútuo consentimento, os cônjuges, no Código Civil de 1967, só podiam recorrer à separação de pessoas e bens (art. 1773.º) – e, para tal, tinham de ter mais de 25 anos e de estar casados há mais de três anos (art. 1786.º). Só após três anos de separação judicial podiam requerer a sua conversão em divórcio (art. 1793.º).

Mas mesmo esse regime restritivo tinha uma escassíssima aplicação prática, pois, com base na Concordata entre o Estado português e a Santa Sé, de 1940, deixaram de poder dissolver-se civilmente por divórcio os casamentos celebrados catolicamente – ou seja, praticamente todos, dados os costumes da época e a forte presença da igreja católica na sociedade de então.

---

[3] Eliana Gersão, 2009.

[4] Sobre a "questão do divórcio" e a evolução legislativa sobre o tema, Francisco Pereira Coelho e Guilherme de Oliveira, 2008, pp. 587 e ss.

Transformação social, divórcio e responsabilidades parentais   225

3. Foi o Decreto-Lei n.º 261/75, de 27 de Maio, que abriu o divórcio às pessoas casadas catolicamente. O *boom* de divórcios "pós 25 de Abril" foi devido essencialmente à regularização de situações de separação já existentes. Foi também o Decreto-Lei n.º 261/75 que readmitiu o divórcio por mútuo consentimento (nova redacção do art. 1792.º) e reintroduziu a separação de facto (por cinco anos) como fundamento do divórcio litigioso.

O Decreto-Lei n.º 261/75 constituiu um passo significativo para pôr o direito em harmonia com a vida real. Não espanta, assim, que tenha sido uma das leis mais saudadas na sociedade portuguesa nas últimas décadas.

4. E as crianças, como entram nesta história?

O período anterior ao "25 de Abril" foi o tempo dos filhos chamados "ilegítimos", que viviam essa situação de um modo sofredor e envergonhado. A designação de "filho ilegítimo", que se aplicava a todas as crianças nascidas de pais não casados um com o outro, era mencionada em todos os documentos oficiais ou mesmo em todas as situações em que uma identificação era necessária. Era um ferrete que se imprimia na pele à nascença, e que acompanhava a pessoa ao longo de toda a vida.

5. O esforço de harmonização do direito com a vida orientou também a revisão do Código Civil levada a efeito em 1977.

Foi uma reforma muito significativa, que compatibilizou o Direito da Família com a Constituição de 1976[5] – diploma que reconhecera a igualdade de direitos do homem e da mulher, acabara com a denominação de "filhos ilegítimos" e proibira a discriminação das crianças nascidas fora do casamento (art. 36.º, n.º 4). Mas, em matéria de divórcio, apreciando hoje a reforma, parece-nos que ela, embora significativa, ficou um passo atrás do que a vida já então exigia[6].

---

[5] Sobre a revisão do Direito da Família levada a efeito em 1977 ver, nomeadamente, Francisco Manuel Pereira Coelho, 1981 e Isabel de Magalhães Collaço, 2004.

[6] Pese embora a afirmação da Prof.ª Isabel de Magalhães Collaço (2004, p. 31) de que, "neste ponto como noutros, a Reforma traduz as concepções que prevaleciam na data que a viu nascer".

Na verdade, a ideia que lhe está subjacente é a de que, se um casamento "corre mal", é porque algum dos cônjuges "teve culpa", isto é, não cumpriu os seus deveres. Quando os cônjuges "se portam bem", o casamento vai durar "até que a morte os separe".

É por isso que na reforma de 1977 se mexe sobretudo no divórcio litigioso, alargando os seus fundamentos e dando especial relevo às circunstâncias que afectam a qualidade da relação conjugal. É de 1977 a fórmula que até à recente reforma orientou o divórcio litigioso, ou seja, é considerada fundamento de divórcio a violação culposa dos deveres conjugais "quando a violação, pela sua gravidade ou reiteração, comprometa a possibilidade de vida em comum": O divórcio continua assim a ser visto essencialmente como uma espécie de "sanção" para o cônjuge que não cumpriu[7].

É certo que também se admite o divórcio por mútuo consentimento. Mas para isso terão pesado mais as situações em que um dos cônjuges, tendo "razões de queixa" do outro que poderiam servir de base a um divórcio litigioso, não as quer expor em tribunal (por pudor, por desejo de preservar a sua intimidade) do que a ideia de que um casamento pode deixar de fazer sentido sem que se possa falar propriamente de culpa de ninguém.

É por isso que o divórcio por mútuo consentimento, embora admitido, não é facilitado. É mesmo previsto na lei quase como uma "corrida de obstáculos", talvez na esperança de que, em certas situações de conflitos menos graves, as dificuldades do processo e o decorrer do tempo levem os cônjuges a desistir pelo caminho... Desde logo, o divórcio só pode ser requerido após três anos de casamento (art. 1775.º, n.º 1). Depois, o processo para o obter, obrigatoriamente judicial, é complexo e longo. Assim, à partida, tinha lugar uma primeira conferência judicial de tentativa de reconciliação. Se esta não resultasse, deviam os cônjuges renovar o pedido de divórcio após um período de reflexão de três meses, e fazer uma segunda

---

[7] Sendo certo que a ideia de "divórcio-remédio" (para situações em que a vida conjugal se tenha tornado intolerável, por causas puramente objectivas ou por caso fortuito) também deixou marcas na reforma, que considerou fundamento de divórcio litigioso a loucura incurável e a ausência sem notícias, por tempo não inferior a quatro anos [als. b) e c) do art. 1781.º]. Essa ideia, sempre defendida pelo Prof. Pereira Coelho (ver, por exemplo, 1965, pp. 443-446) tinha já então uma aceitação significativa na sociedade portuguesa.

Transformação social, divórcio e responsabilidades parentais   227

renovação decorrido um ano (art. 1776.º). Renovado o pedido, teriam ainda de passar por uma segunda conferência judicial de tentativa de conciliação (art. 1777.º).

Mas, sem o dizer abertamente, a reforma de 1977 reconhece que, às vezes, a vida é mais complexa do que o legislador gostaria... Percebe que, ao substituir-se o casamento do passado, baseado em acordos económicos e combinações familiares, pelo moderno casamento baseado nos afectos, se abriu a porta à sua vulnerabilidade. Porque os afectos, por definição, são frágeis. Os que parecem perenes podem esfumar-se, porque a realidade da vida quotidiana os desgastou ou porque surgiram novos afectos. E por isso a nova lei, devagarinho, com muitas cautelas, alarga o divórcio litigioso por "ruptura da vida em comum" aos casos de separação de facto, considerando que, quando a separação se prolongue por mais de seis anos consecutivos, qualquer um dos cônjuges pode requerer o divórcio [al. a) do art. 1781.º]. Qualquer um dos cônjuges, salientamos, pois é esse o aspecto inovador da reforma[8], ou seja, mesmo aquele que rompeu o casamento, que foi o "culpado da separação", aquele que saiu de casa contra a vontade do outro[9].

6. Como é pensada, na reforma de 1977, a situação dos filhos após o divórcio?

O critério orientador é o do "interesse do menor" – este é assim um conceito bem enraizado no nosso sistema jurídico e não uma "aquisição" recente, como às vezes alguns parece pensarem[10].

Assim, a regulação do exercício do poder paternal, por ocasião do divórcio, é feita por acordo entre os pais, sujeito a homologação judicial, devendo esta ser recusada se o acordo não corresponder ao

---

[8] A separação de facto (por dez anos consecutivos) já constituía fundamento de divórcio na "Lei do Divórcio" de 1910, mas apenas quando fosse "livremente consentida". O Decreto-Lei n.º 261/75 mantém essa exigência, embora reduza para cinco anos a duração da separação de facto.

[9] É precisamente essa circunstância que distingue o "divórcio-constatação da ruptura do casamento" do "divórcio-remédio", o qual pressupõe a identificação de um *culpado*, mesmo que se não pretenda *puni-lo,* só podendo o divórcio ser requerido pelo cônjuge *inocente* (Francisco Manuel Pereira Coelho, 1981, p. 44).

[10] Lembre-se que a Lei de Protecção à Infância, de 1911, já estabelece que as *tutorias da infância* julgam "sempre no interesse dos menores" (art. 2.º, § único).

interesse do menor (art. 1905.º, n.º 1). Na falta de acordo, o poder paternal é regulado por decisão judicial, igualmente "de harmonia com o interesse do menor". Exerce o poder paternal o progenitor a quem a guarda do filho seja confiada (art. 1906.º, n.º 1). Mas o outro cônjuge não é deixado totalmente à margem. Tem um regime de visitas e tem ainda o poder de vigiar a educação e as condições de vida do filho (art. 1906.º, n.º 3).

Embora a lei, na atribuição da guarda dos filhos, não desse nenhuma preferência às mulheres, ou ao cônjuge considerado inocente no processo de divórcio, na prática as crianças eram quase invariavelmente confiadas à mãe, e ao pai era atribuído um parcimonioso direito de visita.

7. Era um bom regime? Na altura parecia que sim, tanto que foi aceite, sem grande contestação, durante mais de duas décadas. Mas hoje, olhando para trás, com o recuo que o passar do tempo nos permite, apercebemo-nos de que o sistema não era tão bom como se pensava.

O que se passava, na vida real?

As mulheres, com a responsabilidade praticamente exclusiva da guarda e educação dos filhos, tudo investiam neles, restringindo ao indispensável a sua vida social e profissional, abdicando de amizades e de novas ligações amorosas, de actividades de lazer e de convívio extra familiar. E forçoso é reconhecer que, com frequência, com as feridas de um casamento mal sucedido agravadas por um processo de divórcio que tudo tinha destruído – até "as memórias felizes que conservavam do outro"[11] –, usavam os filhos como arma de agressão contra o pai e tudo faziam para dificultar o seu contacto.

Os homens, por sua vez, remetidos para uma cerimoniosa posição de "visitantes" e para uma antipática função policial de "vigilantes", dificilmente conseguiam integrar os filhos na sua vida normal e com eles estabelecer relações de proximidade gratificantes. Por força das condições em que se desenvolviam os seus contactos, o afastamento entre os pais e os filhos ia-se instalando, os laços entre uns e

---

[11] Fidélia Proença de Carvalho, 2004, p. 590.

Transformação social, divórcio e responsabilidades parentais   229

outros iam-se esbatendo[12] e, com o decorrer do tempo, iam-se muitas vezes criando, na vida real, crianças "órfãs de pais vivos".

8. Para além disso, entre a década de 70 do século passado e a viragem do século, muita coisa mudou na sociedade portuguesa que contribuiu para a generalização do divórcio.

Desapareceram os constrangimentos sociais que impediam de aceder ao divórcio pessoas que efectivamente o desejavam. Melhoraram as condições económicas, o que tornou possível a separação das vidas. E sobretudo mudou a situação das mulheres, com o seu acesso generalizado à instrução, à formação, ao trabalho remunerado e ao espaço público, o que lhes tornou possível a vida autónoma[13].

Paralelamente as novas formas de vida expuseram os casais a maiores factores de risco. Hoje, como é sabido, pais e filhos saem de manhã cedo de casa, cada um para a sua vida, e só regressam ao fim do dia, pouco disponíveis uns para os outros. A nova vivência familiar trouxe, é certo, ganhos importantes, permitindo o acesso a melhores condições materiais de vida e alargando as possibilidades de realização pessoal e de conquista de espaços de liberdade. Mas, forçoso é também reconhecê-lo, aumentou a vulnerabilidade das famílias e o risco de desencanto com as relações conjugais.

Para aumentar a complexidade da situação, esta erosão dos vínculos dos casais acontece ao mesmo tempo em que crescem as aspirações pessoais de felicidade (fala-se, até, num "direito à felicidade") e se tornam mais intensas as expectativas postas nas ligações amorosas[14]. Perante relações laborais impiedosas e de dura competição,

---

[12] Maria Saldanha Pinto Ribeiro, 1991, p. 183.

[13] António Barreto tem incluído a mudança na situação das mulheres entre as transformações mais significativas da sociedade portuguesa nas últimas quatro décadas. Veja-se, por último, o discurso proferido na sessão solene do Dia de Portugal, de Camões e das Comunidades (Santarém, 10 de Junho de 2009): "Evoluiu a situação das mulheres, a sua presença na sociedade. Invisíveis durante tanto tempo, submissas ainda há pouco, as mulheres já fizeram um país diferente"; no mesmo sentido, 2000, p. 40: "Uma sociedade extremamente 'masculina' e patriarcal está a dar nascimento, de modo acelerado, a uma sociedade com muito mais elevados padrões de igualdade entre os sexos".

[14] Para os cidadãos europeus, "o sucesso numa 'vida a dois' é a maior aspiração contemporânea, é a 'nova religião' que faz mover os indivíduos", como referiu o Prof. Guilherme de Oliveira na intervenção na Assembleia da República a 25 de Setembro de 2008, citando também, neste sentido, Anália Torres.

perante uma sociedade massificada de cidadãos anónimos, perante a solidão e o isolamento que constituem o reverso da maior liberdade da vida urbana, espera-se tudo da família ou, mais concretamente, da relação conjugal. Dela se esperam todas as compensações afectivas que não se encontraram no trabalho ou no relacionamento social. Espera-se provavelmente demais. Daí à desilusão é um pequeno passo.

9. As consequências legais desta transformação social fazem-se sentir na legislação publicada já na viragem do século, que facilitou e tornou mais rápida a obtenção do divórcio, litigioso e por mútuo consentimento, e o desdramatizou, passando competências dos tribunais para as conservatórias do registo civil.

Assim, a Lei n.º 47/98, de 10 de Agosto, reduz os prazos de "ruptura da vida em comum" que podem constituir fundamento do divórcio litigioso – de seis para três anos (ou mesmo um ano, quando não haja oposição ao requerimento de divórcio), no caso da separação de facto; de quatro para dois anos, no caso da ausência.

Pela mesma lei, o divórcio por mútuo consentimento deixa de ficar condicionado a uma determinada duração do casamento e pode ser requerido "a todo o tempo". E a sua obtenção torna-se mais rápida, dispensando-se a renovação do pedido de divórcio decorrido o prazo de um ano e suprimindo-se mesmo, com o Decreto-Lei n.º 272/2001, de 13 de Outubro, o período de reflexão posterior à primeira conferência.

O requerimento do divórcio nas conservatórias, inicialmente só possível após a regulação judicial do exercício do poder paternal, quando haja filhos menores (Decreto-Lei n.º 131/95, de 6 de Junho), torna-se possível, com o Decreto-Lei nº 272/2001, de 13 de Outubro, mesmo sem que essa regulação prévia tenha lugar.

10. Estas alterações, sociais e jurídicas, como se repercutem na situação das crianças?

Com a generalização do divórcio, desapareceu o estigma anteriormente ligado à situação de "filho de pais divorciados" – que, esse sim, e não o divórcio propriamente dito, foi para as crianças fonte de enorme sofrimento e marginalização.

Depois, os novos costumes, os novos modos de viver as ligações afectivas e a parentalidade, permitiram ao homem não propriamente o acesso ao mundo dos afectos – que esse sempre teve, pois é inerente à pessoa humana –, mas sim a expressão aberta desses afectos. E a transformação das condições de vida dos casais jovens, com maior partilha das tarefas domésticas e dos cuidados com os filhos, mostrou que os homens também tinham competências nas áreas tradicionalmente reservadas às mulheres.

Às vezes, um romance, um filme, permitem-nos compreender a realidade melhor do que as explicações técnicas. É o caso desse perturbador filme chamado "Kramer contra Kramer", realizado por Robert Benton em 1979, onde Dustin Hoffman e Meryl Streep nos fizerem entender, como nenhuma argumentação o poderia fazer, a complexidade dos sentimentos envolvidos na separação dos casais e nas suas decisões sobre a guarda das crianças e nos mostraram como é difícil para os tribunais, por si sós, encontrarem uma solução adequada para os aspectos profundos das questões.

11. A legislação referente à regulação do exercício do poder paternal publicada na viragem do século reflecte esta transformação social. Aliás, saliente-se, na sua origem esteve mais a sociedade civil – nomeadamente a Associação "Pais para Sempre"[15] – do que os juristas ou os políticos. A nova legislação vem dar expressão legal ao direito da criança a, após o divórcio, manter um contacto de grande proximidade com ambos os progenitores, salvo quando circunstâncias excepcionais exijam outra solução[16].

Essa ideia é expressamente afirmada na Lei n.º 84/95, de 31 de Agosto, ao reconhecer que faz parte do "interesse do menor", que o tribunal é obrigado a privilegiar, manter uma relação de grande proxi-

---

[15] A Associação "Pais para Sempre" teve então como aliados os serviços de mediação familiar, pela voz de Maria Saldanha Pinto Ribeiro, e a Associação Portuguesa das Mulheres Juristas. Esta última associação, porém, viria a inflectir a sua posição no processo legislativo relativo à Lei nº 61/2008. A Associação "Pais para Sempre" tem continuado a exercer uma acção empenhada no sentido de assegurar a continuidade dos contactos dos filhos com ambos os progenitores posteriormente a uma ruptura conjugal. Saliente-se a conferência "A criança no divórcio – Perspectivas psicológicas e jurídicas", realizada em Braga a 1 de Junho de 2009, em colaboração com o Departamento de Psicologia da Universidade do Minho. A intervenção que apresentámos nessa conferência constitui a base do presente texto.

[16] Nesse sentido Maria Saldanha Pinto Ribeiro, 1991, p. 186, e 1999, pp. 155-156.

midade com aquele progenitor a quem não seja confiado (art. 1905.º, n.ºˢ 1 e 2).

Além disso, esta lei abre a porta ao regime comummente designado de "guarda conjunta". Assim, embora mantenha como regime-regra o exercício do poder paternal pelo progenitor a quem o filho seja confiado, admite que os pais acordem no "exercício em comum do poder paternal"(art. 1906.º, n.ºˢ 1 e 2).

Poucos anos depois, a Lei nº 59/99, de 30 de Junho, reforça o exercício conjunto do poder paternal, considerando-o o regime-regra, desde que obtido o acordo dos pais (art. 1906.º, n.º 1).

12. Se pensarmos na transformação social das últimas décadas e nas reformas legislativas da viragem do século, concluímos que a sociedade portuguesa estava madura para a Lei n.º 61/2008, de 31 de Outubro.

A substituição do divórcio litigioso, baseado na violação culposa dos deveres conjugais, pelo divórcio sem consentimento de um dos cônjuges vem, mais uma vez, pôr o direito em harmonia com a vida. Todos sabem que, na maior parte das situações de divórcio, há culpas partilhadas. Às vezes as aparências são mesmo ilusórias e o cônjuge que aparece como culpado é na realidade o inocente. Outras vezes, a culpa não é de ninguém[17]. Ou nem sequer se pode falar propriamente de culpa.

Depois, o novo modelo de divórcio reduz a conflitualidade do processo. É menos agressivo, menos destruidor, provar a ruptura objectiva do casamento do que provar "ofensas contra o casamento", ou "contra o outro cônjuge". A forma mais fácil de o fazer será provavelmente através da separação de facto, que, decorrido um ano, passa a constituir, por si só, fundamento de divórcio.

Reduzir a conflitualidade do processo e pôr um travão às batalhas violentas e degradantes que constituíam os processos de divórcio litigioso com base na culpa[18] é um ganho inestimável. Nesses

---

[17] "Culpa de quê? De se ter perdido o interesse na relação matrimonial? Se culpa há, ou é dos dois ou é muito provavelmente da vida, isto é, de ninguém" (Patrícia Rocha, 2004, p. 538).

[18] Guilherme de Oliveira, 2008, ponto 4, b).

Transformação social, divórcio e responsabilidades parentais   233

processos, a própria lógica do contraditório determinava a escalada da violência, obrigando cada um dos cônjuges a, para obter ganho da sua pretensão, lançar mão a tudo o que pudesse para provar a "culpa" do outro. Para tal, tudo valia. Agravar pecadilhos, ressuscitar pequenas ofensas e conflitos já esquecidos, sobrevalorizar problemas e desavenças da vida quotidiana, manipular os filhos e jogá-los contra o cônjuge.

E a sociedade compreendeu mais depressa do que o direito a necessidade de reduzir a conflitualidade do processo de divórcio, deixando praticamente "cair" o divórcio litigioso. Os processos de divórcio litigioso representavam, em 1980, 38% do total. A percentagem era já de 14% em 2002 e fixou-se em 6% em 2005[19].

13. Esta apaziguação de todo o processo é particularmente necessária quando haja filhos. Sem uma apaziguação mínima, não é possível encontrar nenhuma forma adequada de exercício das responsabilidades parentais.

A Lei n.º 61/2008, aproveitando o melhor das várias experiências legislativas anteriores, consagra como norma o exercício conjunto das responsabilidades parentais após o divórcio. Sabendo-se que a partilha das responsabilidades parentais é a solução potencialmente mais satisfatória para filhos e pais, considera-se que não faz sentido confiná-la ao modesto papel que tem desempenhado, com o argumento de que os "condicionalismos culturais do nosso país não permitem a sua generalização". Com a integração europeia, as migrações, o turismo, a comunicação social de massas, Portugal não é hoje um país significativamente diferente de outros países da União Europeia, onde esse regime está enraizado. Como se afirma na "Exposição de Motivos" que acompanhou a apresentação do anteprojecto, os portugueses actualmente aproximam-se muito dos outros europeus nas suas práticas e representações sobre o modo de encarar e de viver o casamento e a família.

Assim, o exercício em comum das responsabilidades parentais, nos termos que vigoravam na constância do casamento, só poderá

---

[19] "Exposição de Motivos" do anteprojecto de alterações ao regime jurídico do divórcio, ponto 1.1.

ser afastado pelo tribunal, por decisão fundamentada, quando seja julgado contrário aos interesses do filho (art. 1906.°, n.ºs 1 e 2).

Todavia, por razões de praticabilidade e sensatez, limita-se esse exercício em comum "às questões de particular importância", deixando as questões do quotidiano, "os actos da vida corrente", à decisão do progenitor com quem o filho se encontre no momento em que elas surjam. Ambos os progenitores devem agir dentro das mesmas "orientações educativas", cuja definição cabe, por força das próprias circunstâncias da vida, ao progenitor com quem o filho reside habitualmente (art. 1906.°, n.° 3).

A lei privilegia actuações de boa-fé e de cooperação entre os ex-cônjuges, impondo-lhes deveres mútuos de informação sobre o filho (art. 1906.°, n.ºs 1 e 6) e valorizando as atitudes que facilitem as relações habituais deste com ambos os progenitores (arts. 1906.°, n.ºs 5 e 7). Para as situações-limite de desrespeito das responsabilidades parentais, prevê-se tutela penal, declarando-se crime de subtracção de menor o não cumprimento, repetido e injustificado, do estabelecido quanto à convivência do filho com os progenitores (art. 249.°, n.° 1, al. c), do Código Penal) e tipificando-se de uma forma menos exigente o crime de violação da obrigação de alimentos.

14. Passado o frémito inicial, a entrada em vigor da nova regulamentação do divórcio não provocou perturbações sensíveis na sociedade. Assim era de esperar, pois, à semelhança do que acontecera aquando das anteriores reformas legislativas, as mudanças essenciais estavam feitas em larguíssimos sectores da sociedade, faltando apenas dar-lhes cobertura legal.

Aprendeu-se, com a vida real, que, nos nossos dias, a lei não pode pretender "salvar casamentos", quando ambos os cônjuges o não desejem. A lei, mais modestamente, deve contentar-se com criar os mecanismos necessários para permitir que as rupturas se façam com menos dramatismo e menos ódios, preservando a dignidade dos membros do casal e procurando salvaguardar, da sua história comum, aquilo que deva ser salvo, nomeadamente os laços entre os pais e os filhos, que, esses sim, são vínculos perenes e indissolúveis.

Referências

BARRETO, António, 2002, "Portugal social: as últimas quatro décadas", em *Tempo de incerteza*, ed. Relógio d'Água.

CARVALHO, Fidélia Proença de, 2004, "O conceito de culpa no divórcio – Crime e castigo", em *Comemorações dos 35 anos do Código Civil e dos 25 anos da Reforma de 1977*.

COELHO, Francisco Manuel Pereira, 1965, *Curso de Direito da Família, I, Direito Matrimonial*, Coimbra, Atlântida Editora.

COELHO, Francisco Manuel Pereira, 1981, "Divórcio e separação judicial de pessoas e bens na reforma do Código Civil", em *Reforma do Código Civil*, Ordem dos Advogados, Instituto da Conferência, Lisboa.

COELHO, Francisco Pereira, e OLIVEIRA, Guilherme de, 2008, *Curso de Direito da Família*, volume I, *Introdução, Direito Matrimonial*, 4.ª edição, Coimbra Editora.

COLLAÇO, Isabel de Magalhães, 2004, "A Reforma de 1977 do Código Civil de 1966. Um olhar vinte e cinco anos depois", em *Comemorações dos 35 anos do Código Civil e dos 25 anos da Reforma de 1977*.

Comemorações dos 35 anos do Código Civil e dos 25 anos da Reforma de 1977, 2004, Faculdade de Direito da Universidade de Coimbra (org.), volume I – Direito da Família e das Sucessões, Coimbra Editora.

GERSÃO, Eliana, 2009, "Sociedade e divórcio – Considerações à volta da evolução da legislação do divórcio", em curso de publicação no livro de homenagem ao Prof. Doutor Jorge de Figueiredo Dias, da iniciativa da Faculdade de Direito da Universidade de Coimbra.

OLIVEIRA, Guilherme de, 2008, Intervenção na Assembleia da República, a 25 de Setembro de 2008.

RIBEIRO, Maria Saldanha Pinto, 1991, "O mundo do tribunal", em Maria Saldanha Pinto Ribeiro, Daniel Sampaio e Jorge Augusto Pais do Amaral, *Que divórcio? – Aspectos psicológicos, sociais e jurídicos*, Edições 70.

RIBEIRO, Maria Saldanha Pinto, 1999, *Divórcio – Guarda conjunta dos filhos e mediação familiar*, ed. Pé da Serra.

ROCHA, Patrícia, 2004, "O divórcio sem culpa", em *Comemorações dos 35 anos do Código Civil e dos 25 anos da Reforma de 1977*.

AS RESPONSABILIDADES PARENTAIS
– as quatro mãos que embalam o berço –

PAULO GUERRA[*]

Esta terra contém água em demasia.
Prefiro a inteireza da pedra. Mas que podemos nós fazer
Quando as palavras sobram
E o amor acontece?
Luís Filipe Castro Mendes, os Dias Inventados

As mãos são minhas.
As impressões digitais quero-as tuas...
(...)

1. Mudam-se os tempos mas nem sempre se mudam as vontades.

As leis podem mudar mas os hábitos, por vezes, mantém-se inalterados, apesar de haver novas letras de lei a implorar mudanças de comportamentos.

Falo dos nossos pais e das nossas mães, aqueles e aquelas que quiseram pensar em segundos, minutos, horas de prazer, nem sempre o negativo do Amor, a mais indecente de todas as obsessões, das quais resultou uma gravidez que se espera ter sido dos dois criadores e não só da progenitora – por aí, na maior parte das situações, nasce uma CRIANÇA, eterno sujeito das nossas preocupações, enquanto juristas e cidadãos.

---

[*] Juiz de Direito.

Vem isto a propósito do novo regime do divórcio em Portugal, instaurado pela entrada em vigor da Lei n.º 61/2008, de 31/10, apenas aplicável a processos instaurados depois de 2/12/2008, inclusivé.

Mudando a fisionomia do Divórcio em Portugal, com o quase desaparecimento da noção de culpa ínsita à dissolução do casamento e à constatação da ruptura conjugal (embora não se decretem culpas, continua a ter de se discutir as bergmanianas «cenas da vida conjugal», capazes de mostrar ao julgador oficial e legal – pois julgadores de «bancada» e de «púlpito público» somos todos nós, em algum momento da nossa existência na *domus* – que se tornou intolerável a vida em comum entre um específico casal, por ora, ainda de sexo diferente), também foi tocada a fatia de vida jurídica, outrora intitulada de «poder paternal», hoje promovida à noção de «Responsabilidades parentais».

Diga-se, desde já, que não foi só uma razão de estética o que esteve na base do vendaval legislativo dos finais de 2008, em Portugal.

Oscar Wilde dizia que «definir é limitar».

Contudo, neste caso, parece-me que esta nova definição (que deve ser lida em voz alta, muitas e muitas vezes pelos nossos pais e as nossas mães, de forma a interiorizarem o seu real sentido) tem todo o sentido, apenas pecando pelo atraso esta modificação de nomenclatura, já indiciada pela letra da Lei de Protecção de Crianças e Jovens em Perigo, na alínea f) do seu artigo 4.º.

2. Na realidade, foram feitas grandes mudanças, em termos de filosofia, por este novo diploma, a saber:

- Substituição do termo «poder paternal» por «responsabilidades parentais», tal como se pressentia há muito como exigível (separação clara entre a relação conjugal e a relação parental – o divórcio dos pais não é o divórcio dos filhos[1])
- Imposição do exercício conjunto das responsabilidades parentais quanto a **actos de particular importância** (*«questões existenciais graves e raras que pertençam ao núcleo essencial dos direitos que são reconhecidos às crianças»*) da

---

[1] A ideia de que os pais deverão salvar o seu divórcio caso não consigam salvar o seu casamento...

As responsabilidades parentais 239

vida do filho, salvo quando o tribunal entenda que este regime é contrário aos interesses do filho
- Valorização, na determinação da residência do filho, da disponibilidade manifestada por cada um dos progenitores para promover relações habituais do filho com o outro progenitor
- Criminalização do incumprimento do exercício das responsabilidades parentais (cfr. nova redacção dada aos artigos 249.º e 250.º do Código Penal)
- Valorização da Mediação Familiar, a poder fazer muitos pelos nossos progenitores em luta emocional pelos filhos.

3. Distingamos as noções de Titularidade e de Exercício das responsabilidades parentais.

A titularidade pertence aos dois progenitores vivos (artigos 1877.º a 1900.º do CC), com a óbvia excepção da Adopção, na medida em que por ela os pais biológicos perdem tal titularidade em favor dos pais adoptivos.

Quanto ao exercício das responsabilidades parentais (artigos 1901.º a 1912.º), temos o seguinte esquema:

- **Em caso de casamento e na sua constância – artigos 1901.º (desaparece o limite mínimo dos 14 anos para audição do filho menor) e 1902.º**
- **Em caso de divórcio, separação judicial de pessoas e bens, declaração de nulidade ou anulação do casamento – artigos 1905.º (alimentos) e 1906.º (residência e convívio)**
- **Em caso de morte de um dos progenitores (não só viuvez mas também por morte de um dos companheiros) – artigo 1904.º[2]**
- **Em caso de incapacidade, ausência ou outro impedimento decretado pelo tribunal – artigo 1903.º**
- **Em caso de separação de facto entre cônjuges – artigos 1905.º e 1906.º, por força do artigo 1909.º**

---

[2] Passando automaticamente o exercício das Responsabilidades Parentais para o pai sobrevivo, sem qualquer necessidade de uma acção de RERP, sendo este um caso em que a regulação do exercício resulta directamente da lei.

- Em caso de filiação estabelecida relativamente apenas a um dos progenitores – artigo 1910.º
- Em caso de filiação estabelecida relativamente a ambos os progenitores, estando estes a viver em condições análogas às dos cônjuges – artigo 1911.º (o n.º 2 remete para os artigos 1905.º a 1908.º, em caso de cessação da convivência dos pais, desaparecendo a presunção legal de guarda materna)
- Em caso de filiação estabelecida relativamente a ambos os progenitores, não estando estes a viver em condições análogas às dos cônjuges – artigo 1912.º (que remete para os artigos 1904.º a 1908.º)

4. As Responsabilidades Parentais têm características de ordem pública, sendo sindicadas e monitorizadas pela ordem jurídica, em caso de exercício que faça perigar o bem-estar do filho **menor** que, pelo facto de o ser, merece toda a nossa **maior** atenção.

O interesse do filho menor não emancipado (assente que a emancipação pelo casamento faz cessar as responsabilidades parentais – cfr. artigos 130.º a 133.º do CC), neste particular, não andará longe do *estabelecimento das ideais ou das possíveis condições sociais, materiais e psicológicas da vida de um filho, geradas pela participação responsável, motivada e coordenada de ambos os progenitores, acção essa que garanta a inserção daquele num optimizante e gratificante núcleo de vida, claramente propiciador do seu desenvolvimento emocional, físico e cívico e da obtenção da sua «cidadania social»*

As fontes deste instituto encontram-se nos seguintes instrumentos normativos:

- **CRP – artigos 13.º; 26.º, 1; 36.º, 5 e 6; 67.º; 68.º; 69.º e 70.º**
- **Convenção dos Direitos da Criança (artigo 8.º/2 da CRP) – artigos 9.º, 18.º e 27.º (é lei interna portuguesa)**
- **Recomendação R(84) 4 sobre as RP (do Comité de Ministros do Conselho da Europa) – adoptada em 28/2/1984**
- **Código Civil**
  - **Artigos 122.º a 129.º – capacidade jurídica dos menores**
  - **Artigos 130.º a 133.º – maioridade e emancipação**

As responsabilidades parentais

- Artigos 1874.º a 1876.º - efeitos da filiação
- Artigos 1877.º a 1884.º - princípios gerais
- Artigos 1885.º a 1887.º-A (RP relativamente à PESSOA dos filhos)
- Artigos 1888.º a 1900.º (RP relativamente aos BENS do filho)
- Artigos 1901.º a 1912.º - Exercício das RP
- Artigos 1913.º a 1920.º-A - Inibição e Limitações ao exercício das RP
- Artigos 1920.º-B e C - registo das decisões
- Artigos 1921.º a 1972.º - Tutela e Administração de bens (forma de suprimento do exercício das RP)
- Artigos 2003.º a 2014.º - Alimentos
• Organização Tutelar de Menores (artigos 146.º, 147.º, 147.º-A, 147.º-B, 147.º-C, 147.º-D, 147.º-E, 148.º, 149.º a 161.º, 174.º a 180.º, 181.º, 182.º, 183.º, 184.º, 185.º, 186.º a 189.º, 191.º a 193.º e 210.º)
• Código de Processo Civil (artigos 1409.º a 1411.º - por força do artigo 150.º da OTM -, 302.º a 304.º - por força do artigo 1409.º, n.º 1 - e aqueles que integrarão os casos omissos - por força do artigo 161.º da OTM)
• Lei n.º 75/98 de 19/11 e DL 164/99 de 13/5 (Fundo de Garantia de Alimentos devidos pelo Estado a Menores)

5. O novo regime gizado pela Lei n.º 61/2008, de 31 de Outubro, não se aplica a processos pendentes em 2/12/2008.

Como tal, não se aplica a incidentes de incumprimento (preferencialmente a correr nos próprios autos, não sendo uma nova acção) referentes a regimes fixados anteriormente a 2/12/2008, mesmo que os pais celebrem outro acordo em sede de incidente, alterando o anterior (no fundo, trata-se de uma nova posição processual tomada em processo pendente).

Já se aplica a Alterações da Regulação do Exercício das Responsabilidades parentais entradas em juízo após 2/12/2008, não nos parecendo, contudo, que a entrada em vigor da Lei possa ser considerada como "circunstância superveniente que torne necessário alterar o que estiver estabelecido", para os efeitos do artigo 182.º da OTM.

6. Hoje em dia, o exercício das Responsabilidades Parentais (RP) pode ser:

- **6.1. QUANTO ÀS QUESTÕES DE PARTICULAR IMPORTÂNCIA[3] DA VIDA DO FILHO:**
  - **6.1.1. Conjunto[4] – REGIME IMPERATIVO;**
  - **6.1.2. Unilateral/singular (quando, por decisão fundamentada[5], o tribunal conclua que o exercício conjunto é contrário aos interesses do filho) – o filho é confiado à mãe ou ao pai, exercendo ele o poder paternal, cabendo ao outro progenitor não guardião o poder de vigiar a educação e as condições de vida do filho – artigo 1906.º, n.º 6**
- **6.2. QUANTO AOS ACTOS – e não questões – DA VIDA CORRENTE DO FILHO**
  - **6.2.1. Conjunto (nada obsta que os pais acordem que o exercício seja conjunto quanto a tais actos, não podendo, contudo, o tribunal tal fixar em sede de sentença de mérito)**
  - **6.2.2. Unilateral/singular – pertence ao progenitor com quem a criança resida habitualmente ou ao progenitor com quem ela se encontre temporariamente (contudo, este último não deverá contrariar as orientações educativas mais relevantes, tal como elas são definidas pelo progenitor com quem o filho resida habitualmente) – esse progenitor pode exercer tais responsabilidades por si ou delegando o seu exercício [compete ao tribunal determinar a residência do filho, os alimentos devidos pelo pro-**

---

[3] Competirá à jurisprudência a definição deste conceito que, a nosso ver, é gerador de muitas dúvidas e subjectividades – a exposição de motivos dá uma directiva, esclarecendo que tais assuntos são aqueles que se resumem a questões existenciais graves e raras na vida de uma criança, questões essas que "pertencem ao núcleo essencial dos direitos que são reconhecidos às crianças".

A ideia é a de que pode ser vantajoso não forçar contactos frequentes entre os progenitores – tais contactos só deverão existir para a resolução de questões de particular importância, sendo as restantes decididas pelo progenitor com quem o menor reside.

[4] Em caso de urgência manifesta, qualquer um dos pais pode agir sozinho, devendo prestar ao outro a informação pertinente logo que possível.

[5] Nada obsta a que o juiz, em conferência, em casos excepcionais e devidamente fundamentados, homologue um acordo em que os pais atribuem o exercício, quanto a estas questões, a um só dos progenitores, devendo apenas na sentença de homologação fundamentar acrescidamente a razão pela qual arreda a aplicação da regra geral do n.º 1 do artigo 1906.º.

As responsabilidades parentais 243

genitor não residente[6] – embora o artigo 1905.º só fale em acordo, deve condenar-se no pagamento de alimentos em caso de não acordo, como é óbvio – e os direitos de visita (ou melhor, convívio ou organização dos tempos da criança), de acordo com o interesse do filho, tendo em conta todas as circunstâncias relevantes, designadamente o acordo dos pais, a necessidade da criança manter uma relação de proximidade com os dois progenitores e a disponibilidade manifestada por cada um deles para promover relações habituais do filho com o outro]

- 6.2.3. Misto (permitido pelo artigo 1906.º, n.º 7) – o filho é confiado a um dos pais, mas ambos acordam que certos assuntos, devidamente identificados, têm de ser resolvidos pelos dois)

- 6.3. Limitado:
  - Quanto à pessoa do filho – artigos 1907.º, 1918.º e 1919.º
  - Quanto aos bens do filho – artigo 1920.º
  - 6.3.1. Exercício das responsabilidades parentais quando o filho é entregue a terceiras pessoas ou a instituições (artigos 1907.º, 1918.º e 1919.º do CC) – pressupõe sempre, na minha opinião, em caso de sentença final (sem acordo), um perigo para a criança e uma limitação do exercício das RP exercido pelos progenitores (note-se que o artigo 1907.º fala em "por acordo ou decisão judicial, OU QUANDO SE VERIFIQUE ALGUMA DAS CIRCUNSTÂNCIAS PREVISTAS NO ARTIGO 1918.º"', o que parece supor que se pode entregar, por decisão judicial sem acordo, o exercício das Responsabilidades Parentais a terceira pessoa, mesmo que não se prove o perigo junto dos pais, o que, a ser verdade, contraria flagrantemente o preceituado no n.º 6 do artigo 36.º da Constituição).
  - 6.3.2. Necessidade de fixar o regime residual das Responsabilidades Parentais – artigos 1907.º, n.º 2 do CC e 180.º, n.º 4 da OTM

- 6.4. Inibido (artigos 1913.º a 1917.º e 1978.º-A do CC).

---

[6] Tradução livre e óbvia da noção de "non-resident parent" do direito anglo-saxónico.

7. O que se deve entender, então, por questões de particular importância para a vida do filho menor?

Darei alguns exemplos[7]:

- Decisão sobre melindrosas intervenções cirúrgicas no filho, mesmo que estéticas
- Saída do filho para o estrangeiro, não em turismo mas em mudança de residência, com algum carácter duradouro
- Saída do filho para países em conflito armado que possa fazer perigar a sua vida
- Escolha de ensino particular ou oficial para a escolaridade do filho
- Decisões de administração que envolvam oneração
- Educação religiosa do filho (até aos seus 16 anos)
- Participação em programas de televisão que possam ter consequências negativas para o filho
- Prática de actividades desportivas que possam ter consequências nefastas para a saúde do filho
- Autorização parental para o filho contrair casamento
- Orientação profissional do filho
- Uso de contracepção ou interrupção de uma gravidez
- Propositura de acção – ou queixa – em representação processual do filho menor

8. De acordo com este novo figurino, que tipos de incumprimentos poderemos antever?

8.1. Deduzido pelo progenitor que não logrou obter acordo do outro, apenas por facto imputável a este (desaparecimento, ausência e falta de cooperação e resposta);

8.2. Deduzido pelo progenitor que invoca a decisão de uma questão de particular importância pelo outro progenitor – residente ou não residente – sem a manifestação do seu acordo ou sem a realização de diligências com vista à obtenção deste acordo – aqui, é de prever que esse progenitor que decidiu sozinho se defenda dizendo

---

[7] Vide BOLIEIRO, Helena e GUERRA, Paulo, «A Criança e a Família – uma questão de direito(s) – visão prática dos principais institutos do Direito de Família das Crianças e Jovens», Coimbra Editora, 2009.

As responsabilidades parentais 245

que essa questão não é de particular importância mas antes um acto da vida corrente do filho ou invocando ter estado em situação de urgência;

8.3. Deduzido pelo progenitor residente quanto à prática de um acto da vida corrente do filho pelo progenitor não residente, em contrariedade com o seu projecto educativo – aqui é de prever que o outro progenitor se defenda dizendo que desconhece qual o projecto educativo principal do residente, designadamente por falta de informação desse progenitor.

9. Indicarei, em seguida, um exemplo possível e académico de acordo do exercício das responsabilidades parentais, tal qual ele deverá ser construído à luz do novo regime da Lei 61/2008, integrado em acta forense.

Ei-lo, sendo o sujeito do nosso processo um menino chamado J.

1.º
(Exercício das Responsabilidades Parentais
e Residência do filho)

1.1. As responsabilidades parentais referentes às questões de particular importância para a vida do J. serão exercidas em comum por ambos os progenitores, sem prejuízo do regime estipulado na parte final do artigo 1906.º, n.º 1 do CC.

1.2. O J. ficará entregue à mãe, ficando determinada a sua residência junto dela, competindo-lhe a si o exercício das responsabilidades parentais relativas aos actos da vida corrente do filho, sem prejuízo da intervenção do progenitor não-residente (pai) durante o período de tempo em que o filho consigo viva temporariamente, intervenção esta que, contudo, não deve contrariar as orientações educativas mais relevantes da mãe.

1.3. Para efeitos do ponto 1.1., acordam os progenitores que são «questões de particular importância para a vida do filho», nomeadamente as seguintes:

• Decisão sobre melindrosas intervenções cirúrgicas no filho, incluindo as estéticas
• Saída do filho para o estrangeiro, não em turismo mas em mudança de residência, com algum carácter duradouro

- Saída do filho para países em conflito armado que possa fazer perigar a sua vida
- Escolha de ensino particular ou oficial para a escolaridade do filho
- Decisões de administração que envolvam oneração
- Obtenção de licença de condução de ciclomotores
- Educação religiosa do filho (até aos seus 16 anos)
- Participação em programas de televisão que possam ter consequências negativas para o filho
- Prática de actividades desportivas que representem um risco para a saúde do filho
- Autorização parental para o filho contrair casamento
- Orientação profissional do filho
- Propositura de acção – ou queixa – em representação processual do filho

2.º
(Direito de convívio regular/organização
dos tempos da criança)

2.1. O pai terá consigo o J. aos fins-de-semana, de quinze em quinze dias, indo buscar e levar o filho, respectivamente, à sexta e segunda-feira seguintes, ao estabelecimento de ensino frequentado pela criança.

2.2. O pai poderá estar com o J. sempre que o entender e mediante comunicação à mãe, sem prejuízo dos horários da Escola, das actividades extracurriculares e do descanso do filho.

2.3. O pai passará com o J. duas noites, por cada semana em que não usufrua da sua companhia no respectivo fim-de-semana, de 4.ª a 6.ª, devendo ir buscar e levar o filho ao estabelecimento de ensino frequentado.

3.º
(Período de épocas festivas)

Quanto às épocas festivas:

3.1. No Natal, o J. passará a véspera de Natal (entendendo-se como tal o período que medeia entre as 12.00 horas do dia 24 de

Dezembro e as 12.00 horas do dia 25 de Dezembro), e o dia de Natal (entendendo-se como tal o período que medeia entre as 12.00 horas do dia 25 de Dezembro e as 12.00 horas do dia 26 de Dezembro), alternadamente com a mãe e com o pai, sendo que, no corrente ano de 2008, a véspera de Natal será passado com a mãe e o dia de Natal com o pai.

3.2. No Fim de Ano, o J. passará o dia da passagem de ano (entendendo-se como tal o período que medeia desde as 12.00 horas do dia 31 de Dezembro até às 12.00 horas de dia 1 de Janeiro), e o dia de Ano Novo (entendendo-se como tal desde as 12.00 horas de dia 1 de Janeiro até às 12.00 horas do dia 2 de Janeiro), alternadamente com a mãe e com o pai, sendo que no corrente ano de 2009, o dia de Fim de Ano será passado com o pai e consequentemente o dia de Ano Novo com a mãe.

3.3. Quanto à Páscoa, o J. passará a Sexta Feira Santa (entendendo-se como tal o período que medeia entre as 12.00 horas da referida sexta feira e as 12.00 horas de sábado), e o dia de Páscoa (entendendo-se como tal o período que medeia entre as 12.00 horas de sábado e as 12.00 horas de Domingo de Páscoa), alternadamente com a mãe e com o pai, sendo que no ano de 2009, a Sexta Feira Santa será passada com o pai e consequentemente o dia de Páscoa com a mãe.

4.º
(Período de férias escolares)

Quanto às férias escolares:

4.1. O J. passará com cada um dos progenitores metade das férias escolares de Carnaval, Páscoa e Natal, sendo que o primeiro período de cada uma das interrupções escolares será passado com a mãe.

4.2. O período de férias de Verão (vulgo, férias grandes) será passado em partes iguais com o pai e com a mãe, a ajustar entre ambos até ao dia 15 de Abril de cada ano civil, data até à qual a mãe comunicará ao pai os períodos pretendidos (atendendo a que a mãe é funcionária pública).

Estudos em Homenagem a Rui Epifânio

O mês de Agosto será sempre dividido em dois períodos iguais, estando sempre atribuído um período de quinze dias seguidos a cada um dos progenitores, sendo que o período antecedente será sempre passado com o outro progenitor, de forma a que os períodos de quinze dias sejam entre si intercalados.

5.º
(Outros períodos festivos)

Sem prejuízo dos horários escolares:

5.1. O J. passará o respectivo dia de aniversário (18/6) com ambos os progenitores, partilhando cada uma das refeições principais (almoço e jantar) com cada um deles, começando este ano a almoçar com a mãe e a jantar com o pai, alternando nos anos seguintes.

5.2. O J. jantará no dia de aniversário de cada um dos progenitores com o respectivo aniversariante.

6.º
(Funcionamento do regime de convívio)

Os períodos denominados de "Período de épocas festivas" "Outros períodos festivos" e "Período de férias escolares" sobrepõem-se aos do direito de convívio regular consignados no artigo 2.º.

7.º
(Deslocações)

Nos períodos de épocas festivas, de férias escolares e outros períodos festivos compete ao progenitor que goze da companhia do J. ir buscá-lo e levá-lo à residência do outro progenitor.

8.º
(Alimentos e forma de os prestar)

Quanto a alimentos:

7.1. O pai pagará, a título de pensão de alimentos, a quantia mensal de € 175,00 (cento e setenta e cinco euros), sujeita a actualização anual resultante da aplicação da taxa de inflação publicada pelo INE e referente ao ano civil anterior.

As responsabilidades parentais 249

7.2. O valor *supra* sofrerá ajustamento para o valor de € 250,00 (duzentos e cinquenta euros) mensais, sujeito a actualização resultante da aplicação da taxa de inflação publicada pelo INE, com início em Dezembro de 2013.

7.3. O pagamento será efectuado por transferência bancária, para a conta bancária da mãe (NIB 003215679000023671211), até ao dia 8 do mês a que disser respeito.

7.4. As despesas médicas e medicamentosas e outras de carácter extraordinário (como as de material e livros escolares) serão suportadas em partes iguais por ambos os progenitores, pagando o pai a sua comparticipação, por transferência bancária, dez dias após a apresentação pela mãe dos respectivos comprovativos de despesas.

***

Dada a palavra ao Digno Magistrado do Ministério Público, pelo mesmo foi dito nada ter a opor à homologação deste acordo que, na sua óptica, satisfaz cabalmente os interesses do J.

Em seguida, o Exm.º. Juiz proferiu a seguinte:

SENTENÇA

1. O Tribunal é competente (artigo 155.º, n.º 1 da OTM) e inexistem quaisquer questões prévias de que cumpra conhecer.

2. Nestes autos de regulação do exercício das responsabilidades parentais (a que já é aplicável o regime estabelecido pela Lei n.º 61/2008 de 31/10) em que é requerente o Digno Magistrado do Ministério Público e requeridos L. e M. (cônjuges separados de facto), entendo que o acordo celebrado é juridicamente válido, quer pela qualidade das pessoas que nele intervieram, quer pelo seu objecto, o qual teve a concordância do Digno Magistrado do Ministério Público, encontrando-se devidamente acautelados os interesses do filho J. (por mim ouvido).

3. Este acordo tem o assentimento do J., com idade e maturidade suficiente para poder opinar sobre a questão em discussão (artigos 175.º, n.º 1 da OTM e 1901.º, n.º 3 do CC, por aplicação analógica).

4. Pelo exposto, homologo este acordo pela presente sentença (artigos 177.º, n.º 1 da OTM e 1905.º e 1906.º «*ex vi*» do artigo 1909.º do CC), ficando os progenitores vinculados a cumpri-lo nos

seus precisos termos, com a cominação das tipificações criminais, em caso de incumprimentos (artigos 249.º e 250.º do Código Penal)

Valor processual: (...)

Valor tributário: (...)

Custas por ambos os progenitores, em igual proporção.

Cumpra-se o disposto no art.º 78.º do Código de Registo Civil.

Registe e notifique.

10. É verdade – mudam-se os tempos e, por vezes, também as vontades.

Mesmo as juras de amor eterno tombam no charco do efémero, próximo da nossa mais pretensa normalidade mortal.

Acabam por sobrar as palavras.

E as crianças, as armadilhas de palmo e meio que não se reciclam e que tendem a tudo abranger com óculos infantis e que não compreendem tudo o que vêem.

As cartas de amor estão prestes a rasgar-se.

Na hora de desatar o desamor que ainda os une, no instante em que o espaço deles anseia por novos ares, vale tudo.

Partir os junquilhos mais brancos que tinham em casa, defronte à lareira,

quebrar o espelho mais opaco que estava na entrada do hall, exterminar o sorriso mais franco do seu rebento mais novo...

Mas, por vezes, para que a chegada da paz tenha algum sentido, é mesmo preciso que ele ou ela vá.

Deixaram eles e elas uma barca à deriva e penduraram-se na lua, em corda bamba de abismo – esperaram pela maré-alta que viria do luar terceiro.

A noite era de prata, o mar era de sargaço,

Só o outro ou a outra tardavam.

Por momentos quiseram cair na água mas a lua não os quis perder.

Porque havia um J.

(...)

Já passava das quatro.

Quase à beira das oito.

E, nesse instante, senti que te tinha perdido:

que a barca nunca se iria encher do teu riso,

que a lua nunca iria vibrar com o teu pranto,
que o fio nunca iria quebrar-se pelo meu peso.
Foi nessa altura, perto do amanhecer mais tardio que alguma
vez conheci,
que me deixei cair,
à espera que a barca não me amparasse a queda,
à espera que a lua não se zangasse, afinal,
à espera que tu tardasses ainda mais até nunca mais...
Nessa hora, a nona daquela noite,
levantei a âncora da minha ira
E, em silêncio, rumei para sul,
sem esperar pela gaivota esfaimada que todas as manhãs por
ali irrompia, sem piedade,
sem atender à dor que a ausência das tuas águas felizes me
fazia sentir.
Se um dia passares por esse fuso horário,
por esse pedaço de mar,
e por essa réstia de lua,
não perguntes por mim -
não deixei endereço e parti para parte incerta.
Se a barca aí ainda estiver,
recolhe o pano,
procura a lágrima,
enrola o fio-de-prumo que a lua tem para te oferecer.
E vai
Vai e não voltes.
Que eu... já não sou deste mar.

L. Acreditas em amores impossíveis?
M. Creio no já, e no agora, nada mais, nada menos.
Creio no instante de rosas que me dás, no sem fôlego em que
me trituro todos os dias em que navego por tuas águas felizes.
L. Mas será para sempre?
M. Mas o que é o sempre, meu amor presente?
Não será a vida feita de pequenas horas que juntas resultam
num sempre efémero, numa eternidade prometida mas nem sem-
pre convencida...
L. Quero amar-te para sempre, M.

Mas sinto que me falta o rastilho para essa eternidade, para esse desejo que, temo, se esvaia e se esfume por entre as nebli-nas da normalidade balofa em que nos envolvemos.
Não te afastes de mim, nunca...
M. O nunca é uma ilusão, L., acredita. Não vivas angustiado pela incerteza da futura caminhada destes dois amantes que se querem agora e neste momento, que se entregam mutuamente uvas e bagos de milho, que penteiam solidões acompanhadas, que cantam o cântico mais dolente do mundo, que tocam a guitarra mais cigana da esquina, que se querem pertencer um ao outro, sem aviso, sem prazo de validade.
Se o carinho não der para o sempre, que me baste esta hora em que me eternizo em ti, L.
L. Mas não me deixes.
M. Não me deixes tu, L.
L. Nunca te deixarei.
M. Não prometas aquilo que não podes prever ou controlar.
Quem te diz que te não eternizarás noutro rosto, noutro corpo, noutras águas?
L. Controlo as minhas emoções. Sei o que quero.
M. E o teu corpo e coração, outro nome para a mais indecente de todas as obsessões, saberão?!
L. Eles são parte de mim. Como não o saberão?
M. Escuta-te, meu amor de hoje. O teu amanhã será aquilo que a vida te fizer escolher, será a estrela polar que mais próxima estiver de ti, será muito daquilo que hoje recusas reconhecer. Mas não te angusties em demasia. Não vale a pena, crê em mim.
L. Obrigado por me ouvires.
E grato te fico, metade de mim, por soletrares a mesma língua que hoje cultivo, que hoje quero aprender.
Ser-te-ei fiel.
E ao J., nosso fruto
M. Mesmo que me digas que já não me amas...

Coimbra, Junho de 2009 (ouvindo Katie Melua)

2.º TESTEMUNHO

*... tem a inocência das pombas
e das infantis pestanas...*

MEMÓRIAS E RECORDAÇÕES

JUDITH MARTINS ALVES

Houve um tempo em que, no Tribunal de Menores de Lisboa, a intervenção da técnica social se fazia em condições privilegiadas. Isto, particularmente, no que respeita à avaliação das circunstâncias de vida da criança que se pretendia proteger e ao tentar perceber os sinais objectivos e bem fundamentados que ajudassem à melhor decisão.

Começando por um grupo de técnicas ligado e dependente do Ministério da Justiça – sem pôr em causa o trabalho e a colaboração preciosa de técnicos de outros ministérios, que sempre existiu, desde que existem. A contar com a arquitectura do Palácio de Justiça, onde havia espaçosos gabinetes, cheios de luz, para cada grupo de duas técnicas. Como princípio, entre nós nos organizávamos, num meio tempo de horário para as entrevistas de gabinete e outro meio tempo para serviço externo, de modo a ficar privacidade para as entrevistas. O tempo não chegava para tudo, mas isso é outra história...

O mais importante é que, na outra ponta daquele comprido quarto andar, ficavam os gabinetes dos Senhores Juízes e dos Senhores Procuradores. Tínhamos de passar pelo *hall* de entrada, também espaçoso e cheio de luz, com vista para o centro da cidade, onde tantas crianças brincavam, estudavam, viviam e até faziam maldades. Sempre que, por qualquer razão, sentíamos falta de uma ajuda para reflectir e cumprir nas deligências do inquérito, podiamos bater à porta do Procurador do processo, seguramente o melhor advogado da criança em causa. Para nós, era sempre uma lição de direito aplicado e de humanismo. Para o Procurador, uma forma muito viva de começar a construir a fase processual da promoção, tão importante que ela é. Todos os processos são complicados e, de uma forma particular, quando por lá andam crianças. Cada decisão é, na verdade, única, porque únicos são também os meninos e o grupo familiar ou substituto que não soube ou não pôde protegê-los.

Esta facilidade do "encontro", na fase do inquérito, entre Ministério Público e a intervenção da técnica social, tinha muitas vezes momentos de verdadeira descoberta: o valor de factos que tinham passado despercebidos à primeira vista; a necessidade de insistir para valorizar outros; o resultado da pedagogia junto de quem tinha a guarda da criança e em todas as formas de accção e relação com o grupo e com a própria criança. Claro que tínhamos de ter a habilidade de não perder, nem fazer perder tempo – ao nosso jeito, nem sempre é fácil, mas é também exigência da boa técnica.

Foi raro, mas não ficou pela excepção, alguns senhores Procuradores mostrarem vontade de nos acompanhar em circunstâncias particulares do nosso serviço externo. Fique claro que as "circunstâncias particulares" nunca tiveram a ver com a segurança de ninguém. Antes, e só, com a necessidade que sentiam de ver com os próprios olhos e de ouvir com os próprios ouvidos, o que pressentiam ser muito difícil descrever num relatório – ainda para mais, com o número de processos que nos eram distribuídos, com prazos curtos e rigorosos. Mesmo no cumprimento de uma decisão, os magistrados do Ministério Público se disponibilizavam para receber qualquer personagem da vida da criança ou adolescente, sobretudo os pais ou quem os tivesse tido à sua guarda, e até as próprias crianças. A relação humana e respeitosa, mas distanciada q.b., substituíam sempre a agressividade contra tudo e todos. O trabalho a seguir ficava diferente, protegido pelo toldo da jurisdição especializada que o Magistrado lhes abrira.

É inevitável que o trabalho nesta área nos leve ao mundo do sonho, ao desejo de um "mundo melhor" em que todas as crianças, mesmo antes de nascer, possam gozar dos seus direitos. Legisla-se e regulamenta-se; fala-se muito disto, às vezes demais. Talvez inconscientemente, não se respeita a privacidade da vida da Pessoa que é a criança e a sua história.

Porque não sonhar que, um dia, nada será assim e nenhuma criança perderá o colo da sua Mãe?

TERCEIRO ANDAMENTO

A CRIANÇA E O PERIGO

CRIANÇAS INSTITUCIONALIZADAS
– PARENTES POBRES DA INVESTIGAÇÃO –

CATALINA PESTANA[*]

Introdução

Durante muitos séculos, o conceito de criança era inexistente. Os mais pequenos eram considerados homens e mulheres em miniatura, que viviam na dependência do leite materno até aos dois ou três anos, e depois disso na periferia dos adultos, dos quais recebiam por impregnação as competências inerentes à continuidade e à sobrevivência da espécie.

Cedo, cumpridos os rituais de passagem, tornavam-se actores das suas próprias vidas e isso dava-lhes os direitos e os deveres dos adultos. A adolescência é uma invenção recente.

Ser criança, quer na Antiguidade Clássica, quer na Idade Média, não era muito apetecível. A luta pela sobrevivência era permanente, a mortalidade infantil era muito grande, de tal forma que ao enunciar o número de filhos, até finais do século XVIII, os pais só nomeavam os maiores de três anos. Só a partir dessa idade tinham alguma esperança que atingissem a idade adulta.

O conceito de vinculação, para além de desconhecido, era humanamente rejeitado pelos adultos, de forma a evitar sofrimento continuado. Sofre-se quando se perde algo que se ama. Se não amar, sofro menos com as perdas, consecutivas ou não.

No século XVIII, as luzes iluminaram, embora de forma ainda fosca, esses homens e mulheres pequenos e começou a desenhar

---

[*] Professora e Vice-Presidente da Associação Rede de Cuidados.

para eles um estatuto – o de crianças. Os adultos passaram a sentir a obrigação de conceber para elas modelos de aprendizagem das normas e valores da vivência social, de conhecimentos e competências que as ajudassem ao sucesso na vida. Foram criados os primeiros modelos escolares, e os primeiros mestres de ler, escrever e contar, começaram a lutar pelo estatuto de professores.

As crianças órfãs, ou órfãs de pais vivos, começaram a ser institucionalizadas; nos conventos, nas misericórdias e, a partir de 1780, na Casa Pia de Lisboa, fundada por Diogo Inácio de Pina Manique, Intendente Geral da Polícia, da rainha D. Maria I.

Hoje é ainda a maior instituição do país para acolhimento e educação de crianças privadas de meio familiar adequado.

As reflexões que se seguem resultam de trinta anos de trabalho, umas vezes em investigação outras em acção. Pretendem ser um contributo para a construção de estruturas alternativas, aos modelos de internato usados ainda em Portugal, e em grande parte dos países da Europa, apesar do longo caminho percorrido no último quartel do século passado, bem como na primeira década deste terceiro milénio, as soluções ensaiadas não demonstraram a eficácia necessária.

Embora o estudo ao qual me refiro tivesse sido elaborado a partir de uma instituição portuguesa, o problema não é específico do nosso país. Nos últimos dez anos, escândalos mais ou menos abafados ou deturpados, na Bélgica, na França, no Reino Unido (Ilha de Jersey), nos Estados Unidos, na devota Irlanda e em Portugal, mostram a investigadores e a políticos que os modelos até aqui utilizados, acabaram sempre por destruir os mais frágeis, física ou mentalmente.

É que na espécie humana, a história das grandes instituições escreve-se exclusivamente com a história dos vencedores!

Os maus-tratos exercidos sobre crianças institucionalizadas, ultrapassam os limites do tolerável, não porque as famílias fiquem incólumes e as crianças em meio familiar estejam sempre protegidas, mas porque a qualidade da vida destas crianças é da nossa responsabilidade colectiva, e a sua manutenção é paga com o dinheiro dos nossos impostos.

Diariamente somos alertados pela comunicação social, do enxame de abusos perpetrados sobre crianças institucionalizadas quer em contexto assistencial quer em contexto de formação especializada, como as recentes notícias sobre o Colégio Militar.

Em 1982, ao tempo, o Provedor da Casa Pia, Comandante João Baptista Comprido, pediu-me como a outros técnicos um parecer sobre o modelo de internatos que considerávamos adequados para a problemática dos educandos à época.

Nenhum de nós imaginava que a causa de tanta solicitude era já o dramático problema dos abusos. Pela minha parte só em 2002 tomei conhecimento que tal pedido era resultado da primeira situação, tornada pública, da utilização de educandos da Casa Pia para orgias sexuais fora da instituição.

Porque, mesmo com mais de vinte anos, o documento que apresentei me parece significativo para que possamos todos perceber que não foi por falta de diagnóstico que as medidas de prevenção não começaram mais cedo a ser tomadas, e integro-o neste artigo porque ele é totalmente inédito e porque quanto mais se perceber a História mais se percebe tudo quanto tem permitido a dimensão e as características do fenómeno!

«Internatos que estrutura alternativa (8 de Março de 1982)

Pressupostos mais ou menos gerais

Antes de tentar esquematizar, sem discussão prévia de questões que me parecem fundamentais, as limitações e as vantagens *de que estruturas de Internato*, passo a enunciar alguns parâmetros gerais no âmbito dos quais me situo quando falo desta problemática.

1. O Internamento surgiu como última solução de um conjunto de alternativas encontradas para a situação-problema de uma família e ou de uma criança ou adolescente.
2. Essas alternativas vão do Semi-Internato à colocação familiar na comunidade de origem, passando por várias outras.
3. O processo que conduziu à admissão foi desenvolvido por Técnicos de valências diferentes, e começando sempre pelos Serviços de Acção Directa (SAD) da comunidade de origem.
4. Os critérios de admissão são os mesmos para todos os momentos do processo e foram cuidadosamente elaborados por

equipas polivalentes e superiormente aprovados. Esses critérios devem ser uniformes para Instituições particulares ou estatais que se propõem o mesmo tipo de resposta (Apoio Educativo a crianças privadas de meio familiar).

5. O internamento não deve ser reposta para problemas económicos, habitacionais, e outros do mesmo tipo dos agregados familiares.

Sobre o assunto ver trabalho do Centro Médico/Pedagógico sobre causas de pedidos de internamento.

II. A que crianças/jovens se destina a resposta pretendida?

a) Crianças que por diferentes motivos trazem atrás de si imagens/modelos de Adultos, homens e mulheres, quase desfeitos.

b) Crianças vindas de situações de instabilidade e de insegurança onde lhes foi necessário lutar para sobreviver, onde as "raízes" que resistiram são muito importantes.

c) Crianças a quem situações sociais complexas negaram muitas vezes o direito de nascer desejadas com todas as consequências de tal situação.

Sendo estes apenas alguns aspectos de uma caracterização que pode ser feita por Técnicos desta Casa com características de rigor metodológico, e que em mim resultam apenas da experiência de trabalho diário num internato.

III. Que estruturas para essa resposta?

a) Estruturas Físicas

Embora considere de grande importância a estrutura física onde se tentará educar, parece-me de elementar seriedade dar notícia do que me tem sido possível perceber em contacto com grande número de Internatos por quase todo o país: – o factor determinante para dar características de CASA a um internato, é a qualidade humana e profissional da equipa que nele trabalha bem como a dinâmica grupal que nele consegue estabelecer.

Edifícios com Dimensões Humanas – Facilitam o Trabalho de Boas Equipas.

Edifícios Monumentais – Dificultam e muitas vezes impedem o Trabalho de Boas Equipas.

Os Internatos Massificados Tipo Monumento

1. *Exigem infraestruturas dispendiosas e deformadoras da imagem da vida comum*

1. a) *Cozinhas industriais* – onde crianças não podem aprender a cozinhar, onde as noções de quantidade, aproveitamento, transformação, aspecto agradável, chá quente para a doença-falta-de-mimo às 10 da noite são impossíveis.

1. b) *Rouparias – Armazéns* – onde dificilmente alguma coisa é exactamente de alguma pessoa. Onde cada peça de roupa é um número, onde o seu valor real não é assumido, onde a adaptação a cada corpo é fictícia, onde há sempre outra peça se uma desaparece ou é destruída, onde a *camisola preferida* ou as *"únicas calças de que eu gosto"*, são tratadas com o anonimato das centenas.

1. c) *Salas de jantar – Cantinas* – Onde falar com o companheiro de refeição é um desafio à acuidade auditiva, ou onde o tempo para a refeição é o mínimo necessário para ingerir alimentos. ESTAR é palavra de conteúdo desconhecido.

1. d) *Quartos-Camaratas-Divididas-por-Tabiques* – Onde, por milhares de contos que se dispendam em mobiliário, dificilmente qualquer daqueles espaços será sentido como o "canto" de cada um. Os tabiques foram no seu tempo um real esforço de desmassificação, hoje, parecem labirintos para "condicionamento" de ratos, amplificados.

1. e) *Corredores* – Infindos, pesados, frios, assustadores, terra de ninguém, que portanto ninguém quer assumir para limpar, para decorar, etc.

Têm uma única utilidade, e é lúdica – patinar, ...mas como é evidente, é proibido correr ou patinar nos corredores.

1. f) *Pátios* – COISAS BOAS, as melhores de todo o conjunto. No entanto, muitas vezes sentidos como espaço-prisão para quem vive dentro e espaço-privilégio para quem olha por fora, pátios que só poucas equipas sabem utilizar em todas as potencialidades.

1. g) *E muros altos* – Como se essa altura tivesse em educação qualquer utilidade. E o internato é o ghetto onde nós assumimos esconder da sociedade, para a não incomodar, as crianças que são da responsabilidade de toda a sociedade, ou onde as "protegemos", noutras leituras, da corrupção do mundo. *Mas aos 18 anos dizemos aos educandos vão viver nessa sociedade e a essa sociedade: integrem-nos.*

2. A equipa de educadores é por força das circunstâncias, transformada em corpo de vigilantes. Até há bem pouco tempo os nossos quadros de pessoal assumiam essa categoria. Era frequente ouvir dizer a alguns educadores que o eram do pavilhão 5 ou 7. Não eram educadores de pessoas... eram educadores de pavilhão.

2. a) As funções educativas resumem-se a zelar para que os alunos estejam no internato nas horas em que se dá pela sua falta – aulas, refeições, dormidas.

2. b) Cuidar de que as instalações e material (que está no seu inventário) sejam o menos danificados possível.

2. c) Cuidar de que os educandos não se agridam seriamente... e pouco mais, e chegam cansados ao fim do dia, e percorreram quilómetros e não fizeram trabalho de educador. Também eles sentem que podia e devia ser de outra maneira, e muitas vezes fazem a intervenção educativa que é o seu trabalho, fora do internato e da hora de serviço, para com mais facilidade conseguir relações de intimidade com os educandos, que a estrutura onde trabalham lhes interdita.

3. Todas as tarefas que num contexto de família são assumidas pelos elementos dessa família, adultos e crianças, nestas estruturas, são de uma forma muito deformante ao nível educativo, tarefas específicas de funcionários específicos. Os educandos de tais internatos consideram um castigo ter que participar nos trabalhos de manutenção da casa, e os adultos fortalecem tal atitude castigando os alunos com a feitura de trabalhos domésticos.

4. A economia da Casa é conceito ignorado, como são anónimas as fontes de manutenção dessa Casa, como são anónimos os alunos e os adultos que com eles vivem, na maior parte das situações.

Algumas coisas positivas acontecem nessas estruturas

a) Como as relações são diluídas, os efeitos de adultos desequilibrados, sádicos, prepotentes, desonestos, quando existem, são também mais esbatidos do que numa estrutura pequena.

b) Os educandos criam entre si estruturas de clã, com regras próprias que raramente traem.

c) A solidariedade entre os educandos muitas vezes activada pela falta de comunicação ou pelo conflito com os adultos, é um facto incontestável.

d) Os mais pequenos são protegidos, mesmo.

5. *Estruturas Alternativas*

A alternativa a estes internatos monumentais e massificados é comummente identificada com estruturas muito mais pequenas chamadas Lares.

Depreendem-se, pelo atrás exposto, muitas das vantagens objectivas dessas estruturas. Existem no entanto questões fundamentais a ter em conta se não queremos reduzir o tamanho e manter a problemática.

5. a) *A localização dos Lares* – Devem situar-se nas comunidades de origem dos utentes (ao nível de freguesia ou concelho conforme as necessidades). Para Lisboa é possível já ter esse levantamento feito pelo C.M.P. num trabalho sobre admissões.

5. b) Ser totalmente aberto a essa comunidade, que assim assumirá com mais facilidade o ajudar a crescer aqueles jovens, exemplo o Lar do Algueirão.

5. c) Funcionarem em regime de coeducação. Penso não ser necessário fazer a argumentação deste item.

5. d) Serem dimensionados para um máximo de 30 educandos e um mínimo de 15, segundo as situações.

5. e) Terem pessoal convenientemente preparado, remunerado e apoiado tecnicamente.

• Quanto mais exigente se for nestas condições, de menos pessoal precisaremos.

- As chamadas soluções das "pessoas devotadas", só raramente são verdadeiras. São muitas vezes a utilização dos educandos como meio de compensação para pessoas carentes, mal amadas, não assumidas, com mais fantasmas e tabus que o comum dos humanos, e que, incapazes de se integrarem na sociedade, se refugiam no internato ghetto, com as "suas crianças".

Dificilmente serão elementos sociabilizadores e a médio prazo a sua acção irá revelar-se muito negativa.

Há excepções.

- De entre os trabalhadores de educação (professores incluídos), os educadores de internato-lar deveriam ser dos mais bem pagos e preparados. Não é educador quem quer, é educador quem for capaz, e essa capacidade tem pouco que ver com habilitações literárias.

A compensação de tal investimento virá com a formação de jovens mais equilibrados e mais felizes; e consequentemente, menos delinquentes, menos reformatórios, menos técnicos judiciários.

Se me perguntar qual é o internato-lar do futuro, responderei que passa por aqui, e que será com certeza aquele que existe em qualquer bairro, sem que os cidadãos se dêem conta de que é um internato. Sem que na escola os seus utentes sejam os "meninos do asilo", sem que tudo o que de mal acontece na rua seja obra dos "miúdos do colégio".

Se queremos dos nossos alunos, cidadãos comuns, teremos que os deixar crescer como garotos comuns, com gente saudável e equilibrada a ajudar.»

Características e dimensão do problema

Seria de prever que após o problema, que na instituição foi mantido em silêncio absoluto, mesmo para os dirigentes intermédios, se iniciasse imediatamente um conjunto de estratégias conducentes a enfrentar o problema. Mas para enfrentar um problema desta dimensão é necessário assumir que ele existe, e nesta instituição como em muitas outras, é mais importante o bom nome das mesmas, do que o bem estar dos seus utentes. Governantes da época e os responsáveis máximos pela Instituição, cozinharam em segredo a forma de diluir o problema até que parecesse apenas nevoeiro.

Entretanto, alguns técnicos tinham já começado a procurar alternativas, para outros problemas inerentes a este tipo de resposta sócio-educativa, e a aparente resolução para um número significativo desses problemas passava pela urgente desmassificação.

O meu contacto com internatos verdadeiros iniciou-se em mil novecentos e setenta e cinco.

A Revolução de Abril de 1974 tinha lançado o caos, em todas as estruturas fechadas e autoritárias.

Os adultos que nelas trabalhavam, não sabiam como desempenhar o seu papel de ajudar a crescer gente, que agora tinha voz e opinião.

Com a queda do autoritarismo, caiu também a autoridade, sem a qual ninguém cresce verdadeiramente. Para crescer em harmonia, qualquer criança precisa de afecto, de autoridade e de limites. À época não existiam dados rigorosos sobre o número de crianças internadas no quadro da Segurança Social. O Centro Regional de Segurança Social de Lisboa, estimava, em 1982, em dez mil, o número de crianças a viver em instituições públicas e privadas, em regime de acolhimento prolongado

Passada a crise que envolveu toda a sociedade, muitos técnicos e alguns, poucos, dirigentes, bateram-se pela necessidade de ensaiar modelos de resposta diferentes, dos grandes internatos monumentais até aí existentes.

Por se tratar da maior, mais antiga e da mais respeitada Instituição, com a missão clara de acolher e educar crianças privadas de meio familiar normal, foi na Casa Pia de Lisboa que se realizaram várias experiências de desmassificação, que procurei estudar entre 1982 e 1987, num trabalho que apresentei como dissertação de Mestrado, orientado pelo ISPA e pela Universidade de Bristol.

Dois modelos – Internatos e Lares

1. O internato Nuno Álvares Pereira, apesar de todos os esforços desenvolvidos pelo staff e pela direcção no sentido de harmonizar a sua actuação junto dos educandos, mantém muitas das características da Instituição Total definida e caracterizada por Erving Goffmann. Os jovens objecto desse processo educativo mantêm comportamentos similares aos descritos como pertencendo aos internos das Instituições Totais.

Tomando o universo nacional, se em 1982 não existiam estudos rigorosos, sobre a dimensão e as características do problema, mas apenas estimativas, hoje dispomos de estudos comparáveis, da responsabilidade de entidades oficiais com funções de supervisão directa sobre esta área de intervenção.

Evolução da dimensão do número de crianças acolhidas em internatos ou lares em Portugal nos últimos vinte anos:

Ano 1982 .... 10.000
Estimativa do Centro Regional de Segurança Social de Lisboa
Ano 2000...9.487

Fonte: Instituto para o Desenvolvimento Social "Crianças e Jovens que vivem em Lar", Lisboa 2000.

Ano 2007 ....11.362

Fonte: "Plano de Intervenção Imediata" Ministério do Trabalho e da Solidariedade Social, Lisboa 2008.

Como é possível constatar, num país onde a natalidade baixou de forma significativa nos últimos dez anos, o número de soluções encontradas para um universo de menos crianças através do internamento institucional aumentou significativamente.

A percentagem de orfandade como causa de internamento é mínima, não chega aos 4%, sendo a causa maior, a desorganização das famílias biológicas, a toxicodependência, ou a detenção de uma ou das duas figuras parentais.

Há no entanto, ainda, casos de internamentos por dificuldades económicas das respectivas famílias, o que é um erro grave, social e economicamente. Uma criança internada numa Instituição custa três vezes mais do que integrada na sua família.

Há trinta anos, os profissionais da área da intervenção social, da justiça, da educação, e da saúde mental, entre os quais o Dr. Rui Epifânio desempenhou lugar determinante, começaram a discutir métodos e modelos de intervenções alternativas.

Dois modelos uma convicção

Os internatos foram desde a sua fundação os parentes pobres da investigação, quer na área educacional quer na área da saúde mental. Ao pesquisar o estado da arte sobre este tema, nos anos oitenta, encontrei uma bibliografia reduzida. Da qual emerge indiscutivelmente Erving Goffmann com o seu trabalho "Asiles", nunca traduzido para português.

Segundo este autor a estrutura das instituições totais é caracterizada da seguinte forma:

(1) Todos os aspectos da vida se desenvolvem no mesmo lugar e sob uma autoridade única.
(2) Sistema de Massificação.
(3) Todas as etapas da vida diária estão estreitamente programadas, toda a sequência se impõe de cima, mediante normas formais explícitas e um corpo de funcionários.
(4) As diferentes actividades obrigatórias são integradas num único plano racional, deliberadamente concebido para consumação dos objectivos institucionais.

Tais estruturas, segundo o mesmo autor, que será quadro de referência determinante nesta fundamentação, têm vários objectivos, mas mantêm, com algumas nuances, as suas formas de funcionamento. Goffmann distingue cinco tipos de Instituições Totais:

(1) Instituições para protecção de incapazes não perigosos (órfãos; velhos indigentes; diminuídos físicos e psíquicos);
(2) Instituições para protecção de incapazes perigosos, mesmo que involuntariamente para a sociedade (tuberculosos; doentes mentais; contagioso no geral);
(3) Instituições que segregam as pessoas intencionalmente perigosas (prisões; penitenciárias; campos de concentração);

(4) Instituições destinadas unicamente ao desenvolvimento de uma dada actividade, e portanto justificadas ao nível instrumental (quartéis; navios, etc.);

(5) Instituições "separadas do mundo", para preparação de religiosos de diferentes confissões (abadias; seminários; conventos).

– Ao entrar na Instituição, a criança tem já um passado, e será pela mecânica institucional, despojada dos seus suportes habituais. O *self* de cada sujeito será sistematicamente mortificado e profanado. Recordemos a ausência de privacidade; de qualquer individualidade, o peso do "mundo dos adultos", cujas funções levarão meses a perceber, e que se abate sobre cada criança que entra num internato massificado.

– Em relação a este processo, o interno fará *ajustamentos secundários*. Técnicas que não desafiam directamente a direcção, mas permitem aos mesmos obter satisfações não justificadas. É a luta pela sobrevivência. Alguns jovens nos internatos chamam-lhe "selecção natural".

Os referidos ajustamentos secundários conduzem a diferentes formas de adaptação, que Goffmann tipifica da seguinte forma:

(1) **Retraimento situacional** – O interno abstrai-se aparentemente de tudo, à excepção do que se passa exactamente junto de si. Tudo o que o rodeia lhe é indiferente. É em termos da nossa experiência em Internatos o nada ter e nada desejar.

(2) **A Rebelião** – O interno desafia intencionalmente a Instituição, usando uma intransigência constantemente expressa e uma elevada moral de rebeldia.

(3) **A Colonização** – A amostra negativa do mundo externo fornecida pela Instituição é tomada pelo interno como um todo, o que o leva a convencer-se de como é desejável viver na Instituição.

São internos para os quais o processo de saída é muito complexo e que chegam a destruir equipamentos antes da sua programada desvinculação, para através de tal actuação, convencerem os técnicos de que não satisfazem as condições necessárias para a integração na sociedade.

As Instituições Totais que tentam harmonizar a sua acção correm o risco de aumentar as situações de "comportamentos colonizados".

(4) **A Conversão** – O interno parece assumir completamente o ponto de vista da direcção e tenta desempenhar o papel de "interno perfeito". Adopta uma linha de actuação moralista, cujo entusiasmo institucional está sempre à disposição da direcção. Exemplo: Carlos Silvino.

Tal forma de adaptação é nos internatos educacionais a escolhida pelos educandos que vemos sempre muito impecáveis, fardados ou não, nas representações oficiais.

Este conjunto de atitudes desenvolvidas pelos internos podem ser consideradas direcções coerentes de adaptação, embora radicalmente diferentes umas das outras.

A maioria dos internos, no entanto, segue a política do "evitar problemas". Quando em presença dos companheiros, têm um tipo de discurso e de actuação, e quando em presença da direcção são de uma docilidade total.

Enquanto Gofffmann caracteriza Instituições Totais na sua globalidade, por outro lado Palmonari, Emiliani e Carugati, analisam a especificidade das Instituições para crianças privadas de meio familiar, e consideram-nas como entidades que objectivamente desenvolvem uma acção eficaz no equilíbrio das contradições sociais. Por isso a sua lógica interna não pode senão bloquear todo o desenvolvimento de acções de tipo libertador.

– Que significa para um menor ser educado numa Instituição? Significa situar-se na esfera de influência dum sistema de forças, cuja origem lhe é exterior, e que o controla e manipula continuamente, numa perspectiva dos autores referidos ("Tenter le Possible", 1981; pág. 17 a 35).

– No ano escolar de 1970/71, o encerramento de uma destas Instituições, com cerca de uma centena de raparigas entre os 6 e os 18 anos, proporciona ao Instituto de Psicologia de Bolonha, ao qual estão ligados os autores da obra citada, ensaiar uma primeira experiência de "grupos de apartamento", uma vez que lhe foi pedido apoio pelo Conselho de Administração da Instituição encerrada em situação conflituosa.

– Muito sinteticamente esses primeiros "grupos de apartamento" tinham as seguintes características:

- Eram constituídos por 6 a 8 jovens, agrupadas por níveis etários, que eram alojadas em apartamentos comuns nos diferentes bairros da cidade.
- O pessoal, três educadoras das quais só uma era paga a tempo inteiro, era recrutado entre estudantes finalistas de Ciências da Educação; todos os adultos dormiam no apartamento.
- A administração fornecia ao responsável de cada grupo o dinheiro destinado às despesas correntes, sendo essa soma calculada em função das despesas "per capita" nos Internatos Institucionais.
- A administração pagava directamente a renda da casa, a água, a electricidade e o gás, bem como a uma empregada de limpeza que trabalhava meio tempo.
- Todas as jovens frequentavam as escolas públicas da zona, sempre que possível.
- A vida quotidiana era organizada por cada grupo de maneira autónoma, em função dos horários dos seus elementos, dos interesses dos mesmos e das suas escolhas.
- Esta experiência terminou passado um ano, com a integração das jovens nas respectivas famílias, mediante subsídios familiares de educação. No entanto, tem sido a referência para todas as posteriores experiências de desinstitucionalização de menores, levadas a cabo pela Administração da Comuna de Bolonha.

Breve Caracterização das Duas Estruturas Tipo que nos Propomos Estudar

1. Lar do Algueirão

A estrutura educativa a que chamaremos Lar do Algueirão (L.A.) foi fundada, no espaço que hoje ocupa, em 12 de Fevereiro de 1979. A sua verdadeira origem, no entanto, encontra-se em 1975,

Crianças institucionalizadas – Parentes pobres da investigação 273

numa velha casa até aí desocupada, no vale do Jamor, perto do Estádio Nacional e que ficou conhecida na nomenclatura institucional por "Lar do Balteiro". Não correspondia nessa época ainda ao projecto de Lar que nos propomos estudar, mas uma resposta de recurso para jovens em total ruptura com o modelo tradicional.

De resposta de emergência, a pequena estrutura do Balteiro, foi-se transformando em embrião de Lar, para onde já eram orientados alunos recém admitidos em regime de internato na grande Instituição que era a Secção de D. Maria Pia.

O contacto directo com grandes espaços verdes e com uma zona de grande liberdade agradava, regra geral aos alunos, mas as precárias condições habitacionais do edifício, sujeito a inundações periódicas no Inverno, e o seu grande isolamento, foram-se revelando cada vez menos adaptadas à função educativa que lhe era atribuída.

Em 1979, a Casa Pia de Lisboa compra, no Algueirão, uma vivenda destinada à instalação do novo lar. O Algueirão é uma zona limítrofe de Lisboa e pertence ao Concelho de Sintra, donde dista 5 Km. O edifício situa-se num bairro de vivendas e prédios pertencentes à média burguesia e é rodeado, a curta distância, por algumas barracas onde as condições de vida são muito degradadas.

Os objectivos desta estrutura foram sintetizados num trabalho escrito pelos educadores ali em serviço em 1982, intitulado «Algueirão 3 anos de Vida» e donde os transcrevemos na íntegra.

"Objectivos"

– «Com a abertura do lar no exterior, era possível inserir um grupo de crianças numa comunidade como esta, misto de rural e industrial, com as alterações que deste facto advêm tanto do ponto de vista social, como escolar e de orientação profissional.»
– O aparecimento deste novo lar obrigou a que os dirigentes da Secção, bem como os responsáveis pelo mesmo, reflectissem sobre o que pretendiam para este lar. É neste contexto que se aposta em dois grandes objectivos: A *coeducação* e a *autonomia possível e realista.*

Era uma experiência nova nestes dois campos, já que, no nosso "circuito educacional", a formação de menores, privados de meio familiar normal, passava aquém de toda esta problemática.

Deste modo se vêem grandes internatos, masculinos ou femininos, centralizados em torno de sistemas administrativos pesados, dos quais dependem do ponto de vista educativo, e onde falar de autonomia é quase sacrilégio.

Apontar estas pistas, era o objectivo que nos propúnhamos alcançar colectivamente. Impunha-se-nos, não substituir a família, mas criar condições pelas quais os educandos se sentissem em sua casa, tivessem confiança nos adultos que os rodeavam e que reagissem fundamentalmente, não como máquinas, mas como seres humanos, evitando ao máximo o seguidismo e a deformação da personalidade de cada um. Que se sintam úteis no lar e na sociedade, ajudando-os essa percepção de utilidade a transpor as barreiras sociais que todas as crianças, privadas de meio familiar normal, sentem. Criar condições que permitam uma cada vez maior individualização da criança, para que possa ser tratada tal como é e não como desejaríamos que fosse.

Trata-se assim de atingir o grande objectivo: *Tornar essas crianças, seres críticos, actuantes e felizes.*»

– Conceitos fundamentais para o desenvolvimento harmonioso de qualquer ser humano tais como: melhoria de auto-conceito e de auto-imagem; coeducação; responsabilidade; liberdade, etc., estão subjacentes aos objectivos formulados para esta nova estrutura educativa.

Da sua realização total ou parcial tentaremos fazer prova no evoluir deste trabalho.

2. Internato Nuno Álvares Pereira

O Colégio de Nuno Álvares Pereira situa-se na rua Alexandre Sá Pinto junto da zona monumental de Belém, no antigo convento das Salésias.

Até 1974, foi um internato masculino, para crianças em idade escolar, compreendida entre os 7 e os 12 anos, às quais era ministrado o ensino primário no próprio colégio. Uma vez completado esse ensino, os alunos considerados com capacidade intelectual e com motivação para tal, eram transferidos para o internato de Pina Manique, situado em zona próxima, onde continuavam estudos. Os alunos com reveladas dificuldades de aprendizagem eram transferidos para o internato de D. Maria Pia situado na zona oriental da cidade onde lhes era ministrado ensino profissional.

As transferências para um ou outro dos estabelecimentos foram sempre para os alunos uma forma de discriminação entre os inteligentes e os não inteligentes cujos efeitos ainda hoje, homens adultos, muitos deles manifestam.

Estas transferências separavam a pretexto da escolaridade ter atingido determinado nível, crianças que nalguns casos tinham feito a um companheiro ou membro do pessoal a sua primeira relação afectiva compensadora.

Todos, alunos e técnicos consideram a alteração dessas transferências uma medida positiva, a estabilidade parece ser um factor sentido como importante no desenvolvimento afectivo e emocional de qualquer criança. Tenhamos em linha de conta as afirmações de Tomkiewicz e Joe Finder, no artigo «Como fazer do seu filho um Delinquente» 1977 in «Educar Marginalizar ou Deixar Crescer» pág. 107: «... Se não são capazes de respeitar escrupulosamente os nossos conselhos, se não são capazes de ser, ou de parecer, sempre hostis ou indiferentes, se também não conseguirem sufocar o bebé com o vosso amor exclusivo, falhareis redondamente na tarefa de fazer do vosso filho um delinquente. Nesse caso afastem-no decididamente da vossa vida, entreguem-no a uma ama, *mandem-no para o internato e não se esqueçam sobretudo de mudar de ama de dois em dois meses e de internato duas vezes por ano*».

No ano lectivo de 1974/1975, a estrutura deste estabelecimento sofreu algumas alterações. Foram admitidas trinta crianças do sexo feminino para frequentar o ensino primário, enquanto o grupo de educandos que haviam terminado essa escolaridade, não foram transferidos como habitualmente, mas foram inscritos nas escolas preparatórias da zona pertencentes ao sistema geral de ensino.

À data do início deste trabalho, 1981/1982, a sua população é de 82 alunos internos e 163 semi-internos, que frequentam o ensino primário regular e especial no próprio estabelecimento, o ensino preparatório e secundário nas escolas da zona e o ensino profissional na

Secção de D. Maria Pia, embora apenas como semi-internos, regressando ao fim do dia a Nuno Álvares.

Dos educandos que vivem em regime de internato 26 são raparigas, que habitam em casa separada, (a antiga casa do Provedor), pertencente ao mesmo edifício, e 56 são rapazes. O facto de existirem rapazes e raparigas no mesmo internato, não poderá em nossa opinião ser considerado em regime de coeducação, porque embora as refeições sejam, na sua maior parte tomadas em conjunto, a estrutura onde vivem as raparigas tem uma relativa autonomia, quer educativa, quer ao nível dos recursos do equipamento infraestrutural que utilizam. Existem salas de estudo e de convívio próprias das raparigas, o pessoal educativo também é próprio e a vida quotidiana desenrola-se com uma certa separação.

– A Secção na sua globalidade foi até 1974 dirigida por uma directora, que assumia a coordenação de todos os sectores, à excepção do pessoal de apoio, orientado por uma sub-regente que se reportava directamente à directora. Durante o ano de 1975 e parte de 1976, resultante da vaga nacional de "gestão participada", que ocorreu imediatamente a seguir à Revolução de Abril de 1974, existiu uma Comissão de Gestão com representação de todos os sectores. A directora fazia parte dessa Comissão de Gestão. Rapidamente a acção dos elementos que a constituíam se foi diluindo, voltando a directora a assumir quase sozinha, a orientação do colégio, embora os representantes de alguns sectores do pessoal se mantivessem com funções exclusivamente consultivas.

O Colégio de D. Nuno Álvares Pereira pode, do nosso ponto de vista, ser considerado uma estrutura típica de internato massificado. Exige infraestruturas dispendiosas e deformadoras de qualquer semelhança com a vida comum.

O staff tem regra geral os comportamentos definidos por Goffmann no seu trabalho escrito nos anos sessenta, e a dinâmica educativa parou no tempo.

Por detrás dos muros "protectores" têm lugar em paralelo com momentos de grande generosidade e elevação humana todos os males que uma estrutura como aquela que é referenciada no início deste trabalho permite.

Não será nunca justo esquecer aqueles, que embora minoritários, conseguiram sempre lutar pela qualidade de vida dos utentes, ou mesmo pela manutenção da sua vida quando desesperados lhe queriam por fim.

Contava-me um dos ex-alunos dos anos oitenta, "tentei matar-me quatro vezes, se não fosse a enfermeira teria conseguido. Ela depois dizia que eu estava doente, e mantinha-me na enfermaria oito dias até eu acalmar."

Pelo contrário a generalidade do staff não tinha uma atitude adequada ao peso da problemática existente e a estrutura onde se desenvolvia o processo de crescimento de centenas de crianças não era facilitador do trabalho de boas equipas.

– Com esta estrutura física a equipa de educadores é, por força das circunstâncias, transformada em corpo de vigilantes. Até há bem pouco tempo, os quadros de pessoal da Instituição continham essa categoria profissional. Em muitas situações, as funções educativas resumem-se a zelar para que os alunos estejam no internato nas horas em que se dá pela sua falta – aulas; refeições; dormidas. Cuidar de que as instalações e o material (que está no seu inventário) sejam o menos danificados possível; cuidar de que os educandos não se agridam seriamente e pouco mais.

Muitos destes educadores sentem que devia ser diferente e muitas vezes como tive oportunidade de observar, procuram desenvolver a sua acção educativa fora do internato e da sua hora de serviço, para com mais facilidade conseguirem relações de intimidade e de privacidade com os educandos, que a estrutura onde trabalham não lhes permite. Absolutos não existem, pelo menos em ciências humanas, e, portanto, por muito incorrecto que um processo pareça se o observarmos com objectividade, ele revela forçosamente aspectos positivos.

Não podemos, no entanto, esquecer o que ouvimos em tom natural dizer a muitos educadores: – "eu sou educador do Pavilhão sete". Nas suas cabeças eles não eram educadores de crianças ou jovens, mas de paredes, móveis, materiais consumíveis, dos quais tinham que dar contas à Administração.

Tudo seria tão mais fácil se estes grandes colégios não tivessem alunos.

278   *Estudos em Homenagem a Rui Epifânio*

Apesar de todas estas dificuldades, existe um motivo forte que facilita a decisão de trabalhar sobre estas questões: o reduzido número de bibliografia específica sobre internatos encontrada, e, nomeadamente, sobre alternativas aos Internatos Massificados destinados a "incapazes não perigosos" na classificação de Erving Goffman em «Asiles» 1961. Para sermos mais rigorosos, o único estudo sistemático encontrado sobre a problemática em análise foi a obra «*Tenter le Possible, une experience de socialisation d'adolescents en milieu communautaire*» de Felice **Carugati**, Francesca **Emiliani** e Augusto **Palmonari**, onde é relatada e analisada a experiência de desinstitucionalização da educação de jovens vivendo em situação de internato na Comarca de Bolonha – Itália, a partir de 1969. Também aqui se tinha tentado o possível... e quando foi tomada a decisão de iniciar este trabalho, a manutenção da experiência não era consensual.

Metodologia

Ao decidir olhar para além do quotidiano da vida da Instituição onde trabalhava, e sabendo que me era exigido todo o esforço de objectividade possível, decidi trabalhar organizações com as quais não tinha qualquer contacto directo. O Internato D. Nuno Álvares Pereira, como modelo de instituição total, e o Lar do Algueirão, como o modelo mais próximo dos apartamentos, ao tempo, com vinte anos de experiência, em Bolonha.

Foram elaborados dois questionários com perguntas de resposta aberta, destinados a ser colocados em entrevista aos educandos das duas instituições cuja descrição se fez no capítulo anterior. Para a sua elaboração contribuíram inúmeras conversas informais com educandos, destes e de outros internatos congéneres, e com variados elementos do staff dos mesmos.

A qualquer dos questionários foi feito um pré-teste em internatos similares aos que seriam objecto deste estudo. Este pré-teste revelou a possibilidade de, através de tais questionários, se obterem claras diferenças entre o *processo de desenvolvimento afectivo* e a *aquisição de skills sociais*, dos grupos de educandos vivendo respectivamente num internato massificado e numa pequena estrutura tipo lar, integrada numa comunidade habitacional comum. Depois do pré-teste os questionários foram reformulados.

- O primeiro problema com o qual deparámos consistia no facto de, existindo apenas 17 educandos no Lar do Algueirão e ao tempo cerca de 48 no Internato de Nuno Álvares, ser necessário decidir como compará-los, por se tratar de números de si muito pequenos. Decidimos portanto apresentar o questionário ao universo dos educandos de ambas as estruturas, e posteriormente seleccionar dezassete dos de Nuno Álvares, aleatoriamente, para tratamento estatístico de comparação com o Lar do Algueirão.
- Os questionários foram colocados em entrevistas individuais a cada educando sem que fosse estabelecido qualquer diálogo no sentido de aprofundar o conteúdo da pergunta, para evitar eventuais influências diferenciadas; foi no entanto explicado o sentido de algumas palavras declaradas pelos entrevistados como incompreensíveis.
- Todos os educandos haviam sido admitidos na Casa Pia de Lisboa segundo os mesmos critérios de admissão. Partimos portanto do pressuposto de que o seu estatuto sócio-económico era similar.
- Temos consciência de que o estudo ganharia em rigor se os alunos objecto de análise tivessem a mesma idade cronológica e o mesmo nível de escolaridade, mas a neutralização destas variáveis tornou-se impossível como se deduz, pelo facto de haver necessidade de tomar o universo de educandos do Lar do Algueirão.
- Foi tomado o mesmo número de rapazes e de raparigas em cada uma das estruturas.
- As idades variavam entre os 11 e os 16 anos e o tempo de internamento entre os 3 e os 9 anos.
- Os alunos de Nuno Álvares Pereira tinham claramente um tempo de internamento em média superior em dois anos aos alunos do Lar do Algueirão, sendo a sua idade cronológica também em média superior em dois anos.

Depois de obtidas as respostas aos questionários, foi feita uma análise de conteúdo das mesmas, para, a partir deste trabalho, se obterem categorias dicotómicas de resposta. Por eu ter à partida convicções claras sobre as consequências de cada uma das estruturas educacionais em estudo, decidi pedir a colaboração da Dra. Maria da Conceição Lobo Antunes e do Dr. António Pires, respectivamente Socióloga e Psicólogo, para colaborarem na determinação dessas categorias, salvaguardando assim a isenção na análise do conteúdo das mesmas.

Para cada pergunta foi verificada a frequência de resposta em cada categoria. Com os resultados obtidos foram construídas as respectivas tabelas de contingência.

Questionário I

O primeiro questionário destinava-se a obter na globalidade a imagem/ideia que os educandos têm dos adultos que com eles vivem na Instituição:

- O que espera desses adultos?
- Os adultos da Instituição melhoram de imagem quanto melhor são conhecidos ou a sua contrária?
- A relação privilegiada que permite acção de modelagem é feita com um adulto concreto com funções educativas específicas, ou não existe qualquer relação privilegiada com qualquer membro do staff e é fora dele que essa relação é formada?
- Os educandos sentem o internato como a sua casa ou é qualquer coisa exterior a eles que não lhes transmite segurança e prazer reencontrar?
- Que importância afectiva tem a família ou o resíduo familiar na vida destas crianças e jovens?

Questionário II

Este questionário tinha por objectivo determinar em qual dos grupos (Lar do Algueirão ou Internato de Nuno Álvares Pereira) os educandos manifestavam ter adquirido mais skills sociais em áreas que foram consideradas importantes para a sua futura inserção social.

Considerámos depois de inúmeras conversas com técnicos da Instituição, que essas áreas poderiam ser: - Autonomia; Responsabilidade e Sentido Crítico.

Chamaremos **Autonomia** – À capacidade de ter para si próprio um projecto e de desenvolver as etapas necessárias para o realizar. Independência física, intelectual e moral.

Chamaremos **Responsabilidade** – À capacidade de prever e assumir as consequências dos actos praticados, não pondo com eles em risco o quotidiano individual e colectivo.

Chamaremos **Sentido Crítico** – À capacidade de, perante o meio humano e físico onde se está inserido, emitir pareceres fundamentados e desencadear acções transformadoras.

Conclusões

Dissemos no início deste trabalho que tínhamos convicções, acerca da maior ou menor qualidade educacional de cada uma das estruturas em análise.

Alguns considerarão o acto de partir para uma investigação com convicções *a priori* um erro. Em nossa opinião o fenómeno educativo não é qualquer coisa que nos possa deixar indiferentes se queremos permanecer vivos e actuantes na sociedade em que vivemos. Observámos com rigor, questionámos com autêntico desejo de perceber, analisámos com a objectividade de que fomos capazes:

- As convicções com as quais iniciámos este trabalho ganharam em fundamentação e em extensão.
- Os resultados do tratamento dos dados obtidos através dos questionários que foram apresentados aos educandos, revelam diferenças entre os dois grupos, no que concerne ao objecto do nosso estudo.
- Crianças e jovens, em situação de internamento educacional, numa estrutura tão parecida quanto possível com a estrutura familiar normal, revelam, segundo o nosso modelo, mais autonomia, mais responsabilidade e mais sentido crítico. A imagem da sua inter-relação com os adultos também se revelou mais positiva.

Se estas diferenças são de facto tão claras quanto este estudo parece demonstrar, então os jovens educados em pequenas estruturas têm mais probabilidade de ser adultos equilibrados, elementos activos da sociedade, capazes de grandes coisas, ou de vidas simples, com o mesmo gosto de estar vivo.

Posfácio Vinte Anos Depois

Os anos passaram e, aparentemente, os grandes internatos massificados desapareceram da Casa Pia de Lisboa. Em alternativa foram construídos, e acolhedoramente decorados, pequenos edifícios com dimensão humanizada, mas dentro dos muros dos vários colégios que a Instituição possui, por toda a cidade de Lisboa. Na sua maior parte.

Quem a visitava, eu também, só conseguia ver aquilo que parecia ser.

Em 2002, como nos lembramos ainda, foi com grande surpresa que fomos confrontados com a situação de abusos sexuais, que se desenvolviam na Instituição, havia dezenas de anos.

Tudo parecia estar muito melhor do que na altura em que este estudo foi elaborado, mas provou-se, que não basta alterar as estruturas físicas, para que as mudanças estruturais tenham lugar.

É preciso muito mais, é preciso mudar a cultura da Instituição, das Instituições, porque, como começamos a constatar, o fenómeno é potencialmente extensivo a todas as outras.

Voltei à Casa Pia de Lisboa para ajudar a gerir a crise.

Tinha consciência que sozinha nunca o conseguiria fazer, e que para além de facilitar a intervenção de quem tinha competência e poder para investigar os crimes ali cometidos, era minha obrigação deixar um projecto de reestruturação que impedisse a sua continuação.

Para o efeito, nomeou o ministro António Bagão Félix, um grupo multi-disciplinar de homens e mulheres sabedores, coordenados pelo Eng° Roberto Carneiro, que durante um ano, gratuitamente, ouviram os protagonistas da vivência institucional, ouviram peritos nacionais e internacionais, visitaram estruturas alternativas.

Desse trabalho surgiu o livro *"Casa Pia de Lisboa - um Projecto de Esperança"* que não é uma bíblia mas é, do meu ponto de vista, o mais sério documento de análise e de propostas de solução para este tipo de resposta educativa. Transcrevemos apenas:

«Seis medidas para melhorar os modelos de intervenção e as estratégias de acolhimento de crianças e jovens em situação de risco:

1 – Apoiar a família propiciando uma adequada vinculação da criança no seu seio

2 – Desenvolver unidades de inclusão social nas escolas regulares

3 – Garantir uma resposta social às situações de perigo em que encontrem crianças e jovens

4 – Promover a existência de uma rede social alargada de famílias de adopção e de famílias de acolhimento

5 – Flexibilizar o acolhimento diferenciado em plataformas institucionais de qualidade, sujeitas a padrões rigorosos de exigência, de regulação, e de fiscalização

6 – Criar o Provedor da Criança».

Estas medidas destinavam-se a qualquer das Instituições existentes no país. A obra citada caracteriza depois a especificidade com que estas medidas se adaptariam à Casa Pia de Lisboa, tendo em conta a sua História passada e recente.

O livro repousa serenamente na biblioteca monumental, e na estante de alguns dirigentes que nunca o leram.

Bibliografia

ROBERTO Carneiro e outros – "Casa Pia de Lisboa – Um Projecto de Esperança", Ed. Principia, Lisboa, 2005.

Instituto para o Desenvolvimento Social – "Crianças e Jovens que Vivem em Lares" Lisboa, 2000.

GOFFMAN, Erving – «Estigma» Edt. Zamar, Rio de Janeiro, 1963.

GOFFMAN, Erving – «Asiles» Les Editions de Minuit, Paris, 1963.

GOFFMAN, Erving – «O Mundo dos Internos» In Teorias Sociológicas.

LAPASSADE, Georges – «Groupes, Organizations, Institutions» Gautiers, Villars, Paris, 1970.

LOBROT, Michel – «A Pedagogia Institucional» Edt. Iniciativas Editoriais, Lisboa, 1966.

MAKARENKO, Anton – «Poéme Pédagogique» Edition du Progrés, Moscou, 1957/58.

MENG, Heirich – «Coação e Liberdade na Educação» Edt. Moraes Editores, Lisboa, 1953.

PALMONARI, A; Emiliani, F; Carugati, F – «Tenter le Possible (Une expérience de socialisation d'adolescents) Edt. Peter Lang, Berne, 1981.

PERRON Roger – «les Enfants Inadaptés» PUF, Paris, 1972.

TOMKIEWICZ, Stanislaw – «Adaptar; Marginalizar ou Deixar Crescer» Edt. Regra do Jogo, Lisboa, 1980.

YOUNISS – «Parents and Peers in Social Development» (Piaget and Sulivan perspective) Edt. Chicago Press, 1980.

O TERRITÓRIO DA PRIVACIDADE DAS CRIANÇAS EM ACOLHIMENTO INSTITUCIONAL PROLONGADO

MARIA JOAQUINA MADEIRA[*]
MARIA EUGÉNIA DUARTE[**]
ISABEL MORAIS[***]

Resumo

Este artigo focaliza uma das variáveis do sistema de acolhimento de crianças em perigo - A Privacidade.

Dá-se a conhecer as representações de crianças e cuidadores sobre o território da privacidade das crianças acolhidas, bem como as suas sugestões para promover o direito à privacidade na esfera de acolhimento, tendo por base uma investigação que contou com a colaboração de 45 crianças acolhidas e cuidadores.

Sabe-se que o Estado e a Sociedade assumem acrescidas responsabilidades na protecção das crianças. A literatura científica alude que compreender o que pode causar ou afectar o desenvolvimento da criança acolhida é uma questão de indiscutível importância, considerando que os contextos têm uma influência decisiva no desenvolvimento humano.

Sublinha também que a privacidade é um valor universal.

---

[*] Assistente Social – Maria Joaquina Madeira
[**] Assistente Social – Maria Eugénia Duarte
[***] Psicóloga, Mestre em Intervenção Comunitária e Protecção de Menores e Autora do Estudo "O território da privacidade das crianças em acolhimento institucional prolongado (2008)".

O direito internacional e o nacional consagram este valor.

A literatura sustenta, ainda, que as instituições de acolhimento de crianças apresentam dificuldades em salvaguardar o seu direito à privacidade.

O estudo revelou que existem sérias dificuldades por parte das instituições de acolhimento em assegurar a privacidade das crianças que acolhe. Contudo, os participantes contribuíram com sugestões pertinentes que podem concorrer para a construção de mecanismos reguladores da privacidade das crianças em acolhimento institucional prolongado.

Palavras-chave: Criança, acolhimento, instituição, território, privacidade.

Introdução

A Convenção sobre os Direitos da Criança constitui a grande referência para as politicas e acções na área da infância. De entre os direitos aí consagrados os direitos à privacidade e à participação são os que, a nosso ver, carecem de maior atenção tendo em conta a importância do seu respeito e cumprimento efectivo, na vida quotidiana das crianças.

As instituições de acolhimento têm nesse campo uma particular responsabilidade pelo que o estudo sobre "O Território de privacidade das crianças em acolhimento institucional prolongado" do qual se extraiu este artigo pretende ser um contributo para a reflexão sobre o direito da criança à privacidade e participação, no âmbito do acolhimento institucional.

Focar o olhar, cientificamente enquadrado, numa das variáveis do sistema de acolhimento de crianças, o território da privacidade, é o objectivo deste artigo.

Neste âmbito, dá-se a conhecer um estudo realizado numa instituição de acolhimento de crianças e jovens, sobre o território da privacidade das crianças em acolhimento institucional, onde se pretendeu conhecer as representações de crianças e cuidadores sobre o território da privacidade, bem como, através do exercício do direito à participação, se conheceu as suas sugestões para melhor salvaguardar este direito.

A literatura mais específica sobre esta matéria revela que as organizações mais ligadas à institucionalização apresentam sérias dificuldades em salvaguardar o direito à privacidade.

Os resultados desta investigação aludem que a instituição em estudo apresenta sérias dificuldades em assegurar a privacidade das crianças que acolhe; no entanto, crianças e cuidadores contribuíram com sugestões que concorrem para a construção de mecanismos reguladores da privacidade das crianças acolhidas em Lar.

A inscrição da criança como sujeito de direitos encontra hoje um envolvimento social com activos defensores. A importância que progressivamente se tem vindo a dar à educação e a consciencialização da responsabilidade que, nesta matéria, a sociedade detém, tem vindo a crescer desde que as Nações Unidas aprovaram em 1998, a Convenção Internacional sobre os Direitos das Crianças.

Quando a rede primária de protecção, a família, de uma criança se rompe, ou fica gravemente debilitada, podem estar criadas condições sociais geradoras de maus-tratos. As vítimas passam a depender da protecção do Estado e são, na generalidade, encaminhadas para instituições de acolhimento. O acolhimento em instituição, apesar de ser considerado a última opção do sistema de protecção, continua a ser o lugar de cuidados e protecção da criança em situação de perigo.

Dados recentes sobre o acolhimento de crianças, referem que se encontram acolhidas em Portugal cerca de 12.000 crianças, sendo que destas, 60% estão acolhidas em lares de infância e juventude. A negligência, os maus-tratos e o abandono são as razões mais frequentes para o acolhimento de crianças e a consequente retirada da guarda da família.

Estes e outros indicadores anunciam que muitas são as crianças, em Portugal, que crescem e se desenvolvem fora do contexto familiar, logo fora do contexto ecológico natural de desenvolvimento humano. A maior parte das crianças acolhidas vivem situações traumatizantes, associadas à violência e à privação. Na ausência de uma resposta mais adequada por parte das famílias biológicas, o Estado e a sociedade assumem acrescidas responsabilidades na vida e no destino destas crianças.

Compreender o que pode causar ou afectar o desenvolvimento da criança é uma questão de grande interesse teórico, mas sobretudo, com inegáveis implicações práticas. A perspectiva holística do desenvolvimento humano refere que os contextos têm uma influência decisiva no seu desenvolvimento.

Este facto sugere que, estudar o contexto de acolhimento de crianças e jovens em Portugal, no geral e em particular, é indispensável e impõe-se, caso se queira promover o desenvolvimento de contextos que previnam as violências institucionais.

Enquadramento Teórico e Metodológico do Estudo

O estudo integra definições específicas dos conceitos: *criança, lar, acolhimento em instituição, território, representações*, que importa, antes de mais, elucidar.

Para "criança", a referência adoptada é a mesma da lei portuguesa e da Convenção Internacional dos Direitos da Criança, isto é, *"criança é todo o ser humano menor de 18 anos"*.

Por *"Lar"*, como define o artigo 50.º da Lei de Protecção de Crianças e Jovens, entendem-se os espaços destinados ao acolhimento prolongado de crianças e jovens quando as circunstâncias do caso aconselham ao acolhimento de duração superior a seis meses.

Por *"acolhimento de crianças em instituição"*, integrou-se o definido no Artigo 49.º da Lei de Protecção de Crianças e Jovens, Lei n.º 147/99:

"A medida de *acolhimento em instituição* consiste na colocação da criança ou jovem aos cuidados de uma entidade que disponha de instalações e equipamento de acolhimento permanente e de uma equipa técnica que lhes garantam os cuidados adequados às suas necessidades e lhes proporcionem condições que permitam a sua educação, bem-estar e desenvolvimento integral".

Por *"território"*, Gifford (1997, p.137), teórico da área da psicologia ambiental, entende-se o "padrão de comportamentos e atitudes mantidas por um indivíduo ou grupo, baseado no *controlo* percebido, empreendido ou efectivo sobre *o espaço físico, objectos ou ideias"*. O território é um componente básico das interacções, pois regula os limites interpessoais e pode ser visto como uma expressão de posse, de poder sobre objectos e espaços. Neste estudo, quando utilizo o termo território da privacidade, centralizo-me, essencialmente, no território de tipo primário, ou seja, nas entidades de acolhimento que, tal como a lei define, devem dispor de espaço físico/instalações de acolhimento permanente e de equipa técnica que acompanhe e garanta cuidados e condições para o desenvolvimento integral da criança acolhida.

Por *"representações"* assumiu-se o conceito de representações sociais e refere-se, segundo Moscovici S., (1981:181), a «um conjunto de conceitos, proposições e explicações criados na vida quotidiana, no decurso da comunicação interindividual».

A representação é assim entendida como «construção de um objecto e expressão de um sujeito», tendo uma forte ressonância social, pois trata-se de «uma modalidade de conhecimento socialmente elaborada e partilhada, com um objectivo prático, contribuindo para a construção de uma realidade comum a um conjunto social».

Esclarecidos estes conceitos, o estudo parte de seguida, para a exploração fundamental e indubitável do *conceito de privacidade*, pois conhecer o território da privacidade da criança no âmbito do acolhimento em instituição é, do ponto de vista teórico, um desafio, um processo de descoberta, análise, integração dos vários conceitos e de apropriação de "lentes" que permitiram ao investigador examinar os dados e descortinar o seu significado. Neste processo, que tipifica o procedimento empírico, o investigador recorreu primeiramente a uma estratégia de reconhecimento dos conceitos associados. Perscrutou o conceito da privacidade no geral, com enfoque particular no ambiente de acolhimento institucional de crianças.

Como o território de acolhimento (espaço físico / interacções humanas) é o contexto primário de desenvolvimento das crianças acolhidas, foi de primordial importância, para o investigador, abordar o tema sob a perspectiva do impacto do contexto no desenvolvimento humano.

Com suporte no seu significado mais geral descortinou o seu significado no âmbito da vida em instituição.

O quadro teórico do estudo revelou que a natureza do termo privacidade é complexa e tem sido abordada por diversos autores. Giddens (1961, 1963) situa a privacidade como a interface da intimidade que nasce da relação pura. Privacidade é condição essencial para a existência de relações interpessoais íntimas. Autores como Altman (1975, 1980), Pedersen (1996) e Kupritz (2000), entre outros, situam o seu significado como um conceito centralizado na pessoa (o poder de regular informação acerca de si), nas suas interacções (quantidade, qualidade e tipo de interacções) e nos espaços (ausência ou presença de barreiras ambientais). A privacidade traduz-se assim na forma como os indivíduos fazem a gestão das informações pessoais e das suas interacções com o mundo social e se tornam mais ou menos acessíveis aos outros num determinado espaço físico. Bronfenbrenner (2005), enfatiza que a forma como o ambiente no contexto de acolhimento lida com as questões da privacidade tem um grande impacto no processo de desenvolvimento das crianças e jovens acolhidos.

Já Bentham (1791), Goffman (1961) e Foucault (1975), sublinham que nas organizações ligadas à institucionalização perdura a violação de um direito fundamental do homem, o direito à privacidade.

No quadro metodológico, o estudo apresentou como principal objectivo conhecer o território da privacidade das crianças acolhidas em Lares de Infância e Juventude e entender o fenómeno segundo a perspectiva dos participantes: crianças, educadores, técnicos e dirigentes, sujeitos do contexto estudado, bem como fazer emergir da população em estudo, propostas que promovam o direito à privacidade.

Neste âmbito, o investigador realizou um estudo de tipo descritivo, assente na pesquisa qualitativa. O focus group /grupo discussão focalizada e entrevistas individuais foram as técnicas utilizadas para recolha de dados e a análise de conteúdo, a técnica eleita para tratamento e respectiva análise dos dados.

O estudo contou com a participação de 45 sujeitos, dos quais 25 são crianças e 20 são colaboradores ou dirigentes. As crianças tinham idade igual ou superior a 12 anos, 18 encontravam-se acolhidas em Lar e 6 estavam integradas num programa de promoção das competências de autonomia.

Com base na revisão bibliográfica realizada, o estudo investigou as seguintes dimensões da privacidade: *privacidade de informação* (protecção da sua identidade, da história pessoal; da informação sobre si, suas relações interpessoais; protecção da informação); *privacidade de comunicação* (a confidencialidade; inviolabilidade de correspondência e dos contactos telefónicos); *Privacidade no espaço lar* (acesso aos quartos; utilização da casa de banho; armários privados fechados à chave; espaço para estar sozinho; espaços pessoais/reservados; portas; entradas em dependências do Lar quando estão ocupadas; quartos individuais; presença de esconderijos); *privacidade da propriedade* (bens legitimamente possuídos; protecção dos bens; respeito pelos bens do educando); *privacidade corporal* (territórios do eu físico; a fronteira que o indivíduo estabelece entre o seu eu e o ambiente; condições de utilização de quartos e casas de banho; condições para a utilização de testes com substâncias corpóreas; protecção do corpo e abordagens invasivas).

Principais conclusões

1. *Acolhimento institucional – e o direito de privacidade*

Dar voz às crianças e aos cuidadores, foi, neste estudo, um processo muito importante para o acesso às suas representações sobre o território da privacidade, bem como para aceder aos seus contributos na área da promoção do direito à privacidade, valor considerado universal e uma necessidade básica da criança.

Neste âmbito, a pergunta de partida foi:

Os Lares salvaguardam o território da privacidade das crianças acolhidas?

Os resultados anunciaram uma resposta negativa a esta questão e vão ao encontro da literatura desta área, que aventa que as instituições de acolhimento de crianças apresentam sérias dificuldades em salvaguardar o direito à privacidade da criança acolhida.

Na dimensão *protecção da privacidade d*a criança acolhida *nos Lares*, os dados revelam que é difícil estabelecer os limites entre o privado e o controlo e protecção do cuidador.

Existem regras para proteger a privacidade mas são faladas, não escritas. A regra *"bater à porta antes de entrar"* é a mais facilmente identificada por crianças e cuidadores. São os cuidadores que assumem que há muito a fazer, e que é necessário melhorar a qualidade da intervenção, para salvaguardar o direito à privacidade.

Na área da *privacidade da informação* constatou-se que, há demasiados assuntos sobre as crianças, que *"todos sabem no lar ou fora dele"* (ex. escola), *"...os educadores de diferentes lares tratavam dos nossos assuntos como se fossem coisas da vida dos jornais, das telenovelas... aquilo para eles... eu sinto que aquilo para eles é um filme...", "...há sempre fuga de informação... isso é falta de respeito... mesmo que não seja por mal..."* – Crianças. Quanto às sugestões, as crianças apresentam uma expectativa baixa, consideram que não há solução *"todos sabem tudo na mesma"* (Criança). Algumas transcrições ilustram esta noção *"eu acho que eles também dizem muito. A minha stôra agora tem muita pena de mim, eu também não quero que ela tenha pena de mim"* (Criança).

A inviolabilidade da correspondência parece ser um dos direitos mais salvaguardados. Ao analisar os resultados no âmbito da *privacidade na comunicação*, crianças e cuidadores consideram que "as cartas são abertas pela criança ou com a sua autorização caso esteja distante do local onde a carta é recebida" (Criança). O direito (artigo 58.º da Lei de Promoção e Protecção de Crianças e Jovens em Perigo) reconhece que a criança pode contactar, com garantia de confidencialidade, familiares e amigos. Parece ser nesta, a área da privacidade da comunicação, que os lares melhor salvaguardam o direito privacidade.

Quanto à *privacidade no espaço do Lar*, e mais em particular quanto à utilização da casa de banho, crianças e cuidadores consideram que existem condições para a criança estar à vontade, mas as crianças referem que nem sempre o estão. Cuidadores referem que as condições arquitectónicas das casas de banho não favorecem a privacidade da criança na utilização da casa de banho (tipo balneário, aberto por cima), ("... *há algumas crianças que pedem aos educadores – deixe-me ir ali tomar banho na sua casa de banho – eu acho que aí eles se sentem mesmo com a sua privacidade completamente assegurada, a casa de banho dos educadores tem chave e tranca"* (Criança).

Relativamente ao quarto, crianças e cuidadores referem que a criança (dentro do possível) não pode estar o tempo que lhe apetece e à vontade no seu quarto e que o acesso ao quarto depende de autorização do cuidador. Quando a criança necessita estar sozinha, crianças e cuidadores consideram que no Lar não há lugar para o efeito, no entanto, crianças e cuidadores também referem que o quarto é local eleito quando há esta necessidade. Os cuidadores quando vêem que a criança precisa estar sozinha, deixam-na sair do lar para encontrar esse espaço. ("... eu *subia a uma árvore e estava lá e ninguém me chateava, nem que passassem por lá, porque ninguém me via...",* Criança) (*"... ela só chorava depois das outras adormece-rem... era para ninguém se meter com ela...",* Criança), (*"... eles não têm espaço para estar sozinhos e eu acho que isso é tão importante",* Cuidador).

Os resultados sugerem que, tal como nas instituições totais defi-nidas por Goffman, nos lares, algumas crianças não encontram locais livres – território pessoal (local de refúgio em que o indivíduo se sente tão protegido e satisfeito quanto isto seja possível num ambien-te), outras identificam o quarto como território pessoal onde podem ficar sozinhas e ainda outras crianças precisam sair do lar para estar sós.

Na área da *privacidade da propriedade,* crianças e cuidadores consideram que *"não existem objectos da propriedade exclusiva das crianças e que muitas coisas desaparecem"* (Criança); no entanto, crianças e cuidadores *"identificam objectos electrónicos e roupa como objectos exclusivos desta",* mas os mesmos assumem que *"não existe um local privado para a criança guardar estes objectos"* (este é o indicador com frequência total mais elevada). *"Quando precisam guardar os objectos mais valiosos, são os cuidadores (educadores) que guardam"* (Criança), pedir para fechar a porta do quarto à chave é também uma das estratégias utilizadas pelas crianças para proteger a propriedade. Existem crianças que consideram que *"no Lar é im-possível fazer respeitar a propriedade". "A questão do espaço fecha-do para a criança guardar os seus bens suscita algumas dúvidas nos cuidadores, pois pode ser utilizado para fins ilícitos".*

Quanto à *privacidade corporal,* algumas crianças revelam que *"se sentem à vontade no Lar",* mas outras crianças e cuidadores referem que *"não podem estar à vontade pois não há chaves, nem fechos para fechar as portas".*

O estudo constatou que as categorias que apresentam menores frequências são: conceitos sobre privacidade, privacidade da comu-nicação e privacidade corporal. A primeira exige maior abstracção e foi recolhida no âmbito de uma actividade de associação livre de ideias, a segunda parece ser a área da privacidade em que existe maior salvaguarda desse direito e a terceira, apesar de ser uma das categorias com número de perguntas mais elevado (10), registou menor participação. O indicador sugere que esta "... *é, ainda, culturalmente, uma área embaraçosa*", refere um cuidador.

No âmbito dos registos subsequentes à discussão de grupo focalizada, verifica-se que, o momento em que surgem questões ligadas à privacidade do corpo, regista mais silêncios ou tendência para responder ao lado.

A análise das entrevistas individuais com os dirigentes da instituição revela que estes também têm uma representação da privacidade da criança nos Lares como sendo uma área em que o direito não está assegurado, estão abertos à mudança e são também criadores de soluções para promover o direito à privacidade das crianças acolhidas nos Lares.

Em síntese, os resultados do estudo indicam que, tal como nas instituições totais definidas por Goffman (1961), nos lares algumas crianças não encontram locais livres – território pessoal (local de refúgio em que o indivíduo se sente tão protegido e satisfeito quanto isto seja possível num ambiente), outras identificam o quarto como território pessoal onde podem ficar sozinhas e ainda outras crianças precisam sair do lar para estar a sós. Os dados sugerem, igualmente, que existem áreas em que as crianças não têm expectativas de mudança, nomeadamente, a privacidade da informação e privacidade da propriedade.

A revisão de literatura da investigação expõe que se não forem asseguradas condições de privacidade, não estão conseguidas as condições necessárias para o estabelecimento de relações de intimidade (cuidador/criança). Os resultados parecem indicar que no contexto de acolhimento não existe um "contrato rotativo", ou seja, o conjunto de normas (mecanismos sociais) que regulam a privacidade, dado não estarem formal e democraticamente estabelecidas no sistema. As regras que existem são faladas, não escritas e diferem de lar para lar, estando também dependentes de quem é o cuidador e da situação. Verifica-se então que a Instituição parece apresentar lacunas na implementação de mecanismos sociais e ambientais que regulam a privacidade.

O estudo indica ainda que, no âmbito da privacidade, o sistema de acolhimento não protege, de uma forma consciente e intencional, a privacidade da criança.

O *território da privacidade das crianças em acolhimento*   295

No entanto, crianças, cuidadores e dirigentes da Instituição avaliam a privacidade como um direito fundamental, identificando claramente lacunas existentes neste âmbito e objectivando soluções.

2. *Os condicionalismos ao cumprimento do direito à privacidade*

Entre os condicionalismos que o estudo revelou, ainda persistem no ambiente de acolhimento os seguintes aspectos: os espaços do acolhimento são marcadamente colectivos, os quartos acolhem duas a três crianças, independentemente da idade; verifica-se a invasão dos territórios pessoais (fronteira que o indivíduo estabelece entre o seu eu e o ambiente); ausência de fechos nas portas do quarto e de casas de banho; algumas crianças têm dificuldade em satisfazer a necessidade de estar inteiramente sozinhas; impossibilidade de vida reservada (a criança sente que a sua história e dados pessoais são demasiado expostos); inexistência de espaços reservados para guardar bens pessoais; o território pessoal limita-se ao quarto, embora seja partilhado; os quartos individuais estão disponíveis para uma parte reduzida da população; a criança acolhida tem dificuldade a guardar algo para si, tudo o que usa pode também ser usado por outros; tem tendência a criar esconderijos; é obrigada a abandonar bens que podem ser aqueles com os quais mais se identificou.

Afinal o exemplo de uma realidade longínqua é também o exemplo de uma realidade próxima e presente. No ambiente de acolhimento actual, persiste a violação de um direito fundamental do homem, o direito à privacidade, tanto ao nível da pessoa, como das suas interacções e dos espaços.

Neste quadro, o estudo realçou ainda dois aspectos. O primeiro é que a maioria das instituições de acolhimento têm realizado um movimento no sentido de reduzir o número de crianças acolhidas por lar. Este facto vai ao encontro de Torvisco (1998) que indica que a densidade da população (número de pessoas/ espaço disponível) e a humanização dos espaços são factores essenciais a ter em conta no âmbito da privacidade no acolhimento de crianças. O segundo é que os resultados também apontam para uma predisposição para a mudança. Os cuidadores estão abertos a tratarem destes e outros temas de relevância para a criança e desejam desenvolver uma intervenção mais qualificada na área de garantia do direito à privacidade e as crianças, como estudo revela, mostrando-se muito participativas e criativas na análise de dificuldades e na identificação de soluções realistas.

Se o estudo se tivesse centrado apenas no primeiro objectivo, no acesso às representações do território da privacidade das crianças acolhidas, teria tido acesso apenas a um facto indubitável e incómodo: os dados parecem revelar que os lares infringem um valor universal, uma necessidade básica, um direito da criança, consagrado no direito nacional e internacional, o direito à privacidade. Este facto aponta para a presença de um paradoxo: o sistema de acolhimento, sobre a ressalva do direito à protecção da criança, quebra outros direitos fundamentais. Mas, e ainda bem, o estudo não se esgota no diagnóstico, vai para além dele, perscruta e indaga crianças e cuidadores sobre como ultrapassar esta realidade incómoda. Elas, as PESSOAS (o indivíduo) abrem um leque de soluções, apontam estratégias, em todas as dimensões estudadas, constatando-se mesmo o facto de que as crianças contribuem com mais soluções nos indicadores que identificam em exclusividade. Este facto ilustra o defendido por Rogers (1961) "cada pessoa possui em si mesmo as respostas para as suas dificuldades e a habilidade necessária para resolver os seus problemas" e reforça em grande medida o valor da participação activa do indivíduo no processo do seu desenvolvimento.

3. *Como promover o direito à privacidade nos Lares de Infância e Juventude?*

O estudo revela que são muitas e variadas as sugestões de crianças e cuidadores para que os Lares possam melhor salvaguardar a privacidade das crianças que acolhem. Na área da privacidade do espaço Lar são os cuidadores que dão sugestões, dizendo que há muito a fazer neste campo, é preciso melhorar a qualidade da intervenção, deve-se falar sobre estas e outras questões, na área do acolhimento.

Nesta área deve-se ultrapassar as questões do bom senso e passar a uma intervenção mais técnica, mais focalizada nos direitos das crianças. Devem-se instituir mecanismos de participação formal das crianças. Elas devem ser ouvidas pelos sistemas que as acolhem.

Na área da privacidade da informação, algumas crianças sugerem que devem ser as crianças a autorizar o acesso à informação, e que se deve saber apenas uma parte da história da criança, não tudo. Sugerem também que a criança deve ter acesso aos dados do seu processo. As crianças propõem também que não se deve referir de forma negativa a sua história pessoal/familiar no contexto da intervenção educativa e que aos educadores novos deve ser a própria criança a contar a sua história.

Cuidadores e crianças referem também que não se deve falar de assuntos relacionados com a vida das crianças descuidadamente, nem em ambientes informais, e que o direito à privacidade deve ser igual para todas as crianças acolhidas, não deve estar dependente do tipo de relação criança/cuidador. Deve ser um direito humano.

As propostas dos cuidadores situam-se a três níveis, ao nível da formação específica, do acesso/gestão à informação e à protecção desta. Na área da formação referem que os cuidadores devem ter formação específica na área da protecção da privacidade da criança. Na área do acesso à informação sobre a criança: deve-se aumentar a exigência sobre o dever de confidencialidade e de consentimento informado; deve-se reduzir ao máximo o número de colaboradores que acedem à informação; os educadores, representantes das figuras parentais, devem ter acesso a toda a informação; deve-se tratar os assuntos particulares de cada, com e por ela em privado; a informação enviada ao tribunal deve ser primeiramente trabalhada com a criança e sua família. Quanto à protecção da informação, esta deve circular em envelope fechado; devem existir regras concretas para a gestão da informação.

No âmbito da privacidade da comunicação surgiram várias propostas.

Devem ser as crianças a abrir a correspondência que lhe é remetida, os educadores só podem ler com autorização desta e sugerem também que deve haver um espaço privado para falar ao telefone. Crianças e cuidadores propõem a colocação de um telefone sem fios para melhor garantir o contacto telefónico privado.

Quanto à promoção da privacidade no espaço do Lar, as crianças sugerem que os Lares deviam ser espaços mais parecidos com as casas de família, na forma e nas regras, os espaços deviam ser mais humanizados e as crianças deviam ter acesso livre aos quartos com o devido respeito pelo outro. Crianças e cuidadores sugerem que todas as portas das casas de banho deviam ter fechos.

Na área da privacidade da propriedade, as crianças e cuidadores sugerem que deve existir um espaço privado para cada criança guardar os seus objectos pessoais e uma chave suplente devia estar na posse de um educador. Cuidadores complementam esta proposta dizendo que se houver necessidade de abrir este espaço, deve ser feito na presença da criança. As crianças sugerem ainda que, para protecção da roupa, o acesso à lavandaria dever ser feito só por educadores e que o grupo de crianças deve ser trabalhado no sentido de que todos aprendam a respeitar a propriedade do outro.

No campo da privacidade corporal, as crianças sugerem que as casas de banho deviam ter fechos e que se deve aumentar as paredes das casas de banho para que não se possa ver por cima. Crianças e cuidadores sugerem que os quartos e casas de banho devem ser individuais, principalmente a partir de determinada idade. Cuidadores consideram que há trabalho técnico-educativo a fazer na área da protecção do eu, do corpo e do corpo do outro.

A revisão de literatura e os resultados deste estudo apontam trajectos para a promoção do direito à privacidade no âmbito do acolhimento de crianças.

A Instituição deve, de acordo com o modelo dos mecanismos de controlo da privacidade de Kupritz (2000), baseado no modelo de Altaman, desenvolver mecanismos sociais que regulem a privacidade das crianças acolhidas, através de políticas, alicerçadas em fundamentos cientificamente sólidos, nos direitos do homem / da criança, sem descorar os princípios da democratização das relações.

Deve assegurar os mecanismos ambientais, barreiras fixas ou móveis, atributos espaciais para a protecção da privacidade das crianças acolhidas e assegurar ainda de forma contínua o direito à participação das crianças e cuidadores no diagnóstico das dificuldades do sistema de acolhimento e na identificação de possíveis soluções.

Síntese final

O estudo aqui divulgado permitiu o acesso a uma variável do acolhimento institucional prolongado, que se revelou pouco protegida – a privacidade das crianças acolhidas. Divulgar as conclusões chegadas pode impulsionar o movimento de mudança no sentido da melhor salvaguarda dos direitos da criança acolhida.

Este estudo revelou também que no exercício do direito à participação **crianças,** cuidadores e dirigentes contribuem com sugestões sustentadas e significativa para a melhor salvaguarda dos direitos da criança acolhida.

Garantir a privacidade das crianças em acolhimento institucional apresenta-se como um objectivo que ainda não foi alcançado na sua totalidade.

O desafio é o de se operacionalizarem formas e mecanismos que criem as condições necessárias ao cumprimento deste direito que afinal traduz de forma significativa o respeito pela pessoa única, que é cada criança.

Palavras com sentido

"Para não parecer um estranho para consigo próprio, é preciso, em primeiro lugar, que o meio tenha possibilitado o fortalecimento do EU..."

Boris Cyrulnick (1999)

"...defendo uma moral institucional centrada sobre o respeito das pessoas, único modo de prevenir as violências institucionais."

Pain (2004)

"...é importante uma atitude de supervisão à distância entretanto, sei quão difícil é a arte de encontrar a distância adequada no espaço inter-relacional sem que ela descambe para o controle ou caia na omissão."

David Leo Levisky (1995)

"...arranjem a porta da casa de banho, para ela fechar bem quando estamos a tomar banho..."

Criança acolhida (2006)

Principais referências bibliográficas do estudo

ALTMAN, I. (1975). *The environment and social behavior: privacy, personal space, territory, crowding.* Monterey, Califórnia: Brooks/Cole.

ALTMAN I. & CHEMERS M. (1980) *Culture and Environment,* Brooks/Cole.

BARDIN, L. (2004). *Análise de Conteúdo* (L. A. Reto & A. Pinheiro; Trad.). Lisboa: 70, (Trabalho original publicado em 1977).

BAUM, A. & PAULOS, P. (1987). Crownding. em D. Stokols& I. Altaman (Org.), *Handbook of environmental psychology* (pp. 548-726) . New York: Wiley Interscience.

BENTHAM, J. (2000). *O panóptico.* Belo Horizonte: Editora a Autêntica.

BRONFENBRENNER, U. (1996). *A ecologia do desenvolvimento humano. Experimentos naturais e planejados* (M.A.V. Veronese, Trad.). Porto Alegre: Artes Médicas (original publicado em 1979).

BRONFENBRENNER, U. (2006) *Handbook of Child Psychology,* Volume 1, Capítulo 14.

BRUYNE D., P., HERMAN, J., SCHOUTHEETE, M. (1975), *Dynamique de la recherche en sciene sociales,* Vendôme, P.U.F., 240p.

CHAVES, A. M. (2002*).* A vida e o viver em internato: o ponto de vista de um grupo de meninos residentes. in E.R. Lordelos, A.M. A. Carvalho & S.H. Koller (Orgs.), *Infância brasileira e contextos de desenvolvimento* (pp. 45-75) São Paulo/Salvador: Casa do Psicólogo, EUFBA.

CECCONELLO, A. M. & KOLLER. S. H. (2003*).* A inserção ecológica na comunidade: Uma proposta metodológica para o estudo em famílias em situação de risco in *Psicologia Reflexão e Critica,* 16 (3), 515-524.

COOKSON, P. W. & PERSELL. C. H. (2002) Internatos Americanos e Ingleses: um estudo comparativo sobre a reprodução das elites (A. M. F. Almeida, Trad). Em A. M. F. Almeida & M. A. M. Nogueira (Orgs.). *A escolarização das elites* (pp. 103-119) Petrópolis: Vozes.

FOUCAULT, M. (1997*). Vigiar e punir: história da violência nas prisões.* (R. Ramalhete, Trad.) Petrópolis: Vozes (Obra original publicada em 1975).

GIDDENS, A (1994). *Modernidade e identidade pessoal* (M.V. Almeida, Trad.) Oeiras: Celta. (Obra original puplicada em 1991).

GIDDENS, A (1997). *Sociologia.* (F. C. Gulbenkian, Trad.). Lisboa: Fundação Calouste Gulbenkian (Obra original publicada em 1993).

GIFFORD, R. (1997). *Enviromnmental Psychology* (2nd) Bóston: Allyn end Bacon.

GOFFMAN, E. (2005) *Manicómios Prisões e Conventos.* (D. M. Leite, Trad.) São Paulo: Perspectiva (Obra original publicada em 1961).

KRUEGER, R. A. (1998). *Developing questions for focus groups.* Thousand Oaks: Sage.

MORGAN, D. L. (1998), *Focus groups as qualitative research* . Sage Pubns .U.S..

Ó, J. R.(2005). A Casa Pia de Lisboa (1780-1960) como um laboratório da modernidade Educativa em Portugal. In *Concretizar um Projecto de Mudança.* Lisboa: Casa Pia de Lisboa.

PAIN, J. (2004). La violence institutionnelle? Aller plus loin dans la question sociale. *Lisboa*: Casa Pia de Lisboa. Conferência.

POL, E. (1996) La apropiación del espacio. In L. Íñiguez & E. Pol (Orgs), *Cognición, representación e apropiación del espácio* (Colección Monografías Psico-Socio-Ambientales, Vol. 9. pp 45-62) Barcelona: Publications de la Unmiversitat de Barcelona.

O *território da privacidade das crianças em acolhimento*   301

ROGERS, C. (1961). *Tornar-se Pessoa*. Lisboa: Moraes Editores, 1984.

SMITH, M. (2003) *Research methods in accounting*. London, Sage.

STEINBERG, L. (1996). *Adolescence, New York: Macgraw-Hill.* (trabalho original publicado em 1985).

TORVISCO, J. M. (1998), Espacio personal e ecologia del pequeno grupo. In J. I. Aragonês & M. Américo (Orgs.) *Psicologia ambiental* (pp. 548-726). Madrid: Pirâmide.

VALERA, S & VIDAL, T. (1998) *Privacidad e territorialidade*. In J. I. Aragonês & M. Américo (Orgs.), *Psicologia Ambiental* (pp 123 – 147) Madrid: Pirâmide.

VINSEL A.. BROWN B. B, ALTMAN I. & FOSS C. (1980). Privacy Regulation, Territorial Displays, and Effectiveness of Individual Functioning. *Journal of Personality and Social Psychology*; Vol. 39, No. 6, 1104-1115.

REGIME DE EXECUÇÃO DAS MEDIDAS DE PROMOÇÃO E PROTECÇÃO DE CRIANÇAS E JOVENS EM PERIGO

Francisco Maia Neto[*]

O Coordenador de Caso. Plano de Intervenção.
Dever de Colaboração das entidades ou serviços comunitários.

> **Resumo**: *O Plano de Intervenção[1], na execução do Acordo e Medida de promoção e de protecção, é a pedra angular do sentido e da eficácia do actual sistema comunitário de protecção. O Coordenador de Caso[2-3] é o líder, o "ponta de lança[4]"do PI, responsável pela boa articulação dos serviços locais ou comunitários que, na primeira linha, têm o dever de colaboração com este, nas valências e respostas específicas que podem dar à criança ou jovem em apoio pela cpcjp[5] ou pelo tribunal.*

---

[*] Procurador-Geral Adjunto.

[1] Plano de Intervenção: a concretização do acordo de promoção e protecção, artigo 7.º do DL n.º 12/2008, de 17/01, de futuro PI.

[2] Definição1: Artigo 15, n.º 2 do DL 12/2008 de 17 de Janeiro: O Coordenador de caso é o interlocutor privilegiado junto da criança ou do jovem, devendo constituir para esta e para o respectivo agregado familiar uma referência.

[3] Definição 2: Acompanhante de caso: Artigo 55.º-1-a) da LPP "O APP inclui obrigatoriamente a identificação do membro da cpcjp ou do técnico a quem cabe o acompanhamento do caso.

[4] Ponta de Lança: jogador mais avançado duma equipa de futebol, para quem os outros colegas, na retaguarda, jogam com vista à concretização dum resultado positivo, o de fazer o "golo".

[5] Comissões de protecção de crianças e jovens em perigo, de futuro cpcjp.

304   *Estudos em Homenagem a Rui Epifânio*

> ***Palavra – Chave****: Coordenador de Caso; Plano de Intervenção na protecção; Regime de execução das medidas de promoção dos direitos e da protecção de crianças em perigo.*

1. Sistema legal de Protecção de Crianças em Perigo

O actual sistema de protecção de crianças e jovens em perigo, vigente desde o dia 1 de Janeiro de 2001, pela publicação da Lei de Promoção de Crianças em Perigo[6] desenha-se, triangularmente e da seguinte forma:

a) *Instituições de infância e juventude*. A promoção dos direitos e a protecção das crianças e dos jovens em perigo incumbe às entidades com competência em matéria de infância e juventude, às comissões de protecção, e aos tribunais. Na base deste triângulo estão as instituições de infância e juventude, locais onde as crianças[7] diariamente fazem o seu percurso normal, como: infantários, creches, escolas, centros de saúde, ipss[8], hospitais, etc. Neste patamar, o funcionamento da protecção é consensual com as famílias, crianças e jovens.

Entre nós, o modo de o operacionalizar está ainda pouco estudado e menos ainda implementado. Poderá passar, pela agilização duma *"Lista de Contactos"*[9] representativa dos vários serviços locais ou comunitários, ou mesmo os da área do município, dela constando o nome e o contacto do responsável mais próximo de cada criança dessa área territorial, nomes como o do professor, do director de turma, do médico de família, do técnico da segurança social e responsável por aquela família, do técnico ou do vereador da acção social do município, do representante local do instituto da juventude, etc. Tal lista poderá evoluir para uma aplicação informática, cuja acção será mais fácil e transparente para os vários serviços locais.

---

[6] Lei 147/99 de 01.09, de futuro, por brevidade, LPP.

[7] Criança, todo ser humano menor de 18 anos, art. 1.º Convenção Internacional dos Direitos da Criança.

[8] IPSS: Instituições Privadas e Solidariedade Social, de futuro ipss.

[9] O «contact *point» já usado pelos ingleses.*

E o primeiro serviço local que detecte o perigo tem legitimidade e a obrigação legal, conforme artigo 7.º da LPP, de impulsionar a protecção neste patamar, contactando os pais ou quem tenha a guarda da criança ou jovem e, mediante o consenso deles, marcar o local dum encontro com os demais serviços e responsáveis por aquela criança, serviços onde ela diariamente se desenvolve, ou que possa ajudar nesse desenvolvimento.

Os serviços locais poderão ainda celebrar protocolos de articulação e colaboração entre si, se entenderem que tal reforça a sua legitimidade para intervir.

Esses elementos, da lista de contactos de cada criança dum município, deverão ter formação adequada sobre o sistema de protecção de crianças e jovens em perigo. Consequentemente e ressalvado o uso de aplicação informática, parece fácil e muito acessível a dinamização deste primeiro patamar do sistema de protecção.

Estamos crentes que a implementação do primeiro patamar deste triângulo protector será o próximo grande passo de consolidação deste Sistema de Protecção

Afinal, ao Médico pede-se apenas colaboração ou apoio de acto médico, nomeadamente na área da medicina familiar, pedopsiquiatria, consulta de desenvolvimento, da psicologia clínica, medicina legal, ao Professor colaboração no ensino, nomeadamente nas respostas curriculares diferenciadas e adequadas ao caso, ao Município ajuda social e nomeadamente habitacional ou outra, à Segurança Social apoio social e económico, ao representante do Instituto da Juventude colaboração e integração em actividades desportivas para desenvolvimento físico e sobretudo para ocupação socializante dos tempos livres.

Enfim, é usual dizer-se "quem *não sabe não bole*" e, portanto, cada elemento de cada serviço local só deve fazer e colaborar com a sua funcionalidade específica.

b) *As Comissões de Protecção* de crianças e jovens em perigo, adiante designadas por cpcjp, situam-se no segundo patamar deste triângulo. São instituições oficiais não judiciárias, com autonomia funcional, em princípio sedeadas nos municípios. Apoiam as famílias e protegem as crianças, na base do consentimento escrito dos pais ou dos seus representantes legais. Hoje temos o País coberto por quase

300 cpcjp, as quais estão a proteger anualmente cerca de 60.000 crianças.

Na modalidade restrita, as cpcjp estão a cumprir, de forma notável, o preceito constitucional do artigo 69.º o qual reconhece às crianças o direito à protecção também da sociedade.

E na modalidade alargada, as cpcjp vão encontrando, devagarinho, o seu papel de planificar, no seu território, os planos de acção preventivos, na área do risco[10] evitando que se chegue a situação de perigo. Partindo da consulta do relatório anual da actividade da sua comissão restrita, a cpcjp na modalidade alargada, selecciona as situações de perigo mais frequentes e planifica programas de intervenção, em articulação com os CLAS[11].

São bons exemplos disso, os planos anuais ou bianuais de combate ao insucesso escolar, ao alcoolismo, à toxicodependência, por melhor educação parental, de forma articulada com a 1.ª linha, e unindo as parcerias da saúde, dos infantários, das creches, das escolas, das associações juvenis, das câmaras municipais e de outros programas existentes no terreno, que muitas comissões alargadas já concretizaram.

A protecção nas comissões é feita mediante abertura de processo de protecção, em regra, por cada criança a apoiar. Estes processos são por natureza provisórios, com revisões no máximo de seis em seis meses, e as medidas aplicadas de promoção e protecção, em meio natural de vida, podem durar até um ano, e no máximo até 18 meses. Estas medidas devem ser complementadas, após o arquivamento do processo onde foram aplicadas, mediante abertura de um outro processo, o processo tutelar cível. Este processo complementar é da competência do MP junto do tribunal da residência da criança, á data da sua propositura, conforme dispõe o artigo 69.º da LPP e 155.º da OTM.

Nos processos onde à criança ou jovem tenha sido aplicada medida de acolhimento em instituição ou em família de acolhimento, entende-se que estes processos não devem ser arquivados sem que a equipa técnica da instituição que o acolhe ou que acompanha a

---

[10] Risco. Exemplos: Alcoolismo, toxicodependências, desemprego, stress, roturas conjugais, transporte crianças, Pais ausentes, multi-emprego e falta tempo para filhos.

[11] CLAS: Centros Locais de Apoio Social.

família de acolhimento encontre e proponha, ao responsável pelo processo de protecção, um projecto de vida mais permanente ou estável, fora da instituição ou da família de acolhimento. Só então é que devem comunicar ao MP para efeitos do artigo 69.º da LPP, ou seja, para efeitos de propositura do tutelar cível adequado.

A criança ou jovem desde *que institucionalizado, apenas diminuiu o grau de perigo* relativamente ao local donde foi afastado, mas continua em perigo.[12] E se continua em perigo, tem o direito que lhe mantenham o processo de protecção aberto. E não será certamente o facto do processo de protecção obrigar a duas revisões ao ano, que o seu titular, onde esta medida foi aplicada, aumentará significativamente a sua pendência ou o seu trabalho. As vantagens da manutenção de abertura deste processo são manifestamente superiores aos inconvenientes para crianças institucionalizadas.

Na verdade, após a intervenção das cpcjp na situação de perigo das crianças, se estas não continuarem ou não regressarem aos seus pais biológicos, como, em princípio, deverá acontecer, a definição das suas situações jurídicas sobe agora ao patamar do tribunal. Aqui o MP, accionará o adequado processo Tutelar Cível, como a Regulação das Responsabilidades Parentais, a Tutela, a Limitação da Responsabilidade Parental ou a Confiança Judicial com vista à Adopção, o Apadrinhamento Civil, ou seja, o processo tutelar cível adequado ao caso concreto, para que as crianças ou jovens apoiados, fiquem com uma medida tutelar definitiva.

O desafio próximo e futuro neste patamar será a estipulação dum crédito de horas a prestar por cada serviço, representado na cpcjp, crédito a ser acordado, por exemplo, entre o seu presidente e o responsável do serviço regional ou local aí representado.

c) *Os tribunais*. Os tribunais apoiam as crianças e os jovens em perigo, nas situações em que os pais recusem dar às cpcjp, o seu consentimento escrito, ou recusem a medida de protecção proposta por estas comissões, ou ainda quando as cpcjp não estão instaladas. Neste último patamar do triângulo protector, os tribunais são assessorados

---

[12] Que perigo? – O perigo da privação duma família mais relacional ou afectiva que o possa fazer crescer melhor para a autonomia e para a individualidade.

308   *Estudos em Homenagem a Rui Epifânio*

pelas Emats[13] da Segurança social ou da Misericórdia, no apoio técnico às decisões, no acompanhamento da execução das medidas judiciais de promoção e protecção aplicadas e no apoio às crianças e jovens, elaborando relatórios, informações, intervindo nas audiências e participando nas diligências judiciais de instrução.

Destaco aqui, as quatro seguintes situações que ainda enfraquecem o sistema de protecção e, por isso, aqui merecem ser sublinhadas:

1.ª Que os tribunais não devem pedir essa assessoria[14], às cpcjp, por ser ilegal e por estas não terem legitimidade para intervir, pois a legitimidade só nasce com o consentimento dos pais ou de quem tenha a guarda de facto da criança ou jovem, prestado perante estas.

2.ª Nesta instância, ainda se aproveitam pouco os actos anteriores, conforme exige que se faça o artigo 83º da LPP, devendo o tribunal abster-se de pedir novos relatórios, novas informações e, sobretudo, novos exames médicos, pelo respeito ao princípio da intervenção mínima e da privacidade da criança e da sua família.

3.ª Parece-nos incompreensível a necessidade generalizada de abertura, pelo MºPº de processo administrativo[15] com vista ao pedido de abertura de processo judicial de promoção e protecção. É que este processo judicial começa exactamente por uma fase de instrução, a qual pode durar até quatro meses, e tem como finalidade investigar e comprovar o mero indício de perigo.

4.ª A irracionalidade no pedido de diligências durante a instrução, as quais deveriam fazer-se sòmente em função da necessidade concreta do caso e não em dose de paradigma abstracto. Na verdade, imagine-se as centenas ou milhares de horas desperdiçadas na realização de largas centenas de relatórios

---

[13] Equipas multidisciplinares de assessoria aos tribunais – artigo 7.º do DL 332-B/2000 de 30/12, de futuro, Emats.

[14] Vide artigo 7.º do DL 332 - B/2000 de 30 de Dezembro.

[15] Mais conhecido por PAs que os Senhores Procuradores da República abrem como dossier de recolha de dados prévios a eventual petição judicial. Algo parecido com os «dossier ou pastas de advogados» onde arquivam e guardam documentos e informações do seus clientes.

Regime de execução das medidas de promoção e protecção 309

sociais para aplicação duma simples medida de apoio junto dos pais ou de outro familiar, as medidas ainda mais aplicadas judicialmente, e ainda conseguidas por regra com o acordo de todos os intervenientes!

Chamar no início e de uma só vez todas as pessoas interessadas, e ouvi-las, ora separadas, ora em conjunto permite quase sempre estar em condições de concluir por medida adequada; ou marcar mais uma conferência, em vez de relatório social, como acto de instrução, permite ao titular do processo tomar conhecimento global do caso concreto e orientar as necessidades de instrução específicas daquele caso.

O titular do processo, o Senhor juiz, assim libertaria os técnicos, com formação superior, em centenas de horas, para que, em vez de relatarem factos, antes apoiarem as crianças, os jovens e suas famílias, sobretudo na fase de execução das medidas aplicadas.

2. Sistema como Fermento dum serviço em equipa e Semente de educação e formação mais ampla e plural de crianças

Falar do actual sistema legal de protecção de crianças e jovens em perigo é falar de *educação e formação das nossas futuras gerações. É falar, com seriedade, do futuro do País.* Portugal bem pode queixar-se de cidadãos ainda com défice de criatividade, de civismo, de empreendorismo, de participação cívica, mas Portugal tem a obrigação de não ignorar, nos dias de hoje, que nenhuma dessas qualidades nasce, cresce, se desenvolve e pulsa, sem ser semeada uma boa educação e uma boa formação; e *"quem não semeia não colhe"*, diz o povo, e com muita sabedoria.

Não se trata de falar de criancinhas, como quem fala de seres menores, que apenas crescem biologicamente, mas de pessoas, de seres autónomos, unos e únicos, entre os 0 e 18 anos, que se encontram no período mais complexo, mais sério e mais rico da sua construção, quais esponjas absorventes do melhor ou do pior, para a sua futura capacitação humanitária.

Falar de educação é também falar de *prevenção da criminalidade, e dentro desta da criminalidade juvenil.*

É falar num futuro de pessoas mais responsáveis, menos imaturas, mais seguras e solidárias, aceitantes das diferenças.

Aceitação das diferenças entre pessoas como realidade positiva e enriquecedora dum povo plural, cooperante, motivado para um Portugal de todos, iguais em direitos, mas diferentes em capacidades, em dons e em valores, não sendo, por isso, e éticamente, nem melhores nem piores uns que os outros. Afinal, em que será melhor o azul do que o amarelo? Não serão simplesmente cores diferentes?

Falar deste sistema educativo também é tornar ininteligível e absurda a possibilidade de *sentimentos de inveja*, perante as pessoas mais válidas, que o país criou e educou para bem de todos.

É tornar absurda a possibilidade do *entravar, obstaculizar os mais eficazes na sua progressão*, abafados pelas ervas daninhas dessa inveja e desse « embraiador» ou dum protagonismo provinciano, mesquinho, mesmo quando simulado com tiques cosmopolitas.

Falar de comissões é falar desse fermento ou *cimento unificador de uma nova cultura cívica e de uma nova e urgente forma de trabalhar:* a forma articulada e em equipa, a forma mais rica que pode e deve ser apreciada e, eventualmente, aproveitada, por outras valências funcionais do Estado e da Sociedade, tradicionalmente habituadas ao serviço individualista e corporativo, o qual pode levar á doença funcional de quem não deixa entrar o sol ou o ar da vida, componentes duma vida real, como sejam, os serviços da Justiça, da Saúde, do Ensino, do Planeamento Urbanístico, do Meio Ambiente, do Empresariado, e da Governança[16]

Sempre que os vários serviços locais ou comunitários, se defrontavam perante uma situação problema concreta, cuja solução passava por obter respostas de diversos parceiros, reclamavam com vivacidade pela falta duma eficaz articulação desses serviços, porque ainda não a tinham.

Ora a forma estrutural de articulação desejada está aí, são as cpcjp locais.

---

[16] Governança: a participação cívica dos cidadãos impulsionadora e potenciador das necessidades do País, em contraponto, em parte, com os condicionalismos bloqueantes do politicamente correcto de quem tem o poder dever do governo efectivo.

Regime de execução das medidas de promoção e protecção　　311

Falar do sistema de protecção de crianças e jovens é ainda falar de crianças e jovens que, ou se educam na respectiva fase de desenvolvimento ou pode perder-se a oportunidade de o fazer. Isto é sério. Isto impõe-nos responsabilidades e deveres acrescidos.

3. Dever de colaboração dos serviços comunitários nos actos concretos de execução das medidas de protecção

Os actos concretos de execução das medidas de protecção aplicadas pelas cpcjp são levadas a cabo pelos seus elementos, os comissários[17], pelos seus técnicos de apoio e pelas entidades ou serviços, na sua maioria locais, e indicados no APP[18].

Nessa nobre função, os senhores comissários[19] devem ter a colaboração dos serviços locais indicados no acordo de promoção e protecção.

Os actos concretos de execução das medidas de protecção, aplicados judicialmente, são levadas a cabo pelas entidades competentes da Segurança Social e da Santa Casa da Misericórdia, através das suas equipas técnicas, conforme dispõe o artigo 5.º do DL 12/2008 de 17/01.Acresce que, os serviços que asseguram a execução das medidas judiciais, ainda podem protocolar essa tarefa com serviços externos, conforme o disposto no artigo 6.º do diploma citado.

Uns e outros, comissões e Emats, têm a garantia da colaboração dos serviços locais que devem dar resposta às necessidades de protecção das crianças e jovens, sempre que tal lhes seja solicitado, conforme melhor dispõe o a*rtigo 13.º da LPP e o artigo 6.º do DL 12/2008 de 17/01.*

---

[17] Comissários: representantes dos vários serviços, públicos , privados ou cooperativos, ou entidades comunitárias/municipais, que diariamente cumprem atribuições ou responsabilidades na educação de crianças e jovens.

[18] Acordo de Promoção e Protecção, de futuro APP.

[19] Na execução das decisões judiciais de protecção, têm competência as EMATS, equipas multidisciplinares de apoio tribunais, no caso, equipas da Segurança Social ou da Santa casa da Misericórdia - art. 5.º n.º 2 do DL n.º 12/2008 de 17/01.

Na verdade, dispõe o artigo 13.º da LPP:

«1. As autoridades administrativas e entidades policiais têm o dever de colaborar com as comissões de protecção no exercício das suas atribuições.
2. O dever de colaboração incumbe igualmente às pessoas singulares e colectivas que para tal sejam citadas».

Este dever de colaboração, dos serviços comunitários perante as cpcjp e perante as equipas técnicas das entidades que executam as medidas judiciais de protecção é jurídicamente o mesmo dever de colaboração que existe, para qualquer pessoa ou serviço, perante os pedidos de colaboração feito pelos tribunais.

Nesse sentido dispõe artigo 519.º CPC:

«1. Todas as pessoas têm o dever de prestar a sua colaboração para a descoberta da verdade...respondendo, praticando acto, facultando o solicitado...
2. Aqueles que recusem a colaboração devida serão condenados em multa.
3. A recusa é legítima se a obediência importar violação do sigilo profissional, intromissão na vida privada ou familiar»

Porém, a escusa terá de ser deduzida por escrito, e esta terá, então, que ser sujeita a apreciação hierárquica, quanto á sua legitimidade ou não.

Neste particular, dispõe o artigo 6.º n.º 2 do DL 12/2008 de 17/01:

«nos casos em que a execução das medidas envolva aspectos específicos relacionados com competências de entidades de outros sectores, nomeadamente do município, ensino e saúde, é dever dessas entidades a colaboração com as referidas no número anterior, nos termos definidos em acordo de promoção e protecção ou em decisão judicial»

Nessa exigente função de articulação desses vários serviços locais, releva sobremaneira, em primeiro lugar o *Plano de Intervenção* e, em segundo lugar, o *Coordenador de Caso.*

4. Plano de Intervenção e o Coordenador de Caso

O Plano de Intervenção concretiza, no tempo, um plano de acção para apoio à criança ou jovem. É elaborado em harmonia com os conteúdos do APP ou da decisão judicial. Tem a participação dos respectivos pais, das próprias crianças ou jovens e, na sua elaboração, deve relevar o contacto directo com estas.

O PI é muito importante, porque, perante os conteúdos programáticos do APP, se fixam os dias, as horas, os prazos, as diligências, as revisões da medida, as pessoas, os telefones e os locais de encontro, para concretizar o apoio necessário ao bom êxito da execução da medida aplicada.

O Plano de Intervenção é, para o Coordenador de Caso, a bússola desta navegação protectora.

Sem ela, o Coordenador navegará à vista, dentro da «doca» dos serviços municipais e locais.

O Coordenador de Caso garante a articulação e agilização entre os vários serviços indicados no APP, ou seja, os serviços do PI, construtores da educação e da formação das crianças ou dos jovens em apoio.

Metaforicamente falando, e ressalvando as imperfeições ou limitações que toda a comparação envolve,[20] podemos dizer que, o Coordenador de caso, duma criança ou jovem em perigo, assemelha-se «grosso modo» ao Coordenador duma Obra, na construção dum prédio urbano, na construção duma moradia. Aqui, o coordenador da obra, atento aos seus diversos e parcelares projectos, acompanha e faz intervir acertivamente, no tempo próprio, as várias entidades edificantes: entram o pedreiro e o trolha, o electricista e o picheleiro, entram o canalizador e o carpinteiro, o pintor e finalmente o decorador.

Para a boa edificação, aquela que garanta a eficácia construtiva, sem erros, não basta o projecto do arquitecto da obra. É preciso a presença respeitada e sabedora dum Coordenador de Obra.

Qual *«ponta de lança»* que na «frente da equipa» educativa e formativa, sàbiamente vigia, acompanha, se desloca e se coloca, desce ou sobe no terreno, face á evolução do desempenho conseguido

---

[20] *Segundo os latinos, Omnia comparatio, cludicat.*

pelos vários serviços parceiros na comunidade, os quais *"jogam"* na sua rectaguarda, nas tarefas do seu dia-a-dia, na 1.ª linha, jogam a construção, o restauro, o reequilíbrio, a recalibragem, a reparação e a compensação de afectos perdidos, dum ser humano em formação, em diferentes e complementares projectos arquitecturais do humano saudável, seguro, solidário, aberto, social, tolerante da diferença, cívico, tanto quanto os seus dons e aptidões naturais lho permitam.

Nas cpcjp, o Coordenador de Caso, elemento a quem foi distribuído o processo de protecção para acompanhamento, tem essa enorme responsabilidade e importância. Porém, terá de a assumir sem prescindir da opinião e contributo da comissão na modalidade restrita, nomeadamente, para efeitos de revisão da medida aplicada.

Todos os outros serviços lhe devem colaboração, com especial destaque para os serviços específicos da saúde, do ensino e dos que têm atribuições no município.

Em conclusão:

a) Nenhum serviço público, privado, cooperativo, pessoa singular ou colectiva, pode faltar ao *dever de colaboração às cpcjp e às Emats*, em matéria de protecção de crianças e jovens em perigo.

b) Este concreto dever de colaboração, implica para os serviços locais intervenientes o *dever de informação escrita ou verbal ao Coordenador de Caso*, sob pena poderem vir a ser avaliados e advertidos dessa negligência funcional, pela respectiva hierarquia.

c) O "Modus operandi "nos casos concretos em apoio na protecção de crianças e jovens, pelos serviços ou pessoas, *tem como sinal de trânsito dominante, o sentido único e obrigatório* entre o Coordenador de Caso e os Serviços Locais

d) Agora poderemos entender melhor porque no actual e vigente sistema de protecção, *não precisaremos de largas centenas de técnicos de apoio às centenas de cpcjp*, como por vezes se poderia pensar, nem tão pouco de larguíssimas centenas de técnicos nas Emats.

Nas cpcjp, muito mais do que esse exército de técnicos, precisamos sim de aculturar uma nova forma de trabalhar em equipa e ganhar a potencialidade, a força e a colaboração real dos vários serviços locais, racionalmente articulados e agilizados, ou seja, precisamos de trabalhar talvez menos, mas seguramente com maior eficácia.

Regime de execução das medidas de promoção e protecção 315

e) E nos tribunais precisamos também e sobretudo de retomar e melhorar a formação contínua e a especialização dos magistrados.

A formação contínua deverá ajudar sobretudo á maior racionalidade aquando de pedidos de diligências de instrução, evitando-se algum desperdício de actos de reduzida utilidade, sobretudo em excesso de diligências de pouco proveito informativo, face ao caso concreto[21] e, portanto, de diligências de instrução pouco justificáveis, libertando os assessores da justiça para onde devem estar, ou seja, para o apoio real às crianças, jovens e famílias.

f) *A especialização na magistratura é desejável* face á rápida mudança legislativa, ao maior grau de complexidade em certos ramos do direito na actualidade e, sobretudo, ao sério atraso no andamento dos processos e na resposta ao direito do cidadão a uma justiça em tempo útil.

Qualquer sistema de justiça que não responda em tempo útil, pode até ser formalmente perfeito, mas corre o risco de deixar de ser sistema, por já não responder às necessidades do cidadão, para o qual ele foi criado.

g) Assim, tal como aconteceu na medicina que também já o fez, hoje, é aconselhável termos *magistrados especializados* a preencher o número de vagas superiormente criadas, consoante as necessidades.

E magistrados a concorrerem e a serem promovidos apenas nas especialidades existentes e só para as quais tenham concorrido. O início da especialidade poderá ou deverá ocorrer no termo dum *período razoável de prática generalista do direito*. Portanto, definam-se número de vagas de especialidades na magistratura para as várias instâncias e a justiça poderá melhorar, sobretudo nesta área, a mais interdisciplinar, como é o Direito de Família, de Crianças e Jovens.

Mas o caminho faz-se caminhando, e este caminho da protecção, da educação e da formação das crianças e jovens em perigo, e da especialização dos seus intervenientes, parece tornar-se mais claro, mais largo e, consequentemente mais fácil de prosseguir, mas seguramente só com a força e empenho de todos que nele trabalham.

---

[21] Por exemplo: Não usar dezenas ou centenas de relatórios sociais, porque pedidos no início do inquérito tutelar educativo e que, por efeito da desistência da queixa-crime pelo ofendido, ouvido este mais tarde, nem sequer, em princípio, precisam ou serão lidos.

A PROTECÇÃO DAS CRIANÇAS E JOVENS EM RISCO
– TRAÇOS E PERCURSOS –

PAULA CRISTINA MARTINS[*]

Risco psicossocial na infância: um olhar sobre *ser criança*

A pesquisa e intervenção na área da protecção de crianças e jovens em risco constitui uma *janela* sobre o mundo da infância ou sobre a(s) infância(s) no mundo e as suas condições de existência objectivas e subjectivas, pessoais e relacionais, materiais e simbólicas. Mas é muito mais do que uma perspectiva sobre a condição de ser criança; na verdade, a protecção de crianças e jovens em risco tem vindo a constituir-se progressivamente como um domínio privilegiado de configuração discursiva e prática desta mesma condição, um agente envolvido na mudança das representações sociais sobre as crianças e o seu lugar na vida e na sociedade, no presente e no futuro.

De facto, o risco constitui uma dimensão universal e transversal da existência; compõe o vivido humano, inscrevendo-se na condição biopsicossocial individual e na experiência relacional comum. Por isso, o trabalho que tem por objecto crianças e famílias em situações ditas de risco inevitavelmente adopta como referência o conhecimento mais ou menos implícito sobre crianças e famílias, em geral, e sobre as relações entre adultos e crianças. Quando se considera que uma criança foi maltratada ou que as suas necessidades não estão a ser adequadamente satisfeitas, remete-se para um padrão tácito do

---

[*] Docente e Investigadora da Universidade do Minho.

que constitui o cuidado apropriado de crianças, configurado por influências normativas e outras de carácter subjectivo, pessoal e cultural, histórico e social. Neste sentido, os maus-tratos infantis são um importante mostrador do quadro ideonormativo vigente de figuração da infância, na medida em que nos permitem apreender os mecanismos de regulação social da educação e do desenvolvimento de todas crianças.

Desta forma, metaforicamente, pode afirmar-se que as situações de risco são o relevo pontual de uma superfície normalmente plana; realçando os acontecimentos e as relações, o risco amplifica a experiência e agudiza a perspectiva da realidade, com a introdução inevitável de elementos de distorção e de enviesamento dessa mesma realidade, mas também permitindo um conhecimento mais minucioso dos mecanismos e processos comuns envolvidos. Os contextos e condições de vida adversos, ao propiciarem uma ruptura no equilíbrio pessoa-meio, recortam com mais clareza as necessidades das crianças e das famílias, cujos contornos se distinguem, dramatizados e exacerbados. O risco e a protecção constituem assim uma espécie de negativo, a partir do qual se revelam as imagens da(s) infância(s) e da(s) família(s). Não se ignora que podem ser aqui reeditadas as críticas apontadas à generalização do conhecimento construído a partir do (dis)funcional para o funcional, do patológico para o normal. Assume-se, pelo contrário, que o conhecimento é sempre situado e (de)limitado e, nessa medida, uma interpretação da realidade, sempre entendida e entendível a partir de uma perspectiva particular.

A protecção de crianças e jovens em risco como um domínio em construção

A protecção de crianças e jovens em risco é um campo problemático que tem vindo a construir progressivamente a sua especificidade, tornando-se mais consistente e diferenciado e, assim, ganhando estatuto e reconhecimento científico e técnico, social, político e mediático.

É inegável o papel do Direito na promoção de uma *cultura amiga da infância*, sendo o aperfeiçoamento da ordem jurídico-legal reflexo e, simultaneamente, motor da evolução verificada nos valores

A protecção das crianças e jovens em risco – traços e percursos   319

e ideias sociais dominantes. De facto, o ordenamento jurídico constitui-se como elemento estruturante do viver em sociedade. Se, em termos retrospectivos, traduz a historicidade sócio-cultural, prospectivamente, projecta-se nas condutas e participa na criação de consciência. É assim que, na convergência das dimensões axiológica e ética com a praxis humana, cujos significados últimos veiculam, se geram os direitos humanos, simultaneamente uma construção teórico-sistemática e uma realidade histórico-vivencial, reciprocamente actualizadas e recriadas, numa interacção transformadora dos quotidianos (Martins, 2000).

A Convenção dos Direitos da Criança[1], em especial, pelo seu significado e alcance actual e potencial, constituiu *"um marcador da evolução das sociedades e das representações sobre a infância, com repercussões na vida relacional de crianças e adultos"* (Martins, 2000, p. 38). Instrumento definidor do estatuto da criança enquanto pessoa e da infância como categoria social (Lawe, 1991), pretendeu operar a *"regulação universal das práticas sociais dirigidas às crianças de todos os tempos e lugares"* (Martins, 2000, p. 41), enquadrar a multiplicidade e as identidades históricas, geográficas e sócio-culturais, e a pluralidade de experiências de ser criança.

No novo quadro jurídico aberto pela Convenção dos Direitos da Criança, a atribuição às crianças e jovens do estatuto de actores sociais, participantes activos e recíprocos da *construção solidária da cidade*, e o seu reconhecimento como sujeitos de direitos sociais, culturais, económicos e civis, cuja realização é condição do seu pleno desenvolvimento, abre novos e mais complexos entendimentos sobre as modalidades concretas de exercício do direito de protecção, desde há muito admitido. Ensaiando-se novos equilíbrios entre o que constitui direito da criança e dever do adulto, a protecção define uma nova relação com a promoção, se não de identidade ou sinonímia, como sugere a exposição de motivos incluída na Proposta de Lei n.º 265/VII (Diário da Assembleia da República, II série A, n.º 54, de 17 de Abril de 1999), pelo menos de implicação necessária. Só uma concepção construtivista da protecção, que renuncie a uma atitude

---

[1] Ratificada por Portugal em 1990 (Resolução n.º 20/90, da Assembleia da República, publicada no D.R. n.º 211, I série, 12/09/90).

passiva, reactiva e categorizadora, é compatível com o reconhecimento efectivo dos direitos das crianças (Casas, 1998).

Não obstante o papel de relevo assumido pela ordem jurídico-legal, a protecção de crianças em risco conjuga uma diversidade de saberes e modos de conhecimento que informa as decisões e acções deste domínio. Na verdade, a natureza das situações de risco, como a sua compreensão e intervenção, são fortemente configuradas pelas representações sociais correntes e pelos saberes experienciais, construídos colectivamente e expressos na história pessoal, familiar, profissional e social dos diversos intervenientes. Na contemporaneidade, estes saberes de base histórico-cultural cruzam-se com outros mais teóricos e especializados, produzindo leituras de conjugação não raramente complexa.

Na verdade, a relação entre o conhecimento experiencial e o conhecimento científico neste domínio, tradicionalmente caracterizada ora pela coexistência indiferente, ora pela incongruência tensa, é reveladora da diferença da génese e natureza destes modos de representação que, configurando ordens de conhecimento socialmente definidas, integradas em contextos de significação mais amplos, informam e conformam mundividências, linguagens e práticas. O grau de interpenetração e de apropriação recíproca dos discursos sobre o risco na infância e sobre a infância em risco, assim como a sua inscrição nas práticas e comportamentos requerem, pois, um tempo próprio de interlocução, em que o espaço público e a mediatização desempenham um papel essencial.

Se à comunicação social interessam os factos em que o risco é o argumento e a criança protagonista, a apreensão de cada história veicula inevitavelmente uma leitura do fenómeno, traduzida num formato comunicacional específico que, num jogo de vozes e espelhos, se transforma num produto mediático de consumo imediato.

O reconhecimento do lugar social da criança e a focalização da atenção colectiva sobre o risco na infância criam condições para que os problemas que a afectam sejam entendidos como ameaças à ordenação social e aos seus valores subjacentes e, nessa medida, como problemas sociais, capazes de mobilizar os grupos dominantes na sua denúncia, reivindicação e resolução e, assim, criando um sentido de responsabilidade colectiva. Este movimento constitui uma forma de influência de grande importância, particularmente quando as polí-

A *protecção das crianças e jovens em risco – traços e percursos* 321

ticas para a infância continuam a ocupar um lugar secundário no quadro das políticas sociais em geral (Casas, 1998), surgindo entre as mais débeis, senão as mais débeis, das políticas sectoriais, apesar de constituírem uma componente axial das políticas para a família e das políticas sociais em geral (Leandro, 1997).

O carácter complexo e multifacetado da protecção de crianças e jovens em risco

A afirmação da complexidade da protecção de crianças e jovens em risco é, pelo exposto, a enunciação da evidência. Constitui um espaço privilegiado de problematização da qualidade das relações entre adultos e crianças; revela o lugar da criança na família e, reciprocamente, o papel que a família assume na vida daquela; sinaliza o lugar da infância na sociedade, tanto quanto o papel da sociedade na determinação do espaço da infância; envolve e expõe concepções e práticas, experiências e modos de acção instituídos, culturas relacionais, recursos e falhas pessoais e colectivas. A diversidade de saberes convocados e de níveis de análise e de intervenção apenas acentua a dimensão desta área que, no cruzamento do público e do privado, implica pessoas e instituições na resolução técnica de problemas de expressão interpessoal e natureza psicossocial. No seu estádio actual de desenvolvimento, a protecção constitui uma área caracterizada pelo plural: envolve diversos níveis ou sistemas (individual, familiar, comunitário, institucional, administrativo, jurídico, político e ideológico), compreendendo uma profusão de papéis, actividades e interacções que configuram diferentes problemáticas desenroladas em cenários diferenciados. Esta pluralidade estrutural é propícia à sectorização e fragmentação das actuações, compondo intervenções descontínuas e, eventualmente, incongruentes.

Admitida a complexidade deste campo de investigação/intervenção, subsidiário de uma diversidade de contributos teóricos e teórico-práticos gerados em matrizes disciplinares distintas, mas simultaneamente constitutivos da sua especificidade, assumem uma relevância *natural* os Estudos da Criança, como domínio tendencialmente ecléctico, que convoca um conjunto de perspectivas em torno de um mesmo objecto, configurando-se como uma abordagem isomorfa, congruente com o paradigma pós-moderno, que protesta a insuficiência de sistemas explicativos únicos e monodisciplinares e a necessidade de abordar os fenómenos na sua densidade e singularidade.

Os limites da protecção

Um aspecto relevante é a delimitação do âmbito da intervenção de protecção. Se a sua legitimidade é garantida pelo quadro jurídico-legal em que se baseia, já a sua eficácia e eficiência requerem a definição clara dos objectivos, critérios, procedimentos e modalidades de intervenção mobilizadas nas situações de risco sócio-familiar na infância e adolescência. Trata-se de uma definição crítica tanto em termos políticos e éticos, como jurídicos e técnicos. Na verdade, aqui colocam-se as questões da aceitabilidade da intervenção, dos critérios de elegibilidade das crianças e famílias, da dotação dos serviços, da especialização dos recursos.

O essencial do debate passa pela definição criteriosa da população-alvo do sistema de protecção, pela determinação do perfil de necessidades daquela e pelo desenvolvimento de respostas efectivas dos serviços neste âmbito. Todavia, estas questões de ordem técnica inscrevem-se em diferentes opções de política social e, em particular, de política(s) para a infância, dividindo-se as opiniões entre a priorização das crianças/jovens em risco imediato *vs* aquelas consideradas em situação de carência, ou seja, entre a protecção das crianças em perigo *vs* a provisão das suas necessidades e das famílias. Na prática, o que está em questão são diferentes concepções de protecção e a consequente organização dos serviços relevantes.

Actualmente, e em termos gerais, a população que acede ao sistema de protecção infantil distribui-se pelos dois grupos, com um predomínio quantitativo claro das crianças com necessidades desenvolvimentais a suprir, face àquelas que correm riscos imediatos. De facto, as crianças maltratadas ou em perigo constituem uma minoria em relação ao conjunto daquelas que focam a atenção das entidades com competência em matéria de infância e juventude e dos serviços de acção social.

A protecção das crianças e jovens em risco – traços e percursos   323

Os sistemas de protecção, no sentido estrito do termo, ou seja, aqueles que elegem como população-alvo as crianças em situação de alto risco, dirigem-se, assim, a um pequeno número de utentes, o que determina a natureza da sua prestação, assim como o grau de especialização e intensidade dos serviços prestados. Distintos são os objectivos, a organização, os recursos mobilizados e as características da intervenção dos serviços sociais, de *banda larga*, que têm como população-alvo as crianças e famílias cujo bem-estar e desenvolvimento requerem apoio e supervisão pontual ou regular.

Na prática, frequentemente, esta diferenciação não é feita nem em termos estratégicos e conceptuais, nem em termos operativos. De facto, a segurança física das crianças que acedem ao sistema de protecção tende a afirmar-se como foco preferencial da atenção dos serviços, o que não permite a avaliação das necessidades e a prestação de apoio às famílias, limitando os objectivos relativos ao processo de intervenção e os procedimentos normalmente usados. Os profissionais parecem mais motivados e, eventualmente, mais treinados para actuarem no domínio da protecção imediata da criança do que para avaliarem as necessidades de apoio das famílias (Daniel, 1999). Esta orientação dos técnicos é de tal forma vincada que leva alguns investigadores a falar na *obsessão da protecção pelo risco de abuso* (Hearn, 1997).

Nestas condições, as crianças e famílias em condições de desvantagem material e social, com dificuldades relacionais e numa variedade de circunstâncias e situações que se sabe potenciadoras e desencadeadoras do mau-trato infantil não são objecto de uma intervenção ajustada ao seu perfil de necessidades, falhando uma rede de serviços de base que possam desenvolver de forma eficaz acções preventivas e de diagnóstico precoce.

Se a maioria dos casos de risco sinalizados às entidades competentes não materializa situações de perigo, mas representa crianças com necessidade de apoios diversos e de acesso facilitado a certos recursos (Gibbons, 1997), este facto remete para a necessidade de diferenciação dos serviços prestados, com especial ênfase para o trabalho a montante do mau-trato infantil, nomeadamente, o trabalho de prevenção, de apoio familiar e desenvolvimento comunitário. Num sistema largamente indiferenciado e tendencialmente direccionado para o trabalho de protecção imediata das crianças em risco, este pode constituir um grave problema quer em termos da sua funcionalidade e operacionalidade, quer da salvaguarda dos direitos das famílias e das crianças. Trata-se de uma situação gravosa de má gestão de recursos limitados, assim ocupados na investigação e no atendimento de casos cujo perfil não é adequado à orientação dominante da sua intervenção, por isso, indisponíveis ou insuficientes para aqueles para cujo atendimento o sistema está vocacionado – talvez esta seja uma razão determinante da sua relativa ineficácia: muitas das crianças que carecem de protecção imediata e muitas daquelas que precisam de apoios especiais não recebem as respostas adequadas à especificidade dos seus problemas e dificuldades, perdendo-se, muitas, vezes, a oportunidade de uma intervenção eficaz e oportuna. A necessidade de responder de forma progressivamente alargada ao número crescente de pedidos tem sido cumprida a expensas do desenvolvimento e da provisão dos serviços para as crianças e famílias em situação de necessidade/carência (Thorpe, 1997), pelo que muitas das queixas terão sido objecto de um tratamento inadequado. Um sistema desenhado para trabalhar com um grupo relativamente reduzido de crianças e famílias hipertrofia-se com uma procura que excede largamente a sua oferta, o que cria condições para a instalação de uma lógica em que, em termos dos serviços prestados, o possível se torna aceitável porque o necessário é tido como impossível.

Ora, este estado de coisas é tanto mais incompreensível quanto se sabe que a dotação financeira dos serviços de protecção das crianças é consideravelmente mais significativa e dispendiosa do que a dos serviços de apoio familiar (Dingwall, 1989; Parton, 1989; Melton & Flood, 1994).

Porque crianças e famílias exibem um vasto leque de necessidades que carecem de diversas formas de protecção (Bullock, 1998), a maior parte dos especialistas converge na defesa de um sistema diferenciado, inclusivo e integrador de todas as situações de necessidade susceptíveis de as afectarem. Esta integração justifica-se na medida em que a natureza das necessidades e dificuldades é dinâmica, podendo suceder-se ou coexistir em cenários em que a necessidade dá lugar ao risco ou em que caracterizam simultaneamente o funcionamento do sujeito em diferentes dimensões. Acresce que esta inclusividade beneficiaria a coerência das intervenções empreendidas, pelo

A protecção das crianças e jovens em risco – traços e percursos   325

que se defende a definição de serviços multifuncionais para todas as famílias. Um sistema integrado de serviços operaria necessariamente o equilíbrio destas duas dimensões — o apoio à família e a protecção da criança (Parton, 1997), esbatendo a tensão entre, por um lado, a necessidade de garantir a segurança e o bem-estar das crianças e, por outro, a necessidade de reconhecer e apoiar os direitos e responsabilidades dos pais (McDonald, Allen, Westerfelt & Piliavin, 1996).

Imagens e discursos da protecção de crianças e jovens em risco

Em face do exposto, compreende-se a pertinência do trabalho analítico sobre as práticas discursivas relativas às crianças e famílias em circunstâncias psicossociais difíceis, susceptível de esclarecer, por referência, as imagens e representações acerca da infância em geral, das relações adultos-crianças, das condições da sua funcionalidade e disfuncionalidade.

O discurso é aqui entendido não só como forma de representação, mas como prática simbólica e acção vicariante, de instituição e inscrição de sujeitos e objectos (Perez e Almeida Filho, 2005).

O conceito de *repertório interpretativo*, originalmente definido por Potter e Wetherell (1987), revela-se especialmente útil como operador analítico destes discursos. Referindo-se a padrões de linguagem consistentemente usados a propósito de determinados fenómenos, domínios ou actividades, traduz-se no conjunto de termos, recursos estilísticos e construções gramaticais portadores de sentidos particularmente associados ao objecto de discurso e inteligíveis nos contextos mais amplos de interacção dos indivíduos e grupos que os produzem.

Uma análise atenta em busca destas marcas linguísticas significativas reenvia para a identificação do que se salienta pela *repetição* (ideias, nomenclaturas ou formas de enunciação especialmente frequentes), pela *singularidade* (ideias, nomenclaturas ou formas de enunciação tendencialmente associadas a um tópico) ou pela *ausência* (os silêncios, as faltas e omissões de ideias, nomenclaturas ou formas de enunciação expectáveis).

De facto, a protecção de crianças e jovens em risco é uma área em que proliferam os lugares comuns e as frases formatadas que se repetem; portadoras de um valor normativo mais ou menos implícito, assentam em *verdades* partilhadas, que geram um amplo grau de consenso (ex.: *As famílias são bons contextos de desenvolvimento; as instituições são maus contextos de desenvolvimento; "É preferível uma má família a uma boa instituição"*). Paradoxalmente, estas ideias estereotipadas – representações sociais generalizadas sobre as crianças, as famílias e as práticas sociais apropriadas – convivem, sincreticamente, com a ideia comum da singularidade dos casos (*"Cada caso é um caso"*).

Referentes da construção da subjectividade infantil

A arqueologia semântica dos discursos da protecção de crianças em risco[2] mobiliza-se em torno de três ideias que correspondem a eixos referenciais estruturantes da identidade de cada um de nós, referentes da constituição da subjectividade das crianças/jovens, mas especialmente comprometidos nos itinerários de vida dos menores em risco: *o espaço, o tempo* e *os afectos*. Adicionalmente, o espaço significativo da protecção convoca ainda uma ideia própria deste domínio: a imagem da *criança-vítima*.

O espaço

As preocupações de protecção evidenciam uma dimensão física, espacial, de colocação. Dar um lugar físico seguro à criança é, de facto, a primeira expressão da protecção, num esforço de a re-situar fisicamente em novas coordenadas. Se a realidade externa é, particularmente na infância, estruturante da realidade interna, quer a falta, quer a desestruturação desse espaço exterior compromete a formação do espaço psíquico, que assim cresce vazio ou enviesado, em desequilíbrio estrutural. Dar abrigo ou refúgio a estas crianças afigura-se então como a prioridade dos serviços, que pode passar pela colocação

---

[2] Um trabalho em curso no Instituto de Estudos da Criança da Universidade do Minho.

na família alargada ou outras pessoas significativas, em centro de acolhimento temporário, famílias de acolhimento ou em lares.

Contudo, uma vez habitado e apropriado, o espaço material transcende-se, funcionando como contentor do psicológico, referência do relacional e veículo do social, uma posição que baliza os movimentos inevitáveis e necessários entre a interioridade a exterioridade, o eu e os outros, definindo limites permeáveis aos sentimentos e vivências que num e noutro sentido o atravessam. A casa é, assim, o lugar de construção da pertença, da intimidade e da posse – dimensões críticas do desenvolvimento da consciência de si. Como espaço privilegiado de subjectivação, de expressão e autonomia, palco de relação e contexto de acção, a casa circunscreve a vida.

A criança em risco é, neste sentido, uma criança em trânsito, cujos laços à sua casa se atenuam ou fragilizam. Quando este é o espaço do perigo e a retirada é inevitável, move-se a âncora da sua existência. Se nas narrativas aprendemos que "as casas são espaços físicos onde se desenrola a acção" (Lemos, 2003, p. 46), a acção da vida da criança retirada à família não tem um espaço para se desenrolar, o que constitui a essência do risco.

O tempo

Se o tempo participa na definição do humano, as crianças são, entre todos os grupos, as que mais vinculadas estão ao tempo e ao devir, como se este fosse substantivo e constituísse para os adultos a dimensão identitária mais pregnante da infância.

Na verdade, o tempo constitui outra variável crucial entretecida com a própria noção de protecção das crianças. Normalmente, as dinâmicas familiares operam como que uma sintonização implícita dos tempos e ritmos de ser do adulto e de crescer da criança. E, enlaçados no tempo, convergem também os interesses e os espaços, que se conciliam mais ou menos harmonicamente, certamente a expensas da capacidade de adaptação de ambas as partes e do esforço de adequação dos adultos. No espaço familiar, adultos e crianças conjugam-se reflexamente. Todavia, tal nem sempre acontece. Nas famílias que, temporária ou permanentemente, deixam de ser o espaço próprio do crescimento das crianças, dá-se uma dessintonia dramática que atravessa esta relação fundamental. Então, interesses e tempos tornam-se paradoxais, ambivalentes, divergindo substancialmente.

Esta antinomia cruza também a intervenção. O tempo que os adultos precisam para se reorganizar pessoal e relacionalmente, para reabilitar a sua competência parental, para reestruturar o espaço familiar nem sempre é consentâneo com o *tempo vital* da criança, o *tempo óptimo* para criar laços e construir os fundamentos relacionais da sua personalidade. E se construir um calendário negociado de restabelecimento da parentalidade constitui um requisito do trabalho com as famílias, no interesse das próprias crianças, essa projecção do tempo mantém as suas vidas suspensas de uma eventualidade que, pelo menos na sua dimensão subjectiva, se prolonga excessivamente, ultrapassando o *tempo útil* dos menores. Por outro lado, há o tempo processual, com todos os seus constrangimentos, o tempo dos técnicos, que se esgota na urgência das respostas, o tempo próprio da acção pensada, planeada, desenvolvida e avaliada, ou seja, o tempo que é condição da qualidade do trabalho realizado.

Mas o tempo aqui não se mede apenas em termos da celeridade das intervenções, uma dimensão que a legislação apreendeu mais rapidamente e procura estimular com o encurtamento dos prazos de decisão. O tempo útil nem sempre é o mais veloz. Há também uma dimensão de oportunidade das intervenções, que devem adequar-se aos *timings* dos processos em curso. A celeridade nem sempre concorre para o sentido de oportunidade. Por vezes, é preciso saber esperar para ser oportuno e agir no tempo certo, propício ou favorável às transformações que se pretende estimular.

Acresce ainda que o tempo não é uma dimensão linear e objectiva, mas plena de sentidos e cheiros, de olhares, sorrisos e de mágoas; o tempo é experiencial e subjectivo, é relacional; sofre metamorfoses, alongando-se infinitamente por momentos ou consumindo-se em síncopes vorazes. Depende do que se vive, da idade que se tem, das circunstâncias em volta. É fortemente contextual. Do ponto de vista teórico, há um relativo consenso em torno da ideia de que, no domínio da protecção de menores, é o sentido do tempo da criança que deve prevalecer, embora a prática nem sempre o confirme.

As designações instituídas das formas de acolhimento em contextos de atendimento extra-familiar – temporário e prolongado, de emergência, de curta e longa duração – tornam esta dimensão omnipresente. A própria denominação de *temporário* tem sentidos denotativos e conotativos que a aproximam semanticamente do *provisório,*

A *protecção das crianças e jovens em risco – traços e percursos* 329

do *precário,* do pouco ponderado ou reflectido, porque desnecessário. Mais ainda no nosso País onde a experiência culturalmente enraizada nos permite dar sentido ao provisório que, indefinidamente prolongado, pode mesmo transformar-se em final e substantivo. Assim acontece a algumas crianças que, sucessivas vezes, multiplicam o temporário pelo contingente, somando instabilidade nos seus itinerários de vida.

Talvez o tempo constitua o produto mais evidente das ineficiências do sistema de protecção, havendo, todavia, a convicção de que, no essencial, se trata de um problema irresolúvel, inerente à complexidade dos problemas tratados. Não obstante o conhecimento crítico de muitas situações de desprotecção cujos prazos de resolução excedem os limites do bom-senso e do aceitável, há quem defenda que não é exequível ou adequado o estabelecimento de prazos-limite universais e que estes devem ser ponderados em função da especificidade de cada caso ou situação e deixados ao critério dos técnicos. Por tudo isto, o tempo, como tal, não é significativo; importante, sim, é o que se faz com ele.

O afecto

A família constitui um dispositivo identitário e de inclusão social essencial, veículo de inscrição social da criança nos circuitos institucionalizados, com um papel relevante na constituição da subjectividade infantil, configurando-se como um vector operante do sentido de pertença e continuidade. A pertença, assim entendida, é forjada pela convenção social da família e indissociável da identidade pessoal, de tal forma que, nas palavras de Cyrulnik (2000, p.85), *"não pertencer a ninguém é tornar-se ninguém".* O conhecimento da história familiar e pessoal, do passado, constitui a âncora do vivido presente e do futuro projectado, numa existência com direcção e sentido. A identidade pessoal gera-se no quadro da identidade familiar, social e cultural mais vasta. O nome próprio circunscreve o apelido filiador numa linhagem; a denominação social constitui um marcador de pertença impresso na afectividade. Sem estas referências identitárias, a criança não consegue estruturar o tempo, o espaço nem a sua posição relativa nestas dimensões organizadoras do ser e do viver. A continuidade interna constrói-se no seio da continuidade intergeneracional; historicidade e contextualidade são os eixos organizadores da existência. Na pertença vem implícita a atribuição de um lugar físico, afectivo, psicológico e social, e o reconhecimento de um estatuto. Entendida como função, é, portanto, susceptível de disfuncionamentos que podem perturbar o modo de acção individual; neste sentido, Cyrulnik (2000) chega mesmo a admitir a existência de uma patologia da pertença. Sem pertença, o processo de individuação fica comprometido; se a família se constitui como espaço securizante de afecto por excelência, numa ecologia humana difícil, a exclusão constitui um factor de risco de difusão de identidade, de falhas relacionais e de solidão.

O reconhecimento da importância do ambiente familiar enquanto instância singular de socialização, a quem compete um papel exclusivo na estruturação da infância moderna, leva autores como Qvortrup e outros a referir-se ao conceito de *familização* (Qvortrup et al., 1994).

De facto, a família é considerada como um contexto privilegiado de afecto, cuja legitimidade assenta na consanguinidade, em torno da qual se organizam crenças irracionais que a mistificam, patentes em lugares-comuns como "a voz do sangue", "o amor de mãe" ou "os direitos inalienáveis dos pais" (Diniz, 1997). Estes *a-prioris* culturais traduzem a valorização cultural da hereditariedade, frequentemente em detrimento da parentalidade.

O afecto idealizado do espaço familiar que estas crianças perderam, muitas vezes sem nunca ter tido, dramatiza os seus percursos aos olhos dos técnicos, uma espécie de argumento ausente-presente com base no qual as alternativas à família são desvalorizadas. As questões da pertença e da formação de vínculos – entendidos como reflexos psicológicos dos laços de consanguinidade – são potentes organizadores dos discursos e das práticas, auto-evidentes, que reúnem amplos consensos, dispensando justificações. O afecto devido e requerido pelas crianças, temporariamente suspenso nos passos da protecção, de incómoda gestão no acolhimento, adiado até um futuro de direito, nem sempre de facto.

Menos relevantes no discurso e, eventualmente, menos reconhecidas são outras funções-papéis da família, igualmente essenciais para o desenvolvimento da criança, nomeadamente a estruturação das suas rotinas, quotidiano e relações e o papel de mediação social e de significação das experiências desempenhado pelos adultos significativos.

De facto, a família apenas constitui um contexto privilegiado de desenvolvimento na medida da sua capacidade para satisfazer as necessidades da criança/jovem a seu cuidado, para desenvolver as suas competências e mobilizar os recursos pessoais e sociais disponíveis no interesse do menor. Dito de outro modo, a família que constitui direito e necessidade da criança ou jovem devem ser educacionalmente competente, afectivamente implicada e socialmente responsável.

A criança-vítima

No domínio da protecção de crianças e jovens em risco, os referentes identitários da infância em geral inscrevem-se num fundo simbólico, uma forma partilhada de pensamento, ainda que nem sempre explícita, que é a imagem da criança-vítima. Objecto de condutas ou omissões consideradas indevidas e susceptíveis de prejudicar o seu funcionamento e desenvolvimento, esta ideia associa duas negatividades constituintes, aqui reforçadas pela conjugação: por um lado, o estatuto social da vítima em geral; por outro, o estatuto de criança.

De facto, por definição, a vítima é caracterizada como passiva, reactiva, sem poder, incapaz, objecto de protecção. Com um papel frequentemente esbatido, como pretexto ou epifenómeno na reivindicação social da reposição da ordem transgredida, a negação do protagonismo da vítima como pessoa-sujeito e interlocutor válido e necessário, reforça a sua fragilização, desvalorizando-a na condição de outro.

Ora, também a infância é moldada nesta negatividade: dependência, incompetência, vulnerabilidade, incompletude, desconhecimento, passividade são atributos comuns da condição de ser criança (Sarmento, 2000).

Ocorre que, no caso do menor vítima de maus-tratos ou negligência, se opera uma conjugação reforçante da vulnerabilidade da condição de criança com a vulnerabilidade da condição de vítima, ambos sem voz, porque outros falam de si, por si, pouco para si e menos ainda consigo. Ou simplesmente não falam.

Ignora-se aqui a competência da criança e os recursos de que ela dispõe e que pode mobilizar nestas situações, nomeadamente como participante activa tanto nas situações que a vitimam, como nas medidas de promoção e de protecção de que beneficia – actora – e como protagonista do seu risco e da sua protecção, na medida em que, transportando consigo uma *bagagem* de experiências e significados, actualiza, co-constrói e interpreta o vivido, assumindo-se como produtora de sentidos.

De facto, a construção de um sentido integrador por parte das crianças em relação aos acontecimentos da sua vida pode constituir um factor protector e uma condição de saúde mental. Tal como refere Rúben de Oliveira Nascimento (s/d), trata-se de *significar o mundo para ser alguém* (identidade), para ter um sentido (entre referências múltiplas), *em busca da sua própria ordem na desordem, da sua singularidade na pluralidade*, construindo uma percepção organizada de si própria e um sentimento básico de integridade. É assim que, ao apropriar-se da realidade, construindo conhecimento, a criança se constitui como sujeito (Gonçalves, s/d).

Esta mudança de olhar sobre a criança/jovem no sistema de protecção que, de objecto, a converte em sujeito da sua própria vida, apela à substituição da racionalidade afectiva que impregna o discurso profissional e social pela racionalidade técnico-científica e éticopolítica em que a promoção, a capacitação e valorização são vectores da acção de protecção social.

Em suma, se o entendimento que temos de qual deve ser o lugar das crianças no mundo orienta a nossa acção no sentido de que o seu direito se materialize de facto, não perdemos de vista que são múltiplos os lugares habitados por crianças, condicionando os seus percursos e perspectivas sobre si próprias e sobre os outros - que também somos nós próprios. O conhecimento destes lugares e perspectivas é, do ponto de vista social, condição para a sua inclusão, do ponto de vista académico, condição para a nossa compreensão mais profunda dos fenómenos e situações que protagonizam, e, finalmente, do ponto de vista ético e político, condição para um presente mais justo e solidário em cuja construção todos nos empenhamos.

A protecção das crianças e jovens em risco – traços e percursos   333

Referências bibliográficas

ANGLIN, J. (2002). Risk, Well-Being, and Paramountcy in Child Protection: The Need for Transformation. *Child & Youth Care Forum, 31 (4)*, 233-255.

BULLOCK, R. (1998). The Use of *Looking After Children* in Child Protection. *Children and Society, v. 12*, 234-235.

CASAS, F. (1998). *Infancia: perspectivas psicosociales*. Barcelona: Paidós.

CYRULNIK, B. (2000). *Les Nourritures affectives*. Paris: Odile Jacob.

DANIEL, B. (1999). Beliefs in Child Care: Social Work Consensus and Lack of Consensus on Issues of Parenting and Decision-Making. *Children and Society, v.13*, 179-191.

Dartington Social Research Unit (1995). *Child protection: Messages from research.* London: HMSO.

DINGWALL, R. (1989). Some problems about predicting child abuse and neglect. In O. Stevenson (Ed.), *Child Abuse: Professional Practice and Public Policy*. London: Harvester-Wheatsheaf.

DINIZ, J. (1997). Este meu filho que eu não tive. A adopção e os seus problemas (2ª edição). Lisboa: Edições Afrontamento.

GIBBONS, J. (1997). Relating outcomes to objectives in child protection policy. In N. Parton (Ed.), *Child Protection and Family Support: Tensions, contradictions and possibilities (pp. 78-91)*. London: Routledge.

HEARN, B. (1997). Putting child and family support and protection into practice. In N. Parton (Ed.), *Child Protection and Family Support: Tensions, contradictions and possibilities*. London: Routledge.

KING, M., & Piper, C. (1995). *How the law thinks about children* (2ª ed.) Aldershot: Arena.

LAUWE, M. (1991). Vers un nouveau statut social. *Autremet, 123*, 154-181.

LEANDRO, A. (1997). Família do futuro? Futuro da criança. *Infância e Juventude, 1*, 9-20.

MARTINS, P. (2000). Elementos para uma reflexão em torno dos Direitos da Criança. *Viragem, n.º 34, Jan.-Abril*, 38-42.

MARTINS, P. (2008). Risco na Infância: Os Contornos da Evolução de um Conceito. In C. Gouvêa e M. Sarmento (Coords.), *Estudos da infância: educação e práticas sociais* (pp. 246-271). Rio de Janeiro: Editorial Vozes.

MCDONALD, T., ALLEN, R., WESTERFELT, A., & PILIAVIN, I. (1996). *Assessing the Long-Term Effects of Foster Care. A research synthesis*. Washington D. C.: C.W.L.A. Press.

MELTON, G., & FLOOD, M. (1994). Research policy and child maltreatment: developing the scientific foundation for effective protection of children. *Child Abuse and Neglect, 18, Supplement, 1*, 1-28.

PARTON, N. (1989). Child Abuse. In B. Kahan (Ed.), *Child Care Research, Policy and Practice*. London: Hodder & Stoughton.

PARTON, N. (1997). Child protection and family support: Current debates and future prospects. In N. Parton (Ed.), *Child Protection and Family Support: Tensions, contradictions and possibilities (pp. 165-192)*. London: Routledge.

PERES, M. & ALMEIDA-FILHO, N. (2005). A nova psiquiatria transcultural e a reformulação na relação entre as palavras e as coisas. *Interface – Comunicação, Saúde, Educação, v.9, n. 17*, 275-85.

334 *Estudos em Homenagem a Rui Epifânio*

POTTER, J. & WETHERELL, M. (1987). *Discourse and social psychology: Beyond attitudes and behaviour*. London: Sage.

QVORTRUP, J.; MARJATTA, B.; SGRITTA, G. & WITERSBERG, H. (1994) (Eds.), *Childhood Matters: Social Theory, Practice and Politics*. Aldershot: Avebury.

RAMOS, R.; MARTINS, P.; PEREIRA, S. & OLIVEIRA, M. (2009). Crianças em risco: elementos para a constituição de um reportório interpretativo da imprensa. *Textos Seleccionados do XXIV Encontro Nacional da Associação Portuguesa de Linguística*. Braga: Universidade do Minho.

SARMENTO, M. (20003). Os Múltiplos Trabalhos da Infância. In *Straight to the Point: Should we boycott companies relying on child labour?*. Braga: Instituto de Estudos da Criança//Universidade do Minho.

SARMENTO, M. (2003). "O Que Cabe na Mão..." Proposições Para Uma Política Integrada da Infância. In D. Rodrigues (org.), *Perspectivas Sobre a Inclusão* (pp. 73-85). Porto: Porto Editora.

THORPE, D. (1997). Policing minority child rearing practices in Australia: the consistency of "Child Abuse". In N. Parton (Ed.), *Child Protection and Family Support: Tensions, Contradictions and Possibilities*. London: Routledge.

WARD, H. (1998b). Using a Child Development Model to Assess the Outcomes of Social Work Interventions with Families. *Children and Society, v.12*, 202-211.

CONTRIBUTO PARA A REVITALIZAÇÃO DAS COMISSÕES (ALARGADAS) DE PROTECÇÃO DE CRIANÇAS E JOVENS

Rui do Carmo[*]

As palavras que se seguem abordam um tema que tem sido menos acarinhado na reflexão e na prática do sistema de promoção dos direitos e de protecção das crianças e jovens em perigo, mas que respeita, por um lado, à sua própria legitimação e, por outro, à sua capacidade para mobilizar os meios necessários à prossecução dos seus objectivos, que se reconduzem à difusão e implementação de uma sólida cultura de promoção dos direitos e de protecção das crianças.

Trata-se das funções e da importância da modalidade alargada das Comissões de Protecção de Crianças e Jovens. Um tema que, enganadoramente, se tem tido por secundário.

1. A matriz constitucional das comissões de protecção

A promoção dos direitos e a protecção das crianças e jovens em perigo não é função exclusiva do Estado, a quem, contudo, cabe um papel central na sua dinamização, na definição do quadro normativo em que se deve desenvolver, na disponibilização, facilitação, divulgação e coordenação de meios e na criação de condições para que os cidadãos e as suas formas de organização possam, também eles, cumprir as suas responsabilidades.

---

[*] Procurador da República.

A participação e co-responsabilização dos cidadãos nesta tarefa é não só um dever social mas também um direito que lhes assiste, ultrapassadas que estão as perspectivas, curtas na ambição e ainda mais nos resultados, de monopólio e dirigismo estatais. É uma área em que se mostra essencial a implementação da participação democrática dos membros da sociedade e das suas organizações, e dos órgãos de poder que lhes estão mais próximos (as autarquias locais); em que se mostra essencial mobilizar um conhecimento multifacetado sobre a infância, a juventude, a família e a sociedade, e colocar em diálogo as diferentes parcelas desse conhecimento. Tudo isto, tanto por exigência democrático como também da capacidade para conhecer e interpretar a realidade, e para nela intervir com elevados padrões de qualidade e de eficácia.

Nesta linha de pensamento, a Constituição da República Portuguesa consigna no artigo 69.º o direito das crianças "à protecção da sociedade e do Estado", ou seja, consagra "um *direito das crianças à protecção*, impondo-se os correlativos deveres de prestação ou de actividade ao Estado e à sociedade (i.e. aos cidadãos e às instituições sociais)"[1-2].

A Lei de Protecção de Crianças e Jovens em Perigo[3], erguida sobre um alicerce de conhecimento pluridisciplinar, reflecte, organiza e disciplina juridicamente esta responsabilidade repartida na promoção dos direitos e na protecção das crianças e jovens cujo superior interesse foi agredido, sendo as Comissões de Protecção um espaço de organização da cooperação e co-responsabilização entre o Estado, as autarquias locais e a sociedade.

A matriz constitucional das Comissões de Protecção de Crianças e Jovens não pode ser esquecida na leitura da Lei de Protecção e na sua aplicação. Tanto mais que a forte tradição do monopólio estatal da intervenção formal de protecção e as dificuldades inerentes ao

---

[1] *Constituição da República Portuguesa Anotada, Artigos 1.º a 107.º*, J.J. Gomes Canotilho e Vital Moreira, Coimbra Editora, 2007, p. 869.

[2] A *sociedade* inclui, também, entre outras, as entidades que, a propósito do apoio às organizações juvenis, são elencadas no n.º 2 do artigo 70.º da Constituição da República: "as famílias, as escolas, as empresas, as organizações de moradoras, as associações e fundações de fins culturais e as colectividades de cultura e recreio".

[3] Aprovada pela Lei n.º 147/99, de 1 de Setembro.

desenvolvimento do trabalho em parceria potenciam uma leitura da lei, e uma prática, que abre o caminho à reprodução de modelos de funcionamento fechados e burocratizados. Neste contexto, o tema das atribuições e prática da modalidade alargada das comissões de protecção ganha uma especial importância.

2. A Comissão (alargada) de Protecção de Crianças e Jovens e a sua modalidade restrita

As Comissões de Protecção ocupam um lugar central na promoção dos direitos e na protecção das crianças e jovens em perigo, sendo o resultado da convicção de que "é hoje inquestionável que uma intervenção de base comunitária desformalizante e sobretudo desjudicializada revela reais vantagens na negociação das soluções, por oposição a uma intervenção coactiva e estigmatizante como é a dos tribunais"[4].

São-lhe atribuídas pela Lei de Protecção de Crianças e Jovens em Perigo as funções de "promover os direitos da criança e do jovem e prevenir ou pôr termo a situações susceptíveis de afectar a sua segurança, saúde, formação, educação ou desenvolvimento integral"[5], que se encontram repartidas pelas suas duas modalidades, a comissão alargada e a comissão restrita.

Da análise dos artigos 12.º a 29.º da Lei de Protecção, ter-se-á de concluir que a Comissão de Protecção é a comissão alargada, sendo a modalidade restrita uma sua emanação, embora com atribuições próprios, que não são exercidas pela modalidade alargada, justificadas por razões de operacionalidade e de preservação do carácter reservado do processo[6], o que resultou e é uma lição da experiência das Comissões de Protecção de Menores criadas pelo Decreto-Lei nº 189/91, de 17 de Maio.

---

[4] *Reforma do Direito de Menores*, 1999, Ministério da Justiça/Ministério do Trabalho e da Solidariedade, p. 190.

[5] N.º 1 do artigo 12.º da Lei de Protecção de Crianças e Jovens em Perigo, a que respeitarão todos os artigos citados sem menção do respectivo diploma

[6] Cfr. art.º 88.º. E que responde também ao risco de "amplificação da estigmatização do menor e da sua família, através do conhecimento da respectiva situação por um grande número de entidades" – *Reforma do Direito de Menores*, cit., p. 151.

Na composição da comissão alargada cooperam o Estado, as autarquias locais e a comunidade[7], numa concretização, como já foi referido, do direito constitucional das crianças "à protecção da sociedade e do Estado" (n.º 1 do art.º 68.º CRP). A modalidade restrita é composta por membros da comissão alargada, nos termos do art.º 20.º da Lei de Protecção, mesmo quando se trata de técnicos cooptados[8], e é presidida pelo presidente da Comissão (que é o presidente eleito pela modalidade alargada)[9].

Na repartição de competências entre as modalidades alargada e restrita, cabe a esta a abordagem e o tratamento dos casos concretos de crianças e jovens em perigo, enquanto que à comissão alargada cabem funções de divulgação dos direitos, de prevenção, de promoção, mobilização e organização de recursos da comunidade, de catalisador de uma cultura de promoção dos direitos e de protecção das crianças e jovens na sua área de actuação.

Compete ainda à Comissão de Protecção, na modalidade alargada, acompanhar e analisar a actividade do seus membros que foram designados para a modalidade restrita e aprovar o relatório anual de actividades e de avaliação elaborado pelo presidente[10]; tendo a restrita a obrigação de "informar semestralmente a comissão alargada (...) sobre os processos iniciados e o andamento dos processos pendentes"[11].

As competências atribuídas à modalidade alargada dividem-se, assim, entre responsabilidades de participação na rede social, com os objectivos de divulgação dos direitos, de dinamização de projectos no domínio da prevenção e na mobilização de recursos necessários à construção de respostas sociais; e responsabilidades de acompanhamento e avaliação da actividade da restrita[12].

Do exposto resulta, por um lado, uma divisão de funções entre as modalidades alargada e restrita da comissão de protecção e, por outro, atribuições de fiscalização e de avaliação da modalidade alargada sobre a restrita, que lhe tem de prestar contas. O que advém não

---

[7] Cfr. artigo 17.º.
[8] Cfr. n.º 5 do art.º 20.º.
[9] N.º1 do art.º 23.º.
[10] Alíneas g) e h) do n.º 2 do artigo 18.º.
[11] Alínea g) do n.º 2 do art.º 21.º.
[12] Cfr. artigo 18.º.

só de esta ser uma emanação daquela, mas substancialmente de ser na composição da modalidade alargada que se encontra o substrato legitimador das atribuições da Comissão de Protecção, e por maioria de razão da sua modalidade restrita, bem como da sua independência decisória[13].

Do exposto não pode concluir-se, contudo, que a estrutura *permanente* da comissão de protecção é a modalidade restrita, por duas ordens de razões:

Porque as funções de dinamização e participação na rede social devem ser elas também exercidas sem interrupções na prossecução dos seus objectivos, para o que prevê a lei o funcionamento da modalidade alargada "em plenário ou por grupos de trabalho para assuntos específicos"[14]. A Comissão (alargada) de Protecção deve ser um local de encontro, de partilha de informação, de meios e de dificuldades, de conjugação de esforços, de racionalização de recursos, de mobilização da sociedade local. Ou seja, a modalidade alargada deve afirmar-se "como órgão verdadeiramente significativo, sensibilizador e impulsionador na definição e execução das políticas (...) nos sectores que se repercutem sobre as condições de vida das crianças e jovens"[15] .

Porque o acompanhamento da actividade da comissão restrita, que a lei obriga a apresentar informação semestral, deve consistir também num regular exercício de comunicação/reflexão sobre a realidade do concelho (ou das freguesias), sobre os recursos existentes, sobre as carências/necessidades, sobre os resultados obtidos e os métodos de trabalho. Acompanhamento que é distinto daquele que está conferido legalmente ao Ministério Público, ao qual é atribuída a

---

[13] Cfr. n.º 2 do art.º 12.º.

[14] N.º 1 do artigo 19.º.

[15] *Reforma do Direito de Menores*, 1999, Ministério da Justiça / Ministério do Trabalho e da Solidariedade, p. 191; cfr. tb pp. 194/195 e 219. Rosa Clemente, em *Inovação e Modernidade no Direito de Menores. A perspectiva da Lei de Protecção de Crianças e Jovens em Perigo* (Coimbra Editora, 2009), afirma, no mesmo sentido, que a Comissão "está em condições de promover e de liderar uma estratégia local de respeito pela criança e da prioridade de que é credora, tendente a prevenir precocemente fenómenos geradores de situações de perigo, influenciando a comunidade concelhia a organizar-se de forma a assumir esse desígnio e esse desafio" (p. 179).

340 *Estudos em Homenagem a Rui Epifânio*

função de fiscalização da legalidade, da adequação e da tempestividade da condução dos procedimentos[16].

3. A composição da Comissão (alargada) de Protecção de Crianças e Jovens e a legitimação da sua actuação

A génese das Comissões de Protecção vamos encontrá-la no Plano de Acção do Ministério da Justiça aprovado em 20 de Setembro de 1974 e nas conclusões preliminares da comissão encarregada de estudar e propor as medidas legislativas respeitantes à reforma do sistema de justiça de menores, que apontava para a criação de "comissões administrativas de protecção de menores", de base concelhia, constituídas por especialistas dos então Ministérios da Educação e Cultura, dos Assuntos Sociais e da Justiça, delegados das Câmaras Municipais, e pelo representante do Ministério Público (então designado curador de menores), que seria, além de consultor jurídico, o zelador de que tivessem "seguimento adequado e em tempo todos os casos a submeter a apreciação jurisdicional"[17]. O "primeiro ensaio, entre nós, de protecção de menores por via administrativa" veio a ser a instalação das comissões de protecção sedeadas nos Centros de Observação e Acção Social[18], que eram constituídas pelo respectivo director, por representantes dos Ministérios dos Assuntos Sociais e da Educação e Cultura e por um curador de menores[19], mas num modelo bastante distante do gizado em 1974. Foi em 1991, com a publicação do Decreto-Lei n.º 189/91, de 17 de Maio, que "regula a criação, competência e funcionamento das comissões de protecção dos menores", que se pretendeu retomar aquela ideia inicial[20], como se lê no respectivo preâmbulo:

---

[16] Cfr. artigos 68.º, 73.º e 76.º.

[17] Cfr. "Reforma do Sistema Tutelar de Menores", *Infância e Juventude* n.º 1 de 1976, pp. 26-30.

[18] Cfr. Decreto-Lei n.º 314/78, de 27 de Outubro.

[19] Artigos 91.º a 93.º da OTM.

[20] Cfr. Rui Epifâneo, "Acerca das Comissões de Protecção (Decreto-Lei n.º 189/91, de 17 de Maio)", *Infância e Juventude* n.º 2 de 1993, pp. 9 a 24.

"A ideia que presidiu inicialmente à criação das comissões de protecção deve ser retomada em termos actualizados, pois pode contribuir para dar resposta à sentida exigência de responsabilização de cada comunidade local pelas suas crianças e pelos seus jovens, em total respeito e colaboração com a família, o que corresponde a uma efectiva vocação e vontade de vários agentes comunitários, de vital importância no âmbito de uma política capaz de prevenção".

As Comissões de Protecção de Menores criadas em 1991 estavam integradas no Ministério da Justiça, incluíam o Ministério Público na sua composição (cuja presidência exerceu durante os dois primeiros anos), não sendo então suficientemente clara a delimitação da sua actividade em face da intervenção judiciária, competindo-lhe, nomeadamente, "colaborar com o tribunal no estudo e encaminhamento dos casos que careçam de intervenção judiciária"[21]. Constituíram, contudo, um passo importante, e a meu ver necessário, no caminho que nos conduziu até às actuais Comissões de Protecção de Crianças e Jovens.

Com a Lei de Protecção de Crianças e Jovens em Perigo, aprovada pela Lei n.º 147/99, de 1 de Setembro, ficou claramente delimitado o âmbito de intervenção das comissões e o âmbito de intervenção do tribunal[22], na afirmação do princípio da subsidiariedade, segundo o qual "a intervenção deve ser efectuada sucessivamente pelas entidades com competência em matéria de infância e juventude, pelas comissões de protecção de crianças e jovens e, em última instância, pelos tribunais"[23]; e o Ministério Público deixou de integrar a comissão, afastando-se definitivamente a ideia de uma "mão longa do tribunal"

---

[21] Alínea f) do artigo 8.º do DL 189/91, de 17 de Maio.

[22] Cfr, a este propósito, o ponto 1.4 da denominada *Directiva Conjunta do Procurador-Geral da República e do Presidente da Comissão Nacional de Crianças e Jovens em Risco*, datada de 23 de Junho de 2009, destinada à "Uniformização de procedimentos funcionais entre os Magistrados do Ministério Público interlocutores e as Comissões de Protecção de Crianças e Jovens": "No âmbito dos processos judiciais de promoção e protecção, o Ministério Público tendo, além do mais, presente o disposto nos artigos 7.º e 8.º do DL n.º 332-B/2000, de 30 de Dezembro, deve providenciar, por todos os meios processuais ao seu alcance, pela não solicitação às CPCJ da prática de actos necessários à instrução daqueles processos, bem como pela não designação das CPCJ como entidades encarregues do acompanhamento da execução das medidas de promoção e protecção aplicadas".

[23] Alínea j) do artigo 4.º e 8.º.

342 *Estudos em Homenagem a Rui Epifânio*

no seu seio, vendo clarificadas as suas funções de defensor da legalidade democrática e do superior interesse da criança, com o poder de suscitar a intervenção judicial[24]. Também a ideia da comissão como mero órgão de coordenação entre serviços e instituições locais foi definitivamente ultrapassada, sendo claramente (re)afirmada a autonomia funcional e a independência de decisão das Comissão de Protecção de Crianças e Jovens.

A legitimação da actuação das Comissões de Protecção de Crianças e Jovens não pode, pois, continuar a ser procurada na sua inserção orgânica em qualquer departamento governamental, ou na sua associação à organização e à actividade judiciárias. Tem de ser encontrada na sua própria composição, ou seja na composição da comissão alargada – na qual estão representados, por um lado, o Estado, os municípios, as freguesias e as estruturas organizadas da comunidade e, por outro, as áreas do conhecimento necessárias à compreensão e à intervenção nesta realidade. A legitimidade da intervenção da sua modalidade restrita para intervir nos casos concretos, por sua vez, "depende do consentimento expresso dos pais, do representante legal ou da pessoa que tenha a guarda de facto"[25], bem como da "não oposição da criança ou do jovem"[26].

Ou seja, a constituição, a composição e o exercício pelas Comissões de Protecção do leque de funções que legalmente lhes estão atribuídas radica directamente no já referido n.º 1 do artigo 68.º da Constituição da República Portuguesa, sendo na legitimidade da comissão alargada que se radica a da modalidade restrita para diligenciar no sentido de obter o consentimento para a intervenção concreta nas famílias e o acordo para a aplicação de medidas de promoção e protecção, que são pressupostos e condição da intervenção desta à luz, nomeadamente, dos artigos 26.º n.º 1, 34.º n.ºs 1 e 2 e 36.º n.º 6 da CRP[27].

---

[24] Cfr. Rui do Carmo, "As Comissões de Protecção de Crianças e Jovens – notas sobre a intervenção do Ministério Público", *Lex Familiae, Revista Portuguesa de Direito da Família*, Ano 1, n.º 2, 2004, p. 38.

[25] Artigo 9.º.

[26] Nos termos do artigo 10.º.

[27] Protecção da reserva da intimidade da vida privada e familiar; inviolabilidade do domicílio; reserva de decisão judicial na separação dos filhos dos pais contra a vontade destes.

4. A Comissão Nacional de Protecção de Crianças e Jovens em Risco

Pelo Decreto-Lei nº 98/98, de 18 de Abril, ainda na vigência do Decreto-Lei nº 189/91, de 17 de Maio, foi criada a Comissão Nacional de Protecção de Crianças e Jovens em Risco[28], com os objectivos de "planificar a intervenção do Estado e a coordenação, acompanhamento e avaliação da acção dos organismos públicos e da comunidade na protecção de crianças e jovens em risco"[29]. Entidade a que na Lei de Protecção foi atribuída a função de acompanhar, apoiar e avaliar as comissões de protecção[30], que se subdivide em competências: de formação; de apoio e aconselhamento técnicos; de promoção, dinamização e mobilização de meios, de construção da cooperação entre entidades públicas, cooperativas, sociais e privadas e celebração de acordos necessários à prossecução dos objectivos das comissões, cujo viabilidade de concretização ultrapassa a escala local; de difusão das boas práticas; de assegurar o conhecimento mútuo, a troca de experiências e o diálogo entre as comissões; de difusão pública da actividade da rede social que são as comissões; e de "formula[ção] de orientações e emi[ssão] (de) directivas genéricas relativamente ao exercício das competências" destas[31].

A Comissão Nacional constitui-se, assim, do ponto de vista externo, como uma entidade que divulga a actividade das comissões de protecção e que promove, dinamiza e coopera para a sua implantação em todo o território nacional e para a criação de condições adequadas à concretização das suas atribuições; e, do ponto de vista interno, garante o aconselhamento e o apoio técnico e logístico às comissões, intervém para a resolução das questões respeitantes à mobilização e disponibilidade dos meios humanos necessários às exigências da sua missão, proporciona formação e promove a uniformização de procedimentos necessária à garantia da igualdade substancial no tratamento das situações. Para além de que lhe cabe ainda

---

[28] Cuja composição consta do n.º 1 do artigo 2.º e integra representantes das estruturas dirigentes ou de coordenação das entidades com assento nas comissões de protecção, e ainda um representante do Ministério Público.

[29] N.º 1 do artigo 1.º.

[30] Cfr. art.º 30.º.

[31] Cfr. art.º 31.º.

344   *Estudos em Homenagem a Rui Epifânio*

determinar auditorias e inspecções às comissões protecção, por iniciativa própria ou a requerimento do Ministério Público[32].

A "formula[cão] de orientações e emi[ssão] (de) directivas genéricas" terá de ser interpretada tendo em consideração que "não existem poderes de tutela efectiva entre a comissão nacional e as comissões"[33], ou seja, à luz da sua autonomia funcional e independência de decisão – pelo que as directivas terão como campo de implementação por excelência questões de ordem administrativa e de gestão que se prendam com o cumprimento das competências nesse âmbito atribuídas à Comissão Nacional, visando-se através das recomendações, nomeadamente, a implementação do cumprimento de protocolos e acordos celebrados, a difusão de boas práticas, o alerta para procedimentos inadequados e a sugestão de novas formas de actuação.

Um importante instrumento de trabalho para a Comissão Nacional são os relatórios anuais das comissões de protecção, dos quais resulta o seu próprio relatório anual de síntese, que constitui a base da reflexão que tem lugar nos encontros de avaliação das comissões de protecção[34].

Objectivos e natureza diferentes tem, como já referido, o acompanhamento feito pelo Ministério Público da actividade das comissões de protecção, que consiste em "apreciar a legalidade e a adequação das decisões, a fiscalização da actividade processual e a promoção dos procedimentos judiciais adequados"[35] – ou seja, uma actividade consonante com as suas atribuições gerais de controlo da legalidade dos procedimentos e de defesa do interesse superior da criança e do jovem, que lhe confere poderes de fiscalização processual e a legitimidade para, na prossecução de tais objectivos, promover a intervenção

---

[32] Artigo 33.º.

[33] Beatriz Marques Borges, *Protecção de Crianças e Jovens em Perigo. Comentários e Anotações à Lei n.º 147/99, de 1 de Setembro*. Almedina, Março de 2007.

[34] Da avaliação das comissões de protecção trata o art.º 32.º, cujo n.º 1 define o conteúdo dos relatórios anuais: "identificação da situação e dos problemas existentes no município em matéria de promoção dos direitos e protecção das crianças e jovens em perigo, incluindo dados estatísticos e informações que permitam conhecer a natureza dos casos apreciados e as medidas aplicadas e avaliar as dificuldades e a eficácia do sistema".

[35] N.º 2 do artigo 72.º.

Contributo para a revitalização das Comissões   345

judicial[36]. A sua representação na Comissão Nacional justifica-se à luz das responsabilidades de acompanhamento e avaliação da actividade das comissões de protecção que àquela estão conferidas, para o que a informação recolhida e a apreciação feita pelo Ministério Público, bem como as recomendações que formule, constituem um importante contributo para o exercício daquelas atribuições.

5. A avaliação da actividade das comissões alargadas

5.1. *Os Relatórios Anuais de Avaliação das Comissões de Protecção de Crianças e Jovens*

Da leitura dos Relatórios de Avaliação da Actividade das Comissões de Protecção de Crianças e Jovens elaborados pela Comissão Nacional de Protecção de Crianças e Jovens em Risco, verifica-se que o funcionamento da modalidade alargada das comissões de protecção tem encontrado grandes dificuldades e que o caminho com vista à assunção das suas responsabilidades e competências tem vindo a ser percorrido de forma muito lenta.

Consultando os relatórios referentes aos anos de 2006 a 2008, verifica-se que apenas cerca de metade das comissões de protecção cumprem a periodicidade mínima de realização de reuniões definida na lei – dois em dois meses[37] –, persistindo a invocação de duas grandes ordens de razões: indisponibilidade dos seus membros e falta de motivação. As razões invocadas para a indisponibilidade têm sido, essencialmente, a acumulação de representações noutras parcerias e a "exigência da intervenção ao nível da comissão restrita".

Tem, no entanto, aumentado o número de comissões que elaboram o seu plano de acção anual, que em 2006 se situava nos 62,9% e em 2008 atingiu os 81,56%, tendo tido evolução semelhante o número

---

[36] Cfr., sobre as "responsabilidades atribuídas ao Ministério Público", o nosso artigo referido na nota 24, a pp. 37-42. É ainda neste contexto que se integra a comunicação prevista no n.º 2 do artigo 28.º (comunicação das "situações em que um serviço ou entidade se oponha à execução das deliberações" da comissão de protecção).

[37] N.º 2 do artigo 19.º.

de comissões que se organiza em grupos de trabalho, assim como têm sido incrementados os encontros com participação externa e as parcerias.

Para o tema desta reflexão tem particular importância a consideração das invocadas razões para o não cumprimento da periodicidade mínima de realização de reuniões definida na lei – pelo que podem reflectir de inadequação dos critérios de designação, pelas entidades responsáveis, dos membros da comissão e de incompreensão quanto à articulação, e hierarquia, entre as modalidades alargada e restrita.

5.2. *O Estudo de Diagnóstico e Avaliação das Comissões de Protecção de Crianças e Jovens*

O Estudo de Diagnóstico e Avaliação das Comissões de Protecção de Crianças e Jovens realizado pelo Centro de Investigação e Estudos de Sociologia do Instituto Superior de Ciências do Trabalho e da Empresa[38], cujo relatório final data de Fevereiro de 2008, nas três páginas que dedica especificamente às comissões na modalidade alargada[39], realça como tom geral a "falta de mobilização e de iniciativa dos seus membros, estando o trabalho dependente do carácter impulsionador da Comissão na sua modalidade Restrita", ou seja, a sua "quase total inoperância" (*sic*).

Reunindo, em regra, com periodicidade superior à legalmente prevista (dois meses), "o conteúdo das reuniões, na maioria das vezes, não excede o carácter informativo relativamente ao trabalho desenvolvido pela Comissão Restrita, sendo poucos os temas submetidos a debate e a organização de trabalho conjunto na comunidade na procura de melhoramentos, nomeadamente ao nível da prevenção, formação parental e da protecção da criança", do que resulta, citando o mesmo relatório, que "[recai] sobre a Comissão Restrita a promoção e sensibilização da população para a problemática das crianças e jovens, quando este deveria ser o papel da Comissão Alargada", assim como a fragilização da implementação do princípio da subsidia-

---

[38] Estudo coordenado por Anália Torres.
[39] Pp. 72 a 74 do Relatório Final.

Contributo para a revitalização das Comissões 347

riedade – porque as entidades que nela estão representadas, e que deviam fazer prevenção e actuar em primeira linha, não participam efectivamente na sua actividade e, consequentemente, não desenvolvem essas suas responsabilidades (o que, acrescento, prejudica igualmente a implementação dos princípios da intervenção precoce e da intervenção mínima, pois, atendendo à sua íntima ligação, dificilmente qualquer um deles resiste à fragilização de um dos outros).

Este *Estudo de Diagnóstico e Avaliação* refere que acontece, com frequência, as entidades que a compõem se fazerem representar por "técnicos intermédios sem poder decisório". De facto, para que a Comissão (alargada) de Protecção desempenhe em plenitude as suas funções legalmente definidas, para que possa ser um viveiro de sinergias, tem de ter poder de decisão, o que passa por cada um dos seus elementos poder vincular a entidade que representa no cumprimento das decisões da comissão. Contudo, no ponto *6.*, retomarei esta questão.

5.3. *Conclusões*

Em face dos dados resultantes dos relatórios anuais da CNPCJR e do *Estudo de Diagnóstico e Avaliação das Comissões de Protecção de Crianças e Jovens*, conclui-se, sem qualquer hesitação, que a modalidade alargada das Comissões de Protecção tem funcionado de forma muito deficiente e que, em regra, não tem cumprido cabalmente as suas competências legais. A partir desta prática, tem sido construída uma ideia de supremacia da modalidade restrita sobre a modalidade alargada, ao arrepio do desenho legal em que a modalidade restrita é uma emanação da modalidade alargada a quem presta contas, subtraindo-se, assim, à Comissão de Protecção a sua natureza e vocação comunitárias e fragilizando-se a legitimidade da sua actuação.

Este entorse prático, que decorre de uma muito frequente falta de cumprimento das suas responsabilidades por parte das entidades que legalmente integram a Comissão de Protecção, induz à burocratização na sua actuação, dificulta a possibilidade de concretização da regra da rotatividade dos seus membros, abrindo caminho à descaracterização. Descaracterização que se acelera cada vez que a resolução

348 *Estudos em Homenagem a Rui Epifânio*

dos bloqueios é feita sem ser norteada pelo objectivo de implementação da estrutura de intervenção definida na Lei de Protecção[40].

Como decorre do já exposto, o deficiente funcionamento da comissão alargada empobrece o carácter comunitária das comissões, de aliança cooperante entre Estado e sociedade, deslegitima o trabalho da comissão restrita, afasta esta do conhecimento e do contacto com as estruturas concelhias já existentes e das formas de organização dos cidadãos na área da protecção da infância e da juventude – dificulta, por isso, a cooperação e coordenação entre as diversas entidades nela representadas, a mobilização dos recursos existentes e a sua potenciação e, por isso, enfraquece também a prevenção primária, sua função essencial.

É o trabalho consistente e regular da comissão alargada que permite fazer o caminho, que todos sabem não ser rápido nem ausente de dificuldades, das lógicas individuais, de cada entidade, para uma lógica e um sentido de intervenção comum.

6. Algumas recomendações e propostas

O caminho não é, não deve ser, o de ceder às dificuldades desistindo de implementar um modelo de intervenção que já mostrou, apesar das fragilidades práticas, sobejamente as suas virtudes e também (o que constitui um importante critério) a sua exequibilidade e capacidade de resistência às vicissitudes, optando por um outro, aparentemente mais dócil, alicerçado no axioma da eficácia dos comandos hierárquicos. Terá de ser, pelo contrário, o de pugnar pela implementação do desenho definido na Lei de Protecção, no respeito pelos compromissos assumidos, não deixando, contudo, de introduzir na letra da lei as modificações que se mostrem necessárias à superação de alguns equívocos que a (sobrevivência) prática das comissões de protecção foi impondo.

Mas, neste processo, é fundamental promover um amplo debate sobre a avaliação que tem sido feita do trabalho das comissões de

---

[40] Exemplo disto é o recurso ao "reforço técnico" para suprir a falta de técnicos nas comissões, cujos elementos não são membros da comissão de protecção, não têm poder de decisão, nem podem assumir o estatuto de gestor de caso.

protecção, nomeadamente sobre as conclusões do *Estudo de Diagnóstico e Avaliação das Comissões de Protecção de Crianças e Jovens* realizado pelo Centro de Investigação e Estudos de Sociologia do Instituto Superior de Ciências do Trabalho e da Empresa, que foi recebido de forma demasiado discreta e, infelizmente, não provocou ainda uma reflexão e um debate mobilizadores e integradores das entidades e dos técnicos que têm a responsabilidade de colocar o sistema de protecção em andamento. Era bom que essa reflexão e esse debate viessem a acontecer, independentemente da posição que cada um tenha sobre as conclusões da avaliação que nesse estudo é feita ou sobre as propostas formuladas.

É também com a intenção de impulsionar a reflexão e o debate sobre a melhoria do actual sistema de promoção dos direitos e de protecção das crianças e jovens em perigo que, à luz da leitura que expus sobre a importância da modalidade alargada das comissões de protecção, passo a formular algumas recomendações e propostas.

Uma questão essencial, e primeira, é a assunção pelas entidades representadas nas Comissões de Protecção das suas responsabilidades na nomeação dos seus membros e na criação das condições para que possam exercer cabalmente as suas funções. Estes têm de possuir a necessária qualificação, tem de lhes ser conferido o poder de vincularem as entidades que representam no cumprimento das decisões da comissão (como já acima foi referido), a sua disponibilidade tem de responder às exigências do trabalho da comissão e a sua actividade nesta de ser valorizada nos mesmos termos em que o é a desenvolvida na entidade que representam. Daqui decorre que a indicação pelas diversas entidades dos seus membros para a Comissão de Protecção não é uma indicação para lugares de mera "representação", mas sim para o exercício de funções operativas, que poderão incluir as atribuídas à modalidade restrita, mas com o poder de vincular a entidade de origem às decisões adoptadas. Ou seja, retomando o atrás referido no ponto 5.2., poderão ser "técnicos intermédios" desde que com poderes de decisão, mas decerto não deverão ser dirigentes sem disponibilidade para a acção[41].

---

[41] As estruturas dirigentes têm o seu assento na Comissão Nacional, como referido na nota 28.

A Comissão de Protecção na modalidade alargada tem de assumir que a sua actividade não é episódica nem se encerra na realização de reuniões de dois em dois meses, mas que as suas competências devem ser exercidas ao longo do ano, por todos os seus membros, que poderão estar organizados em "grupos de trabalho para assuntos específicos"[42], para o que o Plano de Acção é um instrumento importante na definição dos objectivos, na planificação e na organização das actividades. Assim, será capaz de desempenhar o papel de "promo[tora] de redes sociais locais que gerem sinergias e recursos tendencialmente capazes de prevenir situações de risco, actuando por antecipação"[43], mas também de encontrar novas respostas para as situações de perigo. Será capaz de se assumir como local aberto a outros parceiros, de encontro, de partilha de informação, de meios e de dificuldades, de conjugação de esforços, de racionalização de recursos, de mobilização da sociedade local.

A transmissão de informação da modalidade restrita para a Comissão (alargada) de Protecção não pode resumir-se à prestação de contas "sobre os processos iniciados e o andamento dos processos pendentes"[44], mas deve englobar todas as questões relevantes para a protecção e a promoção dos direitos das crianças e jovens que decorram da sua actividade – como sejam, factores de risco, carências ou desperdício de meios, dificuldades de mobilização dos recursos existentes ou de diálogo com outras entidades – sobre as quais a modalidade alargada deva intervir.

Chegados a este ponto, sente-se a dificuldade, a perturbação que provoca, na compreensão de que existe apenas uma Comissão de Protecção, a referência da lei a comissão alargada e a comissão restrita, a composição, competência e funcionamento da comissão alargada e a composição, competência e funcionamento da comissão restrita. Na aplicação da lei tem-se reflectido a dificuldade em lidar com uma certa ambiguidade que daí resulta. E, assim sendo, porque não sanar os equívocos no texto da lei, matéria bem mais facilmente moldável do que a sua dinâmica, mas que lhe pode servir de guia?

---

[42] N.º 1 do artigo 19.º.

[43] Rosa Clemente, *obra citada*, p. 179; e *Reforma do Direito de Menores*, pp. 194-195 e 219-220.

[44] Alínea g) do n.º 2 do artigo 21.º.

Propõe-se, assim, a alteração da Lei de Protecção de Crianças e Jovens em Perigo, no seguinte sentido:

Que seja eliminada a distinção entre comissão alargada e comissão restrita, passando a existir uma única entidade – que é a Comissão de Protecção de Crianças e Jovens. As suas competências serão as que estão agora consignadas no artigo 17.º, respeitante à comissão alargada, e as que estão agora atribuídas à comissão restrita no artigo 21.º, com excepção, obviamente, da de informar semestralmente a comissão sobre os processos e seu andamento.

As competências agora atribuídas à comissão restrita serão exercidas por um grupo de trabalho da Comissão de Protecção criado exclusivamente para esse efeito, a quem caberá a inerente obrigação de "informar semestralmente a comissão, sem identificação das pessoas envolvidas, sobre os processos iniciados e o andamento dos processos pendentes" [actual alínea g) do n.º 2 do artigo 21.º].

Proposta de alteração da letra da lei conservadora, cujo objectivo é contribuir para que a sua prática deixe de o ser!

Coimbra, Julho de 2009

BULLYING: O CAMINHO QUE MEDEIA ENTRE O CONHECIMENTO E A COMPREENSÃO DO PROBLEMA

ANA TOMÁS DE ALMEIDA[*]

Entre os maus tratos que afectam a saúde e o bem-estar de crianças e jovens, o bullying[1] é o menos referido. Porém, esta forma de maltrato é a que atinge maiores índices de prevalência. À escala mundial, de acordo com a Declaração de Kandersteg contra os maus tratos de crianças e jovens (http://www.kanderstegdeclaration.org), ascende a 200 milhões a população juvenil que passa com regularidade por humilhações, insultos, se vê excluída de participar em actividades de grupo, é ameaçada ou intimidada para se submeter contra a sua vontade aos desejos de outro mais forte ou de um grupo, que normalmente mantém o padrão de dominação por tempo alargado. Estas agressões físicas, verbais ou psicológicas têm consequências graves para o desenvolvimento sócio-emocional destes jovens vitimizados, mas também para aqueles que as perpetuam e para os que assistem a este tipo de agressões.

---

[*] Instituto de Estudos da Criança – Universidade do Minho.

[1] Bullying é o termo por que habitualmente se passou a referir à vitimização ou maus tratos entre pares em Portugal. A dificuldade de tradução deste conceito para a língua portuguesa ajudou em parte a que o fenómeno assim fosse designado e conhecido, e que também levou a um acréscimo de atenção pelos media.

Factos e números

O estudo da Health Behavior in School-children no nosso país (Matos et al. 2001, 2003 e 2006) põe em evidência que a ocorrência de várias situações de bullying no período de um mês – padrão de referência intermédio entre as situações relativamente esporádicas (i.e. uma ou duas vezes no período escolar) e as mais graves (i.e. várias vezes numa semana) – refere que na sequência de 3 levantamentos de situação com intervalos de 4 anos, realizados entre 1998 e 2006, a jovens alunos do 6.º, 8.º e 10.º anos de escolaridade e com idades de referência entre os 12 e os 16 anos, as taxas de prevalência de alunos que sofreram provocações variam entre os 15.5, 10.9 e 9.6, e são respectivamente de 10.6, 6.3 e 8.0 aqueles que admitem ter provocado de diferentes formas outros rapazes e raparigas na escola. Outros estudos realizados em Portugal, os tipos de maltrato foram definidos como agressões intencionais e repetidas a um colega mais fraco e indefeso, que incluíam magoar, assustar, deixar de parte em brincadeiras ou impedir a pertença no grupo, obrigar a fazer coisas contra a vontade, dizer mal ou inventar histórias falsas sobre alguém, marcando a diferença entre o abuso continuado e as zangas esporádicas entre rapazes e raparigas. Os níveis de incidência apurados entre alunos mais novos nos 1.º e 2.º ciclos apontam abusos sofridos na ordem dos 22% e em 19% para os abusos cometidos na escola (Almeida, 1999). Nos primeiros ciclos de escolaridade, as modalidades de agressão directa, físicas, verbais ou relacionais (i.e., bater, chamar nomes, pôr de parte) predominam comparativamente às agressões indirectas – que tendem a ser mais expressivas do bullying entre pré-adolescentes e mais velhos – e que alguns estudos apontam como mais típicas entre as raparigas, ainda que esta diferença de género diminua ao longo da adolescência (Del Barrio, Martin, Montero, Gutiérrez & Ochaíta, 2000). Este aumento de agressões indirectas nos rapazes, na opinião de diferentes investigadores, não se dissocia da reestruturação dos grupos de pares e do alargamento dos grupos da idade escolar para grupos mistos que, por sua vez, originam novas ordens internas, a estratificação de papéis e estatutos e movimentos de procura de popularidade, domínio, aos quais não são estranhos os conflitos entre membros do grupo que levam em processos mais exacerbados de estigmatização, exclusão social e à emergência de vítimas de eleição – fenómeno que a psicologia social trata mais exaustivamente sob o conceito de 'bode expiatório'.

Numerosos estudos internacionais e nacionais têm ainda comprovado a existência de uma curva evolutiva, cuja parábole desenha a sua ascensão desde os primeiros anos de escolaridade, com um pico aos 14 anos e o seu decréscimo a partir dessa idade, embora esta seja mais acentuada para o sexo masculino (Olweus, 1999; Nansel et al. 2001). No entanto, se atendermos às diferenças de género, já acima assinaladas, importa evidenciar que as raparigas mais precocemente enveredam por agressões sociais indirectas, de que são exemplos comummente referidos a manipulação das atenções do grupo a partir da circulação de rumores em bilhetes anónimos, mentiras ou, ainda, a formação de cliques e alianças que podem resultar na exclusão de quem se pretende marginalizar.

Além das tendências que registamos, os vários estudos de cariz epidemiológico (veja-se os relatos internacionais em Smith, Morita, Junger-Tas, Olweus, Catalano & Slee, 1999) conferem grande evidência empírica ao facto de a maioria dos maus tratos ocorrerem nos recreios escolares, local que predomina sobre as salas de aula, refeitórios, corredores, salas de estudos ou outros contextos, o que tem sido um dado importante para a intervenção, como discutiremos mais adiante (Pepler & Craig,).

Na sequência destes e outros aspectos caracterizadores dos traços evolutivos e das formas através das quais se manifesta o fenómeno, os estudos sobre o bullying deram igualmente muita atenção ao perfil da personalidade da vítima passiva, da vítima-provocadora e do agressor. Este enfoque não deixou de suscitar críticas pelo seu cariz potencialmente estigmatizante. Porém, dentro das cautelas que esta informação deve merecer a todo o profissional nas áreas da educação, saúde ou, em geral, da intervenção educativa e psicossocial, as características-tipo de cada um destes grupos apontam para reacções e comportamentos que, em si mesmas, têm um grande teor ilustrativo acerca das razões de ser e dos efeitos que diferentes padrões comportamentais assumem na relação com os outros, e que podem condicionar o ajustamento desses/as jovens de modo muito significativo. Desta caracterização retenha-se a distinção entre diferentes formas de agressão que se evidenciam em agressores e nalgumas vítimas, as vítimas-provocadoras, opondo agressão pró-activa e reactiva, tal como proposta inicial de Dodge e Coie (1987), e adoptada por muitos outros investigadores (Brendgen, Vitaro, Tremblay & Lavoie, 2001; Pulkinnen, 1996; Salmivalli & Nieminen, 2002).

As raízes teóricas da distinção entre agressão pró-activa e reactiva têm origem em dois modelos. O modelo da agressão à frustração (Berkowitz, 1962; Dollard, Doob, Miller, Mowrer & Sears, 1939) que defende que a resposta agressiva de raiva, hostilidade e a exaltação emocional é uma reacção defensiva à provocação. Por outro lado, a teoria da aprendizagem social (Bandura, 1973) propõe que a agressão é um comportamento aprendido, reforçado por recompensas e caracterizado por um comportamento orientado para objectivos, não determinado por um incidente desencadeante. Desta maneira, a agressão reactiva é um tipo de agressão temperamental, defensiva, retaliatória, caracterizada por acessos de raiva que são desadequados ao controlo da provocação, enquanto a agressão pró-activa é incisiva, planeada com vista a obter um objectivo pré-determinado, e é normalmente eficiente. A agressão pró-activa pode ser subdividida em agressão instrumental (que se destina a obter um privilégio ou um bem) e o bullying (que se destina a atingir uma pessoa determinada, com o propósito de intimidar ou dominar) (Brown e tal., 1996; Dodge & Price, 1989).

Por sua vez, entre as diferenças individuais que se associam a algumas crianças e adolescentes que, de forma mais consistente, são vítimas de agressões por parte de outras crianças e adolescentes de perfil agressivo estão sérios problemas de ajustamento, incluindo a depressão, a ansiedade, as dificuldades de controlo emocional, o retraimento social, a baixa auto-estima, a solidão, tendências suicidas, o pouco à-vontade e evitamento da escola, a rejeição pelo grupo dominante, e a falta de amigos (Egan & Perry, 1998; Hodges & Perry, 1999; Almeida et al. , 2008). Alguns destes problemas podem estar na origem da vulnerabilidade de algumas crianças e adolescentes se tornarem alvo de agressões (refªs), contudo é simultaneamente muito salientado na investigação que existe uma probabilidade acrescida de se diagnosticarem problemas de auto-estima e depressão em jovens adultos que na idade escolar e/ou na adolescência sofreram situações de vitimização (Perry, Hodges & Egan, 2001). Estas consequências negativas não se observaram apenas para crianças e adolescentes que tenham sido vítimas; naqueles que foram considerados criançãs e adolescentes agressivos a probabilidade de terem problemas com a justiça e actos julgados aumenta na proporção directa da cronicidade do comportamento agressivo (Olweus, 1993; 1999).

Dada a consistência e as consequências negativas da vitimização, quer para vítimas, quer para agressores, tem havido uma grande preocupação dos investigadores em conhecerem os factores de risco e protecção que estão na origem, manutenção e extinção da vitimização. Contudo, num quadro alargado do contexto e período de tempo escolares não é possível restringir os factores de risco e protecção aos atributos pessoais. Para explicar a vitimização de pares torna-se imprescindível assumir estes processos relacionais numa perspectiva desenvolvimental e sistémica que saliente a necessidade de olhar os processos de estabilidade e mudança à luz dos contextos de vida em que os indíviduos vivem e crescem. No caso da vitimização de pares, e no sentido de entender os factores que podem contribuir de forma significativa para a emergência e estabilidade de trajectórias pessoais e sociais como vítimas, vítimas-provocadoras e agressores, referir-nos-emos aos três tipos de influência mais comuns: às características pessoais da criança ou adolescente, à qualidade das relações no grupo de pares, e às experiências da criança e do adolescente com os membros da família. Todavia, a constatação destas influências não dispensa que evidenciemos a natureza bidireccional das mesmas e aos seus efeitos directos e indirectos (Brofenbrenner, 1986). Para cada um destes grupos de influências são conhecidos factores que exercem um efeito moderador na relação de causa-efeito. Citando um estudo recentemente desenvolvido entre nós, no qual participaram jovens alunos do 6.º ao 8.º anos de escolaridade, foi possível prever, especificamente, os papéis de defensor da vítima e de agressor a partir das crenças relativas às normas do grupo, às atitudes relativas a esses papéis e, outrossim, a presença de juízos de dessensibilização moral. Estes últimos surtem efeitos não só ao nível das estruturas do pensamento e interpretação de actos condenáveis, tornando-os mais aceitáveis a quem os pratica, mas nas estruturas enunciativas do discurso traduzindo-se em estratégias argumentativas de verdadeira apatia moral, ou no mínimo, uma relativa ausência de implicação moral face aos comportamentos de agressão à vítima (Almeida, Correia & Marinho, 2009). Estas alterações ou défices na compreensão dos comportamentos e situações sociais foram identificadas em jovens com problemas de comportamento social (mormente em jovens agressores), mas também naqueles que se identificavam com um perfil agressivo (Del Barrio, Almeida, van der Meulen & Barrios, 2003; Almeida & Caurcel, 2007). Em situações hipotéticas de vitimização de pares, apresentadas visualmente sob a forma de histórias desenhadas, a explicação das agressões à vítima passavam por estratégias enunciativas que consideravam que a agressão se tratava de uma brincadeira sem grandes consequências para a vítima; a minimização ou diminuição do carácter intencional das agressões, considerando-as como naturais e frequentes entre as crianças e os adolescentes; e que incluíam nalgumas circunstâncias, a culpabilização e desumanização dos atributos da vítima.

Estas formas de iludir ou ilibar a agência moral em adolescentes implicados ou que assistindo a situações de bullying nada fazem para as impedir é um dado preocupante e de enorme complexidade para a intervenção. Sobretudo, quando os resultados do estudo anteriormente citado (Almeida et al. 2009) apontarem no sentido de um reforço da relação entre as normas de grupo, as atitudes, a dessensibilização moral e a aprovação dos respectivos papéis de agressor e defensor da vítima. Na prática, relações de variáveis que se traduzem em conflitos e clivagens reais nos grupos de pares.

Também os estudos de Matos e colaboradores (no prelo) referem aos factores de risco e protecção numa busca por melhor compreender a influência que exercem nos comportamentos de vitimização. Na análise que fazem de factores como a satisfação com a escola, qualidade das relações no grupo de pares, da relação com os amigos, da relação com os professores e com a família, estes autores afirmam que a satisfação com a escola surge como factor de protecção dado o seu impacto negativo no *bullying*, enquanto que os sintomas físicos e psicológicos parecem constituir um factor de risco dado o seu impacto positivo nos comportamentos de vitimização, provocação e duplo envolvimento. Mormente, a análise dos resultados permite ainda concluir que os professores assumem um papel crucial na satisfação com a escola. Já para os sintomas físicos e psicológicos, aspectos relacionados com a saúde dos adolescentes, não obstante os professores manterem um efeito de protecção, este é sobretudo desempenhado pela família e pelos colegas. Quer os colegas, quer os professores surgiram como um factor protector para o envolvimento em situações de *bullying* através do seu impacto negativo nos sintomas físicos e psicológicos e especialmente através do seu impacto positivo na satisfação com a escola.

A maioria dos estudos que revimos leva a considerar que o problema da vitimização é uma situação complexa e que emerge da confluência de múltiplos factores e não apenas factores individuais, ou ainda, da má relação com os colegas, ambientes familiares problemáticos, ou outros, mas de uma conjugação dinâmica entre todos estes factores.

Em busca de paradigmas mais compreensivos

As primeiras descrições do fenómeno da vitimização de pares teimam em evidenciar que as agressões contra o elemento isolado ou mais fraco desafiam os esforços civilizacionais. Heinemann (1969), um médico sueco, descreve as agressões de um grupo de alunos sobre um companheiro fisicamente mais frágil e isolado e, evocando o estudo clássico de Lorenz sobre a agressão, designa-as por 'mobbing', usando a referência ao verbo "*to mob*" para vincar sobretudo a dimensão colectiva do ataque de grupo sobre um indivíduo indefeso.

Com o recrudescimento dos estudos sobre a agressão infanto-juvenil avivam-se nessa altura os argumentos em torno do inatismo – nomeadamente a tese de que muita da violência dos grupos juvenis configura comportamentos filogeneticamente inscritos na espécie – e acende-se o debate: entre os que a vêem como um produto da natureza humana e os que a consideram uma expressão sócio-cultural. Entre estes últimos encontra-se um grupo influente de sócio-biólogos (de Waal, 2004; Hawley, 1999; Smith, 2008), para quem o carácter endémico ou, se preferirmos, irredutível do comportamento de vitimização entre pares é o resultado da interacção entre filogénese e cultura. Para estes investigadores os comportamentos agressivos têm uma expressão e transmissibilidade modeladas, quer pelo que é filogeneticamente herdado, quer pela inserção social de cada membro individual, sendo que os dois planos são sensíveis à influência da educação e a cultura. A tese da transmissibilidade modelada procura evidenciar que, tanto estamos organismicamente predispostos a responder a outros humanos, como os *modus operandi* da espécie humana, particularmente, no plano das interacções sociais são um mecanismo socializador que se opera precoce e eficazmente para a grande maioria das crianças – que, por volta dos 3 e os 5 anos, reduz as disposições agressivas para as substituir por comportamentos de liderança e de afirmação socialmente referenciados – dando conta que para elas passa a ser importante garantir que os outros adiram às suas iniciativas ou até salvaguardarem que não se lhes opõem (Hawley, 1996; 1999).

Os estudos longitudinais (Nagin & Tremblay, 1999; Moffitt et al., 1996) evidenciam, no entanto, que uma percentagem que se situa por volta dos 4% de crianças em idade pré-escolar não diminui o seu padrão agressivo. Segundo os autores, estes dados não excluem que, quer a padronização, quer a manutenção dos comportamentos agressivos deste grupo de crianças, se explicam a partir de diferenças individuais. Diferenças que, segundo Olweus (1980), são um factor causal importante e levam a predizer que estas predisposições individuais actuarão como catalizadores da vitimização entre pares. O contraponto deste padrão é o comportamento inibido ou passivo que dá azo à vitimização *pelos* pares. Precisamente, estes estudos contribuem para o desenho dos perfis de agressores e vítimas e das tendências comportamentais e temperamentais de uns e de outros.

Além da díade agressor-vítima

A elevada percentagem de alunos que refere ser vitimizada ou agredir outros companheiros transforma o fenómeno num problema da escola. Acresce a este dado a indicação dos estudos observacionais de que para cima de 85% dos comportamentos de maltrato entre pares são praticados e presenciados no contexto do grupo (Pepler & Craig, 1995; Craig & Pepler, 1997; Craig et al. 1997) e têm, por isso, uma fortíssima componente social. Importa perceber que o papel do grupo não se limita ao de espectador, que a vitimização não se reduz às interacções negativas entre agressores e vítimas, e que o grupo pode funcionar como um elemento amplificador, quer dele tenha ou não consciência. Na opinião de Salmivalli e colaboradores (Salmivalli et al. 1996) há a considerar a existência de vários papéis sociais que têm um papel preponderante na emergência e na manutenção do fenómeno. Do lado do agressor, os autores referem-se explicitamente àqueles que assistem o líder e colaboram de forma activa nos maus tratos, mas ainda àqueles que os aprovam e estimulam com a sua presença mesmo que não intervenham directamente. Do lado da vítima há os que ficam do seu lado e tomam partido pelo companheiro que é vitimizado. Por último, os que estão de fora, que desligam e não reagem à vitimização. A exemplo de outros papéis sociais, os diferentes papéis dos participantes reflectem disposições individuais e traços de personalidade, mas também as expectativas dos outros membros do grupo (Salmivalli, 2001). Ora, na medida em que cada um se percepciona num determinado papel, a auto-percepção irá condicionar o comportamento da criança/adolescente o que, por sua vez, influenciará a imagem que dele ou dela têm os restantes elementos do grupo. Deste modo, a classificação da participação dos elementos do grupo permite não só distinguir o papel ou estatuto que esse elemento assume na eclosão do problema, bem como a de estabelecer algumas inter-relações entre eles, sobretudo se considerarmos que as designações (eg. líder, assistentes, espectadores, defensores da vítima) dão uma visão aproximada do funcionamento do grupo. Além disso, saliente-se, os papéis criam expectativas e alimentam reputações sociais que, sucessivamente, fazem com que o comportamento de determinados elementos tenha um impacto específico no grupo. Esta visão de processo permite evidenciar o recrudescimento da vitimização no seio dos grupos de pares; veja-se que muitas das situações em que o grupo não intervém são vistas como o resultado de comportamentos habituais daqueles que agridem e daqueles que sofrem.

Podemos concluir que, para a abordagem sistémica o impacto da vitimização nos grupos de pares advém do facto de estarmos a tratar de um fenómeno de grupo. Atenda-se nomeadamente a que, em consequência da cristalização das reputações sociais os seus detentores podem ficar aprisionados dentro delas, as quais vêm ser as grandes responsáveis pelo desenvolvimento das profecias que se auto-realizam; isto é o mesmo que dizer, uma vez consolidados os papéis dos participantes é difícil alterá-los sem mudar as dinâmicas que sustentam as relações entre os seus membros.

Para uma intervenção fundamentada

Discutindo como a investigação pode informar a intervenção, Salmivalli (2001) argumentava que era importante que os adolescentes tivessem consciência de como os mecanismos de grupo interferem nos processos de vitimação e impedissem que atitudes e práticas de desensibilização e a falta de compromisso fossem geradoras de situações de maus tratos nos grupos de pares. Os nossos resultados suportam estas preocupações e, em nossa opinião, parece-nos importante realçar as suas implicações para a intervenção. Especificamente, cabe salientar que as reputações sociais alimentam crenças e, sobretudo, legitimam comportamentos, normas e valores de grupo passíveis de aumentar os estereótipos e a diferenciação inter-grupos. Mormente, perceber que a coberto das descrições mais simpáticas para com as vítimas e reprovadoras dos agressores, esses discursos espelham com frequência ideias sem grandes efeitos práticos e a culpabilização das vítimas. Em contraste com o consenso elevado de que as vítimas merecem a nossa simpatia, ao mesmo tempo, as preocupações morais não produzem um apoio efectivo. Tal como se percebe, parece ser menos motivante agir em benefício das vítimas. Para além dos números que ingressam os diferentes grupos revela-se mais difícil e nota-se maior incomodidade em aceitar que a vitimização é uma questão ética e moral para a escola. Reconhecê-lo pode ser vital para que, na adolescência, não se reduza a intervenção a recrutar defensores das vítimas e a desafiar a vitimização. Acresce a esta preocupação, o facto de percebermos que a idade e o género interagem com a percepção de vulnerabilidade das vítimas e a intensificação da rejeição dos agressores, somando-se a outros factores de exclusão social no contexto escolar.

Não restarão dúvidas de que presentemente a vitimização entre pares continua a ser um desafio para a investigação e para a intervenção. Mantém toda a actualidade sondar os mecanismos e factores que ajudem a desmantelar as crenças e as atitudes que sustentam as práticas de vitimização e, neste domínio, apesar do valor que reconhecemos aos estudos realizados, a fasquia teórica mantém-se, sujeitando os dados da investigação a integrarem-se em modelos e teorias psicológicas que possibilitem extrair conclusões cada vez mais congruentes.

Das implicações que esta abordagem tem para a intervenção há ainda que referir o carácter destrutivo que a vitimização assume no contexto do grupo, contribuindo para a deterioração das relações de grupo, seja porque incendeia conflitos dentro do grupo que podem extravasar para fora, seja por condicionar o relacionamento com outros grupos na escola ou em contextos exteriores a ela, seja ainda por impor normas e valores de conduta generalizáveis futuramente às relações íntimas, às relações familiares, às relações de trabalho.

Bibliografia

ALMEIDA, A. (2005b). As explicações dos maus-tratos em adolescentes portugueses. Possíveis vantagens de um instrumento narrativo para a compreensão do fenómeno. *Revista Ibero-Americana de Diagnóstico y Evaluación Psicológica*, 19 (1), 31-54.

ALMEIDA, A., CAURCEL, M. J. & MACHADO, J. (2008). Towards a relational perspective of peer bullying. Pepler, D. & Craig, W. (Eds.), *An International Perspective on Understanding and Addressing Bullying* (pp.).Ottawa: PREVNet Series.

ALMEIDA, A., CAURCEL, M. J. & MACHADO, J. (2006). Perceived characteristics of victims according to their victimized and nonvictimized peers. *Revista Electrónica de Investigación Psicoeducativa, (4)* 2, 371-396, http://www.investigacion-psicopedagogica.org/revista/new/english .

ALMEIDA, A., DEL BARRIO, C., MARQUES, M., FERNÁNDEZ, I., GUTIÉRREZ, H. & CRUZ, J. (2001). A script-cartoon narrative of peer-bullying in children and adolescents. In M. Martínez (Ed.), *Prevention and control of aggression and its impact on its victims* (pp. 161-168). New York: Kluwer Academic/ Plenum Publishers.

ALMEIDA, A. & DEL BARRIO, C. (2002). A vitimização entre companheiros em contextos escolares. [Um instrumento narrativo para estudo das representações dos maus-tratos na pré-adolescência: o scan bullying.] In C. Machado & R. Abrunhosa (Coords.), *Violência e Vítimas de Crimes. Vol. II: Criança* (pp. 169-197). Coimbra: Quarteto.

ALMEIDA, A. & MARINHO, S. (2007). *Groups, identities, in and out-group categorization and paths to victimization. A focus-group exploratory analysis.* Comunicação apresentada à International Meeting "Joint Efforts against Victimization", Kandersteg, (8-10 de Junho), http://www.kanderstegdeclaration.org.

ALMEIDA, A., LISBOA, C. & CAURCEL, M. (2007). Por qué ocurren los malos tratos? Explicaciones causales de adolescentes portugueses y brasileños, *Interamerican Journal of Psychology, 41*, (2), 107-118.

CAURCEL, M. & ALMEIDA, A. (2008). A moral perspective of peer bullying: preliminary analysis of spanish and portuguese adolescents' attributions *European Journal of Education and Psychology, 1, (1),* 63-80.

COIE, J. D. & DOGDE, K. A (1998). Aggression and antisocial behavior. In W. Damon & N. Eisenberg (Eds.), *Handbook of child psychology: Social, emotional and personality development. Vol. 3* (pp. 779-862). New York: Wiley.

CRAIG, W. & PEPLER, D. (1997). Observations of bullying and vicitmization on the shool yard. *Canadian Journal of School Psychology*, 2, 41-60.

CRAIG, W. & PEPLER, D. (2007). Understanding bullying: from research to practise. *Canadian Psychology, 48*, 2, 86-93.

CRAIG, W. M. & PEPLER, D. J. (2000). Observations of bullying and victimization in the school yard. In W. Craig (Ed.), *Childhood social development. The essential readings* (pp. 116-136). Oxford, UK: Blackwell.

CRAIG, W. & YOSSI, (2004). Bullying nd fighting. In the *World Health International Report*. World Health Organization.

CRAIG, W. M., PEPLER, D., CONNOLLY, J., & HENDERSON, K. (2001). Developmental context of peer harassment in early adolescence: The role of puberty and peer group. In J. Juvonen & S. Graham (Eds.), *Peer Harassment in School: The Plight of the Vulnerable and Victimized* (pp. 242 - 261). New York: The Guilford Press.

DE WAAL, F. (2004). Peace lessons from an unlikely source. *PLoS Biology*, 2, 4, 434- 436. http://www.biology.plosjournals.org

DEL BARRIO, C., ALMEIDA, A., VAN DER MEULEN, K., BARRIOS, A. & GUTIÉRREZ, H. (2003). Representaciones acerca del maltrato entre iguales, atribuciones emocionales y percepción de estrategias de cambio a partir de un instrumento narrativo: SCAN-Bullying, *Infancia y Aprendizaje, 26*, 63-78.

HAWLEY, P. (1996, Agosto). *Dominance and social development*. Comunicação apresentada na Biennal of the Society for the Study of Behavioral Development, Quebec, Canadá.

HAWLEY, P. (1999). The ontogenesis of social dominance: A strategy-based evolutionary perspective. *Developmental Review, 19*, 97–132.

HEINEMANN, P. P. (1969). Apartheid, *Liberal Debatt, 2*, 3-14.

LORENZ, K. (1966). *On aggression*. London: Metheun. (Edição portuguesa, *A agressão. Uma história natural do mal*. Lisboa: Moraes, 1973.

MACHADO, F. (2002). *A vitimização entre pares em contexto escolar: um estudo das percepções de solidão, auto-conceito e maus tratos de crianças vitimadas*. Tese de mestrado não publicada. Braga: Universidade do Minho.

MATOS, M. e Equipa do Projecto *Aventura Social e Saúde (2003). A Saúde dos Adolescentes Portugueses (Quatro Anos Depois)*. Edições FMH: Lisboa.

MOORE, D. (1998). Pride, shame and empathy: community conferencing as transformative justice in education. In P. T. Rigby (Ed.), *Children's peer relations,* pp. 254-71. London: Routledge.

OLWEUS, D. (1979). Stability of aggressive reaction patterns in males: a review. *Psychological Bulletin, 86*, 4, 852-75.

OLWEUS, D. (1979a). Stability of aggressive reaction patterns in males: A review. *Psychological Bulletin, 85*, 852-875.

OLWEUS, D. (1980). The consistency issue in personality psychology revisited – with special reference to aggression. *British Journal of Social and Clinical Psychology, 19*, 377-90.

OLWEUS, D. (1980a). Familial and temperament determinants of aggressive behaviour in adolescent boys: a causal analysis. *Developmental Psychology, 16*, 6, 644-60.

OLWEUS, D. (1991). Bully/victim problems among school children: Basic facts and effects of a school based intervention program. In D. Pepler & K. Rubin (Eds.), *The development and treament of childhood aggression*. New Jersey: Erlbaum.

OLWEUS, D. (1993). *Bullying at school. What we know and what we can do.* Oxford: Blackwell.

OLWEUS, D. (1993a). Victimization by peers. In K. Rubin & Asendorpf (Eds.), *Social withdrawal, inhibition, and shyness in childhood.* Hillsdale: Erlbaum.

OLWEUS, D. (1999). Norway. In P. Smith, Y. Morita, J. Junger-Tas, D. Olweus, R. Catalano & P. Slee (Eds.), *The nature of school bullying: A cross-national perspective.* London: Routledge.

PEPLER, D. J., CRAIG, W. M., BLAIS, J., & RAHEY, L. (2004). *Developing needs assessment and program selection tools to address bullying problems at school.* Report submitted to the Ontario Ministry of Education, Queen's Park, Toronto, ON.

PEPLER, D., & CRAIG, W. (1995). A peek behind the fence: Naturalistic observations of aggressive children with remote audiovisual recording. *Developmental Psychology, 31,* 548–553.

SALMIVALLI, C. (2001). Combatting school bullying: A theoretical framework and prelimanary results of an intervention study. Comunicação à *International Conference on Violence in Schools and Public Policies*, Paris, 5-8 de Março.

SALMIVALLI, C. (2001). Group view on victimization. Empirical findings and their implications. In J. Juvonen & S. Graham (Eds.), *Peer harassment in school. The plight of the vulnerable and victimized* (pp. 398-420). Guilford: New York.

SALMIVALLI, C., Lagerspetz, Björqvist, Österman & Kaukiniainen, (1996). Bullying as a group process: Participant roles and their relations to social status within the group. *Aggressive Behavior, 22,* 1-15.

SMITH, P. K. (2008). Adolescence in evolutionary perspective: A review. Comunicação apresentada à 20th Conference International Society for the Study of Behavioral Development, Wurzburg, 13-17 Julho.

SMITH, P. K., Ananiadou, K. & Cowie, H. (2003). Interventions to reduce school bullying, *Canadian Journal of Psychiatry, 48,* 9, 295-302.

3.º TESTEMUNHO

... e tem a sabedoria dos que não se negam
a ser Cidadãos do Mundo!

OS ABUSOS DA VIDA E DO DIREITO

Francisco Teixeira da Mota

O Rui Epifânio é um dos meus heróis. Amava, com inteligência, o direito e a vida. Nas nossas conversas, por mais brilhantes que nos parecessem os raciocínios jurídicos, fazia sempre questão de os submeter ao teste da realidade.

Para ele, o direito tinha de estar ao serviço não só da comunidade, mas das pessoas em concreto. Uma das suas principais preocupações eram os menores, os "caramelos", como lhes chamava, cuja protecção reclamava insistentemente. Não de uma forma assistencialista mas para garantir que pudessem construir um projecto de vida autónomo, para que pudessem superar todos os escolhos semeados nas suas curtas existências.

A violência sobre as crianças, fosse ela psicológica ou física, repugnava-o e não sendo um partidário da "lei de Talião" era rigoroso quanto à necessidade de não transigir com os abusadores. É por isso que quando discordei publicamente de um, no meu entender, lamentável acórdão de 2007 do Supremo Tribunal de Justiça, não pude deixar de me recordar do Rui.

Entendeu o STJ que era mais correcto para a boa aplicação da lei e administração da justiça, num caso de crime de abuso sexual de criança, baixar a pena de prisão de seis anos e cinco meses, aplicada pelo tribunal de 1.ª instância e confirmada pelo Tribunal da Relação, para uma pena de quatro anos de prisão.

Sendo certo que os tribunais não podem, naturalmente, condenar todos os arguidos em todos os casos de abuso sexual de criança, na pena máxima de dez anos ou na pena mínima de três anos parece inequívoco que os tribunais têm de justificar as diferenças na graduação das penas de forma a que o seu exercício de soberania possa ser escrutinado por todos nós. Ora, o STJ, ao definir a culpa do arguido referiu a necessidade de "levar em conta as circunstâncias concretas que modelaram a actuação do arguido". E dentro dessa circunstâncias concretas, entendeu que "a idade da vítima não é indiferente, muito embora a sua idade – 13 anos – esteja situada dentro dos limites de protecção da lei". Efectivamente, o crime de abuso sexual de criança consuma-se desde que o menor tenha menos de 14 anos e independentemente de ter sido coagido ou não à prática dos actos sexuais em causa.

No entanto, o STJ continuou o seu raciocínio nos seguintes termos: " a verdade é que é diferente, em termos de ilicitude, ter ou não existido coacção, assim como é de considerar, em sede de determinação concreta da pena, o grau de desenvolvimento do menor, não sendo certamente a mesma coisa praticar algum dos actos inscritos no âmbito de protecção da norma com uma criança de 5, 6 ou 7 anos, ou com um jovem de 13 anos, que despertou já para a puberdade, como é o caso dos autos, em que a vítima era capaz de erecção e de actos ligados à sexualidade que dependiam da sua vontade, ainda que se possa dizer que essa vontade é irrelevante para efeitos de caracterização do tipo".

Isto é, o acórdão esquecendo que a lei determina que qualquer menor de quatorze anos, por ser incapaz de se autodeterminar sexualmente, pode ser vítima do crime de abuso sexual, veio distinguir entre as crianças de seis anos de idade e de treze. Ora, como é evidente, o facto de se ter erecções não é exclusivo dos treze anos e, sobretudo, nada nos diz quanto à capacidade de autodeterminação da criança. Mesmo a existência de um desejo sexual que tenha sido despertado e alimentado à criança, à custa do "chicote e da cenoura", nada nos diz sobre a sua capacidade de se autodeterminar sexualmente, pelo que em nada poderia diminuir a culpa do arguido que estava plenamente consciente do abuso que estava a praticar. Sendo, pelo menos, muito problemático saber se, em termos de gravidade de repercussões, o abuso sexual de uma criança de treze anos não gera mais danos na formação da sua personalidade e riscos no seu direito à felicidade, do que numa criança de seis anos.

Ora o arguido era uma pessoa casada e integrada socialmente e que, por sua livre iniciativa, perseguiu a criança até conseguir praticar coito oral. A criança, obedecendo às ordens do abusador, compareceu por sete vezes numa garagem indicada pelo abusador, aí tendo praticado coito oral. Coito oral que, acrescente-se, provocava nojo à criança, como ficou provado.

Parece que, contrariamente ao entendimento do STJ, o facto de a criança ter treze anos não devia ter sido tomada em conta para atenuar a gravidade dos crimes cometidos e, antes pelo contrário, a Convenção dos Direitos da Criança devia ter tido a sua plena aplicação. É inadmissível ter o STJ considerado diminuída a culpa do arguido, baixando a pena para abaixo da média, pelo facto de o menor ter treze anos conjugado com o facto de ter erecções ou de ter obedecido às ordens do abusador por receio do mesmo e vergonha de ser descoberto.

Para justificar a sua opção de baixar a pena aplicada, considerou, ainda, o STJ que o tribunal da 1.ª instância, "com o aval da Relação", ao punir o arguido com a pena de seis anos e cinco meses, tinha sido condicionado pela agenda mediática, com as "inevitáveis distorções quanto às prioridades e condicionalismos legais", preferindo, naturalmente, condicionar-se pelos seus retrógados preconceitos culturais.

Infelizmente, quando este acórdão foi proferido, o Rui já se tinha ido embora e não pudemos arrasá-lo em conjunto...

QUARTO ANDAMENTO

A CRIANÇA E A VIOLÊNCIA

O DIREITO DAS CRIANÇAS À PROTECÇÃO DO ESTADO CONTRA QUALQUER FORMA DE VIOLÊNCIA: ALGUMAS NOTAS SOBRE A QUESTÃO DOS CASTIGOS CORPORAIS EM PORTUGAL

CASTANHEIRA NEVES[*]
RAQUEL BARDOU[*]

O Acórdão do Supremo Tribunal de Justiça de 05.04.2006, que decidiu que "castigos moderados aplicados a menor por quem de direito, com fim exclusivamente educacional e adequados à situação, não são ilícitos", causou algum desconforto na doutrina portuguesa e deu origem a uma queixa da Organização Mundial Contra a Tortura contra Portugal perante o Comité Europeu dos Direitos Sociais do Conselho da Europa. Este decidiu que o Estado Português estava, efectivamente, em situação de violação do artigo 17.º da Carta Social Europeia revista, tendo Portugal apresentado, como via para a conformidade com aquela norma, a alteração da legislação penal na matéria – o que veio a ocorrer com a reforma do Código Penal de 2007.

Alguns episódios mediáticos a propósito dos castigos corporais contra menores e a campanha do Conselho da Europa para a erradicação total desta prática dão o mote a este breve apontamento, cujo objectivo é saber se as alterações legislativas operadas com a reforma penal de 2007 terão sido efectivamente suficientes para a adequação da legislação portuguesa às exigências do Conselho da Europa nesta matéria – sendo que nos preocupa, em particular, a questão dos castigos corporais na família.

---

[*] Advogados.

Nesse sentido, começaremos por uma análise do Acórdão STJ de 05.04.2006 e do seu impacto, estudaremos a alteração legislativa operada pela reforma neste âmbito e, por fim, daremos nota do objectivo do Conselho da Europa de erradicação total dos castigos corporais e dos meios indicados para esse fim.

I. O Acórdão do Supremo Tribunal de Justiça de 05.04.2006

No caso em estudo, o STJ foi chamado a pronunciar-se sobre a legitimidade de determinados comportamentos dirigidos contra crianças deficientes mentais institucionalizadas.

A arguida trabalhava à data dos factos num centro educativo que tinha como objectivo "promover o desenvolvimento de actividades com vista à formação de jovens portadores de deficiência a fim de possibilitar a sua integração sócio-profissional". Em causa estavam os seguintes comportamentos, dados como provados pela primeira instância: a arguida, por várias vezes, fechava BB, utente do centro, "à chave na despensa, com a luz apagada, quando este estava mais activo, chegando o menor a ficar fechado cerca de uma hora"; "por duas vezes, de manhã, em dias coincidentes com o fim-de-semana amarrou os pés e as mãos do BB à cama para evitar que acordasse os restantes utentes do lar e para não perturbar o descanso matinal da arguida"; "dava bofetadas no BB" – sendo que "BB é menor de idade e sofre de psicose infantil muito grave, sendo uma criança com comportamentos disfuncionais, hiperactiva e por vezes agressiva que descompensa com facilidade". E ainda: deu "palmadas no rabo à CC quando esta não queria ir para a escola e uma vez deu uma bofetada ao FF por este lhe ter atirado com uma faca" e "ao EE mandou-o uma vez de castigo para o quarto sozinho quando este não quis comer salada à refeição, tendo este ficado a chorar por ter medo de ficar sozinho". A arguida foi condenada em primeira instância como autora de um crime de maus tratos a BB, p. e p. pelo artigo 152.º n.º 1 al. a) do Código Penal[1], na pena de dezoito meses de

---

[1] Este artigo dispunha que "[q]uem, tendo ao seu cuidado, à sua guarda, sob a responsabilidade da sua direcção ou educação, ou a trabalhar ao seu serviço, pessoa menor

O direito das crianças à protecção do Estado 377

prisão, suspensa por um ano. O Ministério Público[2] interpôs recurso desta decisão para o Supremo Tribunal de Justiça, considerando que "os factos provados integram tratamento desumano em todos os casos e não apenas no caso de BB".

O STJ negou provimento ao recurso, considerando que os factos provados contra CC, FF e EE não tinham a gravidade requerida pelo crime de maus tratos e pronunciando-se expressamente pela licitude daquelas condutas[3]. Integrando os factos no chamado poder-dever de correcção, o Supremo Tribunal de Justiça afirmou expressamente que "[n]a educação do ser humano justifica-se uma correcção moderada que pode incluir alguns castigos corporais ou outros", devendo os casos de fronteira ser julgados à luz de dois critérios: "um reportado à finalidade da correcção; outro à sua adequação à educação do menor". Neste sentido, interroga-se: "[q]ual é o bom pai de família que, por uma ou duas vezes, não dá palmadas no rabo dum filho que se recusa ir para a escola, que não dá uma bofetada a um filho que lhe atira com uma faca ou que não manda um filho de castigo para o quarto quando ele não quer comer? Quanto às duas primeiras, pode--se mesmo dizer que a abstenção do educador constituiria, ela sim, um negligenciar educativo. (…) Uma bofetada a quente não se pode considerar excessiva. (…) No fundo – conclui – tratou-se dum vulgar caso de relacionamento entre criança e educador, duma situação que acontece, com vulgaridade, na melhor das famílias".

Este Acórdão foi acolhido com surpresa, tanto mais que representava uma alteração de sentido jurisprudencial no que diz respeito à licitude dos comportamentos em causa. Efectivamente, já o Ac. do STJ para fixação de jurisprudência, datado de 18.12.1991, considerou que "[i]ntegra o crime do artigo 142.º do Código Penal a agressão voluntária e consciente, cometida à bofetada, sobre uma pessoa, ainda que

---

ou particularmente indefesa, em razão de idade, deficiência, doença ou gravidez, e: a) lhe infligir maus tratos físicos ou psíquicos ou a tratar cruelmente, é punido com pena de prisão de 1 a 5 anos, se o facto não for punível pelo artigo 144.º" (crime de ofensa à integridade física grave).

[2] Também a arguida interpôs recurso para o Supremo Tribunal de Justiça, que negou provimento a ambos os recursos, confirmando a decisão recorrida.

[3] "É que, quanto a estes menores, não só não se atinge tal gravidade, como os actos imputados à arguida devem, a nosso ver, ser tidos como lícitos".

esta não sofra, por via disso, lesão, dor ou incapacidade para o trabalho" – entendimento que foi confirmado, especificamente no âmbito do ainda chamado *poder paternal*, pelo Ac. do STJ de 09.02.1994, que decidiu que não integra qualquer causa de exclusão da ilicitude "o facto de um pai agredir à bofetada uma filha dado que o dever de educar os filhos em parte alguma pressupõe a violência física"[4].

Na doutrina, houve reacções diferenciadas. Maria Paula Ribeiro de Faria (Faria, 2006) pronunciou-se no sentido de que o recurso pelo STJ ao critério do bom pai de família seria "inteiramente correct[o], já que se prende com o reconhecimento puro e simples de que o direito penal não tem a seu cargo a punição dos desvios ao melhor modelo educativo e que apenas deve intervir neste âmbito onde se deixem identificar uma ofensa à integridade física ou um mau trato penalmente relevantes". Para esta autora, por via da figura da *adequação social*, não seriam penalmente relevantes as palmadas ou o puxão de orelhas.

Já Maria Clara Sottomayor (Sottomayor, 2007) repudiou com veemência a decisão do STJ, que "emit[iria] um sinal negativo quanto ao valor das crianças face aos adultos, perpetuando uma imagem de inferioridade da infância, contrária à nova concepção do direito das crianças, imposta por normas internacionais, que vinculam o Estado Português a promover uma *cultura de respeito* pela criança, como pessoa titular de direitos fundamentais". A autora criticou a decisão, de um ponto de vista técnico, em duas vertentes. Por um lado, por não partir do caso concreto, antes usando um "método lógico-dedutivo e conceitualista" e utilizando conceitos – poder de correcção e bom pai de família – abandonados pela Constituição da República Portuguesa e pela Reforma do Código Civil[5]; pelo contrário, a regra extraída da lei civil e da Constituição da República seria a

---

[4] Segundo este acórdão, o recorrente arguido não teria razão, "em primeiro lugar, porque não se provaram factos que demonstraram ter agido com intenção de corrigir ou educar; por outro lado não invoca qualquer preceito legal que lhe confira o direito de corrigir e educar os filhos através de agressões físicas. É que efectivamente não existe tal preceito". Maria Clara Sottomayor (Sottomayor, 2007) refere ainda o acórdão da Relação de Lisboa de 04.10.2001 e o acórdão da Relação de Évora de 12.10.1999.

[5] Esta autora cita, nomeadamente, os artigos 1874.º, 1878.º e 1885.º do Código Civil e 36.º n.º 5 da Constituição da República.

de que "os pais são legalmente obrigados a procurar meios educativos alternativos ao uso de castigos físicos e psíquicos". Por outro lado, o acórdão não teria recorrido a todo o direito aplicável – nomeadamente a Convenção dos Direitos da Criança de 1989 (CDC), designadamente o artigo 19.º[6] e o artigo 29.º n.º 1 al. d)[7], a exigir um novo modelo de educação, pelo menos enquanto padrão legal, orientado pelo afecto e pelo exemplo. Para a autora, não há dúvidas de que "não existe, na nossa ordem jurídica, qualquer poder de correcção dos pais relativamente aos filhos, ou qualquer direito de os castigar" que, portanto, possa consubstanciar causa de exclusão da ilicitude. Rejeita igualmente a aplicação da figura da adequação social, designadamente a palmadas a crianças muito pequenas (1 a 3 anos), pancadas na cabeça ou insultos, mas também "fechar a criança num quarto, recusar uma refeição, aplicar uma bofetada ou um puxão de orelhas, o "croque" na cabeça, porque a criança, às refeições, não obedece às regras de etiqueta".

II. A queixa da Organização Mundial Contra a Tortura contra Portugal (OMCT)

Na sequência do Ac. do STJ de 05.04.2006, a OMCT apresentou, em Maio de 2006, uma queixa contra Portugal perante o Comité Europeu dos Direitos Sociais (CEDS)[8]. A OMCT lembra algumas

---

[6] "1. States Parties shall take all appropriate legislative, administrative, social and educational measures to protect the child from all forms of physical or mental violence, injury or abuse, neglect or negligent treatment, maltreatment or exploitation, including sexual abuse, while in the care of parent(s), legal guardian(s) or any other person who has the care of the child.

2. Such protective measures should, as appropriate, include effective procedures for the establishment of social programmes to provide necessary support for the child and for those who have the care of the child, as well as for other forms of prevention and for identification, reporting, referral, investigation, treatment and follow-up of instances of child maltreatment described heretofore, and, as appropriate, for judicial involvement."

[7] "States Parties agree that the education of the child shall be directed to: (d) The preparation of the child for responsible life in a free society, in the spirit of understanding, peace, tolerance, equality of sexes, and friendship among all peoples, ethnic, national and religious groups and persons of indigenous origin".

[8] Queixa colectiva n.º 34/2006 (Council of Europe, 2008).

normas internacionais alusivas ao tema e que obrigam o Estado Português[9], assim como os Relatórios apresentados por Portugal perante o Comité dos Direitos da Criança das Nações Unidas em 1995 e 2001 – sendo que, na sequência destes relatórios, aquele Comité teria manifestado preocupação perante a alegada insuficiência de medidas, legislativas e outras, para prevenir os castigos corporais no contexto familiar[10]. Reconhecendo que o Ac. do STJ representava uma alteração de sentido jurisprudencial, a OMCT concluiu que tal alteração apenas teria sido possível porque a legislação portuguesa, penal e civil, não seria suficientemente clara e directiva relativamente à proibição dos castigos corporais, permitindo assim interpretações e decisões contraditórias. Portugal estaria, por isso, em situação de violação do artigo 17.º da Carta Social Europeia revista[11].

Nas suas Observações, a Confederação Europeia dos Sindicatos sublinha a posição do Conselho da Europa (CoE) no sentido de que a proibição penal das ofensas à integridade física, ainda que em termos agravados quando a vítima é uma criança, não será suficiente para o cumprimento do disposto no artigo 17.º da CSE revista, a não ser que o Estado comprove que uma tal norma é interpretada no sentido de proibir os castigos corporais e nesse sentido efectivamente aplicada; e lembra ainda que o Conselho da Europa encara a educação não violenta como uma questão de direitos humanos. Tudo para concluir igualmente pela violação, por parte do Estado Português, do artigo 17.º da CSE revista.

---

[9] A Declaração de Tampere de 2001, a Carta Social Europeia revista, a Convenção dos Direitos da Criança e a Convenção Internacional dos Direitos Civis e Políticos.

[10] "Noting its 1995 concluding observations, the Committee is concerned that corporal punishment continues to be practiced within the family, there is a lack of legislation prohibiting such punishment, and that insufficient measures have been adopted to prevent corporal punishment in this context." (12 October 2001, CRC/C/15/Add.162).

[11] "Article 17: The right of children and young persons to social, legal and economic protection

With a view to ensuring the effective exercise of the right of children and young persons to grow up in an environment which encourages the full development of their personality and of their physical and mental capacities, the Parties undertake, either directly or in cooperation with public and private organisations, to take all appropriate and necessary measures designed: (...) 1b to protect children and young persons against negligence, violence or exploitation."

O Governo Português, em Novembro de 2006, viria a defender--se com dois argumentos. Primeiro, invocou as normas penais que punem as ofensas à integridade física, mas exceptuando o exercício do "direito de correcção", que seria causa de exclusão da ilicitude de lesões corporais simples quando fossem perpetradas pelos pais ou tutores da criança e preenchessem determinados requisitos: finalidade educativa, proporcionalidade, moderação. Segundo, anunciou a revisão do Código Penal, que autonomizaria os crimes de violência doméstica e maus tratos e proibiria de forma expressa os castigos corporais.

Finalmente, o CEDS, na sua decisão de 5 de Dezembro de 2006, concluiu, por unanimidade, pela violação do artigo 17.º da CSE revista, com os seguintes fundamentos: a) o artigo 17.º exige que a lei interna proíba e puna qualquer forma de violência contra as crianças – nomeadamente, qualquer acto ou comportamento susceptível de ofender a integridade física, a dignidade, o desenvolvimento ou o bem-estar psicológico da criança; b) tais normas devem ser suficientemente claras, imperativas e precisas, de modo a que os tribunais sejam obrigados a aplicá-las aos casos de violência contra crianças; c) os Estados devem agir de forma diligente no sentido de eliminar, na prática, a violência contra as crianças; d) deduz-se do Ac. do STJ de 05.04.2006 que Portugal não dispõe de tais normas, sendo que o Governo Português não foi capaz de demonstrar medidas concretas susceptíveis de erradicar toda e qualquer forma de violência contra crianças.

III. A reforma penal de 2007

Ainda que a premência da reforma do sistema de justiça penal fosse sentida e discutida desde há muito, foi com o XVII Governo Constitucional que a reforma se efectivou. Para dar cumprimento a esse desígnio, e em conformidade com o respectivo Programa de Governo, o Conselho de Ministros resolveu constituir a chamada "unidade de missão para a reforma penal" (UMRP), cujo objectivo era "a concepção, o apoio e a coordenação do desenvolvimento dos projectos de reforma da legislação penal"[12]. A Proposta de Lei n.º 98/X, baseada nos trabalhos da UMRP e no anteprojecto de revisão do Código Penal por aquela elaborado, foi apresentada pelo Governo à Assembleia da República a 12 de Outubro de 2006. No que diz respeito ao objecto do nosso estudo, a Proposta de Lei dispunha o seguinte: *"os maus tratos, a violência doméstica e a infracção de regras de segurança passam a ser tipificados em preceitos distintos, em homenagem às variações de bem jurídico protegido. Na descrição típica da violência doméstica e dos maus tratos, recorre-se, em alternativa, às ideias de reiteração e intensidade, para esclarecer que não é imprescindível uma continuação criminosa. No crime de violência doméstica, é ampliado o âmbito subjectivo do crime passando a incluir as situações de violência doméstica que envolvam ex-cônjuges e pessoas de outro ou do mesmo sexo que mantenham ou tenham mantido uma relação análoga à dos cônjuges. Introduz-se uma agravação do limite mínimo da pena, no caso de o facto ser praticado contra menores ou na presença de menores ou no domicílio da vítima, ainda que comum ao agente"*.

Estas alterações vieram a ser efectivamente consagradas pela Lei n.º 59/2007, de 4 de Setembro, que procedeu à 23.ª alteração ao CP, e que entrou em vigor a 15 de Setembro de 2007. Passou assim a dispor o artigo 152.º do CP, sob a epígrafe *Violência doméstica*:

> 1. *Quem, de modo reiterado ou não, infligir maus tratos físicos ou psíquicos, incluindo castigos corporais, privações da liberdade e ofensas sexuais:*
>
> *...*
>
> d) *a pessoa particularmente indefesa, em razão de idade, deficiência, doença, gravidez ou dependência económica, que com ele coabite;*
> *é punido com pena de prisão de um a cinco anos, se pena mais grave lhe não couber por força de outra disposição legal.*
>
> 2. *No caso previsto no número anterior, se o agente praticar o facto contra menor, na presença de menor, no domicílio*

---

[12] Resolução do Conselho de Ministros n.º 138/2005, de 17 de Agosto, publicada no Diário da República, I Série-B, n.º 157.

comum ou no domicílio da vítima é punido com pena de prisão de dois a cinco anos.

...

6. Quem for condenado por crime previsto neste artigo pode, atenta a concreta gravidade do facto e a sua conexão com a função exercida pelo agente, ser inibido do exercício do poder paternal, da tutela ou da curatela por um período de um a dez anos.

E o artigo 152.º-A, sob a epígrafe *Maus tratos*:

1. Quem, tendo ao seu cuidado, à sua guarda, sob a responsabilidade da sua direcção ou educação ou a trabalhar ao seu serviço, pessoa menor ou particularmente indefesa, em razão de idade, deficiência, doença ou gravidez, e:

a) Lhe infligir, de modo reiterado ou não, maus tratos físicos ou psíquicos, incluindo castigos corporais, privações de liberdade e ofensas sexuais, ou a tratar cruelmente;

...

é punido com pena de prisão de um a cinco anos, se pena mais grave lhe não couber por força de outra disposição legal.

O crime de violência doméstica aparece como uma forma especial do crime de maus tratos, "cuja ilicitude é agravada em virtude da relação familiar, parental ou de dependência entre o agente e a vítima. (...) Ele está também numa relação de especialidade com os crimes de ofensas corporais simples ou qualificadas, os crimes de ameaças simples ou agravadas, o crime de coacção simples, o crime de sequestro simples, o crime de coacção sexual previsto no artigo 163.º n.º 2, o crime de violação previsto nos termos do artigo 164.º n.º 2, o crime de importunação sexual, o crime de abuso sexual de menores dependentes previsto no artigo 172.º n.º 2 ou 3, e os crimes contra a honra. Portanto, a punição do crime de violência doméstica afasta a destes crimes" (Albuquerque, 2008). O bem jurídico protegido é a "integridade física, a liberdade pessoal, a liberdade e autodeterminação sexual e até a honra" (Albuquerque, 2008).

Dada a juventude da reforma penal, não é possível ainda dizer que impacto terão as alterações legislativas descritas na jurisprudência nacional no âmbito dos castigos corporais contra menores, designadamente no seio das relações familiares.

No entanto, na doutrina, Plácido Conde Fernandes pronunciou-se já no sentido de que as alterações descritas representam, não uma ampliação das condutas puníveis ou o intuito de abolir qualquer forma de castigo, mas antes uma mera "clarificação normativa, ao nível da prevenção geral de pendor mais *pedagógico* (…) pois que, sendo o *ius corrigendi* socialmente aceite como enformador do poder paternal, tal como previsto civilmente e estando mesmo instalado na concepção ético-social dominante, a sua censura penal passaria por uma outra enunciação verbal, que o próprio sentido máximo das palavras, *maus-tratos*, não consente" (Fernandes, 2008). Efectivamente, segundo este autor, "todos os *maus-tratos*, no âmbito de uma relação afectiva, deverão ser previstos e punidos neste crime. A questão é que nem todas as ofensas constituem maus-tratos, neste sentido penalmente típico[13]. Designadamente, não serão maus-tratos quando careçam de intensidade para colocar em crise o bem jurídico protegido" (Fernandes, 2008).

Neste sentido, cremos que fica ainda por esclarecer uma importante questão conceptual – a de saber quais as condutas que cabem no conceito de castigos corporais para efeitos do artigo 152.º CP; e quais as condutas que, não obstante poderem ser apelidadas de castigos corporais, não constituirão infracção penal. Isto é, se parece claro, também à luz do novo entendimento do poder-dever de educação e do lugar da criança na família e na sociedade, que aquele poder-dever "não abrange o direito de os agredir, de ofender a sua integridade física e psíquica" e que "[s]e certos comportamentos entre adultos constituem tipos legais de crime, os mesmos devem também ser assim considerados quando praticados pelos pais em relação aos filhos menores" (Dias, 2008), continua a não ser claro se um determinado gesto deva ser configurado como mera palmada sem consequências ou como violência física (Dias, 2008).[14]

---

[13] Que para este autor é um "bem jurídico complexo que abrange a tutela da sua *saúde física, psíquica, emocional e moral*" (Fernandes, 2008).

[14] Na Psicologia, distingue-se o castigo físico do abuso físico, sendo aquele "a utilização da força física, com a intenção de causar dor, mas não ferimentos, tendo em vista a correcção ou o controlo do comportamento da criança" ou "uma punição não abusiva nem severa" (Simões, 2007).

O *direito das crianças à protecção do Estado* 385

Também temos dúvidas, face às palavras de Plácido Conde Fernandes (Fernandes, 2008), que tenha ficado completamente afastada a possibilidade de recurso às figuras da adequação social ou do poder-dever de correcção (com recurso a castigos corporais) – de acordo com o que parece ser o entendimento do CEDS e de alguns autores nacionais.

Não obstante, e graças a esta alteração à legislação penal, Portugal é considerado pelo Conselho da Europa como um dos países que alcançaram a "abolição total" (pelo menos legislativa) dos castigos corporais, designadamente no contexto familiar[15].

IV. A acção do Conselho da Europa no âmbito dos castigos corporais

Analisaremos de seguida os objectivos e a acção que tem sido desenvolvida pelo CoE no sentido da erradicação total dos castigos corporais no seio dos 47 Estados-Membros. Uma tal análise não poderá prescindir de fazer referência à jurisprudência do Tribunal Europeu dos Direitos do Homem e à actividade de monitorização do Comité Europeu dos Direitos Sociais. Por fim, referiremos então as linhas orientadoras, os objectivos e as recomendações atinentes da organização.

a) A jurisprudência do Tribunal Europeu dos Direitos do Homem (TEDH)

O TEDH tem vindo a pronunciar-se, desde há muito, sobre a questão dos castigos corporais. Enunciaremos de seguida três casos paradigmáticos.

O primeiro, *Tyrer contra Reino Unido* (Berger, 2000), data de 1978. Anthony Tyrer, cidadão britânico residente na Ilha de Man, tinha 15 anos quando foi condenado a uma pena de três vergastadas

---

[15] Ver Resolução CM/ResChS(2008)4, adoptada pelo Comité de Ministros do CoE a 27 de Fevereiro de 2008. De acordo com a informação disponibilizada pelo Conselho da Europa, são os seguintes os países que, para além de Portugal, terão alcançado a abolição total: Áustria, Bulgária, Croácia, Chipre, Dinamarca, Finlândia, Alemanha, Grécia, Hungria, Islândia, Letónia, Moldávia, Países Baixos, Noruega, Roménia, Espanha, Suécia e Ucrânia (Council of Europe, 2009).

por ter ferido um colega da sua escola. A pena foi executada na esquadra da polícia, na presença de um médico e do pai da criança[16], devendo esta baixar as calças e a roupa interior e debruçar-se sobre uma mesa. O TEDH considerou, por unanimidade, que este castigo consubstanciava uma violação do artigo 3.º da Convenção Europeia dos Direitos do Homem[17], que proíbe a tortura e as penas ou tratamentos desumanos ou degradantes. Segundo a decisão de 25 de Abril de 1978, o castigo não teria gravidade suficiente para ser considerado tortura ou pena desumana. Mas já teria as características de uma pena degradante, pela humilhação subjacente e pela violação da dignidade e da integridade física da criança – agravada pelas circunstâncias em que o castigo foi aplicado.

O segundo caso – *Campbell e Cosans contra Reino Unido* (Berger, 2000)[18] – enquadra-se no contexto escolar: duas mães com crianças a frequentar o ensino público escocês reclamam contra o uso, nas escolas públicas escocesas, de castigos corporais – designadamente bater na palma da mão com uma correia de couro. A mãe de Gordon Campbell, que frequentava a escola primária, havia requerido garantias de que tais castigos não seriam aplicados ao filho, pretensão que lhe foi negada. Jeffrey Cosans havia sido expulso do liceu por ter recusado submeter-se a castigos corporais. Apesar da indicação, pelas autoridades competentes, de que a medida seria revogada, tal nunca veio a acontecer, pois os pais exigiram a garantia de que não seriam aplicados à criança, em qualquer circunstância, qualquer tipo de castigos corporais. Em nenhum dos casos foram aplicados, em concreto, castigos corporais. Não obstante considerar que a simples hipótese de condutas proibidas pelo artigo 3.º da CEDH poderia consubstanciar uma violação desse mesmo artigo, o TEDH considerou que, nos casos concretos, dessa hipótese não tinham resultado para as crianças quaisquer efeitos psicológicos negativos,

---

[16] Utilizamos o termo *criança* tal como definido pela CDC, artigo 1: "every human being below the age of eighteen years unless under the law applicable to the child, majority is attained earlier".

[17] "Article 3

No one shall be subjected to torture or to inhuman or degrading treatment or punishment".

[18] Decisão de 25 de Fevereiro de 1982.

O direito das crianças à protecção do Estado   387

não se verificando por isso tal violação. Concluiu, no entanto, ter ocorrido uma violação do artigo 2.º, 2.ª parte, do Primeiro Protocolo Adicional à CEDH, que assegura o direito à instrução e o direito de os pais verem respeitadas pelo Estado as suas convicções religiosas e filosóficas no âmbito da educação e do ensino. Esta decisão permitiu ao TEDH clarificar a noção de "convicções filosóficas", que seriam então as que merecessem respeito numa "sociedade democrática", não fossem incompatíveis com a dignidade da pessoa e não violassem o direito fundamental da criança à instrução (Dupuy & Charzounes, 1999). A posição dos pais destas crianças relativamente aos castigos corporais incluir-se-ia, para o TEDH, no conceito de "convicções filosóficas".

Já a decisão *A. contra Reino Unido*, de 23 de Setembro de 1998 (Council of Europe, 2008), pronunciou-se expressamente sobre os castigos corporais no âmbito familiar. Estavam em causa agressões de um padrasto a uma criança de nove anos, com uma cana, por várias vezes e com força considerável. O padrasto havia sido acusado perante os tribunais ingleses por ofensas à integridade física (*assault occasioning actual bodily harm*), mas foi absolvido pelo tribunal de júri sob o argumento de que o castigo tinha sido "necessário e razoável uma vez que A. era um rapaz difícil que não reagia à disciplina dos pais ou da escola". Efectivamente, a lei inglesa protegia os pais que castigassem os filhos de forma "moderada e razoável segundo as circunstâncias" (A. contra Reino Unido, 1998). O TEDH decidiu que a conduta do padrasto da criança consistia numa violação do artigo 3.º da CEDH. E ainda que o Estado britânico devia ser responsabilizado por essa violação. Segundo esta decisão, o artigo 3.º da CEDH exige que os Estados tomem medidas concretas no sentido de assegurar que os indivíduos não são submetidos às condutas proibidas pelo artigo 3.º, ainda que perpetradas no âmbito das relações privadas. Cidadãos particularmente indefesos, como as crianças, deviam ser particularmente protegidas. Nesse sentido, o TEDH considerou que a lei inglesa que permitia a aplicação de *castigos razoáveis* não proporcionava protecção adequada e conforme às exigências do artigo 3.º da CEDH.

388   *Estudos em Homenagem a Rui Epifânio*

b) A actividade fiscalizadora do Comité Europeu dos Direitos Sociais[19]

Merece também referência, ainda que sucinta, a posição do CEDS. Relevam aqui três queixas da OMCT: contra a Grécia[20], contra a Irlanda[21] e contra a Bélgica[22]. Nos três casos, a OMCT alegava que os Estados em causa estariam numa situação de violação do artigo 17.º da Carta Social Europeia[23] por insuficiência da respectiva legislação no sentido da proibição explícita dos castigos corporais, designadamente no contexto familiar.

No caso da Grécia, a OMCT considerava que a legislação não proibia de forma eficaz os castigos corporais contra crianças, inclusivamente quando perpetrados pelos pais, nem dispunha de sanções adequadas, penais ou civis. Estava em causa, nomeadamente, o artigo 1518.º do Código Civil, que previa o direito dos pais utilizarem medidas correctivas, quando necessárias de um ponto de vista pedagógico e se não violarem a dignidade da criança[24]. Referia também, de um ponto de vista social, que o uso de castigos corporais era uma prática tradicional e socialmente aceite na comunidade grega, aplicado por uma grande percentagem de pais.

Quanto à Irlanda, a alegação era semelhante. Segundo a OMCT, a lei não proibia os castigos corporais por parte dos pais, sublinhando a posição da *Law Reform Commission on Non-Fatal Offences Against the Person*, segundo a qual seria prematuro abolir por via

---

[19] Trata-se do órgão do CoE responsável por fiscalizar o respeito pela Carta Social Europeia, adoptada a 18 de Outubro de 1961 e Carta Social Europeia revista, adoptada a 3 de Maio de 1996.

[20] Queixa n.º 17/2003 (Council of Europe, 2008).

[21] Queixa n.º 18/2003, *ibidem*.

[22] Queixa n.º 21/2003, *ibidem*.

[23] "Article 17: The right of mothers and children to social and economic protection

With a view to ensuring the effective exercise of the right of mothers and children to social and economic protection, the Contracting Parties will take all appropriate and necessary measures to that end, including the establishment or maintenance of appropriate institutions or services".

[24] "In raising the child the parents must support it, without distinction as to gender, in developing responsibly and with social awareness its personality. The taking of corrective measures shall only be allowed if these are pedagogically necessary and do not cause injury to the child's dignity (…)" (OMCT v. Greece, 2004)

legal os castigos corporais, devendo ser dada prioridade à educação dos pais nesse sentido (OMCT v. Ireland, 2004). Ainda de acordo com a OMCT, o uso de castigos corporais seria uma prática comum e socialmente aceite pela maioria da população.

Por fim, no que à Bélgica diz respeito, a OMCT alegava igualmente que a lei não proibia de forma explícita os pais ou "outras pessoas" de aplicar castigos corporais, não protegendo as crianças de forma eficaz contra esta prática no contexto familiar (OMCT v. Belgium, 2004). De um ponto de vista criminal, apesar da violência contra crianças ser incriminada, na prática tal incriminação era apenas aplicada contra os casos de violência grave. De um ponto de vista civil, não havia qualquer referência, implícita ou explícita, aos castigos corporais. A OMCT refere ainda, como nos casos supra citados, que os castigos corporais eram considerados pela sociedade belga um meio legítimo e legal de educar as crianças.

Nos três casos, o CEDS decidiu estar perante efectivas violações do artigo 17.º CSE. A decisão foi fundamentada pelo artigo 19.º da Convenção dos Direitos das Crianças e interpretação que lhe é dada pelo Comité dos Direitos das Crianças; pelo artigo 3.º da CEDH; pela Recomendação R(93)2 relativa aos aspectos médico-sociais do abuso de menores, adoptada pelo Comité de Ministros a 22 de Março de 1993, pela Recomendação R(90)2 relativa às medidas sociais contra a violência na família, adoptada pelo Comité de Ministros a 15 de Janeiro de 1990 e a Recomendação R(85)4 relativa à violência na família, adoptada pelo Comité de Ministros a 26 de Março de 1985; e, por último, pela Recomendação 1666(2004) *"Europe-wide ban on corporal punishment of children"* adoptada pela Assembleia Parlamentar a 24 de Junho de 2004. O CEDS entende que a proibição do uso de violência deve ter uma base legislativa, devendo abranger qualquer tipo de violência, independentemente do contexto em que ocorra ou de quem a pratica, sublinhando ainda que as sanções correspondentes devem ser "adequadas, dissuasivas e proporcionais".

Quanto a este ponto, mais duas referências merecem ser feitas:

Por um lado, a declaração de voto do perito Jean-Michel Belorgey, comum às três decisões referidas. Este perito considera que o CEDS deveria ter especificado, naquelas decisões, a noção de violência, propondo a seguinte definição: "qualquer acto ou comportamento susceptível de afectar a integridade física, o desenvolvimento da dignidade ou o bem-estar psicológico da criança". Considera ainda que a decisão, ao basear-se no critério da previsão legislativa da proibição de qualquer forma de violência, peca quer por excesso, quer por insuficiência: por excesso, por considerar que o entendimento jurisprudencial, quando constante e de acordo com as exigências da CSE, pode ser suficiente, ainda que as previsões normativas sejam ambíguas; por insuficiência, porque a adopção de uma norma proibitiva, e independentemente da sua natureza civil ou penal, não é suficiente para que Estado se encontre em conformidade com as exigências da CSE – é preciso que o Estado demonstre estar em vias de eliminar, *em concreto*, a violência proibida e as medidas tomadas para esse efeito.

Por outro lado, e em sentido contrário, pronunciou-se o perito Lucien François. No voto de vencido, também comum às três decisões referidas, este perito qualificou a posição do CEDS como *intelectualmente excessiva* e *moralmente injusta*. Excessiva, por considerar desproporcionado o uso de termos como "dignidade humana", "tratamento degradante" ou "integridade física" para condenar uma palmada na mão ou nas nádegas da criança, pelos pais e no interesse da própria. Injusta, por não haver prova científica de que tais comportamentos sejam danosos para a sociedade ou inúteis do ponto de vista da educação da criança. Concluindo, afirma que "[a]dmittedly, any educational choice may be reexamined, but I find shocking to limp together categories of people as different as child abusers and parents who take care to use moderate correction towards their children".

c) A campanha do Conselho da Europa para a erradicação dos castigos corporais

Dediquemo-nos então à campanha do CoE no sentido da erradicação total, nos 47 Estados-membros, do uso de castigos corporais.

Como ficou parcialmente demonstrado supra, a questão tem vindo a ser discutida desde há muito quer pelo TEDH quer pelo CEDS. Mas não só. Já em 2004 a Assembleia Parlamentar se devotou ao tema, adoptando a Recomendação 1666 (2004), de 23 de Junho. Lembrando a posição adoptada pelo CEDS e pelo TEDH na matéria, e bem assim a CDC, ratificada por todos os Estados-membros do CoE, a Assembleia Parlamentar considerou que "any corporal punishment of children is in breach of their fundamental right to human dignity and physical integrity. The fact that such corporal punishment is still lawful in certain member states violates their equally fundamental right to the same legal protection as adults." Nesse sentido, a Assembleia Parlamentar não só manifestou o seu apoio à *Global Initiative to End All Corporal Punishment of Children*, como convidou o Comité de Ministros a lançar uma campanha em todos os Estados-membros no sentido da abolição dos castigos corporais neste espaço geográfico. Para tanto, sugeriu entre outras as seguintes estratégias: incrementar a consciencialização e sensibilização das crianças, das pessoas que lidam e convivem com crianças e do público em geral quer para a abolição dos castigos corporais e outras formas de tratamento humilhante, inumano e degradante, quer para os direitos fundamentais das crianças em geral, e em particular o direito à dignidade humana e à integridade física; o encorajamento dos pais e educadores no sentido de usarem meios educativos positivos e não violentos; assegurar que crianças particularmente vulneráveis, tais como deficientes ou institucionalizadas, são protegidas de forma eficaz e apropriada; e a inclusão dos castigos corporais e outras formas humilhantes de disciplina na noção de violência doméstica.

Em Dezembro de 2006, o próprio Comité de Ministros adoptou a Recomendação Rec(2006)19, de 13 de Dezembro, dedicada à "parentalité positive" ou "positive parenting": conceito que o Comité definiu como "parental behaviour based on the best interests of the child that is nurturing, empowering, non-violent and provides recognition and guidance which involves setting of boundaries to enable the full development of the child"[25]. Este tipo de comportamento deve ser estimulado, segundo esta Recomendação, através do apoio aos pais, da promoção da educação na área dos direitos das crianças e da *parentalidade positiva* (por exemplo, consciencializando os pais sobre o âmbito das responsabilidades parentais e facultando directrizes e programas que ajudem os pais em situações difíceis,

---

[25] Na versão em língua francesa: "un comportement parental fondé sur l'intérêt supérieur de l'enfant qui vise à l'élever et à le responsabiliser, qui est non violent et lui fournit reconnaissance et assistance, en établissant un ensemble de repères favorisant son plein développement".

na resolução de conflitos e na gestão da fúria através de uma perspectiva não violenta e de técnicas de mediação); e ainda através de políticas que favoreçam uma conciliação entre a vida profissional e a família e que demonstrem nomeadamente aos empregadores que um tal equilíbrio cria uma "win-win situation" no seio das empresas.

A 23 de Janeiro de 2007, a Assembleia Parlamentar adoptou a Resolução 1530 (2007) e a Recomendação 1778 (2007), ambas sob o título "Child victims: stamping out all forms of violence, exploitation and abuse". O Comité de Ministros foi assim convidado a tomar as medidas necessárias para que os Estados-membros adoptassem os procedimentos legais e sociais necessários para garantir a protecção das crianças contra qualquer forma de violência, exploração ou abuso, por exemplo: o desenvolvimento de políticas e estratégias nacionais para a protecção dos direitos das crianças; melhoria do enquadramento legal nesse sentido, nomeadamente através da incriminação penal e da cominação de penas eficazes, proporcionais e dissuasivas; a harmonização entre os Estados-membros do conceito de "superior interesse da criança" e das incriminações penais atinentes. Na base destes documentos esteve, *inter alia*, a constatação de que a violência física contra crianças ocorre em contextos que lhes são familiares: a casa e a família, mas também as escolas, as ruas, centros sociais ou tutelares. Grande parte da violência é perpetrada por adultos, quer como forma de castigo, quer como forma de exercício de poder – em todo o caso, por pessoas da confiança das crianças (Gardetto, 2006).

Com base nos princípios que foram sendo referidos, o CoE tem vindo a desenvolver, desde 2006, o programa "Building a Europe for and with children", com o objectivo de promover os direitos das crianças e a respectiva protecção contra qualquer forma de violência, exploração ou abuso. Podemos encontrar nas *Draft European guidelines for integrated strategies against violence* as linhas orientadoras deste programa. Ele fundamenta-se no trabalho normativo desenvolvido pelo CoE e referido supra, mas também na CDC, designadamente o artigo 19.º e no estudo apresentado pelo Secretário-Geral das Nações Unidas sobre violência contra crianças (Pinheiro, 2006)[26].

---

[26] Este estudo sublinha a aceitação social da violência, sendo que a disciplina através de castigos físicos ou humilhantes é tida como normal; segundo este estudo, entre 80% a 98%

O pressuposto é o de que, para os efeitos dos tratados internacionais de direitos humanos, as crianças são titulares dos mesmos direitos que os adultos – designadamente o direito à dignidade humana, à integridade física e à protecção contra qualquer forma de violência, em qualquer circunstância. Assim, cabe aos Estados assegurar que, por um lado, nenhum tipo de violência contra crianças é justificado ou justificável; e, por outro lado, toda a violência contra crianças é prevenível e prevenida. Pretendendo abranger qualquer tipo de violência contra crianças – esta definida como o "intentional use of physical force or power, threatened or actual, against a child, by an individual or group, that either results in or has a high likelihood of resulting in an actual or potential harm to the child's health, survival, development or dignity" –, este documento também refere os castigos corporais, recomendando que qualquer causa justificativa desta prática seja retirada da legislação; pelo contrário, deve ser proibido qualquer tipo de castigo corporal, ainda que "leve". Chama ainda a atenção para a responsabilidade dos pais na educação e desenvolvimento da criança e para a responsabilidade dos Estados de promoverem a *parentalidade positiva*.

É neste contexto que é lançada, em Zagreb, em Junho de 2008, a campanha do Conselho da Europa para a erradicação dos castigos

---

de crianças em todo o mundo sofrem castigos corporais em casa e destas no mínimo um terço sofrem castigos corporais graves. Um dos factores de protecção contra a violência no seio familiar é, segundo este estudo, o desenvolvimento de laços fortes entre pais e filhos e uma disciplina positiva e não violenta. Os castigos corporais no seio familiar são os mais difíceis de combater, por se considerar em geral tratar-se da "esfera privada". O estudo sublinha, no entanto, que "children's rights to life, survival, development, dignity and physical integrity do not stop at the door of the family home, nor do States' obligations to ensure these rights for children". Assim, apresenta as seguintes recomendações, entre outras: os Estados devem desenvolver uma resposta multifacetada e sistemática contra a violência contra crianças, designadamente proibindo os castigos corporais em qualquer circunstância ou contexto; devem dar prioridade à prevenção, atacando as causas subjacentes ao uso de violência; devem combater a atitude de tolerância face à violência contra crianças, incluindo estereótipos de género, discriminação, castigos corporais ou certas práticas tradicionais; devem desenvolver programas de apoio aos pais e outros educadores, em especial para famílias em dificuldades; desenvolver programas de educação dos pais com destaque para formas de disciplina não violentas e para questões de género, no sentido de promover uma relação saudável entre pais e filhos e de orientar os pais para formas de disciplina construtiva e não violenta e que atenda ao estádio de desenvolvimento da criança.

394   *Estudos em Homenagem a Rui Epifânio*

corporais, sob o lema "Your hands should nurture, not punish. Raise your hand against smacking!", cujo objectivo é a abolição total desta prática nos 47 Estados-membros – designadamente no contexto familiar –, a par com a promoção de formas positivas e não violentas de exercer as responsabilidades parentais. Para este efeito, o CoE adoptou o conceito de castigos corporais avançado pelo Comité dos Direitos das Crianças no *General Comment n.º 8 on the right of the child to protection from corporal punishment and other cruel or degrading forms of punishment*, a saber:

> *"any punishment in which physical force is used and intended to cause some degree of pain or discomfort, however light. Most involves hitting ("smacking", "slapping", "spanking") children, with the hand or with an implement – whip, stick, belt, shoe, wooden spoon, etc. But it can also involve, for example, kicking, shaking or throwing children, scratching, pinching, biting, pulling hair or boxing ears, forcing children to stay in uncomfortable positions, burning, scalding or forced ingestion (for example, washing children's mouths out with soap or forcing them to swallow hot spices). In the view of the Committee, corporal punishment is invariably degrading. In addition, there are other non physical forms of punishment which are also cruel and degrading and thus incompatible with the Convention. These include, for example, punishment which belittles, humiliates, denigrates, scapegoats, threatens, scares or ridicules the child"* (Hammarberg, 2008).

Num documento pedagógico do CoE encontra-se a seguinte definição:

> *"One way of defining corporal punishment is as any action taken to punish a child which, if directed at an adult, would constitute an unlawful assault. Adults have a great knack for inventing special words to make themselves feel more comfortable about hitting children – smacking, spanking, donner des fessées, picchiare, dar un azote. But the stark reality for the child is that all of this is violence"* (Council of Europe, 2009).

A premissa fundamental é a de que as crianças não são "mini seres humanos com mini direitos" (Boer-Buquicchio, 2008) – isto é, as crianças são titulares dos mesmos direitos fundamentais que são reconhecidos às pessoas adultas pelos tratados internacionais relativos aos direitos humanos. São assim inteiramente aplicáveis às crianças os direitos à dignidade, à integridade física, à protecção contra a tortura ou tratamentos inumanos ou degradantes, por exemplo.

O CoE não reconhece qualquer motivo justificativo do uso de violência, excluindo expressamente o intuito disciplinador ou educativo[27] – argumento que teria subjacente a ideia de que as crianças são propriedade dos pais (Hammarberg, 2008). Por outro lado, a admissão de excepções ao reconhecimento de direitos fundamentais às crianças seria uma violação do princípio da igualdade de todos os seres humanos perante a lei. Antes se deve reconhecer às crianças, porque particularmente frágeis e vulneráveis, uma protecção especial ou reforçada no que diz respeito à garantia efectiva dos seus direitos fundamentais. São também avançados argumentos de outra ordem que não jurídica, segundo os quais a aplicação de castigos corporais ensinaria às crianças que a violência é uma forma aceitável e apropriada de resolução de conflitos e seria simplesmente ineficaz como método de disciplina (Boer-Buquicchio, 2008) – resultando, pelo contrário, na humilhação da criança e na deterioração progressiva da sua auto-estima[28]. Por outro lado, argumenta-se que se torna mais difícil proteger de forma efectiva as crianças se se permitirem certas formas ou graus de violência. Em última instância, tendo em conta a asserção de que violência gera violência, abolir os castigos corporais será um passo importante para abolir em geral a violência na sociedade (Global Initiative to End Corporal Punishement, 2009).

Quanto aos meios necessários para atingir tal objectivo, o CoE concentra-se em três linhas de acção: a reforma legislativa; a *paren-*

---

[27] A única excepção a este princípio admitida pelo Comité dos Direitos das Crianças é o uso de força razoável segundo as circunstâncias e com o intuito de: prevenir ou minimizar um perigo para a criança ou terceiros; evitar que a criança cometa um acto que consubstancie uma infracção penal; desenvolver as tarefas normais do dia-a-dia inerentes ao exercício das responsabilidades parentais. Está assim desenhada uma fronteira muito clara entre o uso da força com intuito correctivo – expressamente recusado – e o uso da força com intuito preventivo ou de protecção – este admitido quando adaptado às circunstâncias (Global Initiative to End Corporal Punishement, 2009).

[28] Na nossa doutrina, expressa-se assim Maria Clara Sottomayor: "Mesmo os castigos leves, praticados de forma repetida, sem justiça, e com expressão de raiva, por parte do adulto, rebaixam a auto-estima das crianças, impedem a sua sensação de ser amada e a auto-percepção da sua dignidade humana" (Sottomayor, 2007). De acordo com a Psicologia actual, este argumento não é pacífico. António Simões dá conta de estudos empíricos que não detectaram provas de que os castigos corporais fossem ineficazes, que estivessem associados à agressividade ou que tivessem efeitos menos positivos do que quaisquer das técnicas disciplinares com que foram comparados (Simões, 2007).

talidade positiva; a sensibilização. Quanto à reforma legislativa, o objectivo é o de que a lei contenha uma proibição clara desta prática, independentemente de se tratar de uma proibição civil ou penal. Aliás, o CoE é claro no sentido de que o intuito da campanha não é o de levar os pais à barra dos tribunais – o que deve ser reservado para os casos mais graves –, condená-los ou culpabilizá-los. O que se pretende é que, por um lado, os actos violentos contra crianças tenham, pelo menos, o mesmo tratamento que os actos violentos contra adultos; ou seja, postergar qualquer tipo de causa justificativa ao abrigo do suposto "direito de correcção". E, por outro lado, transmitir uma mensagem clara de que bater nas crianças é errado, ainda que no contexto familiar. Crê-se que à medida que as mentalidades se forem transformando, também a necessidade de intervenção, nomeadamente judicial, irá diminuindo.

Segundo, importa formar pais e educadores para a *parentalidade positiva*, cujo conceito e objectivos já foram referidos. Por último, e simultaneamente, é necessário sensibilizar e consciencializar não só pais e educadores, como a população em geral, para a questão dos castigos corporais e dos direitos fundamentais das crianças em geral, de modo a alterar a percepção social e a tolerância da comunidade face a estas práticas. É sublinhada a importância dos meios de comunicação social e o papel que as próprias crianças podem e devem desempenhar em todo este processo.

V. **Conclusão**

Uma análise aprofundada do tema, no sentido de encontrar uma definição clara do conceito de castigos corporais, não cabia na economia deste estudo – nem sabemos se seria objectivamente possível[29].

---

[29] Dando conta desta dificuldade, diz António Simões: "Problemas não menos básicos são aqueles que se relacionam com a definição operacional de castigos físicos. Recorde-se, a este propósito, que, mais acima, se definiu o castigo físico, em termos de aplicação da força física, de modo a causar dor à criança. Mas que significa, exactamente, esta última expressão, nomeadamente em termos de modalidade da punição e de severidade e frequência da mesma? Dar uma palmada no traseiro é castigo e uma bofetada já não é? Ou esta é castigo físico, enquanto um pontapé ou um empurrão é abuso? Bater com a mão é castigo,

Nas palavras de Maria Clara Sottomayor, "[o] conceito de maltrato nunca representa um conceito neutro, meramente técnico ou profissional, mas implica sempre um juízo de valor, enquadrado nas relações de domínio e de poder entre grupos sociais, que ocupam posições desiguais" (Sottomayor, 2007).

Também quanto ao conceito de castigos corporais adoptado pelo CoE, e que este pretende erradicar, não é fácil determinar a sua amplitude. Parece-nos que duas interpretações serão possíveis. *Uma*, que parte da noção de violência, que estaria subjacente à noção de castigos corporais. Ou seja, para que se pudesse falar em castigos corporais, seria necessário o uso de um determinado grau de intensidade de força física. Assim, aquele conceito, na prática, dependeria da intensidade da força física usada ou da intencionalidade subjacente. Concretizando: a palmada ou o puxão de orelhas só seriam castigos corporais se, por exemplo, provocassem um certo grau de dor, fossem acompanhados de um certo estado de cólera ou desprovidos de intencionalidade correctiva. Somos da opinião de que, aos castigos corporais com esta amplitude, o Estado Português dá resposta através da incriminação legal do artigo 152.º do C.P., respondendo simultaneamente ao apelo do CoE de previsão legal da proibição dos castigos corporais.

No entanto, uma *segunda* interpretação é possível. Entendemos efectivamente que, de um ponto de vista político, o CoE vai mais longe nos seus objectivos, adoptando uma posição verdadeiramente abolicionista e inclusiva, abrangendo no conceito de castigos corporais todo e qualquer acto que, implícita ou explicitamente, contenha em si mesmo ou sugira violência ou agressividade, ainda que ínfima ou sem dor. Radicamos esta nossa interpretação da posição do CoE nos seguintes elementos:

Primeiro, no elemento literal: o CoE define como castigo corporal todo o acto que, dirigido a um adulto, constituiria uma ofensa ilegítima (*unlawful assault*) e faz menção expressa à palmada e ao puxão de orelhas, não mencionando em momento algum o requisito

---

ao passo que bater com uma vara ou palmatória é abuso? Qual é a linha de demarcação entre o uso e o abuso do castigo físico? Se uma palmada é castigo físico, uma palmada muito severa é ainda castigo físico, ou já é abuso? E uma palmada frequentemente repetida não será abuso físico?" (Simões, 2007).

de intensidade, dor ou intencionalidade. Pelo contrário, acompanhando o Comité dos Direitos das Crianças, diz que os castigos corporais se referem a qualquer forma de violência, ainda que *leve,* que pode ter como consequência um mero *desconforto*; e que a graduação da violência permitida constituiria um obstáculo à protecção efectiva das crianças (Council of Europe, 2009).

Segundo, na própria jurisprudência do CEDS. Recorde-se que, no caso OMCT c. Grécia, estava em causa a norma – anódina para aquele primeiro entendimento – que permitia que os pais utilizassem medidas correctivas, quando necessárias de um ponto de vista pedagógico e se não violassem a dignidade da criança. Foi, aliás, a integração da palmada na mão ou nas nádegas no conceito de castigos corporais que originou o voto de vencido do perito Lucien François.

Terceiro, pelo facto de a exigência de proibição legal vir acompanhada de outras medidas que não dizem directamente respeito aos castigos corporais *stricto sensu*, mas que têm um objectivo mais amplo, associado à *parentalidade positiva* e à educação sobre e para os direitos das crianças enquanto direitos humanos. O que perpassa da campanha do CoE é que o que se pretende afastar, de forma ampla, é todo o tipo de educação punitiva, a substituir por uma educação positiva e não violenta, herdeira do novo lugar que é hoje reconhecido à criança na sociedade. "Este novo modelo, ainda que não seja praticado por todas as pessoas, deve servir de padrão legal aos pais – um dever-ser ou ideal – com a finalidade de os conduzir a uma reflexão e a uma consciencialização da dignidade humana das crianças, que tenda a diluir, na sua mentalidade, a tradicional distinção hierarquizada entre os adultos e as crianças" (Sottomayor, 2007).

Este conceito, mais amplo, de castigos corporais, não tem – porventura não deve –, em toda a sua extensão, de ser penalmente cominado, nem é essa a intenção do CoE. Os objectivos desta organização, no que diz respeito aos castigos corporais, parecem mais políticos do que jurídicos, sendo a proibição legal dos castigos corporais uma via para atingir aquilo que efectivamente se pretende: uma mudança de paradigma progressiva no que diz respeito aos conceitos de educação e disciplina. Nesse sentido, talvez valha a pena reflectir sobre a hipótese de inserir na legislação uma proibição civil, como fizeram outros países, que dê um sinal claro do caminho a seguir – e que excluiria, do mesmo passo, qualquer recurso às

O *direito das crianças à protecção do Estado* 399

figuras da adequação social ou do direito de correcção para efeitos penais. Em todo o caso, não basta proibir. É preciso facultar aos pais e educadores alternativas à violência. Isto é, é preciso formá-los de maneira concreta e consistente nessa educação pela positiva. É essa acção concreta e dinâmica, e que até hoje ainda não se tornou visível, que aguardamos dos nossos governantes.

Independentemente do juízo pessoal que possamos, aprioristicamente, fazer desta campanha, ela está aí e valerá a pena reflectir e discutir sobre ela. Assim permita o Estado Português através da sua eficaz divulgação.

Bibliografia

A. contra Reino Unido, 100/1997/884/1096 (Tribunal Europeu dos Direitos do Homem 23 de Setembro de 1998).

Acórdão, 045537 (Supremo Tribunal de Justiça 9 de Fevereiro de 1994).

Acórdão, 06P468 (Supremo Tribunal de Justiça 05 de 04 de 2006).

Acórdão para fixação de jurisprudência, 041618 (Supremo Tribunal de Justiça 18 de Dezembro de 1991).

ALBUQUERQUE, P. P. (2008). *Comentário do Código Penal à luz da Constituição da República e da Convenção Europeia dos Direitos do Homem.* Lisboa: Universidade Ctólica Editora.

BERGER, V. (2000). *Jurisprudence de la Cour Européenne des Droits de l'Homme.* Editions Sirey.

BOER-BUQUICCHIO, M. d. (2008). *Viewpointse.* Obtido em 30 de Junho de 2009, de Council of Europe: http://www.coe.int/t/dg3/corporalpunishment/cpviewpoints_en.asp

Council of Europe. (Janeiro de 2009). *Abolishing corporal punishment of children. Questions and answers.* Obtido em 6 de Julho de 2009, de Council of Europe: http://www.coe.int/t/transversalprojects/children/pdf/QuestionAnswer_en.pdf

Council of Europe. (Janeiro de 2009). *Corporal punishment.* Obtido em 6 de Julho de 2009, de Council of Europe: http://www.coe.int/t/transversalprojects/children/pdf/triptyqueCP_en.pdf

Council of Europe. (2008). *National policy reviewse.* Obtido em 30 de Junho de 2009, de Council of Europe: http://www.coe.int/t/transversalprojects/children/violence/NationalPolicy_en.asp

Council of Europe. (Março de 2009). *Online appendicese.* Obtido em 31 de Março de 2009, de Council of Europe: http://www.coe.int/t/transversalprojects/children/violence/CPAppendices_en.asp

Council of Europe. (2008). *Selected legal textse.* Obtido em 31 de Março de 2009, de Council of Europe: http://www.coe.int/t/transversalprojects/children/violence/CPLegalTexts_en.asp

DIAS, C. (Janeiro-Abril de 2008). A criança como sujeito de direitos e o poder de correcção. *Julgar* , pp. 87-101.

400   *Estudos em Homenagem a Rui Epifânio*

Dupuy, P.-M., & Charzounes, L. B. (1999). Article 2. In L.-E. Pettit, E. Decaux, & P.-H. Imbert, *La Convention Européenne des Droits de l'Homme. Commentaire article par article* (pp. 999-1010). Paris: Economica.

Faria, M. P. (Abril-Junho de 2006). Acerca da fronteira entre o castigo legítimo de um manor e o crime de maus tratos do artigo 152.º do Código Penal – o Acórdão do Supremo Tribunal de Justiça de 05.04.2006. *Revista Portuguesa de Ciência Criminal* , p. 317 e seguintes.

Fernandes, P. C. (1.º semestre de 2008). Violência doméstica. Novo quadro penal e processual penal. *Revista do CEJ* , pp. 293-340.

Gardetto, J.-C. (21 de December de 2006). *Child victims: stamping out all forms of violence, exploitation and abuse.* Obtido em 31 de Março de 2009, de Council of Europe: http://assembly.coe.int/Documents/WorkingDocs/Doc06/EDOC11118.htm

Global Initiative to End Corporal Punishment. (Fevereiro de 2009). *End All Corporal Punishment of Children.* Obtido em 6 de Julho de 2009, de Global Initiative to End Corporal Punishment: http://www.endcorporalpunishment.org/pages/frame.html

Hammarberg, T. (2008). *Viewpointse.* Obtido em 6 de Junho de 2009, de Council of Europe: http://www.coe.int/t/dg3/corporalpunishment/cpviewpoints_en.asp

Ius Gentium Conimbrigae. Faculdade de Direito de Coimbra. (2004). *Direitos das Crianças.* Coimbra: Coimbra Editora.

Justiça, M. d. (2006). *Portal da Justiça: Proposta de Lei n.º 98/X que aprova a alteração do Código Penal.* Obtido em 30 de Junho de 2009, de Portal da Justiça: http://www.mj.gov.pt/sections/justica-e-tribunais/justica-criminal/unidade-de-missao-para/proposta-de-lei/

Monteiro, F. S. (2002). *O Direito de Castigo ou o direito dos pais baterem nos filhos. Análise Jurídico-Penal.* Braga: Livraria Minho.

Observatório Permanente da Justiça Portuguesa. (2008). *Monitorização da Reforma Penal: o processo de preparação e o debate público da reforma.* Coimbra: Centro de Estudos Sociais da Faculdade de Economia da Universidade de Coimbra.

Pinheiro, P. S. (2006). *OHCHR - United Nations Study on Violence against Childrene.* Obtido em 16 de Junho de 2009, de OHCHR: http://www2.ohchr.org/english/bodies/crc/study.htm

Simões, A. (2007). Castigos físicos em contexto familiar – Uma abordagem empírica. In A. C. Fonseca, M. J. Seabra-Santos, & M. F. Gaspar, *Psicologia e Educação. Novos e velhos temas* (pp. 365-390). Coimbra: Almedina.

Sottomayor, M. C. (Janeiro/Junho de 2007). "Existe um poder de correcção dos pais?" A propósito do acórdão do STJ de 05.04.2006. *Lex Familiae - Revista Portuguesa de Direito da Família* , pp. 111-129.

World Organisation against Torture (OMCT) v. Belgium, 21/2003 (European Committee of Social Rights 7 de Dezembro de 2004).

World Organisation against Torture (OMCT) v. Greece, 17/2003 (European Committee of Social Rights 7 de Dezembro de 2004).

World Organisation against Torture (OMCT) v. Ireland, 18/2003 (European Committee of Social Rights 7 de Dezembro de 2004).

Coimbra, 08 de Julho de 2009

SOBRE SEGURANÇA URBANA

José Souto de Moura[*]

1. A Cidade

Durante séculos, viver na cidade significava poder beneficiar de certas comodidades, mas, sobretudo, de maior segurança. A defesa das cidades proporcionava essa segurança, e a proximidade de bens e serviços tornava a vida mais fácil. Acresce que a dimensão das cidades permitia a quem lá vivia beneficiar de auxílio, por estar integrado numa comunidade unida por laços de solidariedade.

Sobretudo a partir da Idade Moderna, as cidades romperam cercas e muralhas, cresceram, e acabaram por se transformar profundamente.

A ponto de hoje, nos princípios do século XXI, facilmente se associar a cidade, mais rigorosamente a grande metrópole, a risco, a perigo e a medo. A segurança urbana é, pois, hoje, um problema.

Sendo esse exactamente o tema desta reflexão, começaria por apontar uma ou outra nota sobre as grandes cidades de hoje. O propósito é sublinhar que o sentido em que se evoluiu roubou drasticamente qualidade de vida às pessoas, o que reclama, por certo, a procura de outros caminhos.

1.1. Mas como é que a cidade, refúgio contra o perigo, acaba por se transformar em fonte de perigo?

Sendo muito variados os factores que confluíram nesse sentido, o que é certo é que a grande cidade se revela, cada vez mais, o catalisador concentrado das contradições e anacronismos de toda a nossa sociedade actual.

---

[*] Juiz Conselheiro.

Sociedade global em que os regimes que predominam são democráticos ou pretendem fazer-se passar por tal, e são mais ou menos liberais. Em que a economia de mercado impera. Nessa sociedade entrou em crise a vivência comunitária, nas suas mais variadas expressões. O indivíduo tem um horizonte de vida mais longo, mas só terreno, e procura satisfazer as suas necessidades só do curto e médio prazo. Tudo animado por uma extraordinária capacidade de movimentação e facilidade de comunicação.

Vê-se, então, que é na cidade que se têm que encontrar soluções locais, para questões globais.

Sempre houve delinquentes, vadios, vagabundos, "ou equiparados". A pobreza, a idade ou a doença sempre foram factores importantes de exclusão, mas também sempre se acalentou a esperança da possibilidade de integração dessas pessoas, numa qualquer comunidade, nem que fosse uma obra de beneficiência.

Hoje começa a difundir-se a convicção de que temos que nos confrontar com população do meio urbano que não se mostra, pura e simplesmente, apta para qualquer assimilação. O que conduz os responsáveis locais a autênticos becos sem saída.

Não se trata já de classes oprimidas, é gente fora do sistema de classes ("underclass").

Não se trata de pessoas desempregadas (e para quem, portanto, é normal ter emprego), trata-se de pessoas para quem o trabalho não faz parte do seu horizonte de vida e que é a comunidade que tem que sustentar. A tóxico-dependência não é, evidentemente, alheia a nada disto.

Depois, dir-se-ia, numa visão crua e desapiedada, que as nossas sociedades sempre trataram membros seus como "excedentários" ou "supérfluos". De forma mais ou menos subtil, esses cidadãos foram durante séculos mandados da Europa para o resto do mundo, porque aí havia espaço, habitantes locais sem voz, e, sobretudo, impérios coloniais. Hoje, vem-se da Ásia, América ou África para a Europa, como emigrante ou não, o que coloca problemas sociais específicos à grande cidade.

O medo surge do desconhecido, e aumenta sempre que esse desconhecido esteja cada vez mais perto de nós. De comunidades de semelhantes, as cidades transformaram-se em convivências próximas, mas entre desconhecidos.

1.2. Na grande cidade também conflui toda a problemática do inquinamento do planeta. Aí, a poluição atmosférica, sonora, visual ou das águas, atinge níveis preocupantes. É também aí que se tem que encontrar solução para as toneladas de lixo que se produz.

A questão dos aterros sanitários ou das incineradoras, resulta do muito que consumimos, sem que, em boa parte tivéssemos que consumir. Resulta de uma mentalidade virada para a aquisição de bens materiais, do leve agora e pague depois, do império do descartável. E também isto é um problema de hoje, generalizado.

1.3. Ao medo, ao risco, e ao perigo real tem-se reagido vigiando o espaço público, mas, sobretudo, levantando barreiras na áreas privadas, acentuando separações e diferenças, e o perigo já espreita, de se vir a entrar, rapidamente, num círculo vicioso.

Dizia há anos o "Economist" numa linha cheia de cinismo, mas também de pragmatismo, que não convém que haja muitos pobres, quanto mais não seja para que continue a poder haver ricos. Na cidade, esta ideia nem sempre tem podido ser levada a sério, e por isso é que aos guetos, zonas de excluídos "onde se não pode ir", se acrescentaram guetos de ricos, onde os outros também não podem ir. E assim, os mais privilegiados estão agora reclusos num inferno de muros, guardas, vigilâncias e alarmes. Inconscientemente, prolongam até a necessidade de estar dentro de uma fortaleza (a que se vem chamando "condomínio fechado"), circulando, na cidade ... em veículos "todo o terreno".

É que a tendência primária das pessoas tem sido a de formar comunidades de gente semelhante, e de se separarem completamente dos diferentes.

Criaram-se então zonas, ou áreas, onde os menos desejados não podem, ou, pelo menos, não devem entrar, ficando a viver em regra nas periferias. É mais que sabido que aí podem beneficiar de uma rede de solidariedades, embora de gente pobre. Daí saem a maior parte para trabalhar e alguns outros para a razia do "território inimigo".

1.4. Entre espaços habitados por comunidades diversas, que não comunicam, surgem os espaços públicos que todos podem frequentar e frequentam, mas que tornam o comum dos mortais mais vulnerável do que nos seu cantinho de residência.

A solução tem sido vigilância e mais vigilância. Polícias de giro e câmaras de video.

Mas será que estamos condenados, na grande cidade, a este tipo de vida? Parece-me que não.

Foi Zygmunt Bauman que nos alertou, para que no vazio inútil que resta, entre as pequenas bolsas de espaço privado, importa criar um espaço público mais amplo, com utilidade, que sirva de estímulo a uma maior comunicação, entre todos os indivíduos diferentes que aí se cruzam.

Talvez que as pessoas precisem de uma distância espacial que não têm na cidade e procurem supri-la com as barreiras que se levantam. Só que, quanto mais altas são essas barreiras, mais se acentuam as diferenças, e maior é o medo. Vamos continuar a fazer muros cada vez mais altos?

Tornar humana a grande cidade tem forçosamente que partir, antes do mais, de um esforço de comunicação que não existe. Comunicação, em primeiro lugar, entre residentes que são diferentes, depois, de todos, com as autoridades.

Não é preciso concordância para se viver em concórdia, e o respeito pela diferença pode substituir a segregação.

Bonito de dizer, difícil de fazer, sem dúvida.

Difícil mas não impossível.

2. Segurança

O comentário que antecede, sobre as grandes cidades de hoje, mostra porque é que não tem sido possível encontrar soluções simples para o que aí se passa.

Vive-se nessas cidades com medo, e o medo, por muito que corresponda à subjectividade de cada um, também assenta nessa realidade objectiva que são as taxas de delinquência em meio urbano.

Detenhamo-nos por um momento na questão da segurança.

2.1. As pessoas têm necessidades que satisfazem usufruindo de certos bens, materiais ou não. E pretendem legitimamente contar com essa possibilidade no futuro. A segurança é portanto um *desejo de certeza,* virado para o futuro.

Claro que se pode querer segurança a níveis muito diversos (emprego, família, soberania), mas o que ora nos interessa é a segurança de todos perante as violações ilícitas dos seus interesses por outrem. Face ao crime portanto.

Da segurança, nesse sentido, já se falou como " direito dos direitos", sendo mais rigorosamente uma situação de facto que é essencial para o exercício dos vários direitos. Também já se pretendeu conotar o **"direito" à segurança** como uma estratégia de política criminal contrária aqueloutra que se preocuparia com a **"segurança dos direitos"**, de todos[1]. E com esta dicotomia, que seria entre sistemas de exclusão e sistemas de inclusão de marginais, estar-se-ia já a aludir à chamada prevenção primária da delinquência, por contraposição às prevenções ditas secundária e terciária.

2.2. Seja como for, é possível distinguir uma segurança que interessa a uma vítima só potencial, e uma segurança relativa à vítima que já o foi, de um crime.

Se, no primeiro caso, o desejo de segurança é o da certeza de que se não virá a ser vitimizado, no segundo caso, porque houve cometimento de um crime, entrou em acção o sistema da justiça penal. Então, a pretensão de segurança estende-se ao funcionamento eficaz da máquina repressiva, ao nível da investigação e do julgamento.

Ainda aqui, é possível divisar duas perspectivas: a da segurança que o funcionamento correcto do sistema projecta para fora de si, o contributo das condenações (ou das absolvições) dos delinquentes para a segurança de todos nós, e a da segurança interna que o sistema proporciona, para quem se ache a braços com ele. Em causa estão aí, obviamente, as regras de processo, incluindo os instrumentos de uniformização de jurisprudência, relativa a casos semelhantes.

2.3. Quem fala de segurança fala do seu contraponto, que é o risco real de se ser vítima de um crime, ou seja, fala de insegurança.

Importa, no entanto, ter em conta, que entre insegurança real e sentimento de insegurança vivido, há uma relação óbvia, mas essa relação é de tal modo imprecisa, que não será a partir dela que

---

[1] Assim BARATTA in "Criminologia y Sistema Penal" – "Seguridad", p. 203.

deverá construir-se uma política de segurança. Porque o sentimento de segurança passa as mais das vezes por se limitar a uma simples sensação difusa, a uma noção de senso comum, ou a um efeito de opinião pública mais ou menos manipulada.

Importa então fazer a distinção entre o medo de ser vítima de um crime e a preocupação com a segurança.

Enquanto que o medo é um sentimento assente num conjunto de circunstâncias vividas pessoalmente, a preocupação com o crime afasta-se do campo das emoções e resultará de uma reflexão de carácter intelectual.

Quanto ao sentimento de insegurança, é bom ter em conta alguns dados.

Parece ser um dado adquirido que quem mais medo tem do crime não é quem mais risco corre (quanto mais não fora porque em virtude do medo evita as situações de risco).

Quem mais crimes comete, e crimes mais graves comete, não são os sectores da população mais temidos, (geralmente os jovens dos 15 aos 21 anos). Nem os crimes mais temidos (violentos) são os que, com maior probabilidade, vitimizarão quem os teme.

Quem mais medo tem do crime é quem psicologicamente se sente mais vulnerável, e os factores de vulnerabilidade são sobretudo a idade (idosos e jovens) o género (a mulher, e o chamado "shadow effect", com a passagem do medo de agressão sexual masculina ao medo do crime em geral), o facto de se viver numa zona chamada problemática, e não se dispor de meios para a deixar.

Não falta, ainda, quem defenda o papel desempenhado, na criação do sentimento de insegurança vivido, pela "canalização de frustrações que dependem na realidade da insatisfação de outras necessidades ou direitos."[2]

Depois, o medo do crime surge muitas vezes associado ao papel desempenhado pela comunicação social, que na luta por maiores audiências faz do crime um espectáculo, e insiste na exploração exagerada dos sentimentos do cidadão.

Por último, vem-se apontando como factor do sentimento de insegurança a proliferação de estados de desordem social, ou incivili-

---

[2] Cf. BARATTA loc. cit p. 214.

dade, mesmo que se não analisem no cometimento de crimes (sem embargo de tais estados de desordem poderem ser, eles mesmos, factores criminógenos).

Em 1982, Wilson e Relling escreveram um artigo no número de Março da revista "The Atlantic Monthly" chamado "janelas quebradas". Skogan, em 1990, viria a desenvolver em livro a tese ali exposta dos "vidros partidos", de modo muito completo. A ideia base é a de que o facto de se ter partido um vidro, esporadicamente, numa janela, implica o seu conserto a curto prazo sob pena de os vidros aparecerem todos partidos. A experiência nova iorquina do "Mayor" Giuliani, da "tolerância zero", inscreve-se nesta linha.

Os sinais de desordem social em geral (desocupação de jovens, circulação de droga, consumo de álcool, confrontos verbais ou físicos), ou então de desordem mais especificamente física (vandalismo, degradação de edifícios, desocupação de edifícios, lixo), revelam que os mecanismos de controle social desapareceram. Daí pensar-se que, a essas zonas, a repressão penal não chega, ficando a porta aberta à instalação do sentimento de insegurança.

2.4. A preocupação com a segurança ("generalised concern") constitui realidade bem diferente e ocupa obviamente os decisores políticos e as autoridades policiais, também interessando aos estudiosos ou simples cidadãos atentos.

Ora, a preocupação com a segurança terá que acompanhar o resultado do estudo da realidade sociológica, terá que se socorrer dos elementos disponíveis, com carácter objectivo (estatísticas, sondagens, relatórios policiais, estudos académicos).

Quanto ao sentimento de insegurança, importa levá-lo em conta, apenas, para se obviar aos efeitos perversos da sua disseminação (vingança privada, comités de vigilância de bairro, inflação de seguranças privados, descrença nas instituições do Estado, rigor exagerado na punição, eleição de bodes expiatórios).

Com todas as reservas que devem merecer (cifras negras v.g.), as estatísticas são ainda o barómetro objectivo da delinquência e da sua evolução. Curiosamente, não acompanham, amiúde, os estados da opinião pública, e esse facto deve ser informado à mesma opinião pública.

2.5. Resta ainda referir duas coisas.

A preocupação com a segurança, assim entendida, não se confundirá com a chamada ideologia securitária, geralmente conotada com posições políticas de direita, autoritárias e xenófobas, descrentes de qualquer pretensão preventiva especial, e particularmente afectas a uma justiça penal retributivista ("just deserts").

Essa ideologia securitária, como é sabido, encontra terreno fértil em gente pouca culta ou que dispõe de fraca capacidade para encarar as mudanças da sociedade em que tem que viver.

Por outro lado, será profundamente demagógico iludir o problema da insegurança que se viva no presente, propugnando apenas mudanças económico-sociais de fundo, a efectivar no futuro, com as dificuldades da respectiva implementação que se conhecem.

É certo que toda a política de segurança ficará manca, se perder de vista um modelo de emancipação de todos, orientado para o bem estar geral, é dizer, se ignorar sobretudo a "questão social", limitando-se a prolongar um certo "status quo", numa sociedade que deve ser melhorada.

Mas também não é menos certo que nenhuma sociedade evoluirá favoravelmente, mesmo num sentido de maior justiça social, se entretanto se deixar implodir por via da conflitualidade violenta, ou deixando simplesmente instalar-se a mais completa desordem.

Com isto, estamos a ter que falar mesmo de prevenção.

3. **Prevenção**

A reacção ao fenómeno criminal analisou-se durante séculos numa prática repressiva. Essa repressão começou por ser uma pura vingança privada, mas rapidamente foi apropriada pelos poderes estabelecidos que assim ficaram com o monopólio da punição.

A repressão foi por longo tempo a retribuição da culpa, e analisava-se na imposição de uma pena, **porque se cometeu o crime**.

Cedo se percebeu porém que o combate ao crime reclamava, não apenas uma reacção ao seu cometimento, depois do seu cometimento, mas também o evitar que ele chegasse a ter lugar, prevenindo-o portanto.

Da coexistência complementar entre prevenção e repressão, passou-se entretanto, entre nós, a uma predominância dos objectivos preventivos. A ponto de poder continuar a falar-se de repressão, apenas com o sentido de reacção do sistema penal, ao cometimento de um concreto crime, no passado, reacção essa que, porém, pelo menos teoricamente, só pretende evitar o cometimento futuro de mais crimes. **Para que se não cometam mais crimes,** portanto.

São então configuráveis três níveis fundamentais de prevenção.

3.1. **A forma primária, radical, e mais eficaz de acabar com o crime, é, obviamente, a de atacar as suas causas. Evita-se o eclodir do crime eliminando os factores do crime, de tal modo que, em termos psicológicos, não chegue sequer a surgir a motivação para o seu cometimento, ou então, tenha lugar um refreamento pessoal e eficaz de tal motivação.**

No fundo, pretende-se uma integração o mais vasta possível da população, concretizando políticas culturais, sociais, e sobretudo económicas, destinadas à superação dos conflitos, sem se recorrer ao crime. Políticas de educação em geral, e educação para a cidadania, em particular, emprego e habitação. Políticas destinadas à melhoria das condições de vida dos mais desfavorecidos.

Como é bom de ver, porém, estas estratégias de fundo visando a prevenção do crime ligam-se a toda a política do médio e longo prazo, pelo que acabam por não ser muito sedutoras para os decisores políticos e não se compadecem com a impaciência da população que se sente insegura.

A prevenção, dita primária, é ainda difícil por outra ordem de motivos e mostrar-se-á sempre, só por si, insuficiente.

Na verdade, a prevenção do crime, através da eliminação das suas causas, pressupõe a realização de diagnósticos sobre quais sejam essas causas, a selecção daquelas em que se deverá primeiro investir, e como. Não é fácil obter a esse nível os consensos alargados necessários.

Depois, a prevenção primária terá sempre que contar com certa dose de imprevisibilidade do comportamento humano, com a própria liberdade humana. É, aliás, menos eficaz, quando confrontada com o multiculturalismo, ou com populações flutuantes.

Também não resolverá satisfatoriamente o chamado delito de ocasião, em que o criminoso só actuou porque encontrou uma circunstância especialmente favorável para tal.

3.2. Significa isto que a prevenção primária deverá ser complementada por uma prevenção dita secundária. Trata-se de uma prevenção que não visa já actuar onde se gera a propensão para o crime e sim, numa fase mais adiantada, onde essa propensão se manifesta, se efectiva.

A prevenção secundária produz efeitos que se manifestam a curto e médio prazo, e não se dirige à população em geral antes se mostra selectiva.

Procede à selecção de sectores da população considerados grupos de risco, escolhe as pessoas ou tipos de pessoas especialmente propensas a delinquir, destaca espaços, áreas ou situações em que o crime mais frequentemente ocorre, tendo em conta os dados estatísticos disponíveis. Tudo para se fazerem incidir, sectorialmente, as várias políticas de segurança.

É o campo de intervenção de operações policiais pró activas, da vigilância, de campanhas de sensibilização junto de potenciais vítimas, do ordenamento urbanístico etc.etc.

3.3. Finalmente, falar-se-á de prevenção terciária, quando a actuação tem lugar já depois do cometimento do crime, sobre o seu agente, através da máquina repressiva penal. Escolhendo a espécie e medida da pena, implementando programas de reinserção social intervindo ao nível penitenciário nesse sentido. Trata-se evidentemente de uma intervenção tardia, porque exige o cometimento prévio do crime, mas nem por isso os seus efeitos preventivos actuam só sobre o delinquente, se tivermos em conta o efeito de prevenção geral da pena.

4. Prevenção situacional

Os três níveis de prevenção que se deixam assinalados apresentam todos limitações que os torna necessariamente complementares.

No entanto, sempre houve a tentação de privilegiar um deles. Já se viu que, inicialmente, a política criminal era antes de mais uma política criminal repressiva. Daí que, nunca tenha deixado de se ter em conta a importância do fortalecimento do sistema de investigação policial, de julgamento, ou penitenciário, com os efeitos de prevenção daí decorrentes. Mas, a este nível da prevenção terciária, a Administração também teve sempre consciência de que os tribunais eram um poder à parte, esbarrando a política de segurança, tantas vezes, com a independência desses tribunais.

Até aos anos setenta e oitenta do último século, punha-se a ênfase sobre a prevenção primária, sobretudo em meio académicos, eventualmente sob influência da chamada criminologia crítica, ao que correspondia em termos políticos uma postura de direita. Nessa linha, importava sobretudo detectar as causas do crime e eliminá-las. Entre as causas do crime, o papel de leão caberia então à exclusão social por via da pobreza.

A este paradigma, digamos que **"etiológico"**, viria entretanto a suceder um paradigma de simples **"controle"** da criminalidade, que se socorre, sobretudo, da prevenção secundária. Assim se pretenderam abandonar posturas classificadas de utópicas, e, sobretudo, obter dividendos no mais no curto prazo de tempo. O crime explicar-se-ia por falta de controlo social e o combate teria pois que centrar-se no reforço de tal controle social. Ou seja, na prevenção situacional.

4.1. Existe hoje uma enorme pressão dos cidadãos sobre os decisores políticos, no sentido de estes conseguirem um controle eficaz sobre a criminalidade, sobretudo urbana. A sociedade do bem-estar é antes do mais uma sociedade que pretende ser segura. Reclamam-se resultados a curto prazo, da responsabilidade daqueles em quem se votou. No fundo, invoca-se a maior rentabilidade para os impostos que se pagam, também ao nível da segurança.

É natural, assim, que a prevenção situacional, como expressão de prevenção secundária, seja o recurso a que, cada vez mais se vem lançando mão, no combate à criminalidade. Sobretudo certo tipo de criminalidade.

A prevenção situacional pretende uma defesa imediata da comunidade, sem visar introduzir nela alterações profundas que levem ao extirpar da delinquência.

É útil, sobretudo no combate à pequena e média criminalidade urbana, tratando-se de crimes que têm por detrás uma **opção calculada** do agente, na escolha da vítima, da ocasião e do lugar adequado. É útil, no combate a crimes que se apresentam como **instrumento** da prossecução de outras finalidades, sobretudo o enriquecimento fácil à custa alheia.

Assim, tem especial relevância neste tipo de estratégia o desfazer das oportunidades de actuação do criminoso.

COHEN e FELSON, com o seu "routine activity approach", disseram-nos que esta espécie de delinquência surge com a conjugação de cinco factores, a que depois se acrescentou um sexto (CLARKE): agente decidido a actuar, objectivo acessível, ausência de força policial, ausência de pessoa próxima do infractor que o desmobilize, ausência daquilo a que chamam "gestores ou controladores de espaços" (porteiro, motorista, segurança), presença de quem facilite a actuação. Eliminar um, ou mais de um destes factores, é pois o passo a dar no impedimento do crime. E porque assume importância especial a noção de oportunidade, é que, por exemplo CLARKE, sublinha que é indispensável detectarem-se os chamados "hot pots", os locais e momentos que correspondem a picos de actuação dos criminosos.

4.2. Fica também claro que a prevenção situacional corresponde a uma estratégia útil mas com limitações. Mostra-se menos eficaz no combate ao grande crime organizado, violento ou transnacional e, de um modo geral, no combate a todo o tipo de delinquência que não tenha por detrás o **cálculo** interesseiro (próprio de crimes contra o património), ou a escolha da oportunidade de actuação. Penso na violência gratuita, penso sobretudo no crime passional.

Outra objecção que se tem feito a este tipo de prevenção é o de que ela evita o afloramento do crime, aqui e agora, mas porque não elimina as suas causas, produz geralmente um fenómeno de **deslocação,** que faz com que o agente vá buscar outra vítima, noutro lugar, ou noutra ocasião.

Também, como já se deixou antever, uma escalada no recurso aos meios de prevenção situacional, à custa de técnicas muito invasivas e barreiras defensivas, acaba por infernizar a vida de quem não é criminoso nem potencial criminoso. Há pois que ter aqui um especial cuidado de equilíbrio e proporção.

Sobre segurança urbana   413

4.3. Seja como for, tendo em conta todas estas limitações, não oferece dúvidas que importa investir na dita prevenção situacional. **Se o crime organizado se reclama cada vez mais da cooperação policial e judiciária internacional, se a prevenção primária exige meios, só geralmente disponíveis para o governo central, a prevenção situacional encontra ao nível local o terreno por excelência para se efectivar. Dirige-se, para além disso, a um tipo de criminalidade, que é a que causa o sentimento de insegurança da maior parte das pessoas.**

A prevenção situacional efectiva-se através de projectos de intervenção obviamente sectoriais. CLARKE destaca nesses projectos basicamente quatro momentos:

Selecção do problema de delinquência a atacar, obtendo-se a melhor informação possível a seu respeito. Análise dos factores facilitadores do cometimento do crime, no âmbito escolhido. Escolha dos meios humanos e materiais, estratégias ou intervenções que se revelem, entre todas as possíveis, as mais simples, económicas e eficazes. Avaliação das actuações, introduzindo-se na intervenção as modificações que se justifiquem.

A prevenção situacional, como já se adiantou, tem três vectores essenciais de actuação: agentes potenciais do crime, vítimas potenciais do crime, espaços propiciadores do crime.

4.3.1. A intervenção, no primeiro caso, pode ter por objectivo o **aumento da dificuldade da prática do crime pelo agente ou, sobretudo, a criação no agente da convicção de que corre um maior risco.** Barreiras físicas, selecção de sítios de passagem, técnicas ou senhas de acesso, controle apertado sobre a circulação de instrumentos geralmente usados no cometimento de crimes, como por exemplo armas. E, claro, todas as modalidades de vigilância policial, em que tem assumido entre nós, cada vez mais importância, o programa "Escola Segura", as rusgas, as videovigilâncias, etc. etc.

Outros meios possíveis de intervenção são as **técnicas para retirar proveito ao infractor com o cometimento do crime** ("ships" identificadores das coisas subtraídas, por exemplo), ou para o **desmobilizarem na sua motivação** ("tolerância zero" em relação a comportamentos anti-sociais ou simples bagatelas penais, ou campanhas de sensibilização, ao nível, por exemplo, da violência doméstica, dos incêndios florestais, ou da condução sob influência do álcool)[3].

4.3.2. Em relação a potenciais vítimas, a prevenção situacional tem procurado instalar nas pessoas a convicção, **da absoluta necessidade de adoptarem "precauções de rotina" (FELSON), que através de cuidados simples e uma atitude de vigilância diminuam as oportunidades de crime.** Esta postura dos cidadãos resulta evidentemente das limitações decorrentes de as instâncias informais de controlo, outrora mais eficazes, terem diminuído o seu papel (pulverização da família tradicional, decréscimo da influencia da religião, precariedade no trabalho, declínio do associativismo etc.), mas também da constatação de que as instâncias formais (polícias sobretudo), com os meios de que dispõem, não podem ser a panaceia para o problema da segurança.

A delinquência não é configurável como um ataque de um inimigo exterior (os lobos) que vitimiza a gente séria (as ovelhas no seu redil) defendida pelas forças de segurança (os cães pastores). **A criminalidade é inerente à própria sociedade que vamos construindo, ou a que nos vamos adaptando, e gera-se dentro dela. Compete a todos proteger essa sociedade.**

---

[3] A chamada política de tolerância zero ensaiou-se primeiro em Inglaterra (Cleveland, Glasgow, Londres) mas acabou por se tornar famosa com a experiência de Nova Iorque, a partir de 1993. Aqui, a criminalidade iria baixar de cerca de 68% em dez anos, e a taxa de homicídios regrediu a números que lembram os de 1963 (526 em 2002 e 548 em 1963). Em Portugal inteiro, nesse ano de 2002, houve 266 homicídios voluntários consumados. Em 2007, 227.

Mesmo admitindo que outras causas houve, a cidade de Nova Iorque ficou porém bem mais segura, tudo se conduzindo, fundamentalmente a uma reforma da polícia de Nova Iorque.

Aumentaram-se os efectivos, reforçou-se o papel da polícia das polícias, deu-se formação específica no sentido da maior intransigência, organizou-se um mapa da cidade em quadrícula, com informação permanente sobre delinquência.

A estratégia policial foi a de reagir, com a maior severidade, a todo e qualquer comportamento susceptível de desencadear um processo de violência de difícil controle, ou derivar para infracções penais mais graves. Houve porém um preço a pagar, não só da população mais desfavorecida (negros, latinos), a qual foi vítima de efectivas discricionariedades e abusos, como, sobretudo, a imagem de uma polícia em que se tem confiança e que é, antes do mais, protectora, cedeu à de uma polícia sobretudo temida.

4.3.3. É ainda no âmbito da prevenção situacional (embora com conexões evidentes com a prevenção primária) que poderá inscrever-se o conjunto de medidas relacionadas com a organização do espaço na cidade. Desde o planeamento urbanístico e a arquitectura dos edifícios, a coisas bem mais simples como a iluminação ou visibilidade de espaços. Como é sabido, as teorias do crime sociológicas, ambientais, tiveram um arranque importante com a chamada Escola de Chicago, nos anos vinte do século passado, mas evoluíram para estudos mais elaborados em que se privilegiou o conceito de "social areas" com variantes interactivas como a de "classe social" e "segregação" para além da componente física propriamente dita.

Não está evidentemente ao nosso alcance desenvolver agora esta matéria. Não deixaremos de apontar, porém, duas notas que, não é por serem quase lugares comuns, que deixam de traduzir o que de mais importante haverá que ter em conta no sector.

É consensual o carácter pernicioso da criação e manutenção de áreas urbanas isoladas, fechadas e auto-suficientes. Refiro-me à problemática, mais que conhecida, das cinturas "periféricas" das grandes cidades, dos bairros sociais, sobretudo se construídos em altura.

A solução, por mais utópica que se apresente, só poderá passar pela integração, pela indiferenciação. Com movimentos, tanto no sentido de dispersar populações dessas zonas por outros locais, como de instalar em tais zonas, serviços, que a elas eram antes estranhos.

Além disso, poderão sempre ensaiar-se intervenções locais, que procuram escolher líderes do bairro, motores da motivação e responsabilização dos residentes na construção de um ambiente mais seguro, tudo com a colaboração das autoridades administrativas e policiais, bem como de outras instituições (escolas, paróquias, associações recreativas, etc.)[4].

Também reúne consenso o carácter criminógeno da existência de largas áreas desertificadas, no centro das grandes cidades. O esforço só poderá ir no sentido de se transformarem essas áreas, também, em áreas residenciais.

---

[4] É conhecida a iniciativa dos contratos locais de segurança, que envolve entre nós, hoje, autarquias locais e Governo central.

Interessará que passem a ser, entre outras coisas, zonas residenciais, que não têm que ser habitadas só por artistas ou estrangeiros. Terão que ser tornadas atractivas, por exemplo, para as famílias tradicionais, das classes médias (instalando elevadores em prédios antigos recuperados, criando estacionamentos, escolas, infantários, supermercados).

Depois desta passagem rápida pela problemática da segurança urbana, fica claro que só uma concertação de esforços a vários níveis, devidamente coordenada, poderá levar-nos a bom porto. Fica claro que é de pequenos passos que dependerá o sucesso da política criminal para o sector. Apesar de ser pouco, ou de ser pequeno, ou de ser só o possível, é dando esses passos que um dia poderemos acordar para lá da fronteira. A fronteira da cidade mais segura.

A RESPONSABILIZAÇÃO DO JOVEM INFRACTOR E O SEU TRATAMENTO PROCESSUAL[1]

LEONOR FURTADO[*]

"Nul doute, en définitive, que juges et juristes oeuvrent dans l'Europe d'aujourd'hui dans un cadre commun. Ni les juridictions ni les droits nationaux n'en sont pour autant affaiblis. Tout au contraire, l'Europe et la justice se construisent ensemble et se renforcent mutuellement. Les progrès de la construction européenne ne peuvent ignorer la justice. Réciproquement toute évolution de la justice doit être conçue avec des perspectives européennes. La justice contribue à la construction européenne. L' Europe ouvre à la justice de nouveaux horizons.

Il reste certes de grands efforts à accomplir pour mieux connaître les droits de nos partenaires, pour développer les échanges entre les juges, pour assurer, lorsque cela est judicieux, une évolution convergente des lois. Le droit européen lui même doit prendre garde à demeurer à son niveau, en évitant la prolifération et en privilégiant la clarté. Pour tous ceux qui écrivent le droit ou qui rendent la justice, les perspectives ne manquent pas. Si les obstacles sont réels, les ambitions sont stimulantes. Elles permettront peut-être de réaliser, au moins en Europe, le vœu de Montesquieu lorsqu'il écrivait qu'« il est essentiel que les paroles des lois réveillent chez tous les hommes les mêmes idées » (L'esprit des lois, Livre XXIX, chapitre XVI)."

BERNARD STIRN
L'EUROPE ET LA JUSTICE
séance du lundi 11 décembre 2006

---

[1] Texto base para a definição das linhas programáticas do Grupo de Trabalho para a revisão da Lei Tutelar Educativa.

[*] Procuradora da República e Directora-Geral de Reinserção Social.

O objectivo principal deste artigo é viabilizar uma reflexão descomplexada e aberta sobre a melhoria da qualidade da intervenção do Estado e da Sociedade que, actualmente é proporcionada pelo sistema de justiça aos jovens que praticaram factos qualificados como crime e sujeitos a medidas judiciais, com referência à possibilidade e à capacidade colectiva de ser realizada a sua verdadeira integração e reinserção, de forma digna e responsável, na comunidade a que pertencem, que lhes permita uma segunda oportunidade de mudança de vida e, com isso, se contribua para que diminua o risco da reincidência, possibilitando que a sociedade beneficie com a redução dos indicies de violência associada, por vezes de modo tão injusto, aos jovens menores de 16 anos.

É fazer diferente, acreditando no ser humano e na sua capacidade de mudança!

I. Clarificar e implementar uma política e uma visão da Justiça Juvenil, em Portugal, tem sido um processo dinâmico e evolutivo que, há dez anos, se justificou com a entrada em vigor da Reforma do Direito dos Menores consubstanciada na aprovação e publicação de duas leis fundamentais e enquadradoras: a Lei n.º 147/99, de 1 de Setembro – Lei de Protecção de Crianças e Jovens em Perigo e, com particular destaque, a Lei n.º 166/99, de 14 de Setembro – Lei Tutelar Educativa (LTE) destinada aos jovens que praticam factos qualificados como crime.

A evolução legislativa obedeceu e obedece a alterações conceptuais dos modelos de tratamento da delinquência juvenil e a novas formas de confrontar o jovem que pratica factos previstos e punidos nos termos da lei penal, com o sentido do desvalor social da sua conduta, buscando-se uma resposta responsabilizante. Trata-se, tal como é exigido na lei vigente, de educar para o direito, ou simplesmente, de educar para a responsabilidade.

O que hoje se faz, em matéria de justiça juvenil, é diferente do que, então, se fazia, sendo certo que, num futuro próximo, será diferente daquilo que ora se entende como bom. Hoje, mais do que nunca, se verifica um renovado interesse pelos jovens em conflito social e com a lei e se exige um sistema de justiça juvenil mais eficaz, ao mesmo tempo, mais garantístico orientado para uma maior

A responsabilização individual do jovem e para a sua integração responsável na vida adulta.

Deste modo, decorridos dez anos sobre a publicação da Lei Tutelar Educativa e perante as actuais exigências de combate à criminalidade juvenil e as correspondentes reacções sociais, indo ao encontro das conclusões resultantes da avaliação da aplicação da LTE feitas pelo Observatório Permanente da Justiça Portuguesa, bem como das resultantes dos fóruns promovidos durante os anos de 2007 e 2008, pela Direcção Geral de Reinserção Social, se determina agora a necessidade de rever aquela Lei, no sentido do seu ajustamento aos princípios definidos e, particularmente sublinhados, no parecer do Comité Económico e Social Europeu sobre "A prevenção da delinquência juvenil, as formas de tratamento da mesma e o papel da justiça de menores na União Europeia", de 15 de Março de 2006.

Naquele documento, potenciando simultaneamente uma melhor articulação entre as instituições envolvidas na prevenção da delinquência juvenil e na protecção das crianças e jovens em perigo, assinala-se com ênfase as tendências europeias em matéria de justiça juvenil, ali se enumerando as linhas mestras do modelo europeu do sistema de justiça juvenil que se pretende ver construído.

A revisão da Lei Tutelar Educativa implica o aperfeiçoamento de alguns aspectos e alterações profundas noutros, conduzindo à justiça preventiva, responsabilizadora e restaurativa, visando-se obter o consenso da comunidade jurídica e a traduzir, tão próximo quanto possível, a realidade social actual, no sentido de criar um maior impacto nas práticas efectivas do tratamento da delinquência juvenil, em Portugal.

A consciência da mudança de estratégia de abordagem e intervenção no sistema de justiça juvenil, numa constante busca de melhoria da intervenção junto de jovens infractores ou em conflito com a lei, não desvia a atenção do objectivo principal que justifica e legitima a intervenção do Estado, na exacta medida em que se propõe reequilibrar o comportamento infractor juvenil e a sua conformação com as regras jurídico penais vigentes: todo o jovem que passe pelo sistema de justiça juvenil deveria dele sair **melhor** do que quando nele entrou, ou seja, mais capaz de ser um cidadão integrado, produtivo e inserido, cumpridor das regras jurídicas penais em vigor na comunidade a que pertence.

Este é um dos principais objectivos de uma justiça restaurativa e responsabilizadora, em que "melhor" significa a aquisição de competências para não repetir o comportamento violador da norma jurídica penal.

Contudo, o sistema de justiça juvenil não deverá ser o único responsável por tão importante tarefa do Estado. Em primeiro lugar, porque o seu tempo de intervenção é limitado, o que, por vezes, não é totalmente compreendido pela comunidade nas suas exigências de segurança e paz social. Em segundo lugar, a reconversão do comportamento criminal envolve outros objectivos e desafios relacionados com a concreta reinserção do indivíduo e que, não raras vezes, encontra dificuldades e fracas respostas sociais.

Por isso, o envolvimento de todas as instituições e organizações da comunidade e do Estado, criando as oportunidades, desenvolvendo esforços e parcerias com vista à educação, formação profissional e inserção laboral dos jovens constitui o desafio maior para o sucesso de um sistema de justiça juvenil. Tratando-se de comportamento humano, a aposta para a finalidade maior – a conformação da conduta e o respeito pelas normas jurídicas penais vigentes – deve ser colocada no jovem, acentuando-se a responsabilidade individual.

II. O direito penal juvenil ou dos jovens, assim entendido pela maior parte dos países europeus, deixou de ser considerado um direito menor, para ser considerado um direito penal especial compreendido entre o reconhecimento aos jovens menores de idade de 16 anos, que praticam factos qualificados pela lei penal como crimes, os mesmos direitos e garantias processuais que aos adultos e a exigência de uma particular e especial protecção jurídica que afirme, por um lado, a responsabilidade do jovem, menor de idade, em relação ao desvalor da sua acção criminosa e, por outro, que promova a sua dignidade como cidadão de pleno direito, integrando-o social e laboralmente na comunidade a que pertence.

Praticamente, todos os países europeus modificaram ou estão a modificar a sua legislação penal juvenil, adequando-a às recomendações das Nações Unidas e do Conselho da Europa, fazendo a opção por um procedimento mais formalista e compreensível para os jovens, em que os órgãos de controlo social intervém no sistema de justiça como especialistas, assessorando as autoridades judiciárias na tomada da decisão. Nesta viragem das tendências europeias em matéria de delinquência juvenil, o papel do Ministério Público vem sendo reforçado nas diferentes ordens jurídicas, no sentido de lhe ser cometida maior flexibilidade e particular atenção, não só na valoração da prova e na apreciação jurídica dos factos, como, especialmente na valoração das condutas consoante a idade, as circunstâncias familiares e sociais e a personalidade e, tudo, em função do interesse do jovem menor de idade.

Em consequência, a maior parte dos países europeus, incluindo Portugal, adoptaram princípios informadores da intervenção do direito penal juvenil que outorgam amplas possibilidades de o Ministério Público, o Juiz e, em alguns ordenamentos jurídicos, a polícia poderem arquivar e não continuar com o processo, favorecendo o papel da mediação e a conciliação-reparação entre o autor e a vítima, reservando a utilização de sanções privativas da liberdade como última ratio e, apenas, para os casos em que seja estritamente necessário aplicá-las[2].

Neste sentido, se torna necessário observar a abordagem actual do tratamento jurídico processual dos jovens menores de idade de 16 anos[3], que infringem a lei penal, importando sublinhar o reconhecimento de um regime sancionador das suas condutas não conformes com o direito, no qual predomina como elemento determinante da sanção, o princípio da consideração primordial do "interesse superior do menor", conforme art.º 40.º da Convenção sobre os Direitos das Crianças (CDC), aprovada pela Assembleia Geral das Nações Unidas, Resolução 44/25, de 20 de Novembro de 1989[4], entendido como um *interesse público* a prosseguir e a defender pelo Estado[5].

---

[2] Vasquez Gonçalves, Carlos, "La responsabilidad penal de los menores en Europa", I Congreso Internacional de Responsabilidad Penal de Menores – Hacia un modelo compartido de reeducación y reinserción en el ámbito Europeo, Madrid, 12 y 13 de febrero de 2008

[3] Considerando que, em Portugal, a idade da imputabilidade penal – 16 anos, art.º 19.º do Código Penal – não coincide com a idade da menoridade civil – 18 anos.

[4] Ratificada por Portugal em 26 de Janeiro de 1990 pelo DL n.º 49/90 de 2SET, e entrada em vigor em 2 de Setembro de 1990 – v. *art.º 8.º da CREP*;

[5] Vidal, Maria Joana, alegações de recurso no Proc. n.º 8968, 2.º Juízo, 2.ª secção do Tribunal de Menores de Lisboa.

O citado art.º 40.º da CDC faz menção específica à vigência do princípio da legalidade penal na abordagem dos factos imputados a uma criança, isto é, aos menores de 18 anos[6], pela comissão de um ilícito previsto e punido pelo Código Penal, exigindo-se que o mesmo goze de garantias processuais penais idênticas às exigidas no processo penal para os adultos.

Não obstante, a aplicação de um catálogo de direitos fundamentais do âmbito processual penal aos jovens menores de idade de 16 anos não significa que todos eles se hão-de aplicar nos mesmos termos. Isso mesmo se verifica quanto ao princípio da publicidade, tendo em consideração razões de perseveração do menor dos efeitos adversos que podem decorrer da divulgação das suas condutas não conformes com o direito[7].

Neste contexto, a maioria dos países europeus[8] convergem no reconhecimento e aplicação de um regime sancionador dirigido aos

---

[6] Art.º 1.º da CDC.

[7] Regra 8, das "Regras de Beijing" – Regras Mínimas das Nações Unidas para a Administração da Justiça de Menores – Resolução 40/33, da AG da ONU, segundo a qual, em princípio não se deve publicar nenhuma informação que possa dar lugar à identificação ou individualização de um *"menor delinquente"*.

Directrizes de Riade – Directrizes das Nações Unidas para a Prevenção da Delinquência Juvenil, Resolução 45/112, da AG da ONU

[8] Espanha, França, Itália, Bélgica, Alemanha, Irlanda, Reino Unido, Grécia. Saliente-se que, no Reino Unido, a Youth Justice Board, 2004, releva a importância das alternativas às penas tradicionais, destacando-se a existência de "Yots", agências que proporcionam serviços ao sistema de justiça penal, designadamente, o desenvolvimento de programas de ensino, com oferta de planos educativos alternativos aos oficiais e a implicação de escolas e educadores locais na prevenção e tratamento da delinquência juvenil. De igual modo, na Alemanha, a legislação relativa aos Tribunais de Menores (JGG) indica que a função do cumprimento de penas está orientada para a mudança vital do comportamento criminal do jovem, baseada em programas que incluem horas lectivas, exercícios físicos e a aquisição de hábitos de disciplina, de trabalho e de ocupação sensata do tempo livre. E, a legislação espanhola sobre a responsabilidade penal dos menores (Ley Orgânica 5/2000, de 12 de enero, cuja última alteração ocorreu, em 2006, com a publicação da LO 8/2006, de 4 de diciembre), refere o princípio da ressocialização, considerando como objectivo essencial, a reinserção do jovem, incluindo medidas para facilitar a vida futura do menor que delinquiu, estabelecendo como critério de execução das medidas a aplicação de programas fundamentalmente educativos que fomentem o sentido da responsabilidade e o respeito pelos direitos e liberdades dos outros. Refira-se o carácter excepcional da Finlândia, representativo do modelo de justiça de menores nórdico que poderão ser melhor conhecidos em Crime & Justice, Vol 36/2007, editado por Michael Tonry, no artigo intitulado "Penal Policy in

jovens menores de idade de 16 anos que praticam factos qualificados como crimes, nele prevalecendo linhas estratégicas de política criminal, muito claras, dirigidas ao combate da delinquência juvenil: previsão de um catálogo amplo de sanções alternativas à privação da liberdade que, não podendo ser suprimida por razões de prevenção geral, está reservada ao cometimento de factos delituosos, especialmente graves ou como medida de substituição, quando todas as outras fracassaram; proporcionalidade na aplicação das sanções relativamente à gravidade dos factos praticados; utilização de sanções educativas como a reparação à vítima e as tarefas a favor da comunidade e separação plena de jovens e adultos, quando condenados por sanções privativas da liberdade.

A recomendação R(2003) 20, de 24 de Setembro de 2003, do Comité de Ministros do Conselho da Europa, aponta orientações aos governos nacionais, no sentido de que, na elaboração das políticas práticas e medidas legislativas, com vista ao tratamento da delinquência juvenil, se centre a atenção nos objectivos principais da justiça juvenil e das medidas associadas para enfrentar esse fenómeno criminal, salientando *"a necessidade de estabelecer regras europeias sobre sanções penais e medidas aplicadas na Comunidade, bem como regras penitenciárias europeias específicas e diferentes para os menores"*.

De igual modo, a Resolução 2007/20 II (INI), de 21 de Junho de 2007, do Parlamento Europeu, sobre a "Delinquência Juvenil, o papel das mulheres, a família e a sociedade" recomenda aos Estados Membros o desenvolvimento de modelos de intervenção com vista ao tratamento e combate da delinquência juvenil, devendo iniciar estratégias e programas de prevenção da delinquência e facilitar a reintegração social, satisfatória, de autores e vítimas.

Scandinavia", de Lappi-Seppala, o sistema de justiça penal, no qual se inclui a justiça de menores, assenta na responsabilidade que recai sobre a comunidade em encontrar respostas para o tratamento do comportamento delitivo, caracterizando-se por uma política penal de cariz assistencialista baseada no interesse do menor e segundo princípios de atenção e necessidade. As intervenções consistem em actividades de trabalho social que se fundam no consentimento e vontade do infractor e o delito juvenil é visto como um problema que surge das condições sociais que devem ser abordadas do ponto de vista dos serviços sanitários e de protecção, mais do que em instituições penais.

Estes dois instrumentos legislativos internacionais revelam a grande preocupação que, a nível europeu, se vêm expressando face a crescentes taxas de delinquência juvenil, ao mesmo tempo que traduzem o reconhecimento da necessidade de se desenvolverem *"programas especiais que visem a reabilitação e reintegração dos menores delinquentes"*.

A análise comparada dos sistemas de justiça juvenil europeus permite encontrar elementos chave comuns: a idade da imputabilidade penal, o conceito de delinquência juvenil, a natureza dos órgãos de decisão – administrativa, jurisdicional ou social – e o tipo de sanções aplicáveis. Com base em tais elementos resulta a distinção entre os modelos de justiça juvenil assente em fundamentos ideológicos – modelo punitivo, modelo tutelar ou de protecção, modelo educativo ou modelo de responsabilidade – ou em modelos que partem da economia política, consoante o critério de intervenção mínima e as linhas de justiça restaurativa – modelo do bem estar, modelo de justiça, modelo da intervenção mínima, modelo de justiça restaurativa e o neo-correccionalismo[9].

Do mesmo passo, a mesma análise comparada permite colocar em evidência as boas práticas e partilhar experiências, difundir e promover a aproximação dos sistemas baseados em princípios informadores e orientações técnicas comuns, constituindo um património comum específico no domínio da justiça juvenil, tal como comprovam a actividade legislativa internacional desenvolvida quer pelo Conselho da Europa, quer pelas Nações Unidas.

A adopção de uma estratégia comum em matéria de prevenção e tratamento da delinquência juvenil, definida em moldes europeus, congrega os Estados Membros para a construção de um modelo partilhado de reeducação e reinserção social de jovens infractores, tal como comprovam as recomendações R (87) 20 e R (2003) 20, e a CM/Rec (2008) 11[10], bem como as decisões da União Europeia, particularmente do Parlamento Europeu.

---

[9] Vasquez Gonçalves, Carlos, idem

[10] Recomendação do Comité dos Ministros do Conselho da Europa que define Regras europeias para jovens infractores sujeitos a sanções ou medidas, que reúne num só documento as orientações em matéria de intervenção junto de jovens, numa perspectiva universal da protecção dos menores de idade.

A incidência da delinquência juvenil, a luta contra a exclusão social e a criação do espaço de liberdade, segurança e justiça constituem razões de sobra para obrigar à colaboração em matéria penal, judicial e policial. Por isso que, neste plano de intervenção, a diversidade no tratamento jurídico da delinquência juvenil importa desigualdades na intervenção concreta, com consequências no momento da colaboração e reconhecimento mútuo de textos legais e de acordos de colaboração, constituindo uma preocupação europeia actual[11]. Destaca-se a criação do Observatório Europeu sobre a Delinquência Juvenil, com vista a recolher informação e a conhecer a realidade da incidência e alcance da delinquência juvenil nos países da União Europeia e o Parecer do Comité Económico e Social Europeu sobre «A prevenção da delinquência juvenil, as formas de tratamento da mesma e o papel da justiça de menores na União Europeia» (2006/C 110/13), de 15 de Março de 2006[12].

O debate ideológico sobre a matéria da intervenção do sistema de justiça junto de jovens menores de idade de 16 anos, com comportamentos infractores, centra-se, actualmente, em torno dos modelos de bem-estar que acentuam a intervenção sócio educativa e os modelos, ditos de responsabilidade, que exigem ao jovem em conflito com a lei que adeque o seu comportamento, de modo responsável e socialmente integrado, ao cumprimento das regras jurídico penais em vigor.

Contudo, as razões que justificam, a partir de uma certa idade[13], a separação de tratamento diferenciado aos jovens com comportamentos violadores da lei penal e aos jovens necessitados de protecção, cuja intervenção se faz, exclusivamente por via dos serviços sociais e comunitários, prendem-se com a maior exigência de responsabilização do jovem infractor ou em conflito com a lei, combinada com uma intervenção de carácter, fundamentalmente, educativo e integrador.

Por outro lado, a questão que se coloca é a da qualificação da responsabilidade imputada ao jovem infractor ou em conflito com a

---

[11] http://www.infanciayjuventud.com/anteriro/academic/2006/justicia.htm

[12] Jornal Oficial da União Europeia, C 110/82 PT, de 9.5.2006

[13] Em Portugal, a partir dos 16 anos, o jovem é imputável, respondendo criminalmente pelos factos que praticar em violação da lei penal.

lei, menor de idade, penalmente imputável, traduzida na vacilação de muitos legisladores, incluindo o nacional, entre o estabelecimento de um sistema de justiça juvenil, fora do sistema punitivo e processual penal e regido por princípios informadores próprios, determinados pelo superior interesse do jovem e, um sistema em que a vontade repressiva é a de manter a ameaça que assegure o cumprimento da lei penal, pelos menores de idade de 16 anos.

O sistema de justiça juvenil assim concebido, partindo da ideia de que os menores de idade de 16 anos estão obrigados a respeitar e a observar as regras jurídico penais de convivência em sociedade, congregadas num código penal que obedece ao princípio da legalidade, contém em si mesmo uma ficção que se consubstancia na aparência de que as sanções dos factos socialmente reprovados e susceptíveis de serem penalmente punidos, em caso de infracção são, ontologicamente diferentes consoante se denominem penas ou medidas, em função do seu destinatário ser maior ou menor de idade de imputabilidade penal.

As medidas individualizadas, privativas ou restritivas de direitos fundamentais, com particular relevância para a liberdade, aplicadas em resposta ao cometimento de factos delituosos, são, materialmente sanções penais[14], ainda que, por um lado, a acção penal derivada da comissão do facto punível, seja substituída por uma acção que visa a correcção do comportamento do jovem, conformando-o com o respeito pelas regras jurídicas penais da sociedade, mas cuja sanção correspondente só poderá ser imposta, segundo um procedimento judicial rodeado das garantias próprias do processo penal. E que, por outro lado, o princípio da legalidade – caracterizado pela observância do cumprimento inexorável e igual das penas – tenha de conviver com o princípio da oportunidade do processo sancionador dos menores que permite a imposição da sanção, mas cuja execução pode ser alterada ou substituída por outra sanção, em função das circunstâncias do jovem infractor e das suas capacidades de reinserção.

---

[14] CUESTA ARZAMENDI, José Luís de la, ¿Es posible un modelo compartido de reeducación y reinserción en el ámbito europeo?, RECPC 10-09 (2008) – http://criminet. ugr.es/recpc/10/recpc10-09.pdf , *Revista Electrónica de Ciencia Penal y Criminología.* 2008, núm. 10-09

Porém, se do ponto de vista dos princípios e do ponto de vista da objectividade da acção penal, é possível sustentar as diferenças entre penas e medidas, em razão do sujeito infractor, a verdade é que, na prática, se verificam dificuldades materiais de distinção, tendo em consideração que a exigência de um diagnóstico sobre a actuação do jovem infractor e de uma prognose do seu tratamento e reintegração impõem um tratamento social conforme a gravidade do facto passível de censura penal e a sua personalidade, assim como das circunstancias de adaptação e integração de forma digna e responsável na comunidade a que pertence[15].

Consequentemente, devia reconhecer-se o conceito de responsabilização do jovem infractor ou em conflito com a lei e/ou a de responsabilidade penal dos jovens, embora de carácter especial, por referência à dos adultos. Deste modo, erradicava-se a ideia de que a responsabilização do menor de idade, penalmente imputável, pela prática de factos qualificados como crime é uma ficção ou que não existe, sem que essa abordagem crie alarme na comunidade ou acentue o carácter repressivo da "educação para o direito", tendo em consideração a aplicação e o cumprimento de medidas de internamento em instituições da justiça e em regime fechado[16].

Em verdade, a lei tutelar educativa, actualmente em vigor, tem uma natureza formalmente penal, ainda que materialmente sancionadora e educativa, considerando o procedimento e as medidas aplicáveis aos jovens menores de idade de 16 anos, fundando-se a sua aplicação mais, em critérios de valoração do interesse do menor e educativos, do que, propriamente sancionadores. Tal não obsta ao reconhecimento da observação de todas as garantias derivadas do processo penal e constitucionalmente previstas, bem como à exigên-

---

[15] OTTENHOF, Reynald, afirma que "A ficção jurídica em que repousa a irresponsabilidade penal do menor ilustra a dependência do direito penal dos menores relativamente aos conceitos e princípios jurídicos do direito penal dos maiores. Cada vez mais se reconhece o jovem como um sujeito de direitos, dotado de personalidade específica e não como um simples "adulto reduzido". Por isso se afirma a emergência de uma crescente autonomia do direito penal dos menores". Revue internationale de droit pénal, vol. 72, pg. 675, "A responsabilidade penal dos menores no ordenamento interno e internacional"

[16] Esther Giménez-Salinas i Colomer, Principios orientadores de la responsabilidad penal de los menores, Responsabilidad penal de los menores: una respuesta desde los derechos humanos, 2001, pags. 31-56.

cia de que, na apreciação da conduta do menor de idade face à prática dos factos, se parta do princípio da responsabilidade do menor embora, distintamente apreciada, face à do adulto.

Aliás, no que a este respeito importa convém recordar que o Parecer do **Comité Económico e Social Europeu, de 15 de Março de 2006 (CESE)** recomenda *"As medidas ou reacções judiciais e de repressão devem, de qualquer forma, basear-se nos princípios da legalidade, presunção de inocência, direito a defesa, julgamento com todas as garantias, respeito pela vida privada, proporcionalidade e flexibilidade. O **superior interesse do menor** deverá estar sempre subjacente à evolução do processo e à sentença e sua execução posterior"*. Com efeito, há todo um conjunto de normas que obrigam os Estados Membros a incorporar, de forma expressa, na sua lei processual relativa aos jovens menores de idade que pratiquem factos qualificados como crime, os direitos e princípios universais, tais como a presunção de inocência, direito à defesa letrada, principio do acusatório, a contraditar, direitos durante a detenção, especialização policial, direito a um juízo imparcial e justo, à presença dos seus pais, aos direitos da criança, duração mínima das medidas de privação da liberdade ou da prisão preventiva etc. Todos estes direitos e princípios formam parte da Constituição e das leis penais e processuais do nosso ordenamento jurídico.

De igual modo os "Princípios básicos" aprovados pelo Conselho Penológico em Março de 2007, tomam como ponto de partida a afirmação dos direitos humanos dos jovens menores de idade sujeitos à intervenção estatal como consequência das suas práticas delitivas, no sentido de que nenhum jovem pode ter menos direitos e garantias que os reconhecidos aos adultos pelas regras processuais penais e, no que respeita à aplicação e execução de medidas ou sanções, deve ser assegurada a sua plena participação nos processos que o afectem, conforme as Regras Penitenciarias Europeias (Rec (2006) 2) as Regras Europeias sobre sanções e medidas comunitárias (R (92) 16).

Neste sentido, todo o sistema de justiça de jovens, no âmbito das políticas públicas, há-de contemplar iniciativas de política juvenil mais amplas e seguir um enfoque multidisciplinar, de acordo, aliás, com as conclusões do Parecer do CESE *"...considera-se adequada a existência de **normas mínimas ou orientações comuns** entre todos os*

Estados-Membros em relação às políticas de prevenção, reeducação e ressocialização, passando pelo tratamento policial e judicial dos menores em conflito com a lei penal. Essas normas deviam basear-se nos princípios estabelecidos na Convenção sobre os Direitos da Criança, em especial nos seus artigos 37.º e 40.º, bem como nas orientações internacionais na matéria constantes das convenções referidas no ponto 3.2.1 do presente parecer, sendo depois o seu desenvolvimento e aplicação aprofundados".

III. Actualmente, as políticas públicas de prevenção e combate à delinquência juvenil devem centrar-se em objectivos claros, concretizáveis e eficazes, tendentes a evitar que os jovens cometam um ilícito passível de censura penal e reincidam, a socializar e integrar os jovens infractores, menores de idade de 16 anos e a tratar os interesses e necessidades das vítimas.

Deste modo, os três grandes eixos de boas práticas europeias situam-se em torno da prevenção da delinquência juvenil, da intervenção educativa na comunidade ou em meio institucional e da integração laboral, tendo por linha de força a intervenção em meio comunitário como alternativa à privação da liberdade.

O resultado de uma avaliação científica poderá permitir rebater percepções negativas da intervenção de responsabilização educativa e do combate à delinquência juvenil, gerando mais confiança no sistema da justiça juvenil.

Com efeito, através da obrigação de aplicação e da obrigação de frequência de programas de reconversão do comportamento infractor, ou de reparação e de mediação e, ainda, da aplicação de novas formas de intervenção, alternativas, existentes ou a criar no sistema de justiça juvenil é possível, de forma sustentada, aumentar a confiança do público, em geral e, sobretudo, incrementar a eficácia da intervenção responsabilizadora educativa, de modo a alcançar a sua finalidade última, a da não reincidência do jovem infractor. Ao sistema de justiça compete garantir ao jovem que o educa para o direito e para a responsabilidade, educando-o no cumprimento de regras de convivência jurídica na comunidade em que se insere, formando-o e incentivando-o a estudar ou a terminar os seus estudos, promovendo o desenvolvimento das suas capacidades ou habilidades e proporcionando-lhe formação estruturada para um emprego, reduzindo as probabilidades de reincidência e, consequentemente de detenção pela prática de uma infracção passível de censura penal.

As medidas alternativas à detenção e ao internamento em instituições com finalidades de servir o sistema de justiça juvenil, constituem uma aposta a ter em consideração no momento de imputar uma infracção passível de censura penal a um jovem menor de idade de 16 anos, quer porque as suas características delinquenciais ou de bloqueio da sua personalidade assim o exigem, quer por razões de salvaguarda dos seus direitos fundamentais. Para alcançar este tipo de objectivos e resultados consequentes, em matéria de combate à delinquência juvenil, impõe-se a existência efectiva de meios e equipamentos de prevenção da reincidência, meios esses que devem ser identificados, estudados e implementados.

O investimento nas medidas preventivas e nas medidas alternativas à detenção e ao internamento, bem como nas medidas de apoio à inserção do jovem ou de carácter reparador é, sem dúvida, o caminho adequado para integrar (voltar a integrar) os jovens na comunidade, exigindo-se a implementação e o desenvolvimento de políticas públicas de reinserção de jovens em conflito com a lei que, efectiva e consolidadamente, garantam maior eficiência na prevenção do crime e maior eficácia na prevenção da reincidência dos seus comportamentos delinquentes.

Vistas as coisas deste modo, pode-se dizer que a necessidade de garantir uma intervenção mais adequada e uma melhor e mais sustentada inserção do jovem infractor, ao mesmo tempo que se trava a desconfiança do cidadão comum e o alarme dos meios de comunicação social, face à percepção de que não existe punição para os jovens que praticam factos qualificados como crimes e, que a prática destes factos vêm sendo cada vez mais usuais, mais violentos e associados a uma certa camada jovem da população, justificam com pertinência a implementação de políticas de reinserção mais compatíveis com as necessidades de educação para o direito dos jovens, de segurança da comunidade e a satisfação dos interesses das vítimas.

Os comportamentos problemáticos de carácter agressivo dos jovens, em particular dos que entram em conflito com a lei, podem ser tipificados de três modos: como comportamentos indiciadores de distúrbio psíquico acentuado, para os quais não se encontra a resposta adequada no SNS, em geral, e na saúde mental em particular; como comportamentos agressivos de carácter reactivo, que exigem o treino dos agentes em estratégias de intervenção na crise para que dos mesmos resulte em ganho educativo e terapêutico; e como comportamentos limite na sua forma agressiva que, embora quantitativamente pouco expressivos, assumem tal gravidade que colocam em questão a lógica educativa de todo o sistema, havendo assim necessidade de procurar mecanismos legais alternativos.

Neste sentido, é consabido que o desenvolvimento das políticas públicas de reinserção de jovens obrigam a investimentos financeiros avultados, sendo certo que o Estado, cada vez mais, tem sérias dificuldades em garantir o funcionamento de equipamentos destinados ao internamento de jovens ou, de modo mais genérico, ao tratamento da delinquência juvenil. A busca de soluções de responsabilidade partilhada entre o Estado – Ministério da Justiça e entidades públicas ou privadas sem fins lucrativos, tem expresso apoio nas conclusões do CESE, designadamente pela afirmação de que "...*o problema em apreço reveste igualmente uma evidente dimensão social e de cidadania, seria importante em todo este processo a participação das organizações e dos profissionais da sociedade civil directamente envolvidos neste domínio (organizações do "terceiro sector", associações, famílias, ONG, etc.). Estes contribuiriam para a concepção e posterior aplicação dos programas e estratégias a desenvolver no seio da EU*"[17].

---

[17] PARECER do Comité Económico e Social Europeu sobre "A prevenção da delinquência juvenil, as formas de tratamento da mesma e o papel da justiça de menores na União Europeia", de 15/03/2006, passos para uma política comunitária sobre a delinquência juvenil e a justiça de menores:

"7.2.1. É imprescindível contar com dados quantitativos actualizados e comparáveis sobre a situação da delinquência juvenil nos vinte e cinco países da UE, que permitam conhecer de forma fiável aquilo que enfrentamos, qual a verdadeira dimensão do problema e as diferentes formas de resolvê lo, tendo presentes – entre outras variáveis – as diferenças que poderiam ocorrer entre homens e mulheres infractores.

7.2.2. De uma perspectiva qualitativa, considera se adequada a existência de normas mínimas ou orientações comuns entre todos os Estados Membros em relação às políticas de prevenção, reeducação e ressocialização, passando pelo tratamento policial e judicial dos menores em conflito com a lei penal. Essas normas deviam basear se nos princípios estabelecidos na Convenção sobre os Direitos da Criança, em especial nos seus artigos 37.º e 40.º, bem como nas orientações internacionais na matéria constantes das convenções referidas no ponto 3.2.1 do presente parecer, sendo depois o seu desenvolvimento e aplicação aprofundados.

As estatísticas policiais mais recentes revelam um aumento importante dos crimes cometidos por jovens, principalmente no âmbito da criminalidade patrimonial, sem se especificar de que jovens se trata e de que idade. Se se procurar respostas para este crescimento, aparente é certo, da criminalidade associada a jovens, encontram-se diversas explicações, sendo que, uma delas, é recorrente e tem força, a que não é alheio um forte impacto mediático: os jovens por serem menores de 16 anos, que cometem factos qualificados como crimes, não são "responsáveis" e, quando sujeitos a medidas judiciais, as medidas impostas são baseadas, fundamentalmente na educação e no interesse do jovem, provocando um sentimento de impunidade nos jovens e de indefesa nas vítimas, de tal modo que, se inverteu o processo educativo que se pretendia levar a cabo.

A revisão da LTE, em curso, tem como finalidade o reforço do respeito pelos direitos fundamentais do jovem em conflito com a lei que estão em jogo, designadamente, o direito a um processo sem dilações ou sem demoras, que se possa concluir num prazo razoável e de modo a adequar a resposta sancionadora educativa à gravidade do facto, conforme art.º 40, n.º 2, al. b.iii da Convenção sobre o Direito das Crianças e art.º 6, n° 1 da Convenção Europeia dos Direitos do Homem[18]. Com efeito, o sujeito processual (o jovem),

---

7.2.3. O primeiro passo para a elaboração dessas normas mínimas seria reunir os conhecimentos mais exactos existentes sobre as diferentes realidades e experiências desenvolvidas em cada um dos Estados Membros. Esse processo pode revestir várias formas, mas poderia consistir na obtenção de informações através de inquéritos enviados aos Estados Membros, complementado posteriormente com reuniões de peritos e profissionais na matéria para a troca de experiências e boas práticas. Essas reuniões podiam ter um carácter estável com a criação de uma **rede de peritos** com uma composição e funções adaptadas ao objectivo específico perseguido. Por último, para orientar melhor a reflexão e o debate sobre a matéria e abranger o maior número possível de instituições, organizações e particulares, a Comissão devia publicar um **livro verde** sobre a matéria.

7.2.4. Simultaneamente aos passos referidos ou numa etapa seguinte do processo de conhecimento e aproximação entre os modelos de justiça de menores dos Estados Membros, seria de criar um **observatório europeu** sobre a delinquência juvenil, o que facilitaria o estudo permanente deste fenómeno, a divulgação dos seus resultados, a assistência e o apoio às autoridades e instituições competentes na tomada de decisões. Por outras palavras, devia haver um esforço no sentido de a investigação e o conhecimento não terminarem em resultados académicos, sendo, pelo contrário, utilizados como ferramentas de ajuda à adopção de políticas e estratégias reais."

[18] Artigo 40.º da Convenção das Nações Unidas sobre os Direitos da Criança, aprovada pela Assembleia Geral das Nações Unidas, em 20 de Novembro de 1989

por ser menor de idade e inimputável, merece um tratamento diferente do sistema de justiça, uma vez que a prática de factos ilícitos pode ter consequências, especialmente, prejudiciais à sua inserção na vida em comunidade, distorcendo-se, assim, a finalidade educativa que se visa prosseguir com a aplicação das medidas. Ou seja, se a dimensão temporal que se há-de observar neste tipo de processos não for considerada, pode ficar comprometido o interesse superior do jovem e, frustrado o interesse global da sociedade, no momento da aplicação concreta das sanções que, nestes processos, não têm um carácter meramente repressivo, mas, sobretudo, têm presente aquele interesse superior e estão orientadas para a efectiva reinserção do jovem, assegurando uma finalidade reeducadora e social.

Finalmente, no âmbito da revisão legislativa importa, também, reforçar e ter em consideração a atitude dos pais ou dos responsáveis pela guarda do jovem e da vítima dos factos perpetrados pelo jovem manifestada no desejo de inserção do jovem, de forma digna e responsável, na comunidade, quer porque uns se dispõem a auxiliar a justiça nessa tarefa, quer porque outros procuram salvaguardar o interesse do jovem, por uma via externa ao processo e ao tribunal, através da conciliação ou da reparação. Deste modo, se afirma a necessidade de se impulsionar a mediação e outras medidas de justiça restaurativa que sirvam como alternativas às vias processuais, a todos os níveis.

Maio, 2009

VIOLÊNCIA(S) NA CIDADE: CRIANÇAS, SOCIALIZAÇÃO E TERRITÓRIO

Maria João Leote de Carvalho[*]

Introdução

A violência, nas suas mais variadas formas, é componente estrutural nas dinâmicas sociais de qualquer comunidade.[1] Se é verdade que os fenómenos de violência são parte constitutiva da vida quotidiana, indissociavelmente ligados à quebra de direitos humanos, parece ser claro que no decurso das mudanças sociais registadas nos últimos anos nas sociedades ocidentais, este problema social vem a surgir como um dos principais elementos no campo da análise sociológica, sobretudo, quando nela se encontram envolvidos como testemunhas, vítimas ou agressores, os seus membros mais novos: as crianças.

O conhecimento da multiplicidade de formas e meios de se viver a infância implica que cada criança não pode continuar a ser encarada como mera receptora de influências de outros, tendencialmente os mais velhos, numa sociedade em permanente transformação. Primordialmente, terá de ser olhada como parte activa na construção dessa mesma sociedade pela participação num tempo e num espaço em que cada vez mais se vê afastada do controlo próximo

---

[*] Investigadora do Socinova/CesNova, Centro de Estudos de Sociologia, Faculdade de Ciências Sociais e Humanas, Universidade Nova de Lisboa.

[1] Este texto tem a sua origem num projecto de investigação financiado pela Fundação para a Ciência e Tecnologia (SFRH/BD/43563/2008) que se encontra em curso no âmbito de dissertação de Doutoramento em Sociologia, sob a orientação do Prof. Doutor Nelson Lourenço, na Faculdade de Ciências Sociais e Humanas, da Universidade Nova de Lisboa.

dos familiares, ponto-chave para a definição de políticas sociais e educativas. Mas será que o direito à participação social das crianças se vê concretizado em todas as suas possíveis dimensões? As instituições tradicionais de socialização, como a família e a escola, estão no centro de todas as atenções e torna-se necessária a identificação, análise e compreensão do que mudou no seu seio. A família mantém-se como o primeiro agente de socialização e de controlo informal; em último, o controlo social formal assumido pelas instâncias do Estado, que assim vê conferida a imagem de protector e vigilante da sociedade, vector fulcral na manutenção da ordem social. No entanto, na abordagem aos processos de socialização na infância constata-se como uns e outros se encontram sujeitos a transformações que os afastam de modelos anteriores de funcionamento revelando-se, também por si mesmos, espaços privilegiados para a ocorrência de violência. Disso é exemplo a crescente visibilidade de casos de violência doméstica ou em contexto escolar.

Grande parte da discussão em torno desta problemática gira à volta do conceito de violência urbana pois mais de metade da população mundial vive actualmente em cidades. Para muitos milhões, o quotidiano da infância é moldado pelo ambiente físico e social das cidades e das grandes áreas metropolitanas e esta tendência será reforçada no futuro: segundo estimativas das Nações Unidas, pelo ano 2025 cerca de 60% do total de crianças do mundo viverá em zonas urbanas.

À luz deste quadro, falar dos Direitos da Criança implica ter presente uma visão da realidade social mais alargada onde se evidenciam questões associadas às novas formas de gestão e ocupação do território e às lógicas de comunicação desenvolvidas a partir daí em contextos marcados pela globalização. A segregação espacial, social e étnica vivida em alguns aglomerados populacionais, especialmente na esfera das grandes cidades, a degradação das zonas urbanas, a alteração da natureza dos laços sociais, os novos modelos de organização familiar e os fenómenos de agrupamento de crianças e jovens sob diversas formas (tribos, bandos, gangs, etc.) são alguns dos aspectos que destacam a importância de um *direito à cidade* que assente em formas de participação e de exercício da cidadania que envolvam os mais novos na construção da cidade, no fundo, na definição do seu próprio futuro.

Deste modo, com este texto pretende-se centrar o olhar em alguns dos contornos dos processos de socialização de crianças num determinado contexto urbano. São aqui apresentados excertos de trabalhos de um estudo exploratório desenvolvido com alunos de Educação Pré-Escolar e do 1.º Ciclo do Ensino Básico de um Agrupamento de Escolas abrangido pelo Programa TEIP II,[2] localizado em bairros sociais de realojamento num concelho da Área Metropolitana de Lisboa.[3] Integrado num projecto de investigação mais abrangente, a informação obtida centrou-se numa metodologia qualitativa que destaca a *voz das crianças* através da produção de textos, desenhos legendados, fotografias digitais da comunidade, vídeos e músicas. As opções metodológicas tomadas permitem ver como constroem a experiência da sua própria socialização tendo em linha de conta o plano das representações, das emoções e das acções, num processo que Corsaro (1997) designa por *"reprodução interpretativa"*. Apesar das limitações desta pesquisa cujos resultados não podem ser generalizados e que serviram apenas de preparação a outras intervenções, as tendências observadas destacam a violência como um dos principais eixos (des)estruturante nas suas trajectórias sociais sendo esta a questão central que se problematiza nestas páginas.

Breves traços sobre a condição social da infância em Portugal

Reflectir sobre estes problemas atendendo às suas configurações na realidade portuguesa implica ter presente a diversidade e complexidade de modelos e dinâmicas sociais que decorrem das profundas transformações demográficas, culturais, económicas e políticas registadas no país nas últimas décadas. Importa também reter que os modos de vida na contemporaneidade, marcados por um acesso desigual aos benefícios da globalização por parte de diversos grupos da

---

[2] *Segundo Programa de Territórios Educativos de Intervenção Prioritária* (TEIP II), Despacho Ministerial, de 26 de Setembro de 2006.

[3] De forma a preservar a sua identidade neste texto, os nomes das crianças, adultos ou locais foram substituídos por outros fictícios. De salientar que à situação de investigadora associa-se o desempenho de funções docentes em Educação Especial neste Agrupamento de Escolas.

população, estruturam-se em torno de um ideal de ordem social que se afasta dos tradicionais e onde a transnacionalização dos problemas sociais e a percepção de risco, individual ou colectiva, são determinantes.

Os olhares sociológicos desenvolvidos acerca da infância nas sociedades ocidentais têm vindo a destacar um certo paradoxo: quanto menor é o seu peso demográfico no total da população, maior parece ser o interesse sobre a sua situação. Pode afirmar-se que quanto mais os adultos dizem desejar e gostar de crianças, cada vez são menos as que nascem e é mais reduzido o tempo de que dispõem para estar com elas (Qvortrup, 1999). Portugal não escapa a esta linha de orientação e ao longo das últimas três décadas e meia que se vem a registar um acentuado decréscimo da população infanto-juvenil residente no país. Esta tendência decorre de um duplo envelhecimento da estrutura etária da sociedade portuguesa que atinge tanto a base como o topo: à continuada descida da taxa de natalidade tem vindo a contrapor-se o aumento da longevidade com consequente crescimento da representatividade dos grupos etários mais velhos. No início do século XXI residiam no território nacional pouco mais de um milhão e seiscentas mil crianças, número drasticamente inferior ao registado em 1981: cerca de dois milhões e quinhentas mil (Almeida e André, 2004). Os dados oficiais mais recentes confirmam esta orientação e, em 2007, os grupos 0-18 anos representavam 18,5% do total da população (INE, 2008). Fala-se frequentemente sobre esta questão, mas muitas vezes esquece-se a dimensão dos valores reais.[4]

Esta diminuição tem vindo a atingir todos os grupos etários e todas as regiões, ainda que em função de ritmos diversos.[5] É nas cidades do litoral português, em especial nas Áreas Metropolitanas de Lisboa e do Porto, que reside o maior número de crianças numa lógica que se estende ao resto da população: no final de 2004, cerca de 40% do total dos residentes no país encontrava-se em zona urbana sendo que mais de metade desse valor se concentrava em apenas 14

---

[4] Em Portugal, desde há 25 anos que o índice sintético de fecundidade (ISF) – número médio de crianças nascidas vivas por mulher – não atinge o valor mínimo de 2,1 para a substituição das gerações. Em 2007, foi de 1,33 (INE, 2008).

[5] Nos Açores, Madeira e Lisboa e Vale do Tejo as crianças representam cerca de 19% do total da população aí residente; no Norte são 18%; no Alentejo 9,4% e no Centro 11%.

das 141 cidades existentes à data.[6] Estas 14 ocupavam somente 2% do território nacional revelando uma densidade populacional média quase vinte vezes superior à média nacional. O contraste entre os aglomerados populacionais do litoral e do interior é acentuado com os primeiros a apresentar as mais altas taxas de natalidade e os menores índices de envelhecimento (INE, 2004).

Uma parte substancial das crianças (76%) são filhos únicos ou têm apenas um irmão e as fratrias mais extensas surgem residualmente na geografia nacional. A evolução das dinâmicas no seio destes grupos etários remete para duas tendências: sem imigração, todo o país apresentaria, em 2001, uma sobrerrepresentação das crianças mais velhas; na realidade tal só não acontece porque as mulheres imigrantes transportam consigo modelos de fecundidade dos seus países ou culturas de origem. As crianças residentes no território nacional crescem ainda hoje em contextos familiares onde os capitais escolares dos pais são baixos: mais de metade das mães e dos pais não tinha os nove anos de escolaridade básica em 2001. A idade dos filhos não parece fazer variar significativamente a presença das mães no mercado de trabalho, nem o seu número de horas laborais e é na região de Lisboa e Vale do Tejo que existe uma mais elevada proporção de mães empregadas em full-time (Almeida e André, 2004).

Do ponto de vista das transformações ocorridas no seio da família há a salientar o aumento do número das famílias monoparentais: no final de 2008 eram 8,2% do universo com uma sobrerrepresentação das femininas. Paralelamente, regista-se um decréscimo da percentagem de casais com filhos (de 43,3% em 2004 para 40,4% em 2008) (INE, 2008).

Naturalmente, todos estes fenómenos reflectem-se nos processos de socialização infantil e nas possibilidades de acesso a estruturas de oportunidades diferenciadas. Trata-se de mudanças sociais que condicionam a organização dos sistemas sociais e a este nível importa destacar um paradoxo ainda não resolvido: o menor número de equipamentos para a infância, nomeadamente ao nível de creches e do pré-escolar, situa-se precisamente nas áreas onde existe um maior

---

[6] Dessas 14 cidades, oito registavam mais de 100.000 habitantes: Lisboa, Porto, Vila Nova de Gaia, Amadora, Braga, Almada, Coimbra e Funchal. As restantes tinham mais de 50.000 habitantes.

número de crianças. Deste modo, logo à partida, o acesso à igualdade de oportunidades em termos de protecção social e à educação revela-se deficitário e promotor da manutenção ou do reforço de desigualdades sociais na medida em que nem todos terão capacidade de aceder a outras respostas que não sejam públicas. As elevadas taxas de retenção no Ensino Básico e de abandono precoce da escolaridade obrigatória são outros problemas que colocam o país num nível inferior à grande maioria dos congéneres europeus.

Assim não será de estranhar que em estudo realizado recentemente sobre a pobreza e a exclusão social em Portugal (Costa et al., 2008), as crianças e jovens com menos de 17 anos tenham sido identificados como um dos grupos mais representativos entre os pobres no país, com um valor que atinge os 21,1%, logo a seguir aos que se situam no escalão dos 35-54 anos (24,8%). Relativamente à incidência da pobreza, apresentam um valor na ordem dos 24% que os coloca entre os três grupos mais vulneráveis na sociedade portuguesa a par da população idosa – 65-74 anos (24%) ou muito idosa – mais de 75 anos (36%).

Violência(s) na cidade, violência(s) da cidade

A forte mediatização dos mais variados aspectos da vida humana é uma marca da contemporaneidade e os sistemas simbólicos adquiriram uma função primordial na ordenação das questões sociais e das visões colectivas sobre o mundo constituindo parte fundamental da própria realidade. Ultrapassa-se neste posicionamento saber se são os riscos sociais que, objectivamente, terão aumentado ou se, pelo contrário, aquilo que se verifica não será antes a intensificação e alargamento da sua percepção (Beck, 1992). Porque um e outro ponto representam duas faces de um mesmo objecto, a análise social sobre a violência, seja sob que forma se revele, tem de atender à convergência e ao cruzamento entre ambas. Nesta linha de orientação, pode afirmar-se que, mais do que o eventual aumento da violência, aquilo a que se poderá estar a assistir será um potencial aumento da sua representação no quotidiano em função da crescente visibilidade que certos actos adquirem, até certo ponto pela mediatização permanente de que são alvo (Beck, 1992). A explosão de uma sociedade mediática com acesso massivo, e em simultâneo, à mesma informação em qualquer ponto do mundo, acarreta a sua divulgação e promoção superando-se em todos os aspectos os limites da territorialidade.

A violência é um problema social de dimensão universal que atravessa fronteiras de ordem cultural, económica, étnica, religiosa ou de género, acabando por se reflectir na qualidade de vida dos indivíduos num determinado contexto (Lourenço e Carvalho, 2001). Ainda que não exista uma definição universal de violência na medida em que se está perante uma construção social (Chesnais, 1981), a utilização deste termo tem subjacente a ideia de que o acto que qualifica ou a conduta a que se reporta acarretam como consequência o facto de os mesmos serem alvo de uma reacção social de condenação, ou mesmo de sanção, por parte de uma dada comunidade. Enquanto fenómeno social indissociavelmente ligado à quebra de direitos humanos, cujas repercussões se estendem para além dos nela mais directamente envolvidos, a violência é aqui entendida enquanto *"transgressão aos sistemas de normas e valores que se reportam em cada momento, social e historicamente definido, à integridade da pessoa"* (Lourenço e Lisboa, 1992: 17). Esta definição pressupõe que se situe o seu significado quer na natureza da força e do agente agressor, quer nos efeitos de quem a sofre, isto é, de quem é vítima. O seu carácter relativo pressupõe que não se possa pensá-la como sendo apenas uma, mas sim múltipla. Um conceito em constante reconstrução que, em função dos contextos, épocas e circunstâncias onde é identificada, aponta para realidades diversas (Chesnais, 1981).

Como evidenciam Lourenço e Lisboa (1998), a preocupação sobre estas questões e a ideia de se estar perante um seu agravamento numa linha sem precedentes não são, historicamente, factos novos; inscrevem-se, pelo contrário, nos discursos sobre a crise ou crises sociais que atravessam as sociedades em diferentes épocas, particularmente em períodos de intensas e profundas mudanças. Decorrem, fundamentalmente, de um progressivo alargamento da extensão deste conceito a actos outrora não valorizados ou percepcionados como violentos.

Parte da discussão em torno da violência centra-se recorrentemente na sua expressão em contexto urbano, a dita violência urbana, conceito cuja operacionalização não se revela simples surgindo frequentemente associada a processos de urbanização cujos efeitos se fazem sentir de modo intenso sobre as populações (Moura, 2003). Estima-se que mais de metade da população do planeta viva hoje em cidades com mais de meio milhão de habitantes sendo nestes espaços que se acumula maior riqueza, mais recursos e equipamentos. De igual modo, é aí que se encontram os centros de decisão política, económica e cultural mas é também nestes espaços que as desigualdades sociais se fazem sentir de modo mais forte (Body-Gendrot, 2001). O processo de urbanização a nível mundial, intenso e acelerado desde a década de 1950, conduz a que se estime que, por volta do ano 2050, mais de dois terços da população mundial viva em zonas urbanas. Nos países mais desenvolvidos estes números atingem já valores superiores pois 70% da população está em áreas urbanas e estima-se que em média, em cada ano, cerca de dois milhões e trezentos mil indivíduos estejam envolvidos em fluxos migratórios que têm como destino estas regiões (ONU, 2008).

A violência urbana vê-se reflectida nas diversas instâncias de socialização e estas questões constituem preocupação social de primeiro plano na sociedade portuguesa. A controvérsia é grande e a procura de resoluções para estes problemas está envolta em alguma polémica. Tal justifica-se na medida em que, nas últimas décadas, o crescimento das cidades tem sido efectuado em função de novas formas de espacialização do povoamento que estão na origem de áreas metropolitanas, assentes numa complexa malha social e de ocupação do território nacional. No interior destes espaços encontra--se quer uma multiplicidade de actividades económicas, quer uma sobreposição de grupos sociais fortemente heterogéneos e em relação aos quais a multiculturalidade é apenas um dos aspectos a reter. Este processo de transformação social tem subjacente uma facilidade dos transportes - e em especial a sua individualização– acompanhada de uma dispersão espacial das unidades produtivas que sustenta uma forte mobilidade geográfica das populações (Lourenço et al. 1998).

> "Onde é que fica o Governo? Qual é o bairro onde está o Governo, qual é o bairro?... Quem manda nas escolas? São os Governos?... E se o Governo disser que não é para ficar na escola vamos ter de ir embora e os professores também?..." *Adilson*, 12 anos, 4.º ano

Políticas de habitação social, designadamente através da construção de bairros sociais de realojamento, têm levado à criação de zonas bem delimitadas no interior das cidades ou nas suas periferias para onde populações se vêem deslocadas e *"artificialmente"* fixadas (Moura, 2003; Leonardo, 2004). *Qual é o bairro?* é a pergunta do *Adilson* cuja visão do mundo se centra nos limites do território onde reside. Tudo para ele gira em volta do *bairro*. Mas não só, também o olhar do exterior fecha o dito *bairro* num território específico, estigmatizado, potencialmente perigoso, espaço ameaçador para quem se encontra fora dele. Estes processos de segregação social e urbana estão na base de áreas residenciais, de dimensão e natureza variada, que de comum têm o facto de abranger populações que são objecto de diversas formas de exclusão social. As consequências mais visíveis destas formas de urbanização são a conflitualidade entre os residentes, entre os residentes e os não residentes e a rápida degradação dessas áreas.

"Está um dia mau no bairro!... [descrição de desenho] O que faz falta no meu bairro é casas e mais casas para as pessoas e um parque. Aqui o que há mais é pessoas pobres, só há pobres, pessoas pobres, só pobres..." *Leonardo*, 8 anos, 2.º ano

"Quero dizer que gostava muito que os bairros fossem melhorados, não é que eles tenham só coisas más, mas é que as pessoas têm de ficar…de ser assim mais amigas umas das outras, mesmo sendo pretos, brancos, ciganos." *Anabela*, 9 anos, 4.º ano

"Este é o meu prédio! [descrição de desenho] As pessoas no meu bairro estão sempre à bulha, sempre a fazer barulho, à luta. Ah, faz falta flores, jardim, não há ali nenhum jardim, só há hortas, hortas… falta sossego, sossego, boa vida, o que faz mais falta é mesmo sossego porque estão sempre à bulha, a fazer barulho, a ir à luta e no outro dia é que foi pior: à noite a mãe da *Laura* foi levada para a esquadra, veio um carro de polícia e depois ela voltou mas antes ia a lutar no polícia e a mãe do *Mateus* foi buscar o machado mas depois a minha mãe não deixou ver mais e disse 'logo para casa' e eu fui." *Orlanda*, 9 anos, 4.º ano de escolaridade.

Evidencia-se nestes discursos como as crianças estão atentas à realidade social e dela participam, reconstruindo o seu próprio papel pelas situações que vivenciam representando-as de forma conflitual. As múltiplas designações usadas para rotular determinados espaços, sobretudo áreas residenciais nas periferias das grandes cidades como

os bairros sociais, constituem, por si mesmas, uma violência simbólica, vivida e percepcionada de forma estigmatizante por quem neles
vive. Nesta linha, Costa et al. (1994: 159) chamam a atenção para a
existência de uma *"espécie de assimetria brutal entre o modo como
cada um de nós sofre os efeitos da cidade e capacidade de cada um
de nós intervir nela"*. Olhando a cidade enquanto *"quadro social em
parte institucionalizado, em parte não institucionalizado"*, constata-
se como a maioria dos indivíduos experimenta um contraste bastante
forte entre a difusão de uma ideia de cidadania e a carência ou até
mesmo a impossibilidade de acesso a mecanismos efectivos para
assegurar essa participação.

Pelo seu carácter de concentração, é crescente nestes contextos
a visibilidade dos fenómenos de violência, delinquência ou marginalidade. Embora parte significativa do aumento do número de crimes
registado possa ser inserido no quadro de uma pequena
criminalidade de rua e do aumento de um tipo de comportamento
que a literatura sociológica vem designando por *"incivilidades"*
(Roché, 1993), o seu efeito desestruturante nas relações sociais é
pertinentemente associado à emergência do sentimento de insegúran-
ça na maioria das cidades dos países ocidentais.

Figura 1: desenho do bairro

"O carro está a ir buscar os ladrões em casa. O carro é da polícia. É a confusão, há muita confusão e vão muitos atrás, são os carros e a polícia. A mulher é a mãe do ladrão e há muito barulho que eu não gosto... Eu queria era ter um jardim com um parque e um campo para jogar futebol..." *Diogo, 7 anos, 2.º ano.*

Parte desta violência é desenvolvida por crianças e jovens e é com apreensão que se vem verificando, quase um pouco por toda a Europa, incluindo Portugal, que a diminuição da idade dos seus autores é, tendencialmente, acompanhada de um aumento da violência da agressão, tendencialmente grupal, (Carvalho, 2003, 2004) muitas vezes associada ao uso de armas. Numa sociedade que se terá nuclearizado excessivamente e em que o acesso a determinados bens, mesmo alguns ilegais como as drogas, se banalizou, a radicalização de certos comportamentos assenta numa diversidade de motivos que, na maior parte das vezes, raramente podem ser analisados de forma singular ou linear, surgindo maioritariamente em acumulação ou articulação. Dada a evolução da criminalidade a nível internacional, designadamente com alteração de alguns dos contornos ao nível do tráfico humano, de drogas, de armas ou veículos, não será de estranhar a crescente visibilidade de outros fenómenos em Portugal, eventualmente de maior gravidade. São situações que podem, muitas vezes, ser atribuídas como tendo origem em certos territórios reforçando-se uma perspectiva de naturalização da violência e do crime que a todos deve preocupar e, por isso mesmo, ser objecto de uma especial e atenta análise.

Figura 2: desenho do bairro[7]

"Este ali em baixo é um homem a atropelar o menino. Este ali do outro lado é o rapaz que matou o outro ao pé da minha casa, foi buscar a pistola e matou-o. No prédio é um homem a dar um tiro na mulher e a mulher a cair da janela e depois ela caiu da janela e os vizinhos mandaram chamar os bombeiros e mais nada. Não gosto mesmo do meu bairro, é muitas desgraças e é mesmo triste, é assim..." *Dalila, 9 anos, 3.º ano.*

O esforço de clarificação da definição e da incidência da violência junto de crianças e jovens tem sido enorme, contudo, no que concerne à multiplicidade de formas de que se reveste não será possível afirmar que a comunidade científica esteja completamente satisfeita com as propostas apresentadas até à data, tanto pela sua validade,

---

[7] Todos os factos descritos no desenho foram confirmados pelas autoridades policiais.

como pelos resultados dos programas de intervenção e tratamento delineados. No entender de Body-Gendrot (2001), estas situações de violência em contexto urbano surgem, em grande parte, como consequência das limitações e influências de um espaço mal apropriado porque também ele mal definido onde o desregulamento social, numa ambiguidade quanto aos papéis que cada actor deve assumir, promove o desejo de entrega a actividades desta natureza, seja por afronta consciente à ordem social, seja por mera excitação, prazer ou divertimento em função da ausência de referências estáveis que veiculem quais os limites da actuação individual ou colectiva. Quanto mais heterogénea e desfragmentada uma comunidade for, mais a violência e os actos desviantes e/ou delinquentes manifestados por crianças, por jovens, individualmente mas sobretudo em grupo(s), tenderão a ser percepcionados como gratuitos (Chaillou, 1995).

> "– Onde é que roubaste esse colar tão lindo? Onde é que roubas os teus colares?..." – perguntou a *Maria*, de 4 anos e meio à sua Educadora na sala do Jardim-de-Infância.

> " Respeito é não pôr a pistola nas costas das pessoas!..." *Airton*, 5 anos, pré-escolar

> "Assalto com pistola não é nada!" *José*, 10 anos, 3.º ano.

Estas não-conformidades têm de ser pensadas a partir da sua articulação com as lógicas de exclusão e de segregação em relação com os espaços onde tomam corpo. Não se trata apenas de identificar os actos violentos cometidos por crianças e jovens mas analisá--los à luz do que são as violências das próprias cidades sobre eles exercidas. Se a segregação é uma qualidade intrínseca e percepcionada no que diz respeito a determinados territórios, e por arrastamento aos seus residentes, ela reenvia o olhar para as formas e modos como estes vivem na relação com o exterior numa linha, muitas das vezes marcada por sentimentos de dependência, de frustração e, até mesmo, de revolta. Como evidenciaram Benbenisthy e Astor (2005) na comparação entre crianças de diferentes meios, são as oriundas deste tipo de contextos que tendem a apresentar uma maior probabilidade de serem vítimas de actos violentos porque mais facilmente sujeitas à exploração de redes sociais organizadas em torno do crime.

"– Me deram um tiro, 'profissora', me deram um tiro, me deram um tiro! 'Profissora', foi aqui... me deram um tiro!" – gritou *Leonel*, de 7 anos, 2.º ano, ao chegar à escola no primeiro dia de aulas do segundo período lectivo segurando as calças com uma mão e apontando com a outra o buraco da bala no tecido, junto ao joelho. (Ano Novo 2005/06).

Mais do que remetidos para o papel de agressores como vulgarmente é apresentado na opinião pública, é a questão da vitimação que mais afectará estas populações já que o número de agressores tende a ser claramente mais reduzido, restrito a uma minoria que tende a revelar uma intensa actividade e crescente visibilidade o que sugere a existência de trajectórias de acentuada e grave reincidência desde muito cedo.

Quer tenha havido a possibilidade ou não da família escolher a localização do alojamento, a zona onde se reside influencia claramente as opções de que as crianças e jovens dispõem (Wilson cit. em McCord, 2002; Seaton e Taylor, 2003). A lógica da cidade onde tudo se faz e tudo se permite (Vienne, 2008) e a prevalência de determinados padrões de vizinhança e de redes sociais em determinadas comunidades que parecem facilitar o acesso a estruturas de oportunidades ilegais são aspectos a considerar na definição de políticas sociais e educativas. Tal como as famílias influenciam o desenvolvimento dos seus membros através da sua situação social e física, também estas sofrem com as influências do meio onde se integram (McCord, 2002), sendo certo que uma larga parte terá uma capacidade restrita de selecção desse local, sobretudo as mais carenciadas dependentes exclusivamente dos serviços de acção social (Seaton e Taylor, 2003).

Crescer na cidade: pelo *direito à não-violência*

Os entendimentos sobre as novas matrizes de socialização da infância são determinantes para compreender "*o que a criança faz daquilo que lhe fazemos*" (Sirota, 2006: 21). As transformações e abrangências dos processos de socialização obrigam a questionar a ideia de uma única forma de socialização conhecida como interiorização de normas sociais; passa-se agora a ter de centrar o interesse em torno de diferentes formas de aprendizagem social. A evolução do estatuto e da organização da família, da escola e dos *media* mostram como de uma socialização vertical assumida pelas instâncias tradicionais se tem de abrir o olhar para além desses campos trazendo à superfície formas de socialização horizontal, das relações entre pares, em torno de um puzzle fragmentado de referências, de laços sociais e de quadros educativos que relativizam a importância de cada um dos campos anteriores (Almeida, 2006). O grupo de pares assume uma importância tantas vezes negligenciada: a sua actual valorização revela-se em termos de competências políticas ou de experiência social que as crianças desenvolvem no seu seio (Rayou, 2005), constituindo elemento fundamental na análise sociológica (Sarmento, 2000). As crianças têm a palavra em múltiplos tipos de relações e podem resistir às desigualdades de origem e também à acção de instituições desenvolvendo trajectórias consideradas atípicas (Gavarini, 2006). Algumas conseguem desenvolver as suas próprias estratégias de evitamento da violência, mantendo-se pacíficas no meio de quadros de vida muito violentos. Daí que a transversalidade surja como uma necessidade imperiosa para perceber como estes espaços e patamares interagem uns sobre os outros.

À semelhança de outros autores, Benbenisthy e Astor (2005) destacam nos seus estudos como os territórios onde se reside e se cresce assumem um importante papel na forma como as crianças se relacionam com a violência. Pobreza, exclusão social, discriminação em função da origem étnica, cultural ou de género, desvio e crime, acesso a estruturas de oportunidades em termos de educação e mercado de emprego, são aspectos que, desde muito cedo, os mais novos percepcionam e se apropriam de modo particular. Numa época em que se superam em todos os aspectos os limites da territorialidade, a transnacionalização das questões sociais parece assentar na criação de um mundo mais próximo e unificado mas onde a afirmação de uma identidade própria pode revelar-se como um terrível esforço. Parece, pois, que o sentimento universal de solidariedade nunca terá sido difundido de forma tão intensa junto de tantos, mas simultaneamente e, de forma paradoxal, nunca antes terão tido a visibilidade que hoje têm tantos desequilíbrios, ocasiões de conflito e situações de exclusão social. São situações brutais em comunidades que interagem em presença de padrões de risco e de exclusão que por si mesmo se sustentam como paradigmas a partir de práticas e de noções socialmente construídas.

"Os Bandos dos Prédios
Texto colectivo de turma do 4.º ano
Música: *Fabiano (11 anos)* Vídeo: *Dália (9)*, *Fabiano (11)* e *José (10)*

(*este rap é dedicado a todos os bairros do mundo*)
Ando na rua e olho à minha volta
Vejo bandos de prédios, todos grafitados
E há também a casa dos drogados
Há uns carros na rua, a chapa toda torta.
Pelo bairro há muitos cães abandonados
Junto ao passeio carros que foram roubados
Há muita fome, falta aqui muita comida
A porta do meu prédio já está toda partida
Não te armes em esperto, não pegues nessa arma
Se mandarem directo, não vai ficar correcto
Quem vai a julgamento cai num sítio infernal
Nunca fui até à esquadra, nem quero parar no tribunal
Yeah, yeah, yeah…
Houve uma rusga no bairro da (…)
Para encontrar a droga dos 'carochos'
Todos pensaram que iam apanhar os pretos
Mas afinal só estavam lá os 'branquelas'
Quero que tudo mude
Que o nosso bairro seja mais puro
Quero que os homens sejam mais risonhos
E que possam realizar todos os sonhos
Yeah, yeah! Yeah, yeah!"

Inversamente ao que tende a marcar o olhar exterior, individual ou institucional, quando se centra o enfoque num determinado bairro, este não é um espaço social anónimo e desorganizado como tantas vezes se pensa; assenta, pelo contrário, em lógicas de funcionamento estruturadas e percepcionadas como tal pelos seus próprios residentes em torno de linguagens a que nem todos conseguem aceder. Sabe-se como os territórios proporcionam aos indivíduos múltiplas formas de ocupação do espaço físico e potenciam a construção do espaço social, de referência das construções sociais, fundamental na construção identitária individual e de um grupo social (Moignard, 2008). Habitar um território diz respeito tanto ao espaço físico, mais próximo ou afastado, como à forma social e pessoal de o produzir e viver, de o apreciar e dele se apropriar. Para a sua análise há que considerar o espaço percebido – que se constitui em torno do plano físico e do quotidiano das pessoas –, o espaço concebido – objecto de pensamento, matéria de representação mental –, e o espaço vivido que se apresenta como o resultado da combinação dos anteriores integrando a vida social e a experiência dos indivíduos e dos grupos, dos significados que lhes são atribuídos (Jaramillo et al, 2008).

Quando se fala de bairros sociais na opinião pública, a imagem que tende a prevalecer aponta para espaços homogéneos ignorando-se como tal se encontra longe de ser verdadeiro. Os seus territórios não estão limitados à sua configuração física; mais relevante podem ser as fronteiras percepcionadas, representadas e vividas no seu seio, em divisões por micro-territórios associados a hierarquias familiares ou étnicas, a grupos culturais ou outros ou a práticas específicas que podem ser transpostas para o seu exterior e aí representadas como perturbadoras da ordem pública e como fonte de insegurança. Por outro lado, detecta-se também uma notória articulação com outras zonas similares cujo acesso se vê facilmente promovido por uma rede de vias de circulação e formas de comunicação.

A densidade dos laços sociais nos grupos faz emergir uma diversidade de manifestações e acções paralelas que tendem a prevalecer sobre as culturas institucionais, como a escolar. Tal é o caso do valor das alcunhas, graffitis ou tatuagens, sinais da linguagem de uma cultura de rua; de atitudes, gestos e maneiras de apropriação do mundo; de actividades orientadas para determinados fins precisos, das alianças com 'sócios', parceiros ou colegas marcadas no espaço físico; dos interditos religiosos e culturais; das relações de género que obrigam a determinadas relações e estatutos no bairro (Lepoutre, 2001; Moignard, 2008).

Não se pode mais continuar a ignorar o valor da socialização na *"escola da rua"* (Jamoulle, 2005) que remete para práticas sociais informais, eventualmente algumas de carácter ilegal, como no tráfico de droga ou no furto de veículos. Estas acções permitem alcançar um estatuto que confere prestígio num contexto social fundamentalmente marcado pela precariedade.

Figura 3: desenho do bairro

"O meu bairro é fixe. Fazemos muitas corridas de motos e também de carros e é tudo fixe. Não falta nada!..." *Carlos,* 11 anos, 4.º ano.

Paralelamente, a questão de honra, valor fortemente assumido num quadro social desta natureza, constitui frequentemente um elemento catalisador da passagem ao acto violento. Trata-se de uma noção central pela qual crianças, jovens, famílias e grupos se envolvem numa linha de disciplina moral a partir da qual avaliam as suas interacções e quais os efeitos perniciosos no caso de assumirem que a sua honra foi beliscada por outrem. A percepção de um acto como violento e intencional é, tendencialmente, objecto de uma acção reparadora que pode mesmo envolver outra violação de normas e a procura deste tipo de acções é inevitável nas suas vidas neste tipo de contextos. A escola, assim como todos os serviços oficiais ou associados a uma ideia de autoridade ou de Estado, podem constituir um alvo privilegiado porque as ofensas e ameaças facilmente evoluem para solidariedades de grupo(s), às vezes até anteriormente opostos. A oralidade é parte fundamental nestes processos de socialização e, muitas vezes, a vítima exterior é encarada como responsável na agressão que sofreu (Moignard, 2008).

Os laços de sociabilidades e as relações de poder nestes territórios são construídos em torno de limites bem conhecidos o que possibilita ter uma ideia aproximada sobre as possíveis repercussões da violação desses códigos sociais. Mas se por um lado se observam e mantêm rituais, por outro a desregulação presente e constante pode afectar a sua ordem. De uma maneira geral, as crianças são eloquentes sobre as suas relações sociais, sobre a importância de determinados valores e sobre a violência nas suas vidas. Esta acaba por servir para a construção das suas competências, não apenas em termos de preparação para o seu futuro funcionamento em sociedade, mas estrutura já no presente, as suas relações actuais entre pares contribuindo para a organização social e posicionamento no universo da sua classe (Rayou, 2005). Uma das expressões mais difundidas em torno da violência passa por uma valorização exacerbada pelo banditismo desde idades muito novas, assentes num certo culto da virilidade.

> "– Ah! Eu quero ser ladrão, quero ser ladrão! Conheço mais ou menos muitos ladrões. (...) É bom ser ladrão porque é divertido e mais nada. (...) É andar a brincar com os polícias, ir atrás dos polícias e eles não apanham, às vezes sim mas não apanham mesmo nós. (...) Queria ser um ladrão... um ladrão de roubar carros, roubar um carro só, depois vem a polícia atrás, eu corria e depois fujo e a polícia não encontra. (...) Fujo para casa, é divertido deixar a polícia no poste, eu fujo, a polícia vai e bate no poste e eu fujo para casa, a polícia não vai lá." *Paulo*, 6 anos, 1.º ano.

Fábio, de 5 anos, chega à sala do Jardim-de-Infância e dá dois rebuçados à Educadora:

> "– Pega, roubei para ti!... (…) Sim, no supermercado. (...) É mesmo lá que eu costumo lá ir roubar. (...) Eu já sei como se faz bem feito. Foi assim: primeiro eu fui lá com dinheiro mesmo, fui comprar sumo que tinha sede, depois fui à minha mãe pedir para comprar rebuçados, ela disse que não me dava mais dinheiro, eu comecei a fazer uma birra e ela disse 'tá lá calado e vai lá roubar os rebuçados'. Eu fui lá, olhei para todos os lados, não estava ninguém a ver, abri o saco e tirei estes... quer dizer comi um, não roubei todos!..."

O fascínio que certas crianças, mesmo em idades muito precoces, manifestam sobre o universo simbólico da violência decorre a par de referências identitárias na família e comunidade e da facilidade de experiência destes modos de vida nos seus contextos de residência. Mais do que poderem ser entendidos como eventuais provocações às instituições que representam a autoridade, nomeadamente a escolar onde estas questões se evidenciam de modo muito particular, estes discursos tendem a ser postos e ditos de um modo espontâneo, numa nítida réplica de valores vigentes nos seus contextos (Carvalho, 2004, Moignard, 2008). Poder-se-á pensar que parte desta expressão tem subjacente a afirmação da sua diferença numa perspectiva de conforto em relação ao seu próprio futuro numa visão que destaca a clivagem entre *nós*, do bairro, e *vós*, sejam os da escola, da polícia, dos serviços oficiais ou os residentes de outros locais. A violência tende a nascer dos interstícios entre estes desejos, aspirações e as necessidades básicas, da experiência quotidiana da rejeição e da relegação a que muitos dos residentes nestes territórios se vêm sujeitos, no fundo, uma forma de violência inerte que acentua um sentimento de fatalidade social que os próprios acabam por interiorizar (Moignard, 2008). E esta cultura de violência centrada na procura de uma dignidade perdida ou esquecida, tende a ser transmitida de geração em geração, relevando a oposição entre *nós* e os *outros* que potencia a resistência à autoridade e reforça as marcas da estigmatização. São lógicas binárias que estruturam a vida quotidiana: de um lado os agressores, os que fazem da violência o seu dia-a-dia, do outro, os muitos *outros*, que recusam entrar no jogo da violência que tende a começar por uma afronta física e que ao não responderem tornam-se vítimas potenciais. É um permanente jogo de gato e de rato, em que muitas crianças se vêm envolvidas desde muito novas e é, sobretudo, o mundo de muitos dos adultos que as enquadram e as educam. Aparentemente tudo se vai construindo numa via de precariedade onde acostumar-se ao não acostumável se torna quase um meio de subsistência (Blanchet, 2006). O que deveria constituir excepção pela violação de Direitos que representa acaba por se tornar a norma para muitas crianças nestes e noutros territórios.

Em qualquer ponto do planeta, grande parte da infância e da juventude está na rua, constituindo esta um lugar fundamental de socialização. Naturalmente, os laços e as ligações à rua são diversos para cada indivíduo, mas a verdade é que a rua é um espaço de socialização primordial nas suas vidas, um espaço inteiro onde se está em função de determinados códigos, de rituais e de linguagens que se conjugam de modo específico e particular com as características de urbanidade do território habitado (Lepoutre, 2001). Neste sentido, a confrontação entre normas sociais e as que prevalecem do *lado da rua* levanta regularmente dificuldades na compreensão dos códigos sociais e universos normativos nestes territórios por parte dos não residentes. O exercício da violência, sob as mais diversas formas que podem oscilar do lúdico ao mais ofensivo, são parte integrante desta cultura da rua onde crianças vêm a crescer (Jamoulle, 2005; Moignard, 2008). Esta não tem nada de natural sendo construída socialmente. O recurso à violência aparece, assim, normalizado aos seus olhos: dela participam e não hesitam sequer em perspectivar o seu uso futuro em relações pessoais.

> *"Eliana,* 7 anos, 2.º ano: – Professor, falta muito para o Dia dos Namorados? Quero fazer um postal para o meu namorado de T [outro bairro social]?
> *Maria*, 7 anos, 2.º ano – Tens namorado?
> *Eliana* – Sim, tenho lá em T.
> *Maria* – E quantos anos tem?
> *Eliana* – Tem oito anos.
> *Maria* – Então é mais velho do que tu!
> *Eliana* – É, mas eu tenho força para lhe dar 'porrada', não tenho medo dele não!..."

O acto violento enquanto meio de recurso legítimo, normalizado, que é constantemente reafirmado não apenas pela acção em grupo de pares, mas muitas das vezes no seio da própria família seja no exercício de violência doméstica, seja pelo que se vê sobre os não familiares, aponta para uma valorização do uso da força física não se reduzindo esta situação ao universo masculino. Apesar de pouco presentes nas estatísticas oficiais, as raparigas em certos contextos vêm a afirmar-se pelo crescente envolvimento na marginalidade. A sensação de confrontação é permanente e as reputações não tardam em ser conhecidas e em instalar-se (Blanchet, 2006). A visão do mundo vai-se construindo em torno de uma dualidade identitária que oscila entre os *fortes* e os *fracos* e a lei do mais forte, enquanto forma de organização familiar e social legitimada individual e colectivamente em vários contextos, é uma regra presente no desenvolvimento de muitas crianças (Débardieux, 2006).

À procura de um futuro na cidade

"Por que é que a professora não vem morar para aqui? Aqui na (...) ninguém manda em nós, só nós é que mandamos na (...), é bairro fixe!..." *David*, 13 anos, 4.º ano.

Tem-se consciência que este texto apresenta um olhar enviesado e limitado, restrito a um grupo da população num determinado território urbano, já de si estigmatizante e estigmatizado. A abordagem aqui concretizada é restrita a alguns dos pontos mais negativos da vivência das crianças neste contexto pela sua exposição e envolvimento às mais diversas formas de violência. Aqui vivem maioritariamente aqueles que não tiveram possibilidade de aceder a outros locais e que, muitas vezes, lamentam a sua saída dos anteriores bairros de construção ilegal, mesmo com condições habitacionais mais precárias. Perante os modos de vida identificados, considera-se fundamental continuar a desenvolver um trabalho que possibilite identificar os contornos que se evidenciam e prevalecem nos processos de socialização das crianças tentando, simultaneamente, descortinar quais as formas de participação social que concretizam.

O espaço das cidades pode ser analisado nestas suas produções segundo diferentes dimensões: física, instrumental, relacional, histórico-social e imaginária. Do seu entrecruzamento obtém-se informação sobre a efectivação dos Direitos Humanos, muito em especial em torno dos Direitos das Crianças numa perspectiva que visa perceber a sua própria tangibilidade. Neste âmbito, colocam-se em causa, de modo particular, os direitos à segurança, à liberdade, à não-violência, à confiança, à família e à protecção social, vectores decisivos para que a condição social da infância em Portugal venha a alcançar um índice de desenvolvimento humano mais positivo. Estas serão algumas das linhas do paradigma que deve presidir à ideia de um *direito à cidade* por parte das crianças. Mais do que entendê-lo fechado num ponto de vista jurídico, deve antes ser posto em prática como um princípio fundamental para a concretização da melhoria das condições de vida das populações no recurso efectivo aos Direitos à participação infantil e à liberdade de expressão tal como definidos na *Convenção Sobre os Direitos da Criança*.

Os desenhos e textos que ilustram estas páginas apontam para vários caminhos e deixam exposto, de modo claro, como estas crianças se encontram sujeitos a lógicas de exclusão social que requerem outro tipo de intervenção política e de acção social diferenciada da que tem sido posta em prática até à data. Das maiores violências sentidas por parte destas populações, a ausência de perspectivas de vida e de futuro que vá além dos seus quadros actuais será das mais representadas. Desde muito cedo, o não planeamento de acções, a negação de uma ideia de profissão ou de trabalho futuro, estão presentes nos seus discursos e devem constituir motivo de especial preocupação.

O trabalho não qualificado de grande parte dos residentes traduz-se numa organização própria do quotidiano das crianças: grande parte do dia passam entregues a si próprias ou a outros da mesma idade ou pouco mais velhos. Poder-se-á falar de negligência ou de inconsciência das famílias quando se trata, essencialmente, de mães e pais que para trabalhar ocupam horários que os colocam quase todo o dia fora do bairro? Longe disso, nada disto é simples. A questão que se levanta para quem trabalha, e em relação à qual importaria ter uma resposta prática, é como o fazer de outra forma? Noutros casos, quando não se trabalha, existem muitas crianças que 'cobrem' os seus pais, assumindo funções no lugar deles, colmatando as suas faltas e, naturalmente, desculpando-os com a força de quem defende os seus. Como se pode esperar que uma criança que não tem outro adulto o possa pôr em causa quando este é o seu único suporte? (Blanchet, 2006)

E daqui resulta a existência de infâncias tendencialmente vividas na rua, com apropriação do que ocorre à volta sem outro enquadramento. A solidão das crianças nestes espaços, física ou emocional, é algo que tem sido objecto de pouca atenção e estudo mas que poderá estar associada ao início de algumas trajectórias desviantes. A violência surge, assim, para muitas crianças, mas também para muito adultos, como uma espécie de distracção. Os seus centros de interesse parecem restringir-se a factos diversos acontecidos em seu torno e as conversas do dia-a-dia é nisso que se centram: conflitos na família, na rua, entre vizinhos, crimes, rumores sobre o tráfico de droga, prostituição, homicídios, viaturas roubadas, detenções e o inevitável confronto com polícia. Por muitas voltas que se dê um facto é

458 *Estudos em Homenagem a Rui Epifânio*

indesmentível: a violência está presente constituindo a referência comum, a passagem obrigatória nos seus discursos (Blanchet, 2006).

Desde os anos 1990 que as violências urbanas revelam rupturas sociais e estão fortemente associadas a uma delinquência crónica, persistente, que não provém somente de carências afectivas e educativas mas que terá a sua origem em segmentos da população e em territórios urbanos duramente atingidos por factores de exclusão. Trata-se, pois, de uma delinquência mais complexa pois aos factores individuais bem identificados junta-se um funcionamento de redes criminosas com um poderoso enquadramento e organização que ultrapassa as fronteiras de bairros, regiões ou países (Moignard, 2008).

O trabalho diário como docente com estas crianças cujas vivências quotidianas tendem a ser estruturadas em torno destes problemas sociais que, sob as mais diversas formas, atravessam as suas vidas revelando-os especialistas em estratégias de sobrevivência, obriga a (re)pensar não só o conceito de violência urbana, mas também a natureza e dimensão das aprendizagens escolares emergindo como fundamental a necessidade de exercício de uma cidadania mais próactiva por parte de todos os membros da comunidade educativa.

O ênfase num *direito à cidade* passa pela promoção da autonomia e da capacidade de mobilização de todos os grupos da população para uma efectiva participação social que articule todas as dimensões da vida na cidade, incluindo a planificação e gestão do território. Pensar numa intervenção comunitária de reabilitação do espaço físico e social das cidades, exige a iniciativa e a co-responsabilização de todos, incluindo os mais novos. Trata-se tanto de um *fim* em si mesmo, como de um *processo* partilhado em termos de capacidades e competências individuais e colectivas (Jamarillo et al, 2008). Só assim fará sentido falar de igualdade de oportunidades.

Referências bibliográficas

ALMEIDA, Ana N. (2006), "La sociologie et la construction de l'enfance. Regards du côte de la famille", em Sirota, Régine (org.), *Eléments pour une Sociologie de l'Enfance*, Rennes, Presses Universitaires, pp. 115-123.

ALMEIDA, Ana N. e André, Isabel (2004), "O país e a família através das crianças, ensaio exploratório", *Revista de Estudos Demográficos,* n.º 53, 5-36.

Violência(s) na cidade: crianças, socialização e território   459

BECK, Urlich (1992), *Risk Society. Towards a New Modernity,* London, Sage Publications.

BENBENISTHY, Rami e Ron Avi Astor (2005), *School Violence in Context: Culture, Neighbourhood, Family, School and Gender,* New York, University Press.

BLANCHET, Sylvie (2006), *Enfances Populaires, Invisibles Enfances,* Lyon, Chronique Sociale.

BODY-GENDROT, Sophie (2001), *Les Villes. La Fin de la Violence?,* Paris, Presses de la Fondation Nationale des Sciences Politiques.

CARVALHO, M.ª João Leote (2004), "Pelas margens, outras infâncias. Crianças, marginalidades e violências", *Infância e Juventude,* n.º 4, 51-145.

CARVALHO, M.ª João Leote (2003), *Entre as Malhas do Desvio: Jovens, Espaços, Trajectórias e Delinquências,* Oeiras, Celta Editora.

CHESNAIS, Jean-Claude (1981), *Histoire de la violence en Occident de 1800 à nos jours,* Paris, Laffont.

CHAILLOU, Philippe (1995), *Violence des Jeunes, L'Autorité Parental en Question,* Paris, Gallimard.

CORSARO, William (1997), *The Sociology of Childhood,* Thousanda-Oaks-California, Pine Forge Press.

COSTA, Alfredo Bruto da; Baptista, Isabel; Perista, Pedro e Paula Carrilho (2008), *Um Olhar sobre a Pobreza,* Lisboa, Gradiva.

COSTA, António Firmino, Brito, Joaquim e Vítor Matias Ferreira (1994), "Mesa-redonda sobre a cidade de Lisboa", *Sociologia, Problemas e Práticas,* n.º 15, 155-174.

DEBARDIEUX, Eric (2006), *Violência na Escola, um Desafio Mundial,* Lisboa, Instituto Piaget.

GAVARINI, Laurence (2006), "L'enfant et les déterminismes aujourd'hui: peut–on penser un sujet?", em Sirota, Régine (org.), *Eléments pour une Sociologie de l'Enfance,* Rennes, Presses Universitaires, pp. 93-102.

INE (2004), *Atlas das Cidades de Portugal,* Vol. II, Lisboa, Instituto Nacional de Estatística.

INE (2008), *Estimativas de População Residente, Portugal,* Lisboa, Instituto Nacional de Estatística.

JAMARILLO, Pilar; VILLAMIL, Andrés e Jon Bañales (2008), *Espacio Publico e Derecho a la Cuidad. La Politica de Espacio Público Físico y la Venta Informal en Bogotá,* Alcadia Mayor de Bogotá, ONU-Hábitat.

JAMOULLE, Pascal (2005), "L'école de la rua", *La matiére et l'Esprit,* n.º 2, 21-38.

LEONARDO, José (2004), *As Violências nas Escolas,* Dissertação de Mestrado em Sociologia, Faculdade de Ciências Sociais e Humanas, Universidade Nova de Lisboa (não publicado).

LEPOUTRE, David (2001), *Coeur de Banlieu. Codes, Rites et Langages,* Paris, Éditions Odile Jacob.

LOURENÇO, Nelson e M.ª João Leote de Carvalho (2001), "Violência doméstica: conceito e âmbito. Tipos e espaços de violência", *Themis,* ano II, n.º 3, 95-121.

LOURENÇO, Nelson e Manuel Lisboa (1998), *Dez Anos de Crime em Portugal. Análise Longitudinal da Criminalidade Participada às Polícias (1984-1993),* Cadernos do CEJ, Lisboa, Ministério da Justiça, CEJ.

LOURENÇO, Nelson, Lisboa, Manuel e Graça Frias (1998), "Crime e insegurança: delinquência urbana e exclusão social, *Sub-Judice,* n.º 13, Lisboa, pp. 51-59.

LOURENÇO, Nelson e Manuel Lisboa (1992), *Representações da Violência,* Cadernos do CEJ, n.º 2, Lisboa, Ministério da Justiça, CEJ.

McCord, Jonh (2002), "Forjar criminosos na família", em Fonseca, António C. (org.), *Comportamento Anti-Social e Família. Uma Abordagem Científica*, Coimbra, Almedina, pp. 15-36.

Moignard, Benjamin (2008), *L'École et la Rue: Fabriques de Délinquance, Recherches Comparatives en France et au Brésil*, Paris, PUF

Moura, Dulce (2003), "Riscos e delinquências juvenis em contextos de realojamento", *Cidades-Comunidades e Territórios*, CET/ISCTE, n.º 7, Dezembro, 19-36.

ONU (2008), *State of the World's Cities 2008/09*, New York, UNHabitat.

Qvortrup, Jens (1999), *A Infância na Europa: Novo Campo de Pesquisa Social*, Textos de Trabalho, n.º 1, IEC, Universidade do Minho.

Rayou, Patrick (2005), "Crianças e jovens, actores sociais na escola, como os compreender?", *Educação e Sociedade,* Campinas, Vol. 26, n.º 91, 465-848 .

Roché, Sebastian (1993), *Le Sentiment d'Insecurité*, Paris, PUF.

Sarmento, Manuel (2000), "Os ofícios da criança", em *Actas do Congresso Os Mundos Sociais e Culturais da Infância*, Braga, IEC, Universidade do Minho, Vol. II, pp. 125-145.

Seaton, Eleanor K. e Ronald D. Taylor (2003), "Exploring processes in urban, low-income African American families", *Journal of Family Issues,* Vol. 24, n.º 5: 627-644.

Sirota, Régine (org.) (2006), *Eléments pour une Sociologie de l'Enfance,* Rennes, Presses Universitaires.

Vienne, Philippe (2008), *Comprendre les Violences à l'École*, Bruxelles, Éditions De Boeck Université.

AGRESSIVIDADE E VIOLÊNCIA

MÁRIO CORDEIRO[*]

Agressividade – uma defesa e uma virtude

Antes de mais, deixem-me perguntar-vos: gostavam que as crianças fossem pessoas inertes, que deixassem fazer delas "de gato, sapato", que não fossem capazes de lutar pela vida nem aceitar desafios? Achavam bem que se calassem perante as injustiças e que não conseguissem competir e lutar por um emprego, um lugar no *podium* ou pelas necessidades mais básicas? Em resumo, gostavam que as crianças fossem falhadas, umas *loosers*? Não, pois não?

Pois o que pode evitar este cenário tão pouco agradável é a existência de agressividade. E que evitou, em todas as gerações que nos precederam, o estar condenado ao fracasso e à submissão. É graças à agressividade que ainda existimos, enquanto espécie.

Quando nos referimos a crianças, a palavra "agressividade" evoca-nos crianças a baterem-se, aos pontapés umas às outras, a morderem-se ou empurrarem-se. E porventura não é incorrecto pensar assim, dado que as crianças expressam muitas vezes a agressividade de uma forma aparentemente violenta. Mas a questão educativa e "civilizacional" que se nos coloca, enquanto pais, educadores e cidadãos, não é reprimir a agressividade, mas sim dar-lhe um corpo diferente, para que se expresse de um modo positivo, criativo e empreendedor, sem fazer mal aos outros mas dignificando o próprio. Não é tarefa fácil, mas é tarefa possível. E necessária.

---

[*] Pediatra. Professor de Pediatria e de Saúde Pública na Faculdade de Ciências Médicas – Universidade Nova de Lisboa.

As vantagens de se ser agressivo

O receio que alguns adultos têm em admitir a existência de agressividade, passa por recearem as suas causas, os seus sinais e a confundirem-na com violência.

Vejam o que a agressividade permite:

- alerta para o perigo
- capacidade de resposta a situações de perigo
- adequação nessa resposta
- expressão como pessoa, afirmando a individualidade e justificando a existência
- afirmação da autonomia
- experimentação de limites
- desenvolvimento do auto-controlo
- capacidade de aperfeiçoamento
- vontade de realização
- energia para vencer dificuldades e obstáculos
  Nada mau...

De onde vem a agressividade

Somos animais. E somos herdeiros dos sobreviventes. Por isso reagimos ao perigo – ou ao que sentimos como perigo – com libertação de catecolaminas (adrenalina) e cortisol, que são hormonas das glândulas suprarrenais, num processo que é independente da vontade (ou, pelo menos, esta tem um controlo muito reduzido neste sistema). Estas hormonas proporcionam uma série de fenómenos biológicos: aumento da força muscular cardíaca e da tensão arterial com desvio do sangue da periferia para órgãos centrais (pele branca, fria), dilatação dos brônquiolos com melhor ventilação pulmonar, aumento da produção de energia a partir dos tecidos gordos, aumento frequência cardíaca e respiratória, e dilatação das pupilas, para melhor visão. As sobrancelhas contraem-se, as mãos ficam frias e suadas, e a boca seca e a saber a amargo. A face empalidece. O intestino aumenta os seus movimentos. Por outro lado, há uma diminuição dos estímulos que causam dor, a fim de facilitar a fuga. Frequentemente, o animal defeca e urina, para perder peso e pressão a nível dos órgãos, com vista a melhor atacar ou fugir.

A agressividade inclui também estados de alma, como irritação, frustração, pena de si próprio e raiva.

Pelo contrário, quando o animal se sente tranquilo, o que predomina é o sistema endorfínico, com sensação de bem-estar, calma, relaxamento, prazer e plenitude. As endorfinas também são responsáveis pelo estado de humor positivo, memória mais aguda, alívio da dor e melhor resposta imunológica.

Se corrermos dois quilómetros, porque gostamos de correr, chegaremos ao fim cansados, mas com uma sensação de bem-estar. Se corrermos os mesmos dois quilómetros porque alguém nos persegue, chegaremos igualmente cansados, mas num estado de sofrimento e mal-estar. No primeiro caso foram libertadas endorfinas, que ajudam a eliminar a dor muscular do esforço e dão a sensação de plenitude e prazer. No segundo, as hormonas adrenalínicas, que causarão intranquilidade e sofrimento.

O mesmo esforço, razões diferentes, hormonas diferentes, resultados diferentes.

A resposta agressiva à sensação de perigo ou ameaça pode surgir por causas directas, definidas – ser insultado, traído, agredido – mas, na maioria dos casos, ou a bomba explode por a situação que a desencadeia ser a gota de água que faz transbordar o copo, ou porque é o gatilho para situações anteriores em que não foi possível dar seguimento à agressividade.

Contudo, perante uma criança agressiva, há que a controlar fisicamente, primeiro, para fazer baixar os seus níveis de "hormonas de combate", estabilizar, e só depois, quando é o "sistema de descompressão" que começa a mandar, conversar com ela e descodificar a situação, com as respectivas "lições de moral" finais e recomendações para comportamentos alternativos mais adequados.

Conseguir desenvolver o auto-controlo para se dominar, vencer o imediatismo, e deixar a pessoa vencer o animal não é fácil, requerendo compreensão, reflexão, exercitação e, quando conseguido, deve ser devidamente apreciado e entusiasmado.

Cinco minutos de gritos e berros representam atenção e energia garantida por parte dos pais. Meia hora de bom comportamento e sobriedade não rendem tanto. Temos que inverter as coisas e mostrar que os maus (comportamentos) perdem e os bons vencem.

E quantas vezes somos nós próprios, adultos, que não nos dominamos, fazemos birras despropositadas e reagimos com raiva descontrolada (não digo que não seja normal, dado que somos humanos, mas lá que não será um bom exemplo para as crianças, também é verdade).

Lidar com a agressividade

É importante saber lidar com a raiva e a agressividade, para evitar que se manifeste por violência:

- ensinar a criança a conhecer os sintomas de agressividade e os estados de espírito (e físicos) que os precedem;
- ter já estabelecidos limites a partir dos quais é preciso intervir;
- no caso de estes serem ultrapassados, actuar imediatamente;
- garantir que a criança não se magoa nem magoa outros, com o seu comportamento, seja física, seja psicologicamente;
- acalmá-la e dar-lhe carinho – os comportamentos agressivos não podem gerar nos adultos agressividade ou a sensação de que fez as "cenas" para os agredir. Não se deve olhar, portanto, para a criança como um "inimigo";
- perguntar como se sente – convém não esquecermos que os sentimentos, e a dificuldade em interpretá-los e equilibrá-los, é que proporcionam os comportamentos, e que a sua génese reside no que há de mais profundo, instintivo e animal do ser humano;
- dizer à criança que a raiva é uma emoção normal, mas que há que aprender a lidar com ela e que não é mordendo ou dando pontapés que se resolvem os problemas – é importante que, mal a criança se acalme, o comportamento seja verberado;
- explicar que se percebe que a criança sinta raiva, mas que provavelmente não se apercebeu que há outras razões para pensar e se moderar;
- insistir para pedir desculpa aos ofendidos, mas há que cuidar para que este pedido não seja visto, pela criança, como uma

humilhação. É muito difícil chegar a uma sala cheia de gente, de onde se saiu em rotura, por exemplo, e ter que dizer que se errou perante vários olhares que são sentidos como censura.

Fora da crise, é importante conversar com a criança e, também no dia-a-dia, ensiná-la a:

- relativizar as causas de frustração e de sentimento de falhanço e insucesso, face a todas as coisas positivas que acontecem na sua vida;
- desenvolver técnicas de auto-controlo (respirar fundo, contar até 20) e de se acalmar sozinho;
- reflectir sobre o que aconteceu e perguntar-lhe que alternativas de comportamento poderia ter tido, e analisar o que ganharia e perderia com cada uma delas;
- dar oportunidades para gastar a energia agressiva com fins positivos – pintar, tocar um instrumento, fazer desporto, correr, cantar;
- limitar a exposição à violência não explicada ou gratuita, designadamente na televisão e em jogos electrónicos;
- relembrar sempre que mesmo quando tem razão para explodir, a sua explosão tem efeitos colaterais sobre os outros, além de não ajudar nada na resolução do problema.

As actividades desportivas, culturais, artísticas, por exemplo, organizadas e expressas em casa, na vizinhança, rua, aglomerado populacional, meios de comunicação e televisão, são fundamentais para dar corpo e estrutura (e opções) a uma cultura de boa gestão da agressividade, paz e não-violência.

"Com papas e bolos se enganam os tolos"

Há quem diga que as mãos são instrumentos de comunicação, pelo que bater nos outros seria uma forma de transmitir uma mensagem, numa idade em que a linguagem falada não é ainda suficientemente explícita. Esta noção até pode ter um fundo de verdade, mas a questão é se podemos permitir tudo na linguagem, qualquer que ela seja, designadamente quando a tal mensagem expressa agressividade.

Uma criança tem, desde muito cedo, noção de que exprime agressividade. O som "rrrrrr", que os bebés começam a fazer, aos 7-8 meses, está carregado de agressividade. O mesmo quando mexem na face das pessoas, que sabem ser a identidade delas e uma parte íntima do corpo. Não são eles os mesmos que protestam quando se mede o perímetro cefálico, porque sentem que alguém está a mexer numa área que não conseguem controlar?

A "gracinha" de tirar os óculos ou dar bofetadinhas aos adultos é velha. As crianças aprendem, e rapidamente, que a via da zanga não resulta. Passam assim a um registo diferente, embrulhando a agressividade num sorriso ingénuo, que lhes permite fazer o mesmo mas com a aprovação de alguns adultos. É a sedução a actuar, mas não é por acaso que os grandes bandidos não são brutamontes, mas *gentlemen* cheios de charme. Assim, branquear a intenção de um comportamento agressivo, quando ele roça a violência e a vontade de magoar, é apontar esse caminho como sendo bom. Daí a uns anos perderá a "graça", mas já terá ficado inculcado como comportamento que rende lucros. É indispensável, pois, que um comportamento destes, quando a intenção é manifesta, seja denunciado e verberado, com calma e sem agressividade.

Com o passar do tempo, a criança vai aprendendo que a expressão física da frustração é condenada, e depois de levar umas quantas reprimendas e algumas palmadinhas na mão acaba por perceber que este não é um caminho eficaz. Passa então, como no caso anterior, para uma maneira encapotada de fazer o mesmo. Se este comportamento tiver o mesmo destino, irá encontrar mais uma forma de expressar a agressividade, ainda através de violência, dado que aprender o auto-controlo e o respeito não acontece de um dia para o outro.

Sabendo que, para agir fisicamente, tem que se aproximar do outro e arriscar-se a levar também, fica mais ao longe e usa a linguagem, porque pode assim agredir com um plano de fuga já previsto. É a fase em que começam a chamar "Estúpido!". "Parvalhona!". Mais uma vez, estes comportamentos não podem ser ignorados, mesmo que representem, por vezes, apenas um teste para ver a reacção dos adultos. O insulto é uma agressão equivalente, em violência, ao bater ou morder.

Depois de uma fase em que estes epítetos são ditos em voz baixinha, aí mais para consolo do próprio (no sentido de ter a última palavra) do que para provocar o adulto, a criança, no seu caminho para uma aprendizagem da gestão dos sentimentos, pode passar por exteriorizar a agressividade atirando com objectos (não deliberadamente contra alguém, mas "para o ar"), e por vezes auto-agredindo--se (dando cabeçadas no chão ou na parede, ou puxando os cabelos).

Entre os 2 e os 3 anos há um grande salto na aprendizagem da gestão da agressividade, e a partir dos 3-4, já é possível canalizar a agressividade para actividades criativas, e lidar com a frustração sem raiva ou violência. Podem surgir pontualmente surtos, mas a maioria das situações já são controladas pela própria criança. Aos 5 já se é "um senhor", e as birras diminuem, construindo-se a pouco e pouco o cidadão que sabe ter de conviver com os outros, e que desenvolve a sua empatia, estruturando-se numa arquitectura não-violenta, sentindo que deve actuar segundo balizas éticas e não apenas com medo de sanções ou controlo hierárquico.

Violência e a sua génese

As crianças têm necessidades irredutíveis e a elas respondem-se com um leque de requisitos que há que promover. Quando alguns deles está em falta, podemos considerar que a criança está a ser vítima de uma violência, e cabe-nos – como pais, educadores e cidadãos – tentar colmatar essas lacunas, para que as crianças não sofram, mas também para que as gerações possam assumir graus crescentes de desenvolvimento humano:

- *TER* – habitação condigna, processo de escolarização, garantia de emprego futuro, saneamento básico, água potável, fontes de energia, "poder de compra" mínimo, saúde orgânica e psicológica.
- *AMAR* – ser objecto de afecto, ter objectos de afecto, gostar/ acreditar nas pessoas numa perspectiva positiva e humanista da sociedade, aprender a "saborear" as pequenas realizações e momentos.

- *SER* – sentir-se único e insubstituível, ter relações de pertença com ecossistemas e grupos, partilhar valores éticos e estéticos com a sociedade, poder desenvolver um leque variado de interesses e de competências, talentos e diversidade criativa

Todos os seres humanos são capazes de actos de violência. Eu, o leitor, os seus familiares e amigos. Não apenas "os outros". A possibilidade de violência (não apenas física, mas psicológica e relacional, seja mais evidente ou mais encapotada) faz parte da condição humana.

Todavia, a esmagadora maioria das pessoas consegue desenvolver factores protectores que criam uma "almofada protectora" entre os picos de agressividade e o limiar da violência. Esses factores, como a gestão do stresse ou o saber lidar com a frustração, são em parte inatos, em parte aprendidos através da convivência social e do enquadramento filosófico, ideológico e jurídico da sociedade; mas mesmo os inatos têm que ser exercitados e explicitados.

Há crianças, e pessoas em geral, que têm um estado basal muito próximo do limiar da violência. Por esta razão, podem, em resposta a estímulos negativos de diversa ordem, aproximar-se ou mesmo ultrapassar esse limiar.

A resposta não é directamente proporcional ao estímulo: são múltiplos os casos de maus tratos físicos, por exemplo, em que o agressor vai sofrendo o que entende serem múltiplas injustiças, como perder o emprego, o clube favorito perder, não poder adquirir um carro ou qualquer outra desilusão parecida, mas o episódio que o faz "rebentar" numa explosão violenta pode ser tão ridículo como o filho fazer uma birra porque quer um gelado.

Por outro lado, a violência maltratante expressa sempre uma relação perversa de poder. O agressor sente-se injustiçado e digamos que recebe uma dose de "energia violenta" que tem que dar a alguém, sob pena de não conseguir viver com ela. Devolve-a então (leia-se: vinga-se) nos mais fracos, sejam idosos, mulheres ou crianças. Como o pode fazer em subordinados ou empregados. O agressor é eminentemente cobarde pois "não se mete com pessoas do tamanho dele". As crianças deste grupo etário, por serem fisicamente pequenas, frágeis e dependentes, além de não terem capacidade de argumentação e de não entenderem a linguagem simbólica, têm o perfil ideal para serem vítimas de violência. Por vezes, contudo, são as crianças que exercem violência sobre outras.

A violência no dia a dia

Não está provado que o mundo em que vivemos seja mais violento do que em décadas ou séculos anteriores. Pelo contrário. As sociedades actuais, pelo menos aquela onde vivemos, pauta-se por padrões éticos mais rigorosos, e os desrespeitos pelo ser humano e pelos seus direitos – a nível da família, escola e comunidade em geral –, são seguramente menos frequentes e menos tolerados do que antes.

Sem dúvida alguma que a violência é mais conhecida – basta pensar na mediatização consagrada a cada caso – e é igualmente mais sentida e interiorizada por cada um, mas esta reactividade é tradução, justamente, do facto de tolerarmos menos os desrespeitos aos direitos humanos.

A violência, como forma de expressão, mal orientada e desajustada da agressividade, é parte integrante da condição humana, associada particularmente à ânsia de poder, de aniquilar os inimigos e de dominar tudo e todos. Contudo, mesmo considerando que a condição humana tem uma parte profundamente negativa, a dignificação da pessoa obriga a diminuir a carga de violência da sociedade, designadamente a que se pratica contra as crianças.

A violência subliminar

Para além da condenação unânime da violência – de que a praticada no cenário da guerra ou nas sociedades que vivem em ditadura é o exemplo mais evidente –, há que não descurar as suas formas subliminares, mais desapercebidas, mais institucionais, quase legalizadas, sobretudo em países que gozam já de padrões democráticos acentuados, como é o caso de Portugal. Talvez por haver exemplos tão gritantes de desrespeito pelos direitos humanos, há formas subtis de violência que grassam no mundo infantil, sem que lhes seja atribuída a devida atenção.

Como lidar com a violência do dia-a-dia

Com a presença constante dos meios de comunicação e com a realidade a entrar-nos abertamente pela casa dentro, a qualquer hora, sem escamotear as questões, é impossível transmitir às "nossas" crianças a imagem de um mundo cor-de-rosa – nem isso seria possivelmente desejável ou pedagógico. Mas entre a aprendizagem gradual da realidade da violência, com contactos escassos e esporádicos, explicados e descodificados, e a vivência brutal de situações bárbaras vai uma grande diferença. Sobretudo quando, nestas idades, a fronteira ética do Bem e do Mal, desenhada apenas a preto e branco e (ainda) não numa vasta paleta de cinzentos, não se encontra suficientemente desenhada, o que causa perplexidade e alguma dúvida de valores.

Do contacto com a violência resulta a perda da inocência. Mas pode também resultar o stresse pós-traumático, que perturba de modo incisivo e por vezes indelével a vida da criança. Vale a pena reflectir um pouco sobre este aspecto, o qual, muitas vezes, é ignorado depois de resolvida a parte mais imediata de um evento particularmente desagradável. Para além do apoio às vítimas de agressões ou de outras formas de violência, há que pensar no "depois" porque, passada a refrega, pode subsistir o receio de sair de casa, a desconfiança de ver em cada passante um bandido, o medo dos ambientes estranhos ou a suspeição perante o que não nos é completamente conhecido, o que não é desejável, dado que, como se diz, "*the show must go on*" e o imprevisto, o acaso e a ousadia, tal como o risco, devem fazer parte integrante do nosso dia-a-dia, para sermos cada vez melhores e mais completos.

Quando a violência entra pela janela

A guerra é actualmente o fenómeno mais mortífero e mais injusto para a população civil, designadamente para as crianças. Para além das consequências imediatas da guerra, muitos outros efeitos e problemas estão associados a crescer e viver num ambiente hostil, violento, onde matar e estropiar passou a ser regra, se não mesmo lei.

A guerra entra em força nas nossas casas. As imagens provenientes do Afeganistão, África, Iraque ou Médio Oriente (para só citar alguns locais), que constantemente estão a ser transmitidas, mostram às crianças onde o belicismo pode chegar, designadamente o *show* de armas novas e destrutivas, ou dos soldados a avançarem e a despedaçarem os inimigos. Quando não é real, a violência surge em séries, filmes e até em telenovelas.

Mesmo sem emitir juízos de valor nem comentários pessoais sobre a justeza, a necessidade e a adequação temporal das guerras, nem sequer referir os seus eventuais objectivos e razões, não posso deixar de pensar como é que as crianças quando vêem os adultos "brincar" às guerras, sentem este tipo de jogo? Que sentirão, por exemplo, as crianças, ao ver outras crianças despedaçadas ou feridas, ou de arma na mão feitas soldados? Podemos dizer, de consciência limpa, que "aquele menino fez alguma coisa para merecer isto? Ou que aquele com a arma é "mau"?

Se é difícil preservar as crianças do que se passa na "aldeia global", talvez não seja errado aproveitar para, de uma maneira didáctica e sem os assustar, falar directamente das razões de ser daquelas imagens, para que entendam que os conflitos – como os que acontecem no jardim de infância, na escola, em casa ou na rua – podem e devem ser resolvidos por meios pacíficos e através do diálogo. E sublinhar, na teoria mas também na prática diária, qualquer filosofia bélica, racista, xenófoba ou do culto da superioridade de qualquer pessoa, país ou raça. Só assim as crianças poderão entender a anomalia do que vêem, e desenvolver sentimentos empáticos, no sentido de defenderem, cada vez mais e com maior veemência, valores de paz e de cooperação, e de "intolerância em relação à intolerância".

A cultura da não-violência e da paz não deve ser ridicularizada, como se a agressividade desejável fosse "tamponada" pela resolução pacífica das questões, ou pelo desenvolvimento intrínseco e social de uma enorme capacidade de dirimir conflitos.

Há que fazer um alerta para os perigos da violência, mas não apenas aquela de que fala a maioria das pessoas em conversas de café, geralmente sobre acontecimentos episódicos relatados na véspera, pela comunicação social. Mais profundamente do que isso, é necessário fazer vir à luz dos olhos das crianças, as condições de degradação da condição humana, da exploração encapotada, da humilhação diária e sistemática. De uma forma suave e nunca fazendo-as sentir culpadas, seja pelos factos que observam, seja por terem uma vida de razoável conforto.

A violência é um problema das sociedades, mas conhece-se melhor, actualmente, o que representa e ao que conduz, o que exige o empenho e o entusiasmo de todos, enquanto cidadãos e enquanto profissionais, para a tarefa árdua que temos pela frente.

Perante os nossos filhos, não podemos demonstrar passividade ou partir do princípio de que nada há a fazer, ou "assobiar para o lado" e fazer de conta que nada se passa. *"Pai, porque é que aquele senhor está ali a dormir, todo embrulhado em jornais, à porta daquela loja?"* – a resposta NÃO pode ser: *"Porque ele gosta"*, ou *"Porque ele é maluco"* ou *"Sei lá, não é nada connosco!"*.

É urgente que se discutam os efeitos da violência e do stresse pós-traumático até às últimas consequências – nomeadamente no tempo, designadamente na alma. Para que ninguém possa dizer, como em tantos outros casos, "eu não sabia". Para que possamos viver num mundo cada vez mais justo e mais solidário, numa palavra, num mundo mais feliz e mais humano.

Mas com jeito, meiguice, conhecendo de antemão o que cada criança pode e deve suportar. Quem melhor do que os adultos "de referência" para saber estes considerandos?

Em resumo

A agressividade é um factor protector da espécie humana, e um estímulo que promove a conquista, o melhoramento e aperfeiçoamento das civilizações, um elemento sem o qual já não existiríamos há muito, enquanto ser e enquanto grupo.

No entanto, a sua expressão do modo mais fácil, a violência, é frequentemente esquecida, sub-valorizada ou não prevenida, deixando que ocorra e pensando apenas na resolução dos danos e traumas.

A cultura da não-violência e da paz são necessárias, mas devem começar desde que a criança nasce, dado que logo começam as frustrações, as contrariedades e a vontade de omnipotência e de escravização dos outros.

Criar sentimentos de empatia, de desagrado ético perante a violência, sem castrar a agressividade, pode ser um desafio mas é possível, mas para tal é preciso entender o desenvolvimento infantil e juvenil, as características biológicas e antropológicas, sociais e psicológicas dos grupos etários de crianças e jovens. Depois, definir metas e objectivos, e delinear as estratégias para uma cultura de paz. É possível. É bom. E só sairemos, todos, dignificados deste processo.

ÍNDICE

Nota introdutória 5

Primeiro Andamento
Os Direitos da Criança

Autonomia da criança no tempo de criança
Alcina Costa Ribeiro 11

O Superior interesse da Criança
Anabela Miranda Rodrigues 35

Direitos da criança e comunidade
Armando Leandro 43

Autonomia do direito das crianças
Maria Clara Sottomayor 79

Cidades amigas das crianças
Fausto Amaro 89

O direito da criança a uma família: algumas reflexões
Helena Bolieiro 99

Crianças, jovens e tribunais
Joana Marques Vidal 111

Crescer, ser e pertencer
João Gomes-Pedro, Miguel Barbosa, Filipa Sobral 129

Família lugar dos afectos
João Seabra Diniz 143

A criança e os seus direitos
Jorge Augusto Pais de Amaral 163

As crianças e os direitos – o superior interesse da criança
Laborinho Lúcio 177

Os direitos das crianças para terem direito a uma Família
Norberto Martins 199

476 Estudos em Homenagem a Rui Epifânio

Breve reflexão atlântica – A educação para a cidadania
RICARDO CARVALHO 211

1.º Testemunho – Ao Rui
TERESA RICOU 215

Segundo Andamento
O Divórcio e as Responsabilidades Parentais

Transformação social, divórcio e responsabilidades parentais
ELIANA GERSÃO 223

As responsabilidades parentais – as quatro mãos que embalam o berço
PAULO GUERRA 237

2.º Testemunho – Memórias e recordações
JUDITH MARTINS ALVES 253

Terceiro Andamento
A Criança e o Perigo

Crianças institucionalizadas – parentes pobres da investigação
CATALINA PESTANA 259

O território da privacidade das crianças em acolhimento institucional prolongado
MARIA JOAQUINA MADEIRA· MARIA EUGÉNIA DUARTE· ISABEL MORAIS 285

Regime de Execução das Medidas de Promoção e Protecção de Crianças e jovens
em Perigo
FRANCISCO MAIA NETO 303

A protecção das crianças e jovens em risco – traços e percursos
PAULA CRISTINA MARTINS 317

Contributo para a revitalização das comissões (alargadas) de protecção de crianças
e jovens
RUI DO CARMO 335

Bullying: o caminho que medeia entre o conhecimento e a compreensão do problema
ANA TOMÁS DE ALMEIDA 353

3.º Testemunho – Os abusos da vida e do direito
FRANCISCO TEIXEIRA DA MOTA 367

Quarto Andamento
A Criança e a Violência

*O direito das crianças à protecção do Estado contra qualquer forma de violência:
algumas notas sobre a questão dos castigos corporais em Portugal*
CASTANHEIRA NEVES, RAQUEL BARDOU 375

Sobre segurança urbana
JOSÉ SOUTO DE MOURA 401

A responsabilização do jovem infractor e o seu tratamento processual
LEONOR FURTADO 417

Violência(s) na cidade: crianças, socialização e território
MARIA JOÃO LEOTE DE CARVALHO 435

Agressividade e violência
MÁRIO CORDEIRO 461

*«Um amigo meu, **homem superior**, considera que a eternidade é uma manhã e dez mil anos um simples pestanejar»*

LIEU LING

(século III)

Rui, obrigado *pelas tuas pombas e pelos teus olhares.*
Vamos deixar as luzes acesas por causa das crianças, ok?